앎이
그대를 속일지라도

자기 강박으로부터의 **해방**을 향한 해석학

이 저서는 연세대학교 연구처 주관 2020년도 인문사회 학술연구비
특별지원사업의 학술저서부문에 선정되어 수행된 연구결과임

연구과제

군림하던 앎의 주체에서 내던져진 삶의 실존으로:
기만과 강박으로부터의 해방을 향한 종교철학적 해석학

연세종교철학문고 002

앎이
그대를 속일지라도

자기 **강박**으로부터의 **해방**을 향한 해석학

정재현

동연

들어가는 말

"삶이 그대를 속일지라도 슬퍼하거나 노여워 말라." 러시아의 시인 푸시킨의 시 첫 구절이다. 그러나 과연 삶이 우리를 속이던가? 삶이 우리를 속인다고 생각하는 것은 삶과 앎이 불일치하는 데에서 비롯된 착각이 아닐까? 게다가 그런 불일치의 책임이 사실 삶에게 있는 것이 아니라 오히려 앎에게 있는 것은 아닐까? 삶은 내가 어찌하기 이전에 이미 그렇게 살아오고 있으니 말이다. 내가 삶을 사는 것이 아니라 삶이 나를 살고 있으니 속이고 말고 할 것이 없다. 다만 이미 그렇게 살아오고 있는 삶에서 앎이 나름대로 쪼가리를 추려보는데 이것이 계속 밀고 들어오는 삶에 대해 수시로 어긋나니 애꿎게 삶이 속인다고 했을 뿐이다. 말하자면, 삶을 어찌해보려다가 여의치 않으니 질러본 앎이 우리를 속이고 있는지도 모른다. 그렇다고 삶이 속지는 않는다. 그렇다면 누가 속는가? 앎이 속이고 앎이 속는다. 그래서 자기모순이고 자가당착이다. 그런데 이게 앎에서는 드러나지 않는다. 삶으로 봐야 비로소 힐끗 보일 따름이다. 그렇다면 우리는 삶과 앎 사이의 어디에 걸쳐 있는가? 속이는 앎과 속지 않는 삶 사이에서 우리는 도대체 무엇이고 누구인가?

이래서 우리 자신을 보아야 한다. 그렇다고 다시 본성이나 본질로 되돌아가자는 것은 아니다. 물론 그동안 그렇게 해 왔었다. 그러나 그것이 오히려 우리 삶과 동떨어진 기만이었다는 것은 이제 비밀도 아니다. 하니 이를 더이상 되풀이할 이유는 없다. 그렇다면 우리 자신을 어떻게 돌아볼 수 있는가? 다름 아닌 삶이다. 단도직입적으로 삶을 사는 사람으로 들어가야 한다. 그러나 들어간다고 하여 특별히 다른 곳으로 가는 것은 아니다. 삶을 사는 사람, 아니 사람의 삶은 지금 여기이니 바로 우리 삶을 볼 일이다. 그런데 이렇게 눈을 돌리는 것이 쉬운 일이 아니었다. 저마다의 아우성도 일일이 담아낼 수 없거니와 앎에 비하면 너무 막연했기 때문이었다. 허무와 불안으로 시작한 우리 시대인 현대를 기다려야 했다. 아니 사실 그런 것들을 겪으면서 비로소 삶에 눈을 뜨게 되었다. 더이상 미룰 수도 없고 외면할 수도 없었기 때문이었다. 이런 시대적 요청의 선두에 몇 선구자들이 나타났다. 이제 우리는 그렇게 삶을 전면으로 불러낸, 아니 밀고 들어오는 삶으로 과감하고 진솔하게 뛰어든 그들의 통찰을 새기고자 한다. 망라할 수 없으니 일련의 흐름을 따라가면서 중요한 길목에서 이정표를 세워준 몇 가닥을 살피고자 한다.

여기 묶은 것은 그런 취지 아래 개설했던 수업에서 필자가 강의했던 것들이다. 군림해왔던 앎보다 더 깊은 뿌리에 삶이 있다는 반동에서 시작한다. 그리고는 그런 삶을 앎이 잘라내고 눌러왔다는 절규를 곱씹는다. 나아가 이런 반동과 절규를 싸안고 삶에서 있음이 뜻을 지닐 수 있는 길을 더듬는 성찰도 살핀다. 정신에만 골몰하는 관념론에 대한 육체와 물질의 유물론적 반동이 시작이라면 포이어바흐와 함께 정신에 대한 자연의 권리원천을 회복시킨다. 그러한 정신이 도덕이나 문화 또는 종교의 이름으로 자연과 생명을 억압해왔다는 니체의 고발은 삶의 원초적 전율을 더욱 강렬하게 일으키니 앎의 속임에 의한 우상화가 기만과 억압의 원흉임을 만천하에 폭로한다. 이러한 저항과 반동은 급기야 삶을 살게 하는, 그래서 다시 살아 움직이게 된, 있음을 새삼스레 드러내니 이 대목에서 하이데거의 기여가 적지 않다. 다시 말하면, 강단에서 머물렀던 앎의 철학에 대한 반동으로서 삶의 철학에서 서주를 울렸던 현대의 해방 추구가 그렇게 육체와 실존에 대한 절규를 거쳐 삶에서의 뜻풀이로서 해석학에 이르게 된 진전과정을 살피고자 하는 것이다. 이로써 이러한 일련의 작업이 앎에게 속아 자가당착적으로 억압당해왔던 삶의 해방을 꿈꾸는 길을 향해 한 걸음 더 나아가게 해준다는 것을 확인한다. 말하자면 '앎이 그대를 속일지라도' 삶은 이러한 기만과 억압을 벗어나 자유를 향해 몸부림쳐왔다는 해석학적 지론을 길어낸다.

앎의 속임이라는 문제에 주목하여 비판하고 일상적인 삶의 해방을 도모하는 기획이 이 책의 1권을 만들었다면, 2권에서는 앎의 위치에서 작동하고 있는 믿음의 문제를 다룬다. 믿음도 앎의 차원에 머무르는 한 만만치 않게 우리를 속이기 때문이다. 그래서 '믿음이 그대를 속일지라도'라는 제목으로 달아보았다. 이 문제를 다루기 위해 구체적으로 종교철학과 그리스도교 신학에서 전개된 논의들을 주목하여 살핀다. 따라서 2권은 믿음을 인간의 정신적 영역으로만 추려왔었던 종교전통에 대한 비판에서 시작하여 결국 삶에서 믿음의 뜻을 다시금 길어내는 방향으로 논의를 전개한다. 그중에서도 굵직한 이정표들만 골라 살피는데, 구체적으로 종교를 교리나 윤리로 추려왔던 종래의 이념체계가 삶의 현실을 억압해왔다고 고발하고 대안으로 불안한 현실에서 자유를 향한 실존으로서 믿음의 뜻을 일구려는 시도에서 시작한다. 말하자면 앎의 논리를 따라 축소되었던 믿음을 삶의 터전으로 끌고 나오면서 결단을 강조하는 불트만의 실존해석학이 2부의 출발이다. 그리고는 이런 터전 위에서 신의 계시도 교리나 윤리로 축소되는 것이 아니라 현실에서 행동하게 하는 힘의 원천으로 새롭게 이해하고자 하는 통찰로 나아간다. 이 대목에서 신의 계시를 아전인수로 주무르는 종교를 비판하는 저항과 참여의 행동신학자 본회퍼의 전율적인 사자후를 곱씹게 될 것이다. 나아가 이와 같은 앞선 논의들을 아우르면서 종교 바깥과도 소통할 수 있도록 넓이와 깊이를 더하는 성찰을 되새긴다. 이를 위해 구원을 명분으로 삶을 옥조이었던 종교적 억압으로부터 벗어남으로써 오히려 믿음의 참된 뜻인 자유를 향해 갈 수 있는 길을 더듬는 리꾀르의 종교철학을 논의한다. 이와 같은 분석을 통해서 해석학은 결국 앎과 믿음에 의해 벌어졌던 무수한 기만과 왜곡 그리고 이에 의한 억압과 강박으로부터 벗어나서 불안하지만 자유로운 삶의 현실로 나갈 수 있는 길에 이바지할 수 있다고 풀이한다. 아울러 이제 해석학은 그러한 해방의 힘으로 치유하는 성찰의 뜻까지 담아야 하는 것으로 읽어가고자 한다.

이러한 목적을 위해서 이 책은 그러한 해석학에 이르는 도정에서 큰 걸음을 내디뎌준 선현들의 주요작품을 골라 강독하는 방식으로 구성되었다. 그러기에 어떤 인물이나 특정 주제에 대한 개괄적인 소개를 목적으로 하기 보다는 사상가들의 원작 자체에 대한 밀도 있는 독법을 통해 통찰을 일구어내는 것을 목표로 했다. 그래서 관련된 이차 자료들을 가져오는 확장적인 방식보다는 원작의 내용 안으로 파고드는 집중적인 분석을 택했다. 때로 같은 내용이 반복되기도 하는데 이는 원작에 충실하려는 의도에 의한 것이기도 하지만, 맥락에 따라 보완과 추가를 위한 것이기도 하다는 것을 밝혀둔다.

여기에 수록된 강의는 여러 학기에 걸친 과목인데 연세대학교 대학원/연합신학대학원 종교철학 전공생들의 도움으로 상당한 분량의 녹취록을 만들 수 있었다. 이에 도움을 준 원생들에게 깊은 감사를 표한다. 아울러 여러 가지로 어려운 상황에서 선뜻 출판해주시는 도서출판 동연 김영호 대표님과 함께 수고해 주신 분들께도 감사의 인사를 전한다.

2020년 가을
연세대학교 신학관 연구실에서
정재현

차 례

나가면서

1부

자기 강박으로부터의
해방을 향하여

0.1. 잘 살려고 자기를 찾다가 자기에게 얽매이는 인간

　살자고 애썼다. 물론 당연했다. 아니 불가피했다. 말할 것도 없이 죽음 때문이었다. 삶은 죽음과의 싸움이었다. 어떻게든 죽음을 더 뒤로 밀어보려고 몸부림쳤다. 이런 생존본능이, 아니 죽음을 넘어서려는 욕망이 인간 스스로를 찾게 만들었다. '도대체 그렇게 발악하는 인간이란 무엇인가?'하고 말이다. 그러니 이런 물음은 결코 한가한 것이 아니었다. 절박한 것이었다. 물론 모두가 만족하거나 공감할 만한 대답을 얻지 못했더라도 이 물음을 멈출 수는 없었다. 인간에게 인간 물음은 그런 것이었다.

　그런 물음이 우리를 계속 끌고 왔다. 때로 부질없는 짓거리라는 조소도 쏟아졌지만 이것이 인간 역사를 장식해 왔던 것은 분명했다. 물론 물음에 대한 대답을 향하는 부단한 노력이 문명발전의 원동력이 되기도 했다. 그런데 사실 이 물음과 대답을 관통하는 것은 인간이었다. 그것도 자기라는 인간이었다. 그런 자기가 세상과 마주하면서 주체로 자리매김했다. 세상을 지배하지는 못해도 적어도 세상을 사는 인간으로서 세상에 대해서 알고 이를 통해서 세상에서 주도적으로 살수 있는 주체가 된다고 생각했다. 이제 인간은 그런 주체로서 세상을 객체로, 대상으로 삼고 앎의 영역을 넓혀 갔다. 달리 말하면, 자연을 인간의 세계로 만들어 나아갔다. 인식주체로서 등장한 인간이 급기야 세계를 구성하는 자아가 되기에 이르렀던 것이다. 그렇게 해서 앎은 인간이 세상과 관계하는 방식이 되었다. 아니 사실상 지배하고 통치하는 방식이 되었다.

그런데 그렇게 됨으로써 더 알면 더 좋다는 이념이 지배하게 되었다. 더 발전하는 것이 더 좋은 것은 틀림없으니 더 좋은 대답을 찾고자 했다. 그러다가 더 좋은 대답을 가져야 한다는 절박함이 이제 거꾸로 인간을 지배하게 되었다. 더 좋은 대답을 갖지 못하면 불안할 수밖에 없겠기 때문이었다. 안전과 안정을 확보하기 위해서 더 크고 더 좋은 대답을 더 많이 찾아갔는데 이와 함께 불안도 더 커졌다. 이제는 그렇게 더 커진 불안을 벗어나려는 인간들의 세계가 서로 경쟁하는 살벌한 세상이 되었다. 문명화된 정글의 약육강식이 국제관계, 나아가 세계화를 구실로 온 세상을 뒤덮었다. 이제 인간은 개인으로나 사회단위 또는 국가로서나 어떤 모양으로든지 더 좋은 대답을 부여잡으려고 안간힘을 쓰게 되었다. 다시 말해, 대답을 향하는 앎이라는 것이 거꾸로 인간을 지배하게 되었다. 세계를 지배하는 탁월한 도구로 인간 손에 쥐어졌던 앎이 이제 인간을 그 손아귀에 넣고 조종하는 역전이 일어났던 것이다. 이러면서 인간은 스스로에 대한 스스로의 물음에 그리고 더욱 직접적으로는, 가져야 한다는 대답의 노예가 되어버렸다. 대답강박이 인간을 노예로 만들었다. 그것도 스스로에게 노예가 되었다. 대답강박은 결국 자기 강박이 되었다. 말하자면, 자기에게 갇힌 인간이 되었던 것이다.

그런데 이것이 폭로된 것은 불과 얼마 전의 일이었다. 긴 세월동안 자기를 붙잡고 온 인간은 그것이 자기 강박인 줄도 모르고 자기를 세우기에 분주했었다. 그렇게 해서 행복하고 자유로울 줄 알았었다. 그런데 자유가 아니라 강박이었다. 소외를 겪고 허무로 내던져지면서 발견하게 되었으니 우리 시대에 와서의 일이었다. 그런데 이런 깨달음으로 추릴 겨를도 없이 우리 시대인 현대는 엄청난 과학의 발전과 세계대전이라는 양면적이면서도 함께 갈 수밖에 없는 혼동의 세상을 겪으면서 소용돌이로 내몰리고 있다. 게다가 요즘에는 인공지능과 합성생물학 등 예측불허의 가공할 기술들이 인류를 더 행복하게 해주기는커녕 어떤 일이 벌어질지 알 수 없는 세상으로 몰아가고 있다. 이런 와중에 미증유의 생태적 재앙이 인류를 위협하고 있다. 그렇게도 잘난 인간의 눈에도 보이지 않는 미생물에게 인류가 공격을 당하며 무수한 생명이 희생당하는 것은 물론, 사회와 경제의 근간이 뒤흔들리고 있다. 이전의 세상으로 되돌아갈 수 없을 것이라는 경고와 함께 '새로운 표준'[New Normal]을 구하는 절박한 상황이 되었다.

앎으로써 세상을 다스리는 주체로 행복하게 살 줄 알았던 인간의 자각당착에 대한 절절한 깨달음이 우리 시대인 현대를 시작하게 했음에도, 그런 앎의 첨단적인 왜곡이 인류를 대전으로 몰고 갔던 비극을 뼈저리게 겪었음에도, 인류는 눈앞에 영롱하게 펼쳐지는 첨단 기술에 현혹되어 이전과는 비교도 되지 않는 자기모순으로 내몰려왔던 것이다. 앎의 엄청난 자가당착이었다. 이런 상황에서 보이지도 않는 미물인 바이러스는 우리에게 무엇을 일깨워주는가? 단도직입적으로, 인간의 앎으로 세상이 재단되지 않는다는 것이다. 그 앎으로 인간은 세상을 다스릴 수도 없을 뿐 아니라 오히려 인간을 스스로에게 속박시

킨다는 것이다. 그런데 왜곡과 억압이 이렇게 이중적이니 이를 풀어
낼 길은 그만큼 더 요원할 수밖에 없다. 그렇다면 무엇을 어떻게 해야
하는가?

0.2. 자기 강박에서 벗어나려면?: 앎이 아니라 삶이 살게 해야

도대체 무엇이 문제였는가? 어떻게 해야 하는가? 여러 방면에서 많
은 진단과 처방이 필요하다. 우리 맥락에서는 이를 어떻게 진단해야
할까? 바이러스의 공격뿐 아니라 과학기술의 윤리적 일탈 가능성을 포
함하여 세상에서 벌어지는 온갖 문제들의 뿌리에 인간 스스로에 대한
잘못된 자화상이 놓여있다고 진단하고자 한다. 세상에서 보다 잘살아
보겠다고 내뻗은 앎의 짓거리가 세상을 주무르는 듯하더니 급기야 인
간 자신도 거기에 속박되어 어디로 가는지도 모르고 내달리는 인류문
명사를 근본적으로 점검해야 한다는 말이다. 사실 바이러스의 출현은
우연히 일어나는 자연적인 악일 수도 있다. 그러나 그런 미생물의 준동
이 일어나는 빈도가 점차로 증가할 것이라는 예상은 그러한 자연적인
악을 그저 우연으로 간주할 수 없게 한다. 말하자면 더 깊은 뿌리에 생
태윤리의 문제가 깔려있음을 외면할 수 없게 한다. 더 깊은 곳에 인간
이 저지르는 생태파괴라는 도덕적인 악이 드리워져 있을 수 있기 때문
이다. 인간이 이를 자인하고 개선하지 않는다면 〈종의 기원〉이 출현한
지 몇 세기도 되지 않아서 '종의 종말'을 맞이하게 될지도 모른다.

사실 긴 세월 앎으로 세상을 지배하고 거기서 자신의 정체성을 꾸
려왔던 인간이 도달하게 될 현실이 자가당착의 비극일 수밖에 없다는

것을 인류는 이미 거듭 겪어왔었다. 문제는 겪으면서도 깨닫지 못했다는 것이다. 이유인즉 앎을 더 늘이고 넓히면 될 줄로 알았기 때문이었다. 그래서 근본적으로 터를 옮겨야 한다. 아니 터의 뿌리로 파고 들어가야 한다. 앎의 뿌리로 파고 들어가야 한다. 물론 그 뿌리는 바로 삶이다. 이 대목에서 우리는 소외와 허무로 던져진 인간의 삶을 파고 들어가면서 현대를 선구했던 선철들의 통찰에 새삼스레 주목하고자 한다. 첨단 시대의 문제에 대하여 지난 세기의 이야기들이 무슨 소용이 있을까 할지도 모르지만, 작금의 문제를 궤도이탈이라는 각도에서 볼 수도 있으니 역사로부터 자정적인 교정 장치의 가능성을 일구어낼 수도 있기 때문이다.

그런데 삶은 대답이 아니다. 물론 앎에서 얻은 몇 조각의 대답들이 삶을 위해 쓸모가 있기는 하다. 그 덕분에 좀 더 잘 살아온 것도 사실이다. 그런데 바로 여기에 마약 같은 독약이 들어있다. 앎으로 삶을 몽땅 싸잡을 수 있다는 착각이 바로 그것이었다. 더 알아가다가 다 알게 되면 세상의 모든 문제가 해결되고 더욱 행복한 삶을 살 수 있다는 착각 말이다. 말하자면 앎으로 삶의 모든 문제를 해결할 수 있다고 생각했던 것이 인류 문화사의 결정적인 오류였다. 삶이 그렇게 생겨먹지 않았기 때문이다. 삶이 대답이 아니라는 것은 이를 가리킨다. 삶은 앎과는 비교도 안 되게 더 크니 삶을 모두 다 아는 것도 불가능하지만, 더 중요하게는 삶과 앎 사이를 차지하고 있는 모름이 앎에 대해서 그리고 결국 삶에 대해서 지니는 뜻을 외면했기 때문이었다. 인류가 겪어온 비극들이 그러하거니와 앞으로도 일어나지 않기를 바라는 수많은 비극들도 이 모름에 대한 인류의 교만이나 착각에서 비롯된 것일 소지가 많다. 모름은 물론 불안의 요인이다. 그러나 그 불안과 함께 살아갈 지혜를 주기도 한다. 모름의 지혜다. 앎이 지식이라면 모름은 지혜다. 그런데 인류가 그동안 이를 너무 무시해 왔었다. 앎이라는 인식을 통해 지식에 이르고 이를 토대로 한 문명발전이 행복보장에 이르게 해 줄 것이라는 이차원적 공식에 너무나 깊게도 세뇌되어 왔던 탓이다. 그런 앎이 삶을 비극과 파멸로 몰아간다면 이제는 앎의 뿌리인 삶으로 파고 들어가 조신하게 귀를 기울여야 한다. 내가 만드는 앎이 아니라 나를 살게 하는 삶으로 말이다.

삶이 대답이 아니라면 무엇인가? 삶은 물음이다. 삶은 대답 이전의 물음으로 눈을 돌리게 한다. 앎보다는 모름이 비교도 안 되게 크기 때문이다. 모름이 앎보다 얼마나 더 큰지도 모른다. 이것을 삶이 힐끗 보여준다. 물으면서 말이다. 그리고 그 물음이 모름을 가리키면서 삶을 드러내준다. 결국 삶이 이끌고 간 물음은 그 물음만으로도 그런 뜻이 있다는 것을 깨닫게 해준다. 대답을 얻지 못해도 물음 자체가 가지는 뜻이다. 어떻게 해서 그럴까? 대답이 앎이라면 물음은 모름이다. 물음이 가리키는 모름은 물음에서 바로 대답으로 뛰어가려는 강박의 사슬을 풀어준다. 앞서 말한 모름의 지혜가 삶 안에서, 앎에 대해서 하는 일이다. 그렇게 해서 물음에 머무르게 되면 던져진 대답을 고수하는 자신이 얼마나 자신에게 갇혀 있는지를 되돌아보게 된다. 모름이 묻게 하는 물음이 모름을 삶에 끌고 나오면서 일어나는 해방이다. 모름이 지니는 뜻을 깨달음으로써 물음의 가치에 주목하게 된다. 그래서 삶은 모름이고 그래서 물음이다. 불안하지만 움직일 수 있는 품을 준다. 강박의 사슬로부터 벗어나게 해주는 이유가 바로 여기에 있다. 모름과 물음의 얽힘이 주는 자유다. 물론 불안을 싸안고 나아가는 자유다. 그렇지 않은 자유가 있는가를 되묻는다면 공감하기 어렵지 않을 것이다.

되뇌건대, 앎이 대답을 명분으로 우리를 강박으로 몰아갔다면, 삶은 모름인지라 물음의 뜻에 머무르게 하면서 강박의 사슬에서 벗어나게 해준다. 앎은 내가 주도적으로 하는 것이지만, 삶은 내가 주인으로서 사는 것이 아니다. 내가 삶을 사는 것이 아니라 삶이 나를 사는 것이기 때문이다. 그래서 '인식주체'가 아니라 '내던져진 실존'이다. 여기서부터 스스로를 다시 더듬고 그 과정에서 세계가 어떻게 얽혀가는가로 나아가는 새로운 자화상이 엮어진다. '인식의 강박'에서 '해석의 해방'으로 나아간다. 모름의 뜻을 더듬는 해석으로 옮겨간다. 모름은 불안하지만 또한 자유의 공간이기 때문이다. 그래서 이제 이를 더듬어보고자 한다.

1. 삶의 터로서 자연 그리고 이를 갈고 닦는 과정
: 생리-윤리-물리-섭리-논리-원리

시작은 삶이었다. 아니 시작 이전에 이미 살고 있었다. 삶은 이미 그렇게 살아지고 있었다. 그러면서 사라지고 있었다. 살아지는 것은 당연한데 사라지는 것은 싫었다. 아니 무서웠다. 어떻게 해서든 사라지는 것을 피하고 싶었고 살아지는 것을 버티고 싶었다. 그러나 그런다고 크게 달라질 것은 없었다. 그럴 수밖에 없었다. 주어진 삶의 꼴이었다. 던져진 삶의 어찌할 수 없는 '운명'(moira)이었다. 인류문화사는 이처럼 그럴 수밖에 없는 운명과 씨름하고 절규하다가 때로 굴복하기도 하고 때로 예찬하기도 한 몸부림으로 시작했다. 신화로 전해오는 그 많은 이야기들이 대체로 주어진 운명에서 시작하는 것도 바로 이 때문이다.

그러나 많은 신화가 전해주듯이 인간은 그저 주어진 운명을 저항적으로 한탄하거나 타협적으로 예찬하는 데에만 머무르지는 않았다. 살아지면서 사라지고 있는 삶은 무엇인가 대책을 필요로 했다. 사라지는 삶뿐 아니라 살아지는 삶을 위해서도 그러했다. 저마다 살아지고 살아내는 삶은 그 삶을 어떻게든지 더 길게, 더 행복하게 살아보겠다는 아우성으로 넘치니 그런 아우성들을 화음으로 만들어내는 일이 필요했다. 화음이 중요해서가 아니라 아우성을 그냥 두었다가는 약육강식의 아수라장이 될 게 뻔했기 때문이었다. 약육강식에서 강자가 살아남을 것 같지만 그게 지속될 수 있는 것은 아니니 모두 망할 수밖에 없다는 것을 깨달은 인류는 각자 살아지는 삶에서 함께 살아갈 길을 찾아 나서게 되었다. 많은 문명사가가 분석하듯이 인류가 다른 종들과 달리 공동체를 형성할 수 있게 된 결정적인 요인들을 갖게 되었다. 대표적으로 서로 나누고 함께 모으는 탁월한 틀로서 언어를 들 수 있을 터인데 여기서 인간은 사라지는 삶을 해석하면서 살아지는 삶에 대한 대책을 구성하게 되었으니 그 대책이 바로 함께 사는 삶을 위한 '규범'(nomos)이라 하겠다. 이러저러한 규범들은 공동체라는 보다 큰 범위로 확장되면서 사회적 '관습'을 형성하게 되었고 이를 넘어서 다가오는 미래에 대한 예측을 가능하게 하는 '법칙'으로까지 발전되었다. 말하자면 사람의 삶과 이로 엮어진 사회를 꾸려내는 법칙을 제정하고 공유하기에 이른다. 그런데 법칙이란 어찌할 수 없는 운명을 살아내는 사람들이 그럴 수밖에 없다는 것을 겸허히 받아들일 뿐 아니라 나아가서 마땅히 그렇게 얽혀 함께 살아가야 한다는 깨달음에 이르렀다는 것을 가리킨다. 말하자면 '그럴 수밖에 없음'이 '마땅히 그래야 함'이 된 것이다. 주어진 꼴로서 운명이 이를 다스리는 얼로써 법칙과 얽힌 것이다. 달리 말하면 필연이 당위를 만나 하나가 되었다.

이제 '그럴 수밖에 없음'이 '마땅히 그래야 함'으로 새겨졌으니 살아지면서 사라지는 삶의 터인 '자연'(physis)도 그렇게 새겨졌다. 자연은 그저 거기 스스로 그렇게 있지만 우리 인간에게는 그렇게만 머물러 있지 않았다. 아니 그럴 수 없었다. 인간으로 하여금 그 안에서 살게 하는 자연은 인간이 살아내어야 하는 마땅한 길을 이끄는 힘이었다. 말하자면 자연이 그저 자연이기만 한 것이 아니라 도덕적 감성까지도 지닌 것으로 여겨졌다. 역시 어찌 해볼 수 없는 운명에 해당하는 본성을 지니고 있되 이로부터 삶이 나오고 죽음으로써 다시 그리로 되돌아가는 생명의 원동력이었다. 그래야만 사라지면서도 살아지는 삶을 살아야 하는 인간 삶의 터가 될 수 있었다. '우주'(宇宙)라고 부르는 자연은 인간에게 그 안에서 살도록 해 주는 집이다. 그걸 '질서'라고 부르거나 '조화'라고 부르는 것도 모두 그냥 거기 그렇게 무심코 있는 것이 아니라 인간으로 하여금 살도록 해주는 힘이라는 것을 가리킨다. 자연을 틀이라고 할 수 있는 것은 이런 이유 때문이다. 물론 자연을 향한 인간의 염원이라고 해도 좋았다. 아니 이제 인간은 자연에 대한 그와 같은 염원으로 자연을 갈고 닦아가기 시작했다. 자연(nature)을 길들이기 시작했다. 본격적으로 문화(culture)가 시작되었다.

자연을 길들이는 인간의 문화화는 자연을 무서워하면서 동시에 달래는 방법에서 시작한다. 대표적 사례로 주술을 들 수 있다. 모방주술이든 감염주술이든 두려울 수밖에 없는 자연을 흉내 내거나 넘겨받으면서 다가올 상황을 앞당겨 예상하고 대책을 세울 수 있었다. 물론 이는 한 개인의 상상으로 벌어지는 일이 아니라 함께 얽혀 살아야 할 필요성을 절감한 인간들이 한데 얽혀 엮어진 사회를 꾸리는 관습이었으니 주술이란 그러한 집단의식에서 비롯된 인간의 자구적인 행위였다. 그런데 자연이 이미 사심 없는 물질이 아니라 생명을 내고 거둘 뿐 아니라 도덕적 감성까지 지니고 마땅한 길을 이끄는 힘이니 자연스럽게 의지를 지닌 인격체로서 표상되기에 이른다. 여기서 바로 '영혼'(psyche)이 출현하여 자연의 활동성을 담당하게 되었고 급기야 이를 관장하는 최고의 힘으로서 '신'(theos)이 옹립되었다. 그리고 이로써 영혼과 신을 중심으로 하는 문화 활동으로서 종교가 출현하게 된다.

그렇게 시작한 종교는 이제 인간을 '종교적 인간'이게 했다. 말하자면 인간이 자연을 터로 살아가면서 꾸려야 하는 삶이 그러한 자연에서 새롭게 등장한 영혼과 신에 관계하도록 이끌고 갔던 것이다. 결국 인간은 그러한 궤적을 따라 출현한 자연, 영혼, 신과 마주하면서도 이에 속하니 이들을 관통할 길을 찾아 나서야 했다. 여기서 드디어 '이성'(logos)이 등장하니 이성이란 자연, 영혼, 신을 자신의 입맛에 맞게 각각의 위치를 설정하고 관계를 구성하는 역할을 자임하게 되었다.[1] 여기서 이러한 목적을 수행하는 정신활동으로서 학문[2]이 나타났으니

---

1 "영혼과 생명의 개념에서 신비하고 비이성적인 것은 무엇이건 완전히 제거되어 버린 것이다. 우리는 이렇게 해서 완전한 개념적 명료성의 승리와 따라서 어제까지'만 해도 과학을 장악하고 있었던 실재계에 관한 개념적 모델을 소유하게 되었다. 신들과 불사의 영혼은 물질적 입자의 무도 속으로 사라졌다. 퓌시스란 표현은 남아 있으니 이 표현의 예적 의미의 중요한 부분인 성장과 생명의 개념은 상실되었다" [F.M.콘퍼드,『종교에서 철학으로: 서구 사유의 연원에 관한 연구』, 남경필 옮김 (이화여대출판부, 1997), 190.

2 여기서 학문이란 학문의 시작인 철학을 가리킬 터이다. 당연히 철학은 그 뿌리를 그렇게 정신문화활동의 시작인 종교로, 주술로 거슬러가지 않으면 안 된다. 이른바 종교적 중립성이란 그 자체가 가상적으로 설정한 허구이며, 결국 이성이라는 신화의 희생물이다. 그러기에 콘퍼드도 아래와 같이 분석한다. 참조: "철학은 신학의 직접적인 계승자이고, 궁극적인 실재와 다양한 경험 세계의 관계에 대해서 철학자들이 갖는 견해들은 좀 더 오래된 종교적 견해, 신과 인간 집단 또는 자연 사이의 관계에 대한 종교적 견해에 의해 지배된다"(콘퍼드, 163).

자연학(physica)과 영혼학(psychologia) 그리고 신학(theologia)이 바로 그것이었다. 후에 학문의 시작인 철학에서 고대와 중세를 지배했던 형이상학이 우주론(cosmologia), 존재론(ontologia), 신론(theologia)의 갈래를 형성하는 것도 여기서 비롯되었거니와 이는 근대 후기 칸트에 이르러 영혼론의 오류 추리, 우주론의 이율 배반, 신론의 증명 불가라는 혹독한 비판을 받기 전까지 유구한 세월 동안 인간이 세계는 물론 신과 관계하는 방식까지도 지배해 왔다.

　이러한 일련의 전개 과정은 사실 인간이 살아가는 삶을 엮어내고 풀어내는 이치를 찾아가는 과정이었다. 이미 살아온 삶은 살아지다가 사라지는 나름대로 꼴로 주어지고 던져졌다. 그런 꼴을 삶의 이치라는 뜻에서 생리(生理)라고 할 수 있다. 인간은 이미 살고 있는 삶의 작동방식에서 통찰을 얻어내기 시작한 것이다. 모든 이치의 뿌리는 그래서 삶이다. 그런데 앞서 말했듯이 그냥 살아지는 대로만 살다가는 대책 없이 사라지고 마니 함께 살아갈 대책을 도모하게 되었는데 이것이 바로 윤리(倫理)다. 앞서 말한 대로 그럴 수밖에 없던 것이 마땅히 그러한 것으로 새겨지면서 함께 사는 공동체의 관습과 규범을 이룬다. 아울러 사회를 그렇게 엮어내니 이를 떠받치고 있는 자연도 그렇게 보이기 마련인지라 자연의 이치로서 물리(物理)는 오히려 처음부터 생리와 윤리를 싸안는 것이었다. 앞서 말한 대로 자연이 그저 무심하지 않고 나름대로 도덕적 판단까지 하는 것으로 기대되었던 이유가 바로 여기에 있다. 그러지 않고서는 자연을 인간이 살게 하는 집인 우주로, 질서와 조화를 근거로 예측 가능한 것으로 새길 수는 없었을 것이다.

　그런데 자연이 그렇게 생리와 윤리를 싸안은 물리로 움직이는 생명의 힘이다 보니 인간은 필요할 때마다 그런 자연의 힘을 불러내어 사용하고자 했고 여기서 주술이 나타난다. 주술은 자연에서 생명의 힘을 불러내는 인간적 장치인데, 아직은 자연과 관련된 인격적인 행위는 오히려 주술행위를 하는 인간의 몫이었다. 그러나 이미 자연의 물리가 싸안고 있는 생리와 윤리는 당연하게도 자연에게 인격성을 요구했으니 이제 생명의 힘의 결집체로서 영혼이 등장하고 나아가 최고의 인격적 힘으로서 신이 아울러 등장한다. 말하자면 자연은 주어진 정태적 본질과 역동적 힘이라는 형식 안에서 사회적 관습을 내용으로 형성되는 것인데 이 과정에서 분화가 일어나면서 사회의 힘이 개인 안에 내면화하여 양심이 되고 그렇게 강요되는 도덕적 힘은 종교적 표상을 취하여 결국 신으로 옹립된다. 짐승과도 스스로를 구분하지 않던 토템신앙의 주술에서 자기 아닌 것에 대한 경험이 누적되면서 구분하는 자의식이 출현하게 되고 여기서 관계형성방식으로서 도덕과 종교가 태동했다는 것이다.[3] 그리고 이런 일련의 궤적은 자연에 이미 담겨있는 인격성이 분화하는 과정이니만큼 인격화가 요구하는 이성적 사유를 통해 추려내도록 했으니 여기서 논리(論理)가 엮어진다.[4]

꼴	얼	틀		길
운명	법칙	자연 정태-본성 역동-힘		이성
			주술-종교 집단의식-표상	
moira	nomos	physis	psyche theos	logos
생리	윤리	물리	섭리	논리
필연	당위	생명	힘	존재

---

3 F.M.콘퍼드, 『종교에서 철학으로: 서구 사유의 연원에 관한 연구』, 남경희 옮김 (이화여대 출판부, 1997), 98-99.

이러한 일련의 과정이 우리에게 가리키는 것은 무엇인가? 보다 구체적으로, 자연이 이미 인간의 삶에 대한 운명적 관조와 사회적 관습이라는 형식의 타협인 규범이나 법칙으로 새겨졌다는 것은 무엇을 뜻하는가?

> 결국 철학자들의 연구 대상으로 제시된 것은 객관적으로 독립해 있는 인간 의식에 마주해 있으리라 상정되는 사물들의 실체적 세계가 아니었다. 그것은 처음부터 하나의 표상이었으며 이에 객체뿐 아니라 주체도 자신의 분담 몫을 기부하고 있었다.[5]

실체가 아니라 표상이었다. 그것이 설령 실체라고 하더라도 삶에는 표상으로 새겨지기 때문이었다. 말하자면 있음이 아니라 앎이었다. 그리고 앎도 있음에 대한 것이기는 하지만 있음을 그렇게 새기도록 삶이 원하고 필요하여 주문했던 앎이었다. 인간은 삶을 운명으로 겪으면서 이미 표상으로 새기고 있었으니 자연은 '스스로 그러한 대로의 자연'이 아니라 '인간에게 새겨진 대로의 자연'이었다. 자연이 이미 그렇게 읽히고 있었다. 이미 해석이었다.

태초에 해석이 있었다. 신은 창조하셨고 인간은 해석했다. 그리스도교 성서의 창세기를 예로 들어보자. 1장 1절에 '하느님이 태초에 천

---

4 콘퍼드는 이어서 비판한다. "거의 모든 철학적 논변들은, 어떤 논변에 의거해서가 아니라 애초부터 그가 무작정 믿기로 작정한 결론들을 지지하고 방어하기 위해 사후에 고안해낸 것들이다. 바로 이 사실이 왜 철학적 논변들이 그다지 형편없고 인위적이며 설득력이 없는지를 설명해 준다. 그 논변들이 결론에 대한 믿음에로 인도한 증거들이라고 착각함으로써 우리는 소박한 오류에 빠진다"(콘퍼드, 167).

5 콘퍼드, 152.

지를 창조하셨다'고 선언한다. 아직 인간이 창조되지 않았었으니 아무도 본 사람은 없었다. 그런데 창조 선언이 1장 1절에 인간의 언어로 기록되어 있다. 아무도 보지 않았는데 첫 장면이 인간의 언어로 기록되어 있다는 말이다. 물론 하느님으로부터 계시를 받았다고 할 수도 있다. 그러나 그렇다고 하더라도 그런 계시를 받은 인간이 있었어야 한다. 그런데 1장 26절에 인간 창조계획이 나오고 27절에 가서야 인간은 창조된다. 창조되기 전에 어떻게 인간이 계시를 받을 수 있었는가? 1절부터 26절까지를 어떻게 읽어야 하는가? 계시라고 하더라도 후대로 전승되었고 그것도 시간 언어인 말에서 공간 언어인 글로 쓰이는 데에는 유구한 세월이 흘렀다.6 시간과 공간 사이의 어쩔 수 없는 차이를 덮어두더라도 이미 시작부터 말로 넘겨져 오고 있었으니 말로 잡힌 창조 표상이었다. 이미 해석이었다. 그러나 해석이라고 하는 것이 가치를 떨어뜨리는 것은 결코 아니다. 천박한 사실주의에 사로잡힌 사고방식에서는 내내 그렇게 보였지만, 이미 우리는 우리의 삶을 그렇게 뜻으로 풀어가며 살아왔고 살고 있다. 물론 뜻풀이가 모든 것을 다 알아내지는 못한다. 심지어 뭘 모르는지도 모른다. 그러나 그러면서도 뜻을 풀어내면서 산다. 해석은 다 알지 못하더라도 뜻을 풀어내고 살게 하는 힘이다. 그래서 해석은 소중하다.

---

6 언어의 발생도 당연히 영혼의 활동에 기인한 것이었다. "자연의 구조에 대한 표상을 형성한다는 것은 그것에 대한 통제력을 소유하는 것과 같았다. 사물들의 분류는 곧 그것들의 명명이고, 한 사물의 이름 또는 사물 집단의 이름은 그것의 영혼이었다. 그러므로 그들의 이름을 아는 것은 그들의 영혼에 대해 세력을 발휘하는 것이었다. 집단정신의 엄청난 산물인 언어는 실제 세계의 전체 구조의 복제품 또는 그림자 영혼이었으며, 이는 인간의 힘을 가장 효과적으로 발휘할 수 있는 도구였다"(콘퍼드, 169-170).

2. 종교가 문화로: 성-미-선-진

이미 삶을 살았다. 그 삶에 대해 알아가고 새기며 풀어내는 것은 나중 일이었다. 일단 살았고 이미 살았다. 말하자면 삶이 먼저였다. '그렇게 내던져졌다'거나 '그리 살도록 운명 지어졌다'고 한 것은 요즘 와서 하게 된 말이지만 최근에 와서 비로소 사람이 살도록 내던져진 것은 물론 아니었다. 그런데 그렇게 살도록 내던져진 삶은 '내던져졌다'는 바로 그 말이 가리키는 것처럼 스스로 원하지도 않고 어찌해 볼 수도 없는 많은 어려움들을 겪어야만 했고, 종당에는 죽음이라는 끝을 피할 길 없이 삶을 마감해야 했다. 이런 삶이 세대를 거쳐 이어지면서 그 어려움들을 조금이라도 치워보려고 했고 죽음을 넘어보려고도 했다. 이런 과정에서 그런 삶을 살아온 사람들은 삶의 터인 자연이 지닌 막강한 힘 아래 온몸을 조아렸다. 그렇게 조아리면서 소용돌이의 자연을 지배하는 초자연적 존재를 떠올리기도 했고 좌충우돌의 자연현상을 관통하는 오묘한 원리를 더듬기도 했다. 한계를 넘으려는 이러한 몸부림을 후대에 이르러 '종교'(宗敎)라 부르니 사람은 삶의 시작부터 '종교적 인간'(homo religiosus)이었다.

이들이 벌인 몸짓을 추적하는 것은 그리 어려운 일이 아니니 그런 종교적 인간이 홀연히 맞닥뜨리는 '너머'는 위로 가든, 뒤로 가든 무한한 힘이었을 터! 추구와 외경, 복종과 저항, 거부와 수용 등 무수한 초월 체험을 일으켰었을 것이었다. 삶의 이러한 몸부림은 살고자 하는 것이었고 더 잘 살고자 하는 것이었으니 삶이 그렇게 내던져진 '자연'(自然)을 삶을 살게 해주는 '집'이라는 뜻에서 '우주'(宇宙)로 새겼다. '자연'이란 문자 그대로 '스스로 그러함'이니 사람의 삶에 아랑곳할 이유가 없을 정도로 무심하고 황량한 것이지만, 인간은 그러한 자연을 자연 그대로 두지 않고 사람을 품어주는 집이고 덮어주는 지붕을 뜻하는 '우주'로 새겼다는 말이다. 우주를 가리키는 영어표기 universe도 서로 충돌하는 다양한 힘들이 '조화'를 이룬다는 기대를 담은 표현이고 또 다른 표현인 cosmos도 혼돈을 넘어서는 '질서'를 이룬다는 희망을 표출한 것이라면, 과연 거칠고 험한 자연은 이제 우리를 보호해주는 담장일 뿐 아니라 질서가 잡혀 조화롭고 편안한 집이라는 뜻에서 우주가 된 것이다. 자연을 우주로 부르는 것에 이토록 소중하고 절박한 뜻이 있었지만, 결국 그렇게 이름을 붙이는 것(naming)은 우리에게 친근하고 편한 것으로 길들이는 것(taming)이었다.

이제 그러한 자연은 한걸음 더 나아가 '세계'(世界)로 새겨진다. 둘러싸고 담장을 쌓아 좀 더 푸근하고 친숙하게 살만한 곳으로 말이다. 자연으로서 지구는 하나이지만, 세계는 사람마다 개인맞춤형이라도 되듯이 각각 다르게 이루어진다는 주장은 저마다의 왕국 건설을 부추기는 듯하기도 하다. 이 정도면 이제 자연은 더이상 그저 스스로 그러한 것이 아니다. 아닌 정도가 아니라 아주 많이 멀어져 버렸다. 새삼스레 강조할 필요도 없다. 오늘날 생태·환경의 많은 문제가 이와 무관하지 않다면 이 대목에서 돌이켜 볼 일이다. 자연이 우주로, 세계로 새겨지면서 벌어진 문제들일 수도 있기 때문이다. 인간들이 좀 더 살만하게 만든답시고 했던 것인데 뜻하지 않은 자연의 복수인 것 같기도 하다.

자연을 우주로, 나아가 세계로 새겨온 사람의 삶을 '문화'(文化)라고도 한다. 글자대로 푼다면 '무늬가 바뀌는 것'이다. 스스로 그러한 대로 두지 않고 무늬를 새기고 깎고 덧칠한다는 것이다. 원래 모습이 어떠했는지조차 사라져버릴 정도로 말이다. 문화를 가리키는 영어의

culture도 갈고 닦아 만든다는 뜻이 있다니 인간은 황량할 정도로 스스로 그러했던 것을 갈고 닦아 번드르르하게 만들어왔다. 자연과 문화의 관계가 그러하다. 아니 자연에 대해 문화가 한 짓이 그러했다.

문화라 하니 과연 인간의 역사는 문화화 과정이라 하겠다. 표현이 그럴 듯 해보이지만 사실 길들이기이다. 그런데 자연을 우주로, 나아가 세계로 새기는 문화화 과정에서 자연을 위로 넘든, 뒤로 넘든, 그러한 너머의 '무한한 힘'도 인간이 길들이려는 문화화 과정을 벗어날 수는 없었다. 물론 '무한한 힘'에서 '무한'은 이에 안기고 싶은 넉넉한 품으로 이끄는 매혹인데 비해, '힘'은 잘 보이면 뭐라도 얻을 수 있지만 잘못 보였다간 저주를 받을지도 모른다는 두려움이 도사린 것이었다. 이끌림과 두려움이라는 대극은 불가피한데 이는 무한 자체의 본성인 '거룩함'[聖]에서 비롯된 것이기 때문이었다. 그런데 그러한 거룩함도 길들여졌는데 당연히 이끌림을 늘이고 두려움을 줄이는 방향으로 움직여갔으니 여기서 이끌림의 매혹을 문화적으로 정착시키는 '예술'(藝術)이 등장한다. 이도 역시 '심는 꾀'로 풀 수 있다면 예술을 '무한의 이끌림을 늘이기 위해 유한에 심는 꾀'로 새겨도 좋을 일이다. 이제 거룩함 중 이끌림이 부각되면서 '아름다움'[美]으로 새겨진다. 여기서 사람은 그렇게 오묘한 꾀를 부리며 '즐기는 인간'(homo ludens)이 된다. 무한한 힘에 대한 두려움을 줄이고 이끌림을 늘이는 꾀로 고안된 음악과 미술은 절묘하게 무한한 힘을 유한화하는 방법으로 길들이기를 시도했다. 음악이 시간예술이고 미술이 공간예술이니 가히 시간과 공간이라는 유한의 틀 안에 무한을 심는 오묘한 꾀인 것이다. 그렇게 오묘한 꾀는 주위의 물건들을 잡아 바로 써먹게 하니 여기서 사람은 이제 '도구를 쓰는 인간'(homo faber)이 된다. 그러나 아무리 '인생은 짧고 예술은 길다'고 해도 그렇게 긴 예술도 영원하고 무한한 것은 아닐진대, 무한한 힘을 유한한 삶의 터에 심는 꾀로서 예술이 무한한 힘 자체의 표출일 수는 없었다. 여기서 예술은 무한한 힘을 유한한 삶의 터에 불러들이고자 하지만 무한한 힘 자체를 그리할 수는 없다 보니 대신에 이로부터 내비친 꼴을 불러들이는데 그것이 바로 '상징'(象徵)이었다.

무한을 유한에 심는 꾀가 무한을 유한의 꼴로 불러들이는 방식을 취한다는 것은 불가피하지만 특별한 주목을 요한다. 예술이 취하는 상징이 바로 그것인데, 이제 이러한 상징은 보다 정교하게 다듬어진다. 꾀를 부려 꼴을 불러들이고 심기는 했는데 피어나길 기다려 나누고 전하는 일이 만만하지 않았기 때문이었다. 여기서 보다 효과적인 수단이 요구되었고 이 요구에 맞춰진 진화는 인간에게 드디어 언어를 선물했다. 그러나 시간 언어로서 말과 공간 언어로서 글이니 언어도 역시 무한을 시공간의 유한으로 착지시키는 것이었다. 그런데 이제 말할 수 있게 되었으니 무한에 대한 이야기, 무한으로부터 들은 이야기, 무한이 하는 이야기가 쏟아져 나왔다. 이른바 '신화'(神話)다. 신들의 이야기이다. 헌데 신들의 이야기도 당연히, 아니 불가피하게도, 만만치 않게 상징을 쓴다. 신들의 이야기이니 그럴 수밖에 없었다. 그렇다면 인간에게는 어떤 역할을 하는 것이었고 어떤 의미가 있었는가?

자세한 이야기를 생략하더라도, 신들의 이야기는 대체로 우리 삶이 겪을 수밖에 없는 온갖 갈등과 전쟁, 살육 등의 비극을 담고 있다. 인간이 어찌할 수 없다 보니 초자연적인 힘들의 충돌이라고 새길 수밖에 없었던 것이다. 그래서 신들의 이야기이다. 그런 상황에서 살아내는 길을 찾았으니 많은 경우 권선징악을 주제로 한다. 이렇게 하여 무한이 자아내는 이끌림이 이제 착함[善]으로 다가오게 되었다. 그런데 그러한 신화가 아직도 상징일 수밖에 없었다면 상징이 지니는 다의성과 그 이면의 모호성은 동전의 양면처럼 장점이면서 단점이었다. 장점을 잘 못 살리더라도 단점을 극복하는 것은 중요했다. 여기서 모호성을 극복한다는 사명으로 보다 더 다듬어진 언어가 등장했으니 '개념'이 바로 그것이었다. 개념은 무엇보다도 깔끔할 것을 목표로 한다. 상징의 모호성과는 사뭇 대비되는 명백성이 개념의 최고 덕목이다. 그리고 바로 이런 이유로 개념은 '학문'(學問)이라는 문화 활동을 엮어내는 데에 탁월한 도구가 되었다. 아울러 사람은 '생각하는 인간'(homo sapiens)이 된다. 앞서 상징이 덮을 수 없는 거리에 있는 무한이라는 실재를 '가리키는 것'이라면, 개념은 그 실재를 이쪽에서 쓸 수 있도록 '잡아내는 것'이다. 잡아내니 참으로 편리하다. 잡아낸 것 몇 개만이어도 그럴 듯한 그림이 그려진다. 이른바 학문이 산출하는 이론이라는 것이 이에 해당할 터이다. 그리고 그러한 이론이 향하는 최고의 덕은 당연히 참[眞]이다. 무한한 힘이 불려내어 심겨진 꼴인 영상적 상징[예술]이 보다 세세히 이야기로 풀어진 것이 언어적 상징[신화]이라면, 이제 학문은 무한을 개념의 형식 안에 유한하게 진리라는 이름으로 정립한다. 진리가 보편타당성을 기본으로 하는 것도 바로 논란의 여지를 제거해버린 개념에 힘입고 있기 때문이다. 실재에 대한 논의에서 본다면, 자연 너머 초자연적인 차원에서 '신'이라고 불렸던 무한도 이제는 존재가 되고 존재 중의 존재인 최고 존재, 지고의 완전자 등으로 묘사된다.

그런데 그렇게 무한을 유한으로 정립하는 개념이라는 것은 그 역할에도 태생적으로 문제를 지니고 있었다. '개'(槪)가 평미레질을 한다는 것인데 결국 찍어 누르고 억압한다는 것을 뜻하고, '념'(念)은 '떠오르는 생각'인데 '뜻하는 생각'인 사(思)와는 사뭇 다르다. '애써 하는 생각'이 아니라 '솟구쳐 오르는 생각'이다. '애써 하는 생각'이 앎이라면 '솟구쳐오는 생각'은 삶이다. 그러니 개념은 '삶에서 솟구쳐 일어나는 생각을 평미레질로 억눌러 찍어낸 것'이다. 틀에 짜 맞추듯이 경계를 지우니 명백해져서 유용하게 쓸 수 있기는 한데 삶으로 밀고 들어오는 생각을 그렇게 찍고 자를 경우 '목욕물을 버리면서 아이까지 버리게 되는' 누를 범하지 않는다는 보장이 없다. 인간으로 하여금 '호모 사피엔스'이게 했던 재단되고 정제된 생각이 얼마나 폭력적으로 왔는지에 대한 문명사적 성찰이 목소리를 드높이는 것도 이런 맥락에 닿아 있다.[7] 학문의 역할과 함께 한계를 주목해야 하는 이유도 바로 여기에 있다. 해석학적 성찰도 이러한 깨달음에 함께 하고자 하는 노력임은 물론이다.

3. 물음이 넓어지고 깊어지다: 1-3-6

그렇게 학문이 엮어졌다. 무한을 포함하여 참을 구하기 위해 삶에서 솟구치는 앎의 뒤얽힘을 평미레질하여 반듯하게 개념으로 추리고서 그렇게 추려진 개념들을 위아래로 양옆으로 이으니 그럴 듯한 그림이 그려졌다. 아울러 이런 그림은 지나온 세월에 대한 설명이 될 뿐 아니라 다가올 미래에 대한 예측도 할 수 있게 해주었으니 반복되는 경험으로부터 법칙을 끌어내는 이론으로 자리 잡으면서 학문의 뼈대가 되

---

7 최근에 나온 대표작으로 유발 하라리의 『호모 사피엔스』를 들 수 있겠다.

었다. '이론'(理論)이라는 것이 '다스리는 사리를 밝히는 것'이니 삶을 위협하기도 하는 자연이라는 터전뿐 아니라 그런 이유로 향하여 내뻗은 무한에 대해서까지도 어느덧 다스려 이치를 추려내기에 이르렀던 것이다. 변화무쌍하고 심지어 서로 충돌하는 자연 현상들에 관한 법칙의 위력은 가히 신적인 것이어서 자연스레 초자연의 무한까지 넘보게 되었다고나 할까? 무한의 탁월한 사례에 해당하는 신[theos]에 대해서도 이론[logos]을 들이대는 것은 두말할 나위가 없이 당연하고 필수불가결한 것이었다. 그래서 엮여진 것이 신론[theologia]이었다.

물론 학문의 역사라 해도 신론이 처음은 아니었다. 자연을 우주로 본다고 했다. 거친 자연을 포근한 우주로 본다는 것은 앞서 말한 문화화 과정에서의 일이었지만 우주에서 신의 궤적을 더듬는 일은 그런 문화화 과정에서 예술과 신화를 거쳤으니 거친 자연 안에서 벌어지는 살벌한 실상들과 이를 관장하는 무한한 힘으로서 신은 떼려야 뗄 수 없는 얽힘으로 펼쳐질 수밖에 없었다. 그래도 학문 안에서도 군이 순서를 잡자면 바로 눈앞에서 펼쳐지는 우주 이야기부터 시작했다. 시작은 그래서 우주론[cosmologia]이다. 자연을 우주로 보면서 근원이 무엇인가를 묻고 파들어 갔다. 그러다가 한 걸음 더 들어가 좀 더 경계 짓고 엮어볼 수 있는 것으로 세계를 떠올렸는데 그 세계의 작동원리를 더듬는 작업이 존재론[ontologia]이라고 하겠다. 그리고 그 존재론의 정점에 신론을 얹어 세계와 신 사이를 엮어보려고 했다. 이로써 우주론에서 시작한 자연이 존재론을 거치며 세계로 읽혀지고 결국 그러한 자연-세계 너머로 내뻗는 신론에 이르니 유한과 무한 사이의 이야기는 우주-존재-신-론의 입체적 얽힘으로 학문적 면모를 갖추기에 이른다. 이른바 형이상학이다.

형이상학(形而上學)이란 '겉으로 드러난 모양 위에 있는 것에 대한 탐구'이다. 드러난 모양들은 서로 충돌하는데 그 위나 그 뒤에 이를 관장하는 근본 원리가 마땅히 있을 터이니 이를 더듬어보자는 것이었다. 당연히 그 근본은 무엇보다도 무수히 충돌하는 여러 모양을 관통하고 통제하는 '하나'이어야 한다. 여럿에서 하나를 더듬어가는 것이요, 결국 여럿을 하나로 묶는 것이다. 추린다면, 신화로부터 학문으로 넘어가는 문화화과정의 핵심은 '여럿에서 하나로의 전환'이다.

하나! 이제 학문은 하나의 원리를 개념으로 추적하여 규명하는 문화 활동으로서 등장한다. 그런데 하나는 단순히 특정한 숫자가 아니다. 여럿이 불가피하게 서로 긴장과 갈등, 때로 충돌하는 자연은 하나로의 조화[universe]나 하나에 의한 질서[cosmos]로서 우주가 되어야 했다. 그렇게 하나는 불안에서 벗어나려는 안정 욕구로 인해 양보할 수 없는 마지노선이었다. 하나는 그렇게 추앙되었다. 자연은 여럿이지만 우주는 하나이고, 힘들은 충돌하지만 무한은 그 바깥이 없는 하나이어야 했다. 형이상학적으로 원리는 그렇게 정립되었고 신은 그렇게 옹립되었다. '있음'이면서 '있음 중의 있음'으로 말이다.

이제 학문은 그 하나를 향한 웅대한 과업을 수행한다. 여러 방식으로 이를 묘사할 수 있지만 학문적 탐구이니 물음으로 표기해 보는 것도 적절하겠다. 하나를 향한 탐구는 이제 여러 물음 중에서 하나를 향하기에 가장 적합한 물음으로 시작한다. 어떤 물음일까? 당연히 '무엇'이라는 물음이다. 의문사를 추려 여섯 개로 정리한다면, 무엇을 제외한 나머지 다섯 물음은 여럿을 향하거나 담을 수 있는데 비해 '무엇'은 오직 하나를 향한다. 누가, 언제, 어디서, 왜 묻든지 상관없이, 또 어떻게 묻는지도 무관하게 무엇은 같고 나아가 하나의 대답을 요구한다.

'무엇'과 '하나'는 한 배를 탄 운명이다. 그래서 학문적 탐구의 첫 물음은 '하나란 무엇인가?'로 표현할 수 있다.

하나란 무엇인가? 물론 이 하나는 오늘 우리가 손쉽게 사용하는 용어로 진리일 수도 있고 신일 수도 있다. 그러기에 우리에게 익숙한 물음이 여기에서 설정된다. 진리란 무엇인가? 신이란 무엇인가? 그런데 이런 물음들의 껍질을 뜯어보면 이 물음들이 전제하고 있는 진리의 보편타당성이나 신의 유일성이라는 속성적인 기준들도 기실 하나로부터 연유된 것임은 두말할 나위도 없다. 이토록 하나는 소중했다. 귀결이었고 출발이었다. 문화화과정의 귀결이었고 학문의 출발이었다는 말이다. 그리고 이로써 서구정신문화사에서 고대라고 부르는 시대가 시작한다. 그런데 하나에 초점을 두고 거슬러보자면 그리스도교라는 종교가 지배했다는 중세도 결코 고대에 못지않게 하나로 집중한 시대였음은 주지의 사실이다. 말하자면 고대와 중세가 똘똘 뭉쳐 하나로 몰아갔을 뿐 아니라 하나로부터 우주와 세계 그리고 자연까지도 싸잡아내고자 했다. 그리고 그 하나를 향한 물음은 당연히 오직 '무엇'일 뿐이었다. '무엇'은 마땅히 필요할 뿐 아니라 그것으로 충분했다. '무엇'은 필요 충분한 물음이었다. 다른 물음은 오히려 하나를 향하고 하나로부터 비롯되는 데에 방해가 되는 물음들이었으니 고려 대상이 아니었을 뿐 아니라 사실상 억제되었다.

그런데 고대와 중세라는 긴 세월 동안 홀로 군림해왔던 '무엇'이라는 물음이 필요하기는 하지만 과연 이것으로 충분한가 하는 의문이 들기 시작했다. 무엇이 하나를 향한 물음인데 이에 대한 대답들이 한 개가 아니었기 때문이다. 한 개가 아닌 정도가 아니라 무수히 많았고 심지어 서로 충돌하기도 했다. 결국 하나를 향한 물음이 왜 서로 충돌하는 여러 개의 대답을 받을 수밖에 없는가 하는 의문이 제기되었고 여기서 시대의 거대한 전환이 일어난다. 대답이 여럿일 수밖에 없는 이유는 무엇이 아닌 다른 물음들이 무엇과 밀접하게 얽혀 있었기 때문이었다. 그리고 무엇과 그렇게 얽혀 있는 또 다른 물음인 '누가'가 새로운 시대를 열었다. 이른바 누가가 가리키는바 물음을 묻는 자가 전면에 새로이 등장하게 된 근대이다.

이제 근대는 고·중세의 지배 물음인 '무엇'에 '누가'가 맞짱을 뜬 시대였다. 무엇이 하나로 귀결되었다면 그것으로 끝이 났을 터인데 그렇지 못해서, 아니 그럴 수 없었기 때문에 누가가 나타났으니 이제 누가는 주체가 되고 얽혀 있는 무엇은 객체가 되었다. 그리고 이로써 오늘날 우리에게 아주 익숙한 주-객 관계라는 구도가 형성되었다. 그런데 주체와 객체의 관계라는 것이 그리 간단한 것이 아니었으니 한편으로는 주체라 하여 주도권을 가지지만 객체라는 것이 손님이니 잘 모셔야 하는 것이기도 했다. 결국 객체가 된 무엇과 주체를 가리키는 누가 사이의 관계가 관건이 되니 '어떻게'라는 물음이 등장한다. 말하자면, 주체인 누가가 객체인 무엇과 어떻게 관계하는가, 즉 누가가 무엇을 어떻게 알게 되는가가 초점이 되었다. 앎이 관건이 된 것이다. 이른바 인식론이라는 것은 바로 이것을 가리킨다.

이제 인식론은 이미 살핀 대로 세 개의 물음으로 이루어져 있다. 앞서 고·중세의 형이상학이 '무엇'이라는 한 개의 물음을 기축으로 했다면, 근대 인식론은 이미 있었던 '무엇'과 새로 등장한 '누가' 그리고 이들의 관계에 대한 '어떻게'라는 세 개의 물음으로 이루어진다는 말이다. 물음이 한 개에서 세 개로 뻗어나갔다. 혁명적인 전환이었다. 사실 이는 당연한 것이었다. 앞선 시대의 '무엇'이 단도직입적으로 무한을 향한 것이었다면 '누가'는 이제는 무한을 구실로 하더라도 덮어둘 수 없게 된 유한을 전면에 끌고 나오는 것이었으며, 그렇지만 무한과 유한의 관계를 끌어당겨 보아야겠다는 일념에서 '어떻게'가 관건이 되었기 때문이었다. 그렇지만 한 개의 물음이 세 개가 되긴 했는데 그래도 하나로 모아보려는 노력은 애달플 정도로 강렬했다.

좀 더 구체적으로 살펴보자. '어떻게'에 답하려는 노력은 한편으로는 모든 '누가'가 가지고 있을 것으로 여겨지는 이성을 주장하거나, 다른 한편으로는 '무엇'이 쏟아부어 주는 것을 잘 받아 새기는 경험이 중요하다고 강조했다. 물론 이성은 누구에게나 같으니 보편적이고 따라서 필연적인 지식을 설정하나 경험은 개별적이니 모아봐야 개연적일 수밖에 없다는 대비를 보인다. 그러나 그런 대비에도 이성은 보편성으로 다시 하나를 꿈꾸고 경험은 개별적이지만 개연성을 높이기 위해서 공통성을 도모한다는 점에서 역시 나름대로 하나를 꿈꾼다고 볼 수 있다.

결국 세 갈래의 물음으로 이루어진 근대는 여럿일 수밖에 없는 유한한 자연[누가]에 새삼스레 주목하기 시작했음에도 다시 하나의 무한[무엇]을 향하려는 시도를 나름대로 방법[어떻게]을 통해 집요하게 추구한 역사였다고 하겠다. 여럿인 유한한 자연이 보편적인 이성이나 공통성을 향하는 경험으로 모아진다고 보았던 근대는 결국 모양새만 달랐을 뿐 하나를 향한 웅대한 작전이었다고 해도 과언이 아니다. 특히 근대 후기에 와서 철학에서는 주체와 객체 사이의 밀고 당기기에 주목하는 과정을 거치고서 살아 움직이는 정신이 그 갈래를 끌어모은다고 주장했다면, 신학에서는 그러한 정신을 이루는 지성, 감정, 의지라는 세 갈래 중 어느 하나를 붙잡고 늘어지는 방식으로 하나를 향한 집요한 욕구를 충족시키고자 했다.

그러나 힐끗 보였던 여럿이 이대로 숨죽이고 있을 수는 없었다. 하나를 명분으로 여럿을 억제해 온 세월의 축적은 폭발력을 더욱 가중시켜 왔으니 결국 여럿의 이우성이 터져 나오지 않을 수 없었다. 유한한 자연인 '누가들'이 '어떻게'가 질러댄 '헤쳐 모여'라는 구호에 항거하게 되었다. 무한을 모시는 '무엇'이 너무 정신 일변도로만 치달아갔기 때문이었다. 정신은 관념으로 군림하여 물질의 반동을 일으켰고, 본질만 소중히 여기니 실존이 저항했으며, 생각 속에서만 전개되는 사변으로 치달으니 실증의 비판이 등장했다. 물질, 실존, 실증이라는 현대의 화두들은 모두 정신에 의해 예찬되었던 무한을 향한 하나에 대해 '왜'라는 물음으로 시비했다. 무한이 그리고 하나가 아무리 옳고 정당한 것이라 하더라도 도대체 왜 그러하냐는 시비였다. 그 근거를 따지는 물음이었다. 이 물음이 나올 수밖에 없었던 것은 그러한 반동의 계기들을 관통하는 유한성을 이루는 시간과 공간의 구성적 역할에 새삼스럽게 주목하게 되었기 때문이었다. 물론 당연하게도 삶 때문이었다. 말하자면 물질, 실존, 실증 등으로 이루어진 '누가'는 더이상 그저 단순히 '무엇'과 마주하는 '누가'가 아니라 '언제'와 '어디서' 안에서 살면서 '언제'와 '어디서'로 만들어진 '누가'이기 때문이었다. '언제'와 '어디서'로 만들어진 '누가'인 삶이 근대에 하나로 몰아간 '어떻게'를 거슬러서 그리고 더 거슬러 고·중세에 하나로 군림해온 '무엇'에 대해 온몸을 던져 항거한 것이다. 물질을 들추어낸 유물론이 그러했고, 실존주의와 실증주의 역시 그와 같은 거대한 혁명적 전환의 선두를 달렸다. 그러한 세 갈래가 우리 시대를 시작한 서주들이었다면 오늘날은 이들의 교호로 더욱 복잡다단하게 뻗어나간다. 그렇지만 그러한 반동과 전환을 견인한 '왜' 물음이 이 시대정신의 기축을 이루는 것은 두말할 나위도 없다.

지금까지 논의한 흐름을 간략하게 그려본다면 아래와 같다.

형이상학	인식론	반형이상학
무엇	무엇 ↔ 누가 ↑ 어떻게	무엇-어떻게 ↑ 왜 ↑ 누가-언제/어디서

이제 우리 시대인 현대에는 어떠한 사조이든지 여섯 개의 의문사가 모두 동원된다. 보다 중요한 것은 여섯 개의 물음들 사이에 서열이 붕괴되었다는 점이다. 이제는 언제 어디서든지 '무엇' 물음이 더이상 무조건 가장 소중한 기준 물음이 아니다. 상황에 따라 어떠한 물음이라도 가장 중요한 물음이 될 수 있다. 아울러 나머지 물음들이 유기화학 방정식처럼 얽혀져 있다. 한 개는 고사하고 세 개로도 추려낼 수 없다. 복잡하고 복합적인 사람의 얼과 삶의 꼴이 그렇게 추려낼 수 있도록 생겨먹지 않았기 때문이다. 그래서 옛날보다 이야기가 훨씬 더 복잡해졌다. 거시 담론으로 추리기에는 우리 삶이 너무 복잡다단하다. 미시 담론으로 쪼개어질 수밖에 없는 이유도 바로 여기에 있다. 여섯 개의 물음이 아주 많은 경우 서로 팽팽하게 밀고 당기기를 하는 것이 우리가 삶을 살아가는 얼이고 꼴이며 길이다. 더이상 간단하지 않고 단순하지 않다. 이걸 단순하게 정리하려고 한다면 많은 것들을 쳐내야 한다. 그런데 어떤 것들을 쳐낼 것인가? 보기 나름으로 쳐내었던 것이 가장 중요한 것일 수도 있다. 이래서 단순화는 폭력일 수밖에 없다. 오랜 세월 명백성을 구실로 개념의 칼로 쳐내어 왔었는데 이게

모호한 듯이 보이고 작게 보이는 이야기들에 난도질하는 억압의 도구였다는 것이 고발되었던 것이다.

간단히 추려보자. 고대와 중세의 형이상학은 한 개의 물음으로 하나를 향하면서 '실재'(實在) 또는 '참인 것'을 찾고자 했다. 문자대로 풀자면 '가득 차 있음'이지만 우리 맥락에서 다른 것들과 견주기 위해 '참인 것'으로 새겨둔다. 근대 인식론은 주객으로 벌어진 갈래를 각각에 대해 그리고 각각을 잇고자 세 개의 물음으로 다시 하나를 향해 나가면서 '참이라고 알려지는 것'인 '진리'(眞理)를 찾고자 했다. 그러나 현대 반형이상학은 그런 실재와 진리를 명분으로 하나로 모으려고 했음에도 잡히고 담길 수 없는 여럿에게 숨통을 틔워주고자 덮여 있었던 물음들을 쏟아내었다. 여럿일 수밖에 없으니 여섯 개의 물음으로도 모자랄 터였다. 물음이 넓어지고 깊어졌다. 삶이 요구하는 것이었다. 그러나 그러면서 그런 물음들이 소용돌이치는 삶에서 '참되게 살게 하는 뜻'인 '의미'(意味)를 찾고자 했다. 의미는 글자대로 '뜻과 맛'이니 원대한 실재와 준엄한 진리에서는 오히려 기대하기 불가능한 것이었다. 우리가 관심하려는 해석학은 그럴 수밖에 없는 삶의 현실에서 서로 충돌할 수밖에 없는 여러 이야기들의 권리를 다시 복원하고 목소리를 내게 함으로써 억눌리고 잘려져 나갔던 것들을 그 슬픔과 아픔에서 건져내려는 노력으로 다듬어져왔다고 하겠다.

4. 주제파악으로서 해석학에 이르기까지

우리가 여기서 살피려는 해석학은 철학적·신학적 해석학이다. 표

현을 바꾸면 '종교인문학으로서 해석학'이라고 해도 좋겠다. 종교인
문학이라는 표현부터 먼저 풀어 봐야겠다. 인문학이라고 하면, 흔히
문학, 역사, 철학을 가리킨다. 그러나 좀 더 확장하면, 문학을 태동시
킨 원시적이고도 시원적인 장르인 신화로 거슬러 간다. 신화라는 것
은 인류가 말을 갖게 된 후 글로 정착되는 과정까지를 담아낸 유산이
다. 그러나 말과 글을 갖기 전에도 인간의 정신활동은 어떠한 형식으
로든 이미 이루어지고 있었을 것이니 이를 표출해 낸 도구로서 예술
을 들 수 있다. '인생은 짧고 예술은 영원하다'는 말이 있다. 예술이 영
원하기야 하겠는가만 예술이 가리키는 것이 영원인 것은 분명하다.
영원을 꿈으로라도 꾸려는 몸부림으로서 예술은 시간적 표현인 음악
과 공간적 표현인 미술로 나누어진다.

　　그러나 영원을 시간과 공간이라는 한계 안에 담아내려는 예술이
정신문화활동의 첫째 장르일 수는 없었다. 영원을 시·공간화한다는
것 자체가 이미 무엇인가를 거치는 작업일 수밖에 없으니 말이다. 예
술이라는 문화 활동은 이미 매개일 수밖에 없다. 그렇다면 매개 이전
의 직접적인 터전으로 거슬러 가는 것은 마땅하고 불가피하다. 여기
서 바로 원초적이고 시원적인 의미에서 종교가 나타난다. 오늘날 역
사와 전통에서 제도화되고 체제화하다 못해 물상화해버린 종교들 때
문에 원초적인 종교를 떠올리는 일이 간단하지 않게 되어버렸지만 인
간이 자의식을 갖기 시작한 이래 최초의 정신문화활동은 아무래도 원
초적인 종교라고 해야 할 것이다. 결국 사람이 살아가는 삶의 무늬와
결을 더듬는 인문학은 문학과 역사 및 철학 이전의 신화와 예술로 그
리고 시원적으로는 종교로까지 거슬러야 마땅하다. 그리고 이런 점에
서 인문학은 이미 종교인문학이며 예술인문학이다. 그러기에 오늘날

인문학 운운 하면서 문학과 역사, 철학에만 국한하고 예술과 종교를 억지로 포함시키듯, 때로는 배제하는 태도는 인문학의 태동과 연유에 비추어 시정되어야 마땅하다.

그렇다면 '종교인문학으로서 해석학'으로 우리는 무엇을 하고자 하는가? 앞서 예술을 거쳐 종교로까지 거슬러 올라갔지만 예술과 달리 종교에서는 매개가 없지 않았을까 하는 상상을 해 봄직하다. 기실 살면서 겪게 되는 온갖 문제들에 대해 해결을 구하는 일은 한가롭고 호젓한 것일 수 없었으니 매개를 거칠 겨를이 없었을 것으로 추정되기 때문이다. 물론 일상적으로 매일 하던 짓은 아니었지만 그러한 비일상성이 매개를 불가능하면서 불필요하게 했을 수도 있었을 것이다. 하여튼 그런 이유로 원초적인 종교는 비매개적 직접성을 운위했을 것으로 상정해 볼 수도 있을 것이다.

그러나 비매개적 직접성이란 사실 그렇다고 가정하는 것이었을 뿐 실상이 그럴 수는 없는 노릇이었다. 아무리 인간이 신을 간절히 원하여 합일의 경지에 도달했다고 하더라도 그는 여전히 인간이었으니 신과 인간 사이에 거리가 없을 수는 없으니 말이다. 즉 비매개적 직접성이란 불가능한 비현실적 설정이었으니 이미 태초에 거리가 있었고 따라서 태초에 해석도 있었다. 말하자면 사람이 삶을 살아가면서 엮어내는 무늬의 시작이라 할 종교에서부터 이미 불가피한 거리를 어찌 해보려는 해석이 있을 수밖에 없었다. 그리고 '종교적 인간'이란 그런 것이었다. 그러니 인문학은 그 시작에서 종교인문학이고, 종교에서부터 인간은 살아가면서 해석했고 해석하면서 살아왔기에 이미 종교인문학이 해석학일 수밖에 없다. 종교인문학으로서 해석학은 그래서 사실상 동어반복이다.

그러나 그러한 동어반복이 언제나 그렇게 자리 잡고 있었던 것은 아니었다. '시원'(始原)의 종교가 '원시'(原始)로 읽히면서 오히려 왜곡이 시작되었기 때문이다. 글자만 뒤바뀌었을 뿐인데 뜻이 완전히 뒤집혔다. 시원은 그렇게 고색창연하게 있어 주어야 할 무엇이었지만, 원시는 거의 '야만'과 같은 뜻으로 치부되었으니 말이다. 문화제국주의에 대한 비판이 등장한 최근에 와서야 원시에 대한 재평가가 고개를 처들었지만 기실 이를 더욱 부추긴 것은 바로 종교의 태동과 동시에 등장한 일상적인 문화화 과정이라고 해도 과언이 아니었다. 비일상적인 종교가 일상적인 문화로 자리 잡게 되면서 그 뿌리인 종교의 시원을 원시로 보기 시작했었기 때문이었다. 이를 좀 더 자세히 훑어보면 이미 해석하고 있는 인간을 만나게 될 터이고 이로써 동어반복의 타당성을 오히려 확인하게 될 것이다.

그렇다면 이러한 종교적 인간이 둘러싼 세계와 어떻게 관계를 엮으면서 살아왔을까? 앞서 거슬러 올라갔던 것을 다시 내려오면서 자연스레 훑어갈 수 있을 것이다. 종교의 비일상적인 홀연한 체험을 일상화하는 시도에서 예술이 나왔다고 했다. 예술이 배부르고 등 따스한 감상적 유희가 아니라 삶의 문제들과 씨름하는 몸부림에서 비롯된 것이라는 말이다. 때로는 승화되어 찬란하고 영롱하게 나타나지만 그 모든 장르는 삶의 애환을 새기고 삭히려는 몸부림이니 그토록 애절함과 비장함을 담고 있는 것이었다. 아름다워도 슬픔을 머금고 있는 것이라는 말이다.

그러다가 말과 글을 갖게 되면서 신화가 나타났다고 했다. 신의 의인화인지 인간의 신격화인지 살필 일이지만 신 이야기를 떠올린다는 것 자체가 이미 종교에서 시작한 영원을 향한 몸부림의 연장선상이라고 봐야 한다. 그런 신화에 단편적이고 파편적인 낱개의 이야기들이 산재하며, 무작위적으로 흩어져있는 무수한 이야기들 또한 흥망성쇠 했을 것이다. 그러다가 어떤 이야기들은 이어지고 붙어서 길어지기도 하며, 커져서 나름대로 흐름이 엮어지게 되었다. 이야기가 문학의 뿌리라면 흐름이 역사의 뿌리라 할 것이다. 역사라는 것이 그런 이야기의 흐름이니 말이다. 그런데 그런 이야기와 그 흐름이 무수한 갈래로 뻗어 가는데 이야기라는 것이 그러하고 흐름이 이를 더욱 부추기니 그 많은 서로 다른 개별적인 이야기와 흐름들을 추리고 꿰뚫어낼 필요가 대두되었다. 언제까지 다른 이야기들을 축적시켜가기만 한다고 해서 다음 이야기를 앞당겨 예측할 수는 없기 때문이었다. 여기서 바로 예측 가능성을 드높이는 보편언어를 꿈꾸었으니 이른바 개념이 그것이다. 이로써 학문이 시작되고 그 첫 단계에 꿰뚫어내는 통찰의 지혜를 사랑한다는 철학이 등장했다.

그런데 그렇게 꾸려낸 보편법칙 덕분에 예측 가능성을 높이는 것까지는 좋았는데 그러다 보니 세계와 인간 사이의 거리가 사라지는 듯 보였다. 신도 덩달아 보편개념어로 정리되어 들고 다니거나 머리에 이고 다닐 만한 것처럼 보였다. 거리가 사라진 것이다. 그런데 그러면서 해석을 잊어버렸다. 해석하고 있다는 엄연한 사실을 잊어버렸던 것이다. 그러다 보니 거리를 잃어버리게 되었다. 잊어버리다가 잃어버렸다. 물론 잃어버린다고 없어지는 것이 아닐진대, 그렇게 보였다. 그런데 그리되었다는 것을 발견하는 데에 꽤 긴 세월이 걸렸다. 해석학을 일구어낸 삶의 철학과 실존철학 등이 이를 소스라치게 맞닥뜨리게 되었으니 장구한 역사를 거쳐야 했다. 아니 그런 거리를 맞닥뜨리면서 관념으로 정리될 수 없는 현실의 삶을 실존적으로 절규하게 되었다. 그리고 이를 더듬고 다듬는 일이 해석학이라는 이름으로 등장하게 된 것이다.

그렇게 미래를 향한 예측 가능성을 높이려고 꾸려낸 보편언어인 개념으로 세상을 보게 되면서 잊어버리고 잃어버린 것들 중에 가장 중요한 것은 다름 아닌 상징이었다. 오늘날 우리는 상징을 너무나도 많이 잊어버렸다. 특히, 학문에 앞서 등장했던 종교, 예술, 신화가 공히 사용하는 상징은 그 의미와 비중이 엄청난 것이었으나 개념을 내세우는 학문의 등장으로 억압당하고 난도질당했던 일련의 과정을 거칠 수밖에 없었다. 개념은 잡는 것이니 있는 거리도 없는 것처럼 둔감시킨다면, 상징은 가리키는 것인데 가리키는 만큼 거리로 인하여 결국 놓는 것이다. 이제 해석학은 놓을 수밖에 없게 하는 거리를 더듬어보려는 노작이다. 당연히 신화, 예술, 종교가 중요한 터전일 수밖에 없다.

'종교인문학으로서 해석학'이 그러한 취지라면 이제 보다 작은 이야기로 들어가서 '종교인문학'이라는 표현도 둘러보는 것이 좋겠다. '종교인문학'은 종교적 인간의 몸부림을 뿌리로 하는 문화화 과정을 전제로 하니 종교를 풀어내는 것이기도 한데 다른 한편 인간 이야기이기도 하다. 말하자면, 종교인문학은 종교를 인간으로 풀어내는 것이면서 동시에 종교와 관련하여 인간을 살펴보겠다는 것이다. 언뜻 종교를 인간으로 풀어내는 작업은 너무나 당연한 것인데 새삼스럽게 설명할 이유가 무엇인가를 되물을 수 있을 것이다. 그러나 다시 한번 생각해 봐야 한다. 과연 우리가 종교를 인문으로, 즉 인간으로 풀어왔었는가?

앞서 살핀 대로 종교, 예술, 신화와 관련해서 그것들이 취하는 폭넓고 다원적인, 심지어 모호하기까지 한 긴 세월의 문화적인 천착 과정은 학문의 등장과 함께 개념이라는 형태로 납작하게 정리되었다. 그것이 학문이 하는 짓이다. 그러다 보니 인간이, 특히 인간의 삶이 잊히고 잃어버려졌다. 학문의 시작인 고대에 이미 그러했으며 중세는 더 말할 것도 없었다. 근대가 인간이 주체로 출현한 시대이니 사정이 다를 것이라 여겨질 법도 하지만, 사실 이때 주체는 생각하는 주체이지 살아가는 실존이 아니었기에 삶의 자리는 끼어들 여지가 없었다. 예를 들면, 근대철학의 시조인 데카르트가 말하는 보편 이성이나 경험론자인 로크가 말하는 백지상태는 그 어디에도 구체적인 삶을 사는 사람이 자리할 수 없었다. 때문에 근대까지도 우리는 삶을 사는 사람을 말할 수 없었다. 불가피하게도 그리스도교 신학에도 인간의 자리는 없었다. 근대 세속화, 문예 부흥, 주체적 인간 등 좋은 이야기들이 봇물처럼 터져 나오기는 했었는데 떠 있을 수밖에 없었던 이유가 바로 여기에 있다. 해서 근대도 역시 아니었다. 그래서 종교인문학은 당연하지만 새삼스럽다. 그리고 해석학이 바로 그러한 새삼스러움을 마땅함으로 엮어내려는 몸짓으로 나타났다고 볼 수 있다.

다시 되돌아 물어보자. 종교를 인간으로 읽어본 역사가 있는가? 이렇게 물으면 종교인문학이라는 것은 간단한 이야기가 아니라는 것이 드러난다. 단순한 동어반복으로 끝나는 이야기가 아니다. '종교를 인간으로 읽자'는 것은 결국 인간의 종교성을 읽자는 것이다. 앞서 말했던 구별이 이제는 한 데 묶인다. 종교가 중요해서가 아니라 종교성으로 정신문화활동을 시작한 인간 이해가 초점이기 때문이다. 이런 점은 특히 종교에 대한 과학적 연구라는 명분으로 종교학, 종교현상학 등이 역사적 사실과 현상 등에만 머무르는 경우들이 지배적이라는 현실에서 볼 때 더욱 절실하다. 예를 들면, 한국의 전통과 문화의 맥락에서 종교를 연구하는 경우, 특정 종교들에 대한 사료와 문헌 연구를 진행하고, 현장 조사와 실증 답사도 하여서 통계자료를 만든다. 종교현상학과 종교사학도 마찬가지이다. 물론 사례 연구와 분석이 의미가 없지는 않겠지만 종교를 인간으로 읽어냄으로써 결국 인간 이해를 심화하는 의미를 지녀야 하는데 그저 거기에서 시작해서 거기에서 머무른다. 물론 연구범위라는 것 때문일 수도 있다. 연구의 진행 과정 속에서 어느 출발 단계의 화두로서 던져지는 소재에 대한 탐구로서 그럴 수도 있다.

그러나 그리고 나서 종료한다면 특정한 사례로서 연구들은 어떠한 의미를 지닐 수 있을까? 무교나 유교와 같은 전통들이 한국인들의 정신적인 근간이니 한국 재래종교에서 우리 자신을 읽어내는 것이 정신문화적으로 혼재된 한국인의 정체성을 읽어내기 위한 탐구로서 당연히 의미를 지니기는 한다. 그러나 그것은 결국 인간의 종교성을 읽어내는 데에 이르러야 보다 현실적인 의미가 있을 것이다. 말하자면 종교인문학은 그러한 연구를 소재로 삼더라도 인간학적 성찰로까지 나가야 한다. 해석학이 되어야 하는 이유가 바로 여기에 있다. 종교인문학이라는 것은 이런 뜻이다. 종교와 관련하여 인간을 본다는 것이 핵심이다. 인간을 제외하고 종교만을 연구 대상으로 하면 원리와 이상에 머무른다. 학문적 객관성을 명분으로 종교에 대한 분석적 논의의 많은 연구들이 지엽적이다 못해 공허하게 들리는 이유가 바로 여기에 있다. 종교인문학은 결국 종교와 관련하여 인간을 읽겠다는 것이니 이미 그 자체로 이를 타개하는 해석학적 통찰이다. 여기서 염두에 두어야 할 것은 종교가 우선 주제가 아니라는 것이다. 다만 정신문화활동의 시원으로 거슬러 올라갔다가 다시 훑어 내려온다는 뜻을 지닐 뿐이다. 관건은 결국 인간이다. 인간의 자기 이해이고 자기성찰이다. 그래서 종교인문학은 결국 인간해석학이다. 설명이 필요 없는 동어반복이다.

인간해석학이라고 했다. 좀 더 풀어보자. 삶은 무색이 아니다. 삶은 투명이 아니다. 투명이 아닌 삶에서 삶으로 그 뜻을 겪고, 풀고, 새기는 것이다. 겪는 것이 체험이라면 풀어내는 것이 해석이 되겠다. 그런데 겪고 푸는 것이 겪고 나서 풀어 새기는 것이 아니라 겪을 때 풀어 새김으로써 겪는다. 풀어 새기는 것 자체가 겪는 것이다. 말하자면, 체험과 해석은 분리되는 것이 아니고 체험할 때 해석하는 방식으로 체험한다. 거꾸로도 마찬가지다. 해석이란 머릿속에서 하는 인식이 아니라 삶에서 삶으로 겪어내고 풀어 새기는 것이기 때문이다. 그런데 체험에서 함께 가는 해석이 망각과 함께 작동한다. 알았었는데 모르게 된다. 체험과 해석이 얽혀 있으니 겪으면서 풀어 새기는 과정은 이미 삶과 죽음의 얽힘이고 앎과 모름의 뒤범벅일 수밖에 없기 때문이다. 망각은 그것을 경험하게 해주는 단초이다. 인식에서 망각이라는 것은 지식이 없어져 버리는 것이기에 문제가 된다. 그러나 해석에서는 망각이 중요하다. 해석을 움직이게 만들기 때문이다. 삶이라는 것이 겪으면서 풀어내는 뒤섞임이니 앎이 커지면서 모름이 줄어드는 것이 아니라 오히려 더 늘어나는 것을 겪게 된다. 소크라테스는 모른다는 것을 알고 있다고 말했다. '무지의 지'이다. 중세의 마지막 추기경인 쿠자누스도 역시 비슷하게 그렇게 말했다. 그러나 이제 해석학은 무엇을 얼마나 모르는지를 모른다고 한다. '무지의 무지'이다.

해석학은 무엇을 얼마나 모르는지를 모른다는 깨달음의 터에서 삶을 꾸리면서 흩어진 앎의 조각들 사이의 거리를 조금 좁혀보는 것이다. 물론 그런다고 그 거리는 없어지지는 않는다. 망각, 무지, 모름이다. 인식은 거리를 견디지 못해서 모름을 없애 버려야 한다고 생각한다. 그래서 강박이다. 그러나 해석은 모름이 앎에 대해서 그리고 더 나아가 삶에서 오묘한 역할을 한다는 데에 주목한다. 이것만으로도 해석학은 강박으로부터 해방이다. 모름이 무슨 역할을 할 수 있을까? 망각이 무슨 역할을 할 수 있을까? 모름이 우리 삶과 믿음에서 무슨 역할을 할까? 어렵게 생각할 것이 없다. 한계이다. 모름은 앎에 대해서 한계이다. 내가 알고 있는 것이 전부가 아니라는 것을 받아들이라고 한다. 내가 아는 것이 전부여야만 한다는 것은 착각인데 이는 불안 강박에서 비롯된 것일 뿐이다. 삶을 앎으로 납작하게 만들면서 벌어진 일이다.

모름이 어떤 의미를 지닐까? 인식으로 보면 불안일 뿐이다. 그러나 해석으로 보면 모름은 초월이다. 내가 알고 있는 것이 전부가 아니니 내 앎을 초월하게 한다. 앎이 아니라 모름으로 뛰어드는 것이다. 불안이지만 이면에 자유가 있다. 그래서 강박으로부터의 해방을 꿈꿀 수 있게 된다. 이와는 달리 '확신의 죄'라는 것이 있다. 확신이라는 것은 모름에 대해 어떤 의미도 부여하지 못하는 통찰 없음이다. 그러니 모를 수밖에 없는 삶을 자그만 앎으로 잘라낸다. 잘라지지 않으면 찍어 누른다. 그래서 죄이다. 그러기에 강박과 독단이 아닌 진정한 확신이 되려면 모름, 물음 또는 회의를 거부해서는 안 된다. 특히 종교와 관련된 삶에서는 더욱 그러하다. 종교가 아니라 우리 삶을 조신하게 보는 것이 중요하기 때문이다. 그래서 주제파악으로서 해석학이라고 했다. 모르고도 살고, 살고도 모르기 때문이다.

5. 진리인가, 의미인가?: 인식과 해석의 갈래

거기 그 무엇인가 이미 그렇게 있었다. 인간은 아직 그것을 모른다. 모른다는 것을 모르고 있으면 괜찮다. 그런데 모르는데도 그것이 내 삶에 들어와 걸리적거린다. 불편하다. 불안하다. 그래서 건드리기 시작한다. 우호적일지 적대적일지 알 수 없어 불안하지만 그래도 그대로 두고 보는 것은 더 불안하기 때문에 건드리기 시작한다. 그리고는 살금살금 다가가 더듬는다. 앎이 시작된다. 어느 정도 건드려보는데도 별일이 없으면 계속 더 들어간다. 그러다가 어느새 점령군이 된다. 올라선다. 그리고 깃발을 꽂는다. 승리를 선언한다. 주인이 된다. 이게 인식론이다. 이성뿐 아니라 경험도 마찬가지다. 경험이라는 이름으로 백지상태에서 받아 새겨지는 것까지만이라고 하면서도 주도권은 놓지 않으니 말이다.

그런데 이런 인식이 시작은 아니었다. 그런 인식에 앞서서 이미 벌어지고 있는 것이 있었다. 내가 하는 것이 아니라 이미 주어지고 벌어진 것이다. 이것이 바로 의식이다. 의식이 그렇다는 것은 의식을 떠받치고 있는 잠재의식 또는 무의식을 생각하면 바로 알 수 있다. 인간이 하는 것이 아니라 이미 하기도 전에 일어나고 있는 현상이다. 그러한 의식은 무엇인가에 대한 것이어서 지향성이 가장 중요한 특성이다. 그리고 이러한 의식의 지향성이 이제 인간으로 하여금 무엇인가를 하게 한다. 이것이 바로 인식이다. 그리고 의식의 지향성은 인식에서 주체와 객체의 관계를 필요로 하고 가능케 하는 근거가 된다. 그렇게 해서 인식이 시작된다.

이제 인식은 하는 것이다. 의식이 주어지는 것이라면 인식은 하는 것이다. 무엇인가 앎이라는 행위의 대상을 향해 앎의 주체가 하는 행위다. 이성이라는 능동행위뿐 아니라 경험이라는 수동행위도 인간이 하는 것이다. 그래서 경험에서도 인간은 여전히 인식주체이다. 수동적이라고 하더라도 주도권은 인식주체인 인간에게 있다. 받아들이는 틀인 경험에 의해서 앎의 범위와 한계가 결정되니 말이다. 이성론은 보편성을 향한다. 그리고 이를 통해서 필연적인 지식을 구한다. 이에 비해 경험론은 개별사례들에서 출발하여 비슷한 것들을 모아 공통성에 이르고자 한다. 그러니 결국 개연적인 지식일 수밖에 없다. 자연스럽게 지식이 나왔는데 지식이란 인식이라는 행위가 산출해내는 결과물이다.

인식이라는 행위를 통해 나오게 되는 지식이 인식에 따라 필연적 지식과 개연적 지식으로 대조된다고 했다. 이성은 보편성을 기준으로 하니 지식에서 전체를 설정하게 되어 있다. 따라서 전체를 채우고 충족시켜야 하고 당연히 필연성이 중요하게 된다. 이에 비해 경험은 집계를 통해 도달하게 되는 공통성을 목표로 하지만 개별성에서 출발할 수밖에 없으니 개연적인 지식에 이르게 된다. 그러나 이성론의 필연적 지식과 경험론의 개연적 지식은 안에서는 대조적이지만 모두 같거나 비슷한 것을 향한다는 점에서 매우 비슷하다. 그리고 이는 최종목표인 진리를 향하는 결정적인 토대가 된다.

이제 앎은 이미 주어진 의식에서 출발하여 구체적으로 행하는 인식을 통해 지식에 이르고 종국에 진리를 향한다. 그러니 진리는 이성론이든 경험론이든 같음을 지상목표로 하게 된다. 이성론이 구가하는 필연적 지식은 진리정합설로 귀결되고, 경험론이 추구하는 개연적 지식은 진리대응설에 이르게 된다는 것은 좋은 증거이다. 정합이나 대응이나 공히 일치와 동화라는 형식으로 같음을 향하니 말이다. 그리고 모름지기 진리란 그러해야 한다. 이것이 바로 진리는 보편타당성과 객관성을 기준으로 삼게 되는 근거이고 과정이다. 그리고 그러한 만큼 인류문화사에 지대하게 공헌해 왔다.

그런데 그런 일치와 동화, 즉 같음이라는 동일성이 엄청난 문명적 기여에도 이면에 억압구조를 배태하고 있었으니 이것이 동일성에 포함되는 못하는 무수한 다름에 대한 배제와 왜곡으로 치달아갔기 때문이었다. 사실 우리 시대인 현대가 근대에 대해 반동이 되는 것은 바로 이 지점이었다. 진리의 동일성이 행사하는 엄청난 폭력, 그것에 대한 저항이었다. 그 저항은 물질과 육체로, 실존으로 그리고 실증으로 터져 나왔다. 이 모두는 삶의 가락들이니 삶이 앎에 대해 몸부림치기 시작했던 것이다. 정신은 동일성을 향했지만 물질과 육체는 억압되었다. 본질은 보편성을 확고히 하는 것이었지만 실존은 개체성을 절규하지 않을 수 없었다. 사변은 입증도 반증도 할 수 없는 유희였다면 실증은 절박한 현실의 몸부림이었다. 이 모두는 같음이라는 이름으로 난도질당했던 다름의 몸부림이고 아우성이었다.

여기서 삶의 철학이 제일성을 내뿜었다. 연이어 실존철학과 현상학이 나타났다. 삶으로 있음을 다시 새기겠다는 실존철학이라면, 앎의 뿌리가 삶이라는 데에 주목하게 된 현상학도 나왔다. 그러한 움직임들이 보다 크게 용광로 안에서 엮어지니 해석학이 바로 그것이다. 이제 해석학은 삶을 이루는 있음과 앎이 어느 것도 먼저라고 할 것 없이 주고받는 순환관계라는 것을 깨닫게 된 터였다. 이른바 해석학적 순환이 바로 이를 가리킨다. 무엇을 시작이라고 할 수 없다는 통찰이다.

그러나 굳이 이를 인식론과 견주어 추려본다면 다음과 같다. 해석도 인간이 먼저 하는 것이 아니다. 이보다도 앞서 이미 이해라는 것이 있다. 이해는 앎이라는 행위가 아니라 삶의 꼴이다. 알지 못하더라도 이미 살고 있는 꼴을 가리킨다. 도대체 알지 못하는데 어떻게 사는가 할지 모르지만 우리 삶이 실제로 그렇지 않은가? 그렇다면 알기 전에 사는 삶의 꼴은 이미 앞서 모르고도 사는 삶이다. 이것을 이해라고 한다. 그래서 선이해라고도 한다. 그런 선이해가 이제 삶을 사는 실존으로 하여금 그렇게 이미 앞서 살고 있는 삶의 터에서 만나고 겪는 것들의 뜻을 풀고 새기게 한다. 이것이 바로 해석이다. 해석이 바깥으로 끌어내어 말한다고 하는 것도 이를 가리킨다. 모르고도 살아가는 것이 이해이고 살고도 여전히 모르는 것이 해석이다. 그리고 그러한 해석은 지식이 아니라 지혜를 도모한다. 지식은 앎이라면 지혜는 모르는 삶의 길이다. 지식은 양적인 축적이 가능하고 모름을 없애는 것이 목표이지만 지혜는 모름을 받아들이고 앎에 연관시키는 통찰이다. 그러니 지혜에서는 앎이 전부가 아니라는 깨달음이 담겨 있다. 그러한 지혜의 깨달음을 성찰이라고 할 수도 있다. 그리고 그러한 성찰이 향하는 것이 바로 의미이다.

	인식 〔앎〕	해석 〔삶〕
주어진 것	의식	(선)이해
하는 것	인식	해석
나오는 것	지식	성찰
향하는 것	진리	의미

이 점에서 인식론이 향하는 진리와 해석학이 향하는 의미 사이의 관계가 중요한 관건이 된다. 진리와 의미를 맞대응해 보면 매우 불균형적으로 보인다. 그러나 그렇게 보인다는 것은 진리의 동일성 이념

에 예속되어 있다는 증거다. 진리는 누구에게나 언제 어디서나 같은데 비해, 의미는 저마다 달라 보이고 다를 수밖에 없으니 왠지 진리에 비해 작아 보인다. 그래서 작은 의미는 개인적으로 골방에서 고민하고 광장에서는 진리를 외쳐야 한다고 생각한다. 그런데 바로 여기서 앎과 삶의 엄청난 거리가 우리를 억압하는 괴리로 전락한다. 사실 우리가 누구에게나 같은 진리로 사는가 아니면 다를 수밖에 없는 의미로 사는가? 다름이 불편하고 또한 불안하지만 이에 못지않게 자유의 공간이 된다. 그리고 바로 이런 이유로 우리는 진리보다도 의미를 더욱 소중하게 여기면서 이것을 향해 씨름하고 몸부림치며 살고 있다. 우리 삶에 조금만이라고 솔직하고자 한다면 같은 진리가 아니라 다른 의미가 우리 삶을 엮어가고 있다는 것을 여실히 확인할 수 있다. 더 긴 설명이 필요 없다. 그러한 의미는 불안일 수도 있지만 자유일 수도 있다. 그리고 불안과 자유의 얽힘이 삶의 의미, 즉 삶의 맛이고 멋이다. 맛과 멋이라고 해서 배부르고 등 따스한 사람들의 유희를 말하는 것이 아니다. 다름이 그러하고 의미가 그러하듯이 삶의 영롱한 기쁨과 즐거움뿐 아니라 무수한 애환과 아픔, 슬픔도 함께 아우를 수 있는 것이 바로 의미이기 때문이다. 의미란 그런 것이다. 그리고 그리함으로써 해석이 향하는 가치로서 자유를 가리키기도 한다.

6. 사람의 꼴: 단순에서 복잡으로 / 대답에서 물음으로

진리가 단순하다면, 의미는 복잡하다. 진리는 동일해야 하니 당연히 단순하다. 이에 비해 의미는 한 사람의 삶에서도 조변석개할 수도 있으니 복잡할 수밖에 없다. 이것이 바로 진리가 더 선호되었던 이유이다. 그러나 사실 우리는 의미로 산다. 아니 이미 의미로 살아왔다. 다만 그것을 진리라고 이름 붙였을 뿐이다. 말하자면 스스로를 속여왔다. 자기기만인데 기꺼이 저질렀다. 진리의 동일성이 보장할 것 같은 안정을 원했기 때문이었다. 그러나 우리 삶은 그것보다는 훨씬 더 복잡하다. 그런데 우리가 그러한 복잡성을 그대로 보지 않고 단순화해왔다. 이유는 물론 앞서 말한 대로다. 그러면서 단순에 들어오지 못하는 것들을 억눌렀다. 진리 강박이란 바로 이것을 가리킨다. 안정을 대가로 강박을 겪었다. 결국 강박이었으니 제대로 된 안정이 아니었다. 현대가 반동이고 저항인 이유도 바로 여기에 있다. 그래서 과감하게 불안을 싸안고 뛰자고 한 것이다. 달리 방법도 없다. 대신에 자유가 선물로 주어진다. 불안과 자유 사이의 얽힘이 의미이다. 그러니 의미는 복잡할 수밖에 없다. 불안도 복잡하고 자유는 더더욱 여러 갈래이니 말이다. 그래서 사람의 꼴이 단순에서 복잡으로 이동했다. 안정 대신에 자유를 얻었다. 물론 자동으로 주어지는 것은 아니다. 불안과 함께 가는 자유이니 추구하는 것이다. 삶이 이미 그렇게 추구였으니 새삼스러울 것은 없다.

　진리가 대답이라면 의미는 물음이다. 이미 여기서 결정적인 차이를 보인다. 진리는 늘 대답으로 군림한다. 사실 묻기도 전에 진리는 먼저 스스로 대답으로 자임한다. 보편타당성이고 객관성인데 굳이 개별적으로 서로 다른 물음을 고려할 이유도 별로 없다. 그러니 묻기 전의 대답이고 물음 없는 대답이다. 그런데 물음이 없다면 대답도 아니다. 사실 전통적으로 진리는 그런 식으로 작동했다. 물음이 허락되지 않는 상태에서 대답이라고 하니 대답일 수 없었던 것이다. 진리에 대한 항거가 이래서 터져 나왔다. 물음일 수밖에 없는 삶이 진리를 대답으로 받을 수 없었기 때문이다.

이제 의미는 물음이다. 아니 앞서 삶이 물음이다. 앎이 대답이라면 삶은 물음이다. 삶을 사는 사람이 물을 뿐 아니라 삶 자체가 이미 물음이다. 사람이 물을 때는 향하는 대상이 있지만 삶이 물음이라는 것은 스스로를 향하는 것이면서 동시에 의미를 구한다는 것을 가리킨다. 물음으로서 삶은 꼭 대답을 얻어야 하는 것이 아니다. 어느 대답에도 머물러 만족할 수는 없다. 삶 자체가 물음이기 때문이다. 무슨 말인가? 의미를 구한다는 말이다. 대답되어도 그 대답의 의미를 묻는다. 그러니 대답에 머무를 수 없다. 아니 대답 없음을 견디면서 묻는다. 이를 달리 말하면 의미 추구이다. 삶이 물음이라는 것은 삶이 뜻을 구한다는 것과 같은 말이다. 뜻이라는 것이 거창해야 하는 것이 아니고 대단한 근거나 이유를 가리키는 것도 아니다. 근거가 없어도, 이유가 없어도, 뜻은 있다. 삶에는 사실 삶 이외에 다른 이유가 없다. 그렇다고 뜻이 없는 것은 아니다. 삶이 삶의 뜻이다. 그러니 그 뜻은 어느 순간에 고정되어 있지 않다. 이것이 바로 삶을 살게 하는 동인이다. 삶의 뜻은 그런 것이다. 그러니 삶은 물음이다. 의미가 물음을 묻게 한다. 의미가 물음이다.

돌이켜보건대, 형이상학의 시대에, 즉 '무엇'이라는 물음 하나만 있던 때 사람은 그 물음에 대한 대답을 듣고 따르는 것이 할 일이었고 삶이었다. 그러니 삶이 따로 주목될 이유도 없었고 그럴 수도 없었다. 아니 보다 엄밀히 말하자면 물음보다 앞서 대답이 먼저 있었다고 해야 할 것이다. 정치도 그랬고, 사회가 그러했으며, 종교도 그랬다.

인식론으로 넘어가면서 물음이 세 개로 늘어났다. 인간이 인식주체가 되면서 '누가'가 등장했고 이미 있던 '무엇'과 '누가'를 이을 길로서 '어떻게'가 등장했기 때문이다. 그러나 사람은 '누가'에 해당하긴 했지만 '무엇'과 마주하는 '누가'였기에 서로 다를 수 있음이 주목되지 않았다. 그래야 '무엇'과 잘 마주할 수 있을 것이라 여겨졌기 때문이다. 결국 '무엇'을 잘 알아내기 위해 '어떻게'가 관건이었을 뿐 '누가'는 주목받아야 할 것이 아니었다. '생각하는 주체'도 그러하거니와 '선험적 자아'라는 말은 좋은 증거다. 그러니 여기서도 사람은 '무엇'으로부터 대답을 잘 듣기 위한 방법인 '어떻게'를 탐구하는 과제를 수행해야 했을 뿐이었다.

해석학은 이제 사람이 물음을 묻는 삶이라는 점에 주목한다. '언제'와 '어디서'로 이루어진 삶이기 때문에 '누가'는 '무엇'과 '어떻게'를 향하여 '왜'라는 물음을 묻는다. 모든 물음 중에서 종지부를 찍을 수 없는 왜라는 물음이 현대의 시대정신이라면 해석학은 이를 뿌리로 하여 사람과 삶을 풀고자 애쓴다. 이제 삶을 사는 사람은 대답을 받는 존재에서 물음을 묻는 실존으로 전환한다. 그러기에 물음은 더이상 부수적인 것이 아니다. 대답을 끌어내기 위한 마중물이나 안내자가 아니다. 대답을 얻지 못하더라도 물음을 묻는다. 삶이 물음이고 의미가 물음이기 때문이다. 그리고 이것이 대답 강박에서 벗어나는 길이기 때문이다. 나아가 앎의 속임을 넘어서는 길이기 때문이다.

2부

—

삶이
나를 살게 한다

1 장

있음에 대한 삶의 반동

　신은 존재하는가? 인류가 스스로의 유한성을 자각하면서 제기된 물음 중 하나이다. 물론 신 자체의 존재 여부가 중요해서라기보다는 인간이 겪을 수밖에 없는 한계 너머 무한을 욕망으로부터 배우면서 이를 향해 내뻗는 몸짓을 멈출 수 없었으니 무한에 대한 동경에서 비롯된 물음이라 할 것이다. 물론 시대에 따라 무한을 향하는 초월의 꼴과 얼은 달라져 왔지만 인류 문화사에서 한계를 넘으려는 발버둥을 멈춘 적은 없었다. 그런 몸부림이 표출된 다양한 방식들이 정신문화사를 엮어 왔다면 시초에 던진 물음이 그러한 몸부림의 시작이나 한가운데 또는 한쪽 구석에라도 자리 잡아 왔었다는 것도 부정할 수 없다.

　그 옛날에는 신 이야기가 자연스러웠었던 것 같다. 종교의 원시적 표출로서 예술이나 신화가 취하는 상징이라는 관계방식은 신을 세계와 불가분리의 관계로 그려내어 왔으니 그 안에서 한 자리를 차지하는 인간과의 관계도 새삼스러울 것이 없었다. 그러나 학문의 등장과 함께 가리키는 상징에서 잡아내는 개념으로 언어가 전환하면서 신은 관계 이전에 실체로서 실재해야 했고 이제 그 존재 여부가 관건이 되었다. 중세에서 절정을 이룬 고전 신학이 신 존재에 관한 증명에 목숨을 걸어야 했던 이유도 바로 여기에 있었으니 이를 목표로 신앙이 이성에게 악수를 청하고 보편논쟁이라는 이름으로 신 본성에 대한 논의를 전개하게 되었던 것이다. 그러나 인간이 둘러싼 세계를 대상으로 하는 주체라는 지위를 갖게 된 근세에 와서 새삼스레 드러난 자의식은 이성으로만 제한되기보다는 그러한 형식적 기능을 넘어서 보다 내용적으로 세계를 구성하는 주체로서 지위에 걸맞는 지성을 내세우게 되었고 자연스레 갈래를 달리하는 의지와 감정 등의 소용돌이는 인간을 이성보다 훨씬 크고 넓은 정신으로 새기게 하였다. 이제 신앙은 이성과의 맞대응을 넘어서 지성과 의지, 감정을 아우르는 정신의 행위로 간주되었다. 일견 신앙의 영역이 더욱 확장되고 심화하는 듯이 보였다. 그러나 한편으로는 신앙의 범위가 정신이라는 한계에 머무름으로써 신 존재에 대한 증명이 불가능으로 내몰리게 되었고. 다른 한편으로는 그러한 정신에 주체화적 대상화라는 기제가 작동하고 있음을 발견하게 되면서 신이 인간 정신에서 비롯된 것이 아닌가 하는 의문이 제기되지 않을 수 없었다. 이러한 의문이 근세를 마감하고 새로운 시대인 현대를 시작하게 했다면 그 필두에 바로 포이어바흐가 서 있었다.

그는 인간 정신이 자기에게 필요한 방식으로 대상을 새기는 생리가 신 관념에도 여지없이 작동해왔으니 신은 인간의 투사일 뿐이라고 갈파했다. 이런 주장은 존재증명을 최대의 과제로 삼는 고전형이상학의 눈에서 보면 에누리 없는 무신론일 뿐이다. 그러나 투사론은 신 존재 여부에 대한 논의가 전혀 아니니, 증명되었다는 신의 의미 없음을 절규하는 현대 무신론의 서주라 하겠다. 말하자면 거기 그렇게 존재하더라도 인간 삶에 의미가 없다면 아무것도 아니라는 현실적 무신론이다. 의미가 관건일 터인즉, 이것이 바로 종교 비판의 실마리가 된다. 이를 외면해온 그리스도교의 참상을 보아서도 다시 들추어 보는 뜻이 적지 않다.

앎의 뿌리인 삶, 종교의 뿌리인 자연
포이어바흐, 〈종교의 본질에 대하여〉

본디 이미 그렇게 살고 있었다. 그런 삶을 꾸리고자 더듬었다. 더듬으면서 앎이라는 쪼가리들을 얻었다. 그리고는 그런 앎으로 삶을 보다 더 잘 살아보겠다고 나섰다. 더 잘 살려니까 앎만으로는 미흡했다. 보다 확실하고 굳건한 있음이 필요했다. 그래서 있음이 등장했다. 그런데 이제 있음이 앎의 목표가 되고 기준이 되니 앎은 이를 구실로 삶을 통제하게 되었다. 본말전도가 일어났다. 삶이 시작이었는데 끝이 되어버렸다. 그래서 이제 삶이 이에 저항한다. 앎에 대해서, 나아가 있음을 거슬러서 반동한다. 그 있음이 왜 그렇게 앎의 꼴로만 생겨 먹었는가 하고 말이다. 자연인 삶이 정신으로 군림한 앎에 대해 내뿜는 사자후가 터져 나왔다. 그 선두에 루트비히 포이어바흐(Ludwig Feuer-bach)가 서 있었다. 그를 살펴본다. 그런 비판을 적나라하게 드러내 준 종교 이야기를 통해서 말이다.

그런데 현대정신의 선구자로서 의심의 대가 중 필두에 서 있는 포이어바흐가 현대철학인 해석학과 어떤 관계에 있을까 하고 의아하게 생각할 수도 있다. 그러나 장르나 사조로서 해석학이 상아탑에서의 제조품이거나 조작일 수는 없다. 보다 더 적실한 길을 찾으려는 인간의 몸부림이 굽이굽이 여정으로 엮어져 해석학에 이르렀다면 그간의 세월을 지배해 왔던 있음과 이를 떠받친 앎을 거슬러서 누구보다도 혁명적으로 삶을 전면에 내세운 포이어바흐가 결정적인 이정표가 될 것임은 두말할 나위도 없다.

장소니 환경이나 관계나 입장을 초월하여 자유롭게 생각하고 탐구할 수 있다고 생각하는 것, 그것들을 위해 필요한 것은 인간 자신의 의지밖에 없다고 생각하는 것은 인간 본성을 알지 못하는 데에서 오는 무지의 소치이다. 그렇지 않다! 진정으로 자유롭고 거칠 것 없는 비범한 사고를 위해서는 비범하고 자유로우며 거칠 것 없는 삶이 또한 요구된다.[1]

생각이나 탐구로 표현된 인식행위는 의지를 지닌 주체만을 필요로 한다는 근대가 인간을 알지 못하는 무지의 소치라고 단언하는 것으로 포이어바흐는 그의 삶의 철학을 시작한다. 사고의 바탕에 삶이 깔려 있다는 당연한 전제가 이때에 와서야 비로소 등장했었다는 것은 때늦은 감이 있기는 하지만 시대의 전환 선언이라는 역사적 의미를 지닌 사건이었다. 종교를 화두로 삼지만 초점은 인간이었으니 인간학이라고 해도 좋을 그의 주저 중 하나인 〈종교의 본질에 대하여〉를 훑으면서 인간과 세계 그리고 신 이해에서 어떻게 삶을 전면으로 불러내고 드러나게 하는지, 아니 삶이 드러나는 것을 이 선각자가 어떻게 명민한 인문학적 감수성으로 분석하는지 함께 살피고자 한다.

---

1 루트비히 포이어바흐, 『종교의 본질에 대하여』, 강대석 옮김 (서울: 한길사, 2006), 47; 이하 『종교의 본질』로 표기한다. 그는 더 나아가 삶을 이렇게 묘사한다: "의도적이지는 않지만 다른 사람을 모욕하고 상처를 주지 않으려는 사람은 모든 정력과 활력을 갖지 못한다. 왜냐하면 우리는 다른 것을 밟지 않고 발을 움직일 수 없으며 찌꺼기를 삼키지 않고서는 물 한 모금도 마실 수 없기 때문이다"(52). 삶은 모욕, 상처, 밟기, 찌꺼기가 얽혀 있는 엄연한 현실이다. 이에 비해 앎은 그것조차도 거리를 두고 자기 안에 추리려는 태도이니 인식과 실존은 이렇게 대비될 수밖에 없는데 포이어바흐는 이미 이를 주목하는 선두에 서 있었다.

종교의 뿌리는 감성, 그래서 결국 삶

포이어바흐의 논의는 종교를 실마리로 시작하지만 인간관에 대한 혁명적인 전환이라는 보다 거대한 과업으로 향한다. 그는 근대까지 이성과 인식의 차원에서 구성되었던 종교의 뿌리를 파고들면서 감성을 말한다.

> 종교는… 심정적인 환상표상만을 내포하는 것이 아니라, 오히려 사유와 구분되는 요소를 내포한다. 이 요소는 종교의 단순한 형식이 아니라 본질이다. 이러한 요소를 우리는 한마디로 감성이라 부를 수 있다. 왜냐하면 심정이나 환상이 뿌리박는 곳이 바로 감성이기 때문이다. 일상적으로 욕구와 같은 의미로 이해되기 때문에 감성이라는 말에 거부감을 느끼는 사람은 그러므로 배뿐만 아니라 머리까지도 감성적인 본질이라는 사실을 고려해볼 것을 당부한다.[2]

종교의 뿌리는 감성이라고 한다. 그런데 감성이라 하니 욕구를 떠올리면서 꺼리는 경향이 있다고 지적하면서 오히려 인간의 욕망이 배에서만 꿈틀거리는 것이 아니라 머리까지도 솟구쳐있다고 폭로한다. 종교를 지성이나 의지의 영역에서 교리나 윤리로 새겨왔던 이전 시대가 인간을 지엽적으로 축소시켜 왔었다면, 감성이라는 욕망이 몸 전체, 아니 인간 전체를 휘감고 있다는 것을 고려하라고 한다. 말하자면, 머릿속을 꽉 채우고 있는 것이 사실상 사유가 아니라 욕망이라는 것을, 즉 앎이 아니라 삶이라는 것을 적나라하게 고발하고 있다. 삶이나

---

2 『종교의 본질』, 57.

실존이라는 현대의 아우성이 물질과 육체로, 그래서 결국 욕망으로 드러남으로써 시작되었다는 점을 떠올린다면 이를 관통하는 포이어바흐의 통찰은 오늘날에는 자연스럽고 당연하지만 당시로서는 가히 혁명적이지 않을 수 없었다. 그래서 그의 사상이 반동인 것은 비단 종교에 대해서뿐 아니라 전통을 이루어 온 존재와 사유의 위상에 대한 도전이라는 보다 근본적인 차원에서 읽혀야 한다.

근대 인식론은 있음에 대한 앎의 움직임을 들추어냈지만, 있음과 거리를 좁히면서 있음에 이르는 꿈을 꾸다가 보편성이나 공통성이라는 같음을 추구했었다. 그러나 이제 인간은 저마다 서로 다르고 한 사람 안에서도 이리저리 소용돌이치는 욕망에 이끌리는 삶의 다름으로 만들어져가는 것임이 마치 비밀이 탄로 나듯이 드러났다.[3] '머리까지도 감성적'이라는 것은 인간이 더 이상 지성-의지-감정과 같은 요소론적인 분석의 대상이 아니라 그런 분리 이전의 통사람, 즉 전인으로 새겨져야 한다는 것을 가리킨다. 앎이라면 이리저리 더듬으면서 더 자주 잡히는 것이 가장 중요하다는 환원주의로 갈 수밖에 없겠지만 삶은 그런 부분으로 축소되는 것을 허용할 수 없는 통째이니 이제 인간은 전인적인 욕망과 감성의 실존으로 새겨진다. 포이어바흐가 현대의 선구자인 것은 무엇보다도 인간관의 혁명적 전환을 이와 같이 목

---

3 이 책은 사상가의 원작을 해독함에 있어 필자가 사상사 분석을 위해 만든 재구성의 구도와 이를 위한 메타언어들을 사용한다. 여기서 '있음' '앎' '삶' 등이 대표적인데 순수 우리말로 바꾸면서 두 가지 목적을 의도하였다. 하나는 원작자들이 채택하는 언어들이 서로 달라 연관적으로 조망하기 어려운데 메타언어로 관통함으로써 사상의 통시적 연관성을 추리는 데에 도움이 될 것이며, 다른 하나는 우리말을 통한 학문과 사상의 일상화에 조금이라도 도움이 되기를 바라는 뜻도 담았다. 이에 대한 자세한 이해를 위해서는 필자의 다음 저서를 참조하기 바란다: 정재현, 『신학은 인간학이다: 철학읽기와 신학하기』(왜관: 분도출판사, 2002), 전권.

청 돋우어 절규했다는 점에서 가장 명백하게 확인된다. 그가 종래 철학은 인간을 '추상적인 비인간성'으로 새기고 종교는 '환상적이고 현혹적인 인간성'에서 새긴다고 비판했을 때[4] 절묘하고도 극적인 대비를 통해 인간관의 전환을 역설하고 있음을 보여주었다.

그러면서 그가 대안으로 주장한 것은 바로 '자연으로서 인간'이었다. 너무도 당연한 것이 그동안 정신의 이름으로 얼마나 억눌려져 왔는가를 돌이켜볼 때 포이어바흐는 절규하지 않을 수 없었다. 그의 목적은 아래와 같은 선언에서 매우 명백하게 드러난다:

> 나에게 무엇보다 중요했고 중요한 것은 종교의 어두운 본질을 이성의 횃불로 밝혀주어 인간으로 하여금 마침내 지금까지 그리고 오늘날에도 종교의 몽매성을 인간의 억압에 사용하고 있는 저 모든 인간에 적대적인 세력의 먹이나 노리갯감에서 벗어나게 하는 것이다.[5]

더 말해 무엇하겠는가? '종교의 몽매성'이 우상숭배로 이어지고 결국 우상으로부터 받게 되는 억압으로부터 인간을 해방하기 위하여 포이어바흐는 이렇게 기염을 토했다. 앎의 원리인 대상화가 삶의 생리에서 보니 우상화일 수밖에 없었고 이 역시 삶을 꾸리기 위한 자구책이었을진대 애달픈 명분에도 정당화될 수 없는 강박과 독단으로 전락했으니 이야말로 절박한 해결과제라는 것이다. 이어지는 대목에서 이를 다음과 같이 간결하게 재천명한다:

---

4 『종교의 본질』, 58.
5 『종교의 본질』, 69.

나의 강의와 저술의 목적은… 내세의 수험생에서 현세의 학생으로 만들고, 천상적이고 지상적인 군주제와 귀족제의 종교적 정치적 하인에서 자유롭고 자신감에 찬 지상의 시민을 만드는 것이다. 나의 목적은 그러므로 부정하거나 거부하려는 데 있는 것이 아니라 긍정하려는 데 있다. 다시 말하면, 나는 긍정하기 위해서 부정하는 것이다. 나는 인간의 참된 본질을 긍정하기 위해서 신학과 종교의 환상적이고 가상적인 본질을 거부할 뿐이다.[6]

형이상학과 종교가 산출했던 형상이라는 이름의 본질이 환상이고 가상이라고 포이어바흐보다 한 세기 앞서 칸트가 통렬히 비판했었다. 인간의 앎이 불가피하게 한계 안에 머무를 수밖에 없는데 이를 너머 무한한 전체를 마구 표상하니 환상이고 결국 가상이라고 말이다. 그러나 칸트의 이와 같은 비판은 형이상학적으로 군림해 온 존재, 즉 있음에 대한 앎의 비판이었다. 있음을 전체로서 다 알 수 없는데 마치 그런 것인 양 주장하니 가상이라는 것이었다. 그러나 포이어바흐는 형이상학과 종교가 표상하는 있음에 대해 앎의 한계가 아니라 삶의 터전을 근거로 환상이라고 비판한다. 그리고 바로 이점에서 근대와 현대는 갈라진다. 앎에서 삶으로 더 파고 들어간 것이다. 형이상학뿐 아니라 종교도 바로 여기에서 비롯되었다는 것이다.

종교를 이루는 공포와 존경, 결국 종속감

"종교, 적어도 일반적이고 역사적이며 세계를 지배해 온 의미에서

---

6 『종교의 본질』, 70.

종교의 특성에 속하는 것은 책 속에서가 아니라 삶 속에서 통용되는 어떤 것이다."[7] 종교는 분명히 삶에서 터져 나온 것이다. 그런데 안온하고 평화로운 삶이 아니라 뭔가를 붙잡게 만드는 공포와 두려움이 종교라는 발상을 떠올리게 했다. 말하자면, 종교는 현실에서, 그것도 공포를 겪을 수밖에 없는 삶의 현실에서 비롯된 것이다: "고대의 무신론자들은 물론 고대와 현대의 많은 유신론자까지도 종속감의 가장 통속적이고 가장 현저한 현상에 불과한 공포를 종교의 근원으로 선언했다."[8] 그러나 공포와 같은 부정적인 계기만이 종교의 뿌리는 아니다. 반대의 감정도 극대화를 앙망하는 성정을 요구하느니만큼 이면도 살펴야 한다.

> 나는 종교에 대하여 부정적인 해명 근거를 제시할 뿐 아니라 공포와 상반되는 감정, 곧 기쁨, 감사, 사랑, 존경들의 긍정적 감정도 종교의 해명 근거로 제시하고 공포뿐 아니라 사랑, 기쁨, 존경도 신을 만든다고 주장한다. … 우리는 하나의 본질이나 사물이 죽음의 공포와 삶의 기쁨에 대한 대상이고 원인일 때, 그러므로 종속감의 대상일 때 종교의 대상이 된다는 사실을 명백하게 알 수 있다.[9]

종교는 공포에 의해 촉발되지만 상반된 감정인 존경이 바로 이에 대한 해결 기제로 등장하면서 얽힌다는 것이다. 오토와 같은 신비주의자들이 '두려움과 이끌림'이라는 상반된 체험이 '거룩함'을 이룬다

---

7 『종교의 본질』, 77.
8 『종교의 본질』, 73.
9 『종교의 본질』, 79.

고 한 것과 같은 맥락이다. 공포와 존경, 두려움과 이끌림과 같이 대조적인 요소들이 한데 얽히어 종교를 역동적이게 하지만 동시에 왜곡이 일어나는 불가피한 구조로 작동하기도 한다. 왜냐하면 종교가 삶에 뿌리를 두고 있음에도 일단 종교가 형성되면 종교는 삶에서 격을 수밖에 없는 공포에 대한 앎을 공포를 일으키는 있음으로까지 등극시키기 때문이다. 그리고는 있음을 숭배하면서 그 뿌리가 삶이라는 것을 잊어버리고 있음이 뿌리라고 착각하기 때문이다. 삶이 사라지고 있음이 군림한다. 이것이 바로 엄청난 왜곡이다. 왜곡인 것은 그렇게 군림한 있음이 뿌리인 삶을 억압하기 때문이다. 우상화라고 불릴 현상이 벌어지는 생리적 구조이다.

종교의 근거로서 자연

이렇게 삶에서 겪을 수밖에 없는 상반된 체험인 공포와 기쁨은 결국 종교의 터전이 자연이라는 것을 가리킨다. 자연이란 스스로 그러한 것, 즉 이미 그렇게 주어진 것이다. 그리고 인간은 거기에 그렇게 던져진 것이다. 그런 전제가 종교의 근거라는 것이다. 포이어바흐가 자연에 주목하는 것은 앞서 말한 종속감이 왜 생기는가를 찾아 들어가고자 함이다.

> 종속감과 유한감은 동일하다. 인간에게 가장 혹독하고 가장 고통스러운 유한감은 그가 한 번은 실제로 종말에 이르고 죽는다는 느낌이다. 인간이 죽지 않고 영원히 산다면, 다시 말해 죽음이 없다면 종교도 없었을 것이다.[10]

죽음과 종교의 떼려야 뗄 수 없는 관계에 대한 선언이다. 죽음에 의한 유한에 대한 감성이 종속감을 일으킨다. 그러니 종속감은 죽음으로 인한 유한감에서 생기며 사실상 유한감의 또 다른 표현이다. 자연이 종교의 근거라고 하는 것은 바로 이런 이유이다. 그런데 '자연'이라는 전제를 잊어버리고 인간 스스로를 '정신'으로 고립시켜 온 근대가 '자연을 넘어서는 오만한 자아'(84)로 만들어왔다. 그러나 자연은 인간의 유한감의 원천이니 '인간 일반이 아니라 일정하고 특수한 인간'(89)으로 드러내준다. 한 예로서 동물숭배도 그냥 우연히 나온 문명 파행이 아니라 '동물 없이는 인간은 인간이 되는 것은 말할 것도 없고 존재하는 것 자체도 불가능할 정도로 필수적인 것이고 그런 만큼 의존하고 있기 때문'11(93)이다. 말하자면 인간이 존재를 위해 의존하고 있는 것이기에 숭배한다는 것이다. 종교라 불리는 온갖 양태들이 근본에서 이렇게 철저히 자연이라는 것이다. 무슨 대단히 고상한 차원에서 종교의 연유와 정체를 설정해온 그간의 시도가 얼마나 현실에서 동떨어진 포장이었는가를 폭로하는 뜻을 지닌다.

종교성의 정체로서 이기주의

인간은 자신의 삶이 의존하고 있다고 알고 있거나 믿는 것을 신으로 숭배한다. 바로 그 때문에 숭배의 대상 속에서 인간이 스스로에게

---

10 『종교의 본질』, 82.

11 『종교의 본질』, 84, 89, 93. "우리는 인간이 동물을 숭배한다는 사실에 놀라거나 부끄러워 할 필요가 없다. 왜냐하면 인간은 동물 속에서 자기 자신만을 사랑하고 존경하기 때문이다. 인간은 인간을 위한 봉사 때문에, 즉 자기 자신 때문에, 동물적인 원인에서가 아니라 결국 인간적인 원인 때문에 동물을 숭배한다"(99).

부여한 가치가 나타나고 직관되며 결국 신의 숭배는 인간의 숭배에 의존한다. 달리 말하면, 종속감을 일으키는 자연의 유한성은 무엇인가 의존하게 만드는데 이때 의존되는 것은 그렇게 의존하는 인간에게 가장 절실한 것이고 그것이 바로 자기라면 인간은 신을 숭배하는 형식으로 결국 자기를 숭배한다는 것이다. 그래서 '종교의 근거와 본질은 이기주의일 뿐'이라고 포이어바흐는 기염을 토한다. 그러나 그가 말하는 이기주의는 인간 상호 간에 나타나는 도덕적인 이기주의가 아니다. 그런 이기주의는 타자에게 해를 입히기 십상인데 비해 포이어바흐가 말하는 이기주의는 "인간의 본성 및 이성에 부합하는 이기주의"(103)이다. 그가 말하는 이기주의는 타자와의 관련에서 일어나는 도덕적 이기주의와 구별하여 자기 자신을 꾸려가는 '자연적 이기주의'라고 할 만한데, "그것 없이는 인간이 전혀 살아갈 수 없는 이기주의"이기 때문이다.

> 왜냐하면 살기 위해서 나는 계속 나에게 어울리는 것을 동화하고 나에게 적대적인 것을 멀리해야 하기 때문이다. 이는 곧 유기체 자체에 들어 있으며 동화할 수 있는 질료를 동화하고 동화할 수 없는 질료를 배제하는 이기주의이다. … 요약하면 내가 이해하는 이기주의는 자기보존 본능이다.[12]

'이기주의'라는 표현이 가치판단을 지닌 듯이 보인다면 차라리 중립적으로 보이는 '자기보존 본능'이 더 적합할 수도 있다. 그런데 이기주의와 자기보존 본능을 관통하고 있는 것은 자기이다. 그렇다면 자

---

12 『종교의 본질』, 103-104.

기란 무엇인가? 근대인들이 말했던 생각하는 힘을 지닌 이성적 존재, 즉 인식주체가 아니다. 자연으로 내던져진 삶의 실존이다. 여기서 자기라는 것은 주체가 아니라 실존이다. 실존주의와 해석학의 선구로서 포이어바흐를 새기지 않을 수 없는 명백한 증거를 우리는 여기서 다시금 확인한다.

> 자기는 인간의 모든 충동, 욕구. 소질 등의 총체이며, 일반적인 인간의 실존과 삶이다. 왜냐하면 인간의 삶이 모든 것을 내포하고 있기 때문이다. 인간에게 삶이 신성한 재화이고 보물이기 때문에 오로지 인간은 자신의 삶이 의존하는 것을 신이나 신적 본질로 만들었다.[13]

그렇다면 인간은 어떤 방식으로 삶에서 종교를 엮어내는가? 다음의 언설은 폐부를 찌르는 핵심이다:

> 삶이 인간에게 무의식적이고 비자의적이며 필연적으로 신성한 재화이고 본질이기 때문에, 인간은 현실 속에서든 상상 속에서든 이러한 신성한 재화의 발생과 유지를 좌우하고 있는 어떤 것을 종교에서 의식적으로 신격화한다.[14]

---

13 『종교의 본질』, 106. 그래서 심지어 자살조차도 자기보존 본능의 발로라고 분석한다: "자살하려는 삶은 자신의 삶을 빼앗는 것이 아니다. 스스로의 삶은 이미 빼앗겼다. 그러므로 그는 자기 자신을 죽이는 것이다. 그는 가상만을 파멸할 뿐이다. 그는 빈 껍질만을 던져버릴 뿐이다. 이미 오래전에 그의 책임이건 아니건 간에 알맹이는 소멸되어 버렸다"(106).

14 『종교의 본질』, 107-108. 그는 삶이 최고의 가치이고 근거라고 단언한다: "인간에서 삶을 능가하는 것은 없으며 삶이 신들과 동일한 수준의 서열에 놓여있다는 증명을 보게 된다. … 인간은 신들에게만 삶을 희생한다. 왜냐하면 신들의 눈에는 인간의 눈에서처럼 삶이

삶은 무의식적이고 비자의적이다. 현대라는 우리 시대의 지평인 삶은 그러한 것이다. 앎을 그렇게도 갈고 닦았던 앞선 근대와 결정적으로, 아니 혁명적으로, 다를 수밖에 없다. 앎은 의식적일 뿐 아니라 그 작동방식이 자의적이기까지 하다. 아무리 보편 이성을 말해도 그리고 그것이 날 때부터 타고나는 생득관념 같은 것이라고 하더라도 현실에서는 단계를 거친 최고 수준의 것이라면 여기에 의식이라는 이름의 자의가 작동하지 않을 수 없다. 대조적으로 개별경험을 말하는 또 다른 인식론인 경험론도 설득력을 높이기 위해서 결국 보편성과 비슷해 보이는 공통성을 향한다. 이때 출발하는 경험의 개별성은 말할 것도 없고 이들을 모아 추리는 개연적 공통성이라는 것도 목표로 설정된 가설의 정당성을 드러내고자 하는 자의성에서 벗어날 수 없다. 앎이란 그런 것이다. 그러나 삶은 다 알지 못하고도 살아간다. 아니 다 알지도 못하는 것이 아니라 모르면서 살아간다. 모른다는 것을 깨달으면서 우리는 앎만으로는 불충분하다는 것을 절감하면서 삶에 투항한다. 그것이 투항인 것은 그 삶이 죽음과 얽힌 삶이기 때문이다. 죽음을 잊어버리고자 있음을 붙잡고 그걸 잘 모셔보고자 앎을 들추어내어 다듬었지만, 비교도 안 되는 모름의 그림자가 힐끗 우리 삶을 스칠 때면 우리는 소스라치지 않을 수 없으니 삶의 절규와 실존의 아우성은 여기서 터져 나왔다. 삶의 절규는 당연히 현실의 모든 방면에서 터져 나왔으니 특히 자연과 물질에 주목한 이가 바로 포이어바흐다. 우리는 앎으로 우리 자신을 세우려 했지만 그럴수록 모름이 더 크게 군림하는 현실의 무게가 더욱 무겁게 들이닥치고 있음을 부정할 수

___

가장 높고, 가장 귀중하고, 가장 신성한 재화이자 보물이기에 신이 거역할 수 없는, 따라서 신의 의지를 인간의 의제에 종속시키는 제물이기 때문이다"(126).

없었다. 헌데 문제는 얼마나 모르는지도 모른다는 데에 있다. 그러니 자의적으로 할 수 있는 것이 얼마나 되는지 따질 필요도 없다. 그래서 삶은 무의식적이고 비자의적이다. 그런데 그토록 무의식적이고 비자의적인 삶에서 종교가 비롯되었으니 우리는 그 전제를 인식은 고사하고 의식하지도 못한다. 그러기에 포이어바흐는 다음과 같이 말한다: "인간에게 절대적인 본질은, 인간 스스로 그것을 알지 못하지만, 인간 자신이다."15 종교가 하늘에서 뚝 떨어진 것으로 마술적으로 새겨온 이유가 바로 여기에 있다. 설령 하늘에서 떨어졌다고 해도 저마다 받아내는 그릇이 다른 것은 인류문화사와 종교사가 증명한다. 아니 심지어 한 종교 안에서 이미 그러하다. 유태-그리스도교의 경전인 히브리성서만 보더라도 여실히 확인할 수 있으니 새삼스레 논할 일이 아니다.

자기부정도 이기주의에서

종교적 제의의 최고형식으로서 희생이라는 것이 있다. 제물의 형태로 제사에 드려지는 희생이다. 이를 통해 인간은 자기부정을 도모한다. 앞서 우리가 살폈던 종교의 뿌리로서 자연 그리고 주어진 자연의 핵심으로서 자기를 보존하려는 본능이 종교의 근거라고 했다. 그런데 그렇게 자기보존 본능을 근거로 하는 종교에서 이와는 정면으로 충돌하는 것으로 보이는 자기부정의 희생제의가 매우 일반적으로 산재해 있다. 이를 어떻게 보아야 하는가?

포이어바흐는 단적으로 자기부정조차도 이기주의를 목적으로 하고 있다고 설파한다. 절묘한 생리에 대한 전율적인 통찰이다. 아래 이

---

15 『종교의 본질』, 108.

어지는 그의 논변은 이를 단호히 주장한다:

인간은 종교에서 왜 스스로를 부정하는가? 그가 원하기만 하면 그에게
모든 것을 허용해주는 신들의 호감을 사기 위해서이다. … 인간은 그
러므로 스스로를 부정하기 위해서 스스로를 부정하는 것이 아니라 인
간의 정신이 있는 곳에서는 부정을 통해서 스스로를 긍정하기 위해서
스스로를 부정한다. 부정은 형식일 뿐이며 자기긍정과 자기 자신에 대
한 사랑의 수단이다. 이러한 점을 종교에서 가장 분명하게 나타내 주
는 것이 희생이다. … 그러나 희생에 의한 부정이나 파괴는 결코 아무
런 목적 없이 부정되는 것이 아니다. 그것은 오히려 대단히 명백한, 이
기적인 목적과 이유를 갖고 있다. … 이러한 환상적인 자기부정은 동
시에 최고의 자신감, 최고의 자기만족과 결부되어 있다. … 모든 인간
의 충동, 노력, 행위에 기초되어 있는 의미는 인간 본질의 만족, 인간적
인 이기주의의 만족에 있기 때문이다.[16]

자기부정은 수단이고 이기주의는 목적이다. 이것이 종교의 정체
라는 것이다. 과연 종교적 인간의 원초적 종교성이라는 것이 그렇게
얽어져 있다는 것이다. 그런데 이를 독실한 신앙이라고 주장하니 기
만이라는 것이다.

종속감과 이기주의, 충돌하는 듯 얽힌다

종교적 희생에 해당하는 자기부정도 이기주의를 위한 것이라고

---

16 『종교의 본질』, 125, 126, 132, 138.

하더니 앞서 말했던 종교성의 정체로서 종속감과 이기주의를 견주어 분석한다. 이기주의는 자기가 기준이 된다는 주장이라면 종속감은 그 반대일 것으로 보이는데 이것이 얽힌다고 주장한다. 겉보기에는 모순인데 삶에서는 얽힌다는 것이다. 이미 모순에서 역설로의 전환이라는 현대적 통찰을 공유하고 있다. 아니 사실 삶이 우리에게 요구하는 것이다. 다만 이를 꿰뚫어 보는 눈이 중요할 따름인데 참으로 예리한 인간학적 분석이라고 하지 않을 수 없다.

> 종속감은 외견상 이기주의와 모순되는 것처럼 보인다. 왜냐하면 이기주의에서 나는 대상을 나에게 종속시키나 종속감에서는 나를 대상에 종속시키기 때문이다. … (그러나) 그는 결국 다만 이기심 때문에, 자기 자신과 자신의 삶에 대한 사랑 때문에 두려워한다. 이기심이 없는 곳에 종속감도 없다. … (그 이유는) 다른 본질에 대한 종속감은 사실 나 자신의 본질, 나 자신의 충동, 소원, 이해관계에 대한 종속감일 뿐이다. 종속감은 그러므로 전도되거나 소극적인 자기감정에 불과하며 그 경우 물론 직접적인 자기감정이 아니라 내가 종속감을 느끼고 있는 대상을 통해 매개된 자기감정이다.[17]

종속감이란 내가 대상에게 속하는 것이고 이기주의는 대상을 나에게 끌어당기는 것이라는 점에서 정반대 방향으로 움직이는 대조이다. 그러나 그것은 움직임의 방향에서 그러할 뿐이다. 현상으로서 종속감에 주목했지만 그러한 종속감도, 내가 무엇인가에 복속하는 것도 내가 그것을 필요로 하고 그것이 나에게 좋기 때문이니 결국 나의 소

---

17 『종교의 본질』, 140, 141.

원에 대한 종속이어서 이기주의일 수밖에 없다는 것이다. 그런데 그것이 사실상 자기감정인 이기주의로 보이지 않는 이유는 종속의 대상에 걸쳐 새겨지기 때문이라는 것이다. '대상을 통해 매개된 자기감정'이 바로 이를 일컫는데, '대상을 통한 매개'가 종속감을 가리키고 '자기감정'이 이기주의를 가리키니 대조적으로 움직이는 것으로 보이는 종속감과 이기주의는 바로 이런 방식으로 한데 얽힌다. 주체와 대상 사이에서 주도권 다툼에 주목하는 인식론에서는 이성론과 경험론의 그것이 보여주듯이 대조적인 방향이 서로 팽팽하게 긴장하거나 아니면 칸트의 선험적 구성설에서와 같이 나름대로 한 방향이 먼저이고 다른 방향이 나중이라는 식으로 교통정리를 하게 마련이다. 앎이라는 행위에 초점을 두고 보면 다른 방법이란 있을 수 없기 때문이다. 그러나 포이어바흐가 종교의 터전으로서 그렇게도 진하게 주목하는 삶에서 보면 그저 일방향의 대조나 순서적인 안배가 아니라 서로 물고 물리는, 이른바 역설적으로 얽히는 역동적인 관계라는 것을 부정할 수 없다. 나중에 실존철학에서 말하는 현존과 세계의 상호 공속적이고 상호구성적인 작동이다. 또 해석학에서 말하는 일방의 순서를 불허하는 순환에 대한 예고의 통찰이다. 그러니 이런 대목에서 우리가 놓치고 지나가서는 안 될 일이다. 우리가 이렇게 보지 않으면 안 되는 이유를 포이어바흐는 다음과 같이 단언적으로 주장한다:

> 이러한 대상의 힘 자체가 나의 필요라는 힘으로부터 추출된 결과이다. 필요는 그러므로 자기대상의 노예인 동시에 주인이며 겸손하면서도 동시에 자만스럽고 오만하다.[18]

---

18 『종교의 본질』, 141. 급기야 그는 이렇게 이 둘의 관계를 입체적으로 추린다: "종교적인

도대체 앎이 이르려는 있음의 같음에서는 노예이거나 주인의 입장이 대결하니 겸손하거나 오만하거나 한쪽으로 치우칠 수밖에 없다. 주관주의이면 대상은 주체의 지휘를 받아야 하니 한쪽은 노예일 수밖에 없으며 주체는 주도권을 명분으로 오만할 수밖에 없다. 포이어바흐도 주체가 대상을 만나 새기는 대상화가 주체방식으로의 대상화이니 자기대상화일 수밖에 없다고 한 것도 기실 인식론의 기본구조에 대한 비판과 궤를 같이 하는 것임은 물론이다. 그런데 이제 모르고도 살아가는 삶에서는 노예와 주인도 갈라지지 않고 동시적이며 겸손과 자만도 구별될 수 없다. 앎의 논리에서는 정리될 수 없지만 삶의 생리는 이렇게 생겨먹었기 때문이다.

종교의 본질인 정신은 자연으로부터 비롯되었으니 감성이 그 증거다

정신은 감성의 본질이고 감성의 의미이며 감성의 정신일 뿐이다. … 사유하기 전에 먹고 마실 수 있지만 먹기 전에 사유할 수 없고, 동물들이 증명해주는 것처럼 사유하지 않고도 먹을 수 있지만 먹지 않고서는 사유할 수 없기 때문이다. … 최초의 복음, 가장 순수하고 이던 사제의 기만을 통해서도 왜곡되지 않았던 인간 최초의 종교적 원본은 감성이다.[19]

사유하기 전에 먼저 먹어야 한다. 알기 전에 먼저 살아야 하고 이

종속감은 향유의 대상이 되는 한에서 그 대상에 대한 인간의 이기적인 고양을, 욕구의 대상이 되는 한에서 그 대상에 대한 인간의 겸손한 복종을 내포하고 표현한다"(144). 19『종교의 본질』, 149, 150.

미 살고 있다. 게다가 먹지 않고는 사유할 수도 없다. 말하자면 살지 않고는 알 수도 없다. 그런데 삶은 자연이고 인간이 자연으로서 자연과 관계하는 가장 일차적인 관계는 감성이다. 그리고 바로 여기가 종교가 발생하는 터전이다. 앞서 종교의 근거로서 자연 또는 삶을 말한 것과 같은 맥락이다.

그런데 포이어바흐가 말하는 자연은 보편적 전제라기보다는 오히려 개별적 실존의 터전이라는 뜻을 더 강하게 지닌다. 그가 "주관, 곧 실존하는 본질은 항상 개별자이며 유는 그 속성이나 특성일 뿐"이라고 했을 때 그는 현대 시대정신의 근거인 개별실존의 삶을 가리켰다. 그리고 이런 터전에서 근대인식론이 설정하는 주체의 사유가 실존을 왜곡시켰다고 비판한다. 아래 긴 인용은 참으로 머물러 음미해야 할 큰 그림으로서 인간-세계-신의 관계구도에 대한 전통적-근대적 접근을 적확하게 비판한다.

인간은 모든 것을 자기중심적으로 생각한다. 인간은 자신의 작품에 대한 직관을 자연의 작품이나 작용에까지 확대시킨다. 인간은 세계를 주택, 공장, 시계 등 인간이 만든 산물처럼 고찰한다. 인간은 자연산물을 인위적 산물과 구분하지 않고 기껏해야 종류가 다른 것으로만 생각하기 때문에 자연산물의 원인으로서 인간적이고 의도적이고 사유적인 본질을 설정한다. 그러나 자연의 산물과 결과는 인간의 힘을 넘어서고 그것보다 무한히 월등하기 때문에 인간은 본질상 인간적인 원인을 동시에 초인간적인 본질로, 인간과 똑같은 특성을 갖는 본질로써 상상한다. 이러한 본질은 스스로의 사상을 실현하는 오성, 의지, 힘을 갖고 있으며 그 힘은 인간적인 힘과 능력을 무한히 능가할 정도로 한없이 크기

때문에 사람들은 이러한 본질을 신이라 부른다.[20]

인간에게서 신이 나오는 과정이다. 좀 더 자세히 보자. '자기중심적으로 생각한다'는 것은 인식주체를 분석한 표현이다. 앎이라는 행위가 생각이라면 주체는 객체와 관련하여 주도권을 지니니 자기중심적일 수밖에 없다. 근대인의 자화상인 인식주체란 그런 것이었다. 그런데 그러한 자기중심적 사유는 자기가 만들어 놓은 것에 대해서는 물론이거니와 거기 그렇게 주어진 것인 자연에 대해서까지도 그렇게 생각한다. 아전인수의 대상화이고 주체화적인 대상화이니 인간을 둘러싼 세계뿐 아니라 세계의 물리적 터전인 자연에 대해서마저도 인간의 의도에 따라 본질을 규정한다. 주체의 주도권을 근거로 벌어지는 인식의 폭력이다. 그러다 보니 삶의 터전이 앎의 대상이 되는데 앎의 대상이 되는 범위까지만 삶의 터전으로 간주하고 대상에 잡히지 못한 것은 쳐내어 버린다. 그런데 문제는 여기서 머무르지 않는다. 삶의 터전인 자연을 앎의 대상으로 설정하긴 했는데 막강한 자연의 힘을 의인화의 방식으로 새기다 보니 어느덧 초인간적인 상상이 발동하게 된다. 그런데 그러한 초인간적 상상은 이제 거꾸로 인간을 무한히 넘어서니 신으로 간주하게 된다는 것이다. 삶의 터인 자연을 세계로 새기는 것이 앎의 차원에서 벌어지는 일이라면 이제 초인간적 상상을 신으로 간주하는 것은 있음의 차원으로까지 거슬러 올라가는 것이라고 볼 수 있다. 이런 과정으로 삶에서 삶의 요구에 의해 일어난 앎이 있음으로까지 등극하는 과정이 전개되었다. 후에 니체에게서도 비슷한 분석이 전개되거니와 결국 오늘날 우리가 있음 또는 앎이라고 하는 것

---

20 『종교의 본질』, 198.

의 뿌리가 삶이라는 것을 여실히 드러내는 전율적인 분석으로서 해석학적 통찰의 선구적 혜안이라고 하지 않을 수 없다.

자연에 대한 자의적 해석으로서 섭리를 비판하다

자연 속에는 물론 인간이 아직 물리적, 자연적 원인을 충분히 발견해 내지 못하는 현상들이 많이 있다. 하지만 그렇다고 하여 하나의 현상을 물리적으로, 과학적으로 설명할 수 없다는 이유 때문에 신학으로 도피하려는 것은 어리석은 짓이다. … 인간은 한편으로는 무지 때문에, 다른 한편으로는 모든 것을 자기중심적으로 자신에 따라 해명하려는 이기적인 경향 때문에 비자의적인 것을 자의적인 것으로, 자연적인 것을 의도적인 것으로, 필연적인 것을 자유로운 것으로 변화시킨다.[21]

자연에 대해 인간이 알아가는 것은 분명 모름이 가져오는 불안을 극복하여 삶을 보다 편안하고 행복하게 꾸리려는 목적임은 두말할 나위도 없다. 그런데 이런 목적 때문에 모름을 남겨두지 않으려는 성향이 이를 설명이나 해명 가능한 것으로 포장하려 한다. 이유를 알 수 없는 것에 대해서도 이유를 설정하려 한다. 이를 위해 자연 현상을 자의적이고 의도적인 것으로 새기는데 자연을 정신으로 싸잡으려는 관념론도 그러하거니와 종교도 역시 이러한 범주에 속한다. 그런데 이러면서 인식의 횡포와 평행적으로 인격성의 폭력이 일어난다. 좋은 일뿐 아니라 나쁜 일도 모두 인격적인 힘이 주재한다고 보는 것이다. 이렇게 자연을 의인화하면서 도덕적 판단의 주재자로까지 등극시

---

21 『종교의 본질』, 208.

키는 종교는 무심한 자연마저도 인간의 관리 영역 안으로 끌고 들어오려는 아전인수에서 비롯된 것이다. 물론 이러한 행태는 당연히 삶의 본능적 발로이기는 하지만, 동시에 동반되는 자기중심적 아전인수에 의한 왜곡이 본래의 목적과 정면으로 충돌하는 억압으로 이어진다면 자가당착이 아닐 수 없다. 이것이 자가당착인 것은 불안을 극복하려고 예측 가능성을 보장해주는 의지의 힘을 자연 안에다가 설정했는데 도리어 힘의 처분에 종속되는 억압으로 내몰리기 때문이다. 자연을 알려고 하는 것이 삶의 몸부림이기는 하지만 모름을 거두어내려는 앎의 논리에 종속됨으로써 도리어 삶이 억압받고 일그러진다고 비판한다. 종교가 적극적으로 차용하고 있는 자연에 대한 자의적 해석도 여전히 인식론적 폭력과 이로 인한 자기 강박으로의 자가당착이라는 문제를 지니고 있다고 포이어바흐는 이처럼 통렬하게 고발하고 있다.

정신에서 자연으로가 아니라 자연에서 정신으로

정신이 인간의 활동이고 그 자체로 존재하는 본질이 아니며 신체와 떨어져 신체기관이 없이 존재할 수 없다면 그것은 신으로부터가 아니라 자연의 본질로부터만 도출될 수 있다. … 정반대로 최고의 것, 가장 완전한 것이 최후의 것, 가장 늦게 오는 것이다. 그러므로 정신을 시원이나 근원으로 삼는 것은 자연 질서의 전도이다.[22]

유물론이나 무신론처럼 보이는 이러한 언술은 우리의 현실에 대한 진지한 해석학적 성찰의 결과이다. 자연에서 정신이 도출된다고

---

22 『종교의 본질』, 234.

하니 언뜻 그렇게도 보이지만 중략 이후의 주장을 살피면 형이상학적인 차원에서 존재의 위계질서를 말하는 것이 전혀 아니라는 것을 알수 있다. 오히려 삶의 견지에서 인간이 '최고의 것' '가장 완전한 것'에 이르게 되는 방법과 과정에 대한 진솔한 성찰이다. 지고의 완전자(ens summe perfectum)가 있음의 차원에서는 최초 또는 그 이전이지만 앎의 차원에서는 최후일 수밖에 없다는 통찰이다. 지고의 완전자라는 것은 세계에서 일어나고 겪게 되는 모든 불완전한 것들을 싸안고도 측정할 수 없이 넘어서는 것이니 우리로서는 불완전한 것들에 대한 체험과정을 거치고서야 앙망할 수 있을 뿐이기 때문이다. 게다가 그러한 과정을 거치고서도 도달할 수는 없는 경지일 터이다. 그러니 있음으로 보면 최초이지만 앎에서 보면 최후이고 삶에서 보면 최후 너머 모름의 영역일 수밖에 없다. 사실 앎의 최후라는 것은 앎이 더 커지고 늘어나도 그 최후는 또 그만큼 뒤로 물러나는 것이니 어느 순간에도 그 최후에는 도달할 수 없는 모름이다. 앎과 삶 사이에 건널 수 없는 요단강 같은 모름에 주목하는 이러한 통찰 역시 해석학적 성찰의 선구적인 선언이라고 하겠다. 이러한 통찰이 방법론적으로 재구성되어 예를 들면 고든 카우프만 같은 신학자는 존재론적 1차 신학에서 인식론적 2차 신학을 거쳐 실존적 3차 신학으로까지 전환해야 한다는 것을 역설하기에 이르렀다는 것도 좋은 증거가 될 터이다.[23]

---

23 고든 카우프만,『신학방법론』, 기독교통합학문연구소 옮김 (서울: 한들, 1999), 전권 참조.

신의 실재

> 나는 종교의 대상이 종교의 대상으로서는 상상력의 산물이지만 그 대
> 상 자체가 상상물이라고 주장하지는 않는다.[24]

포이어바흐는 자신이 신 존재 자체를 부정하는 무신론을 주장하지
않는다는 점을 분명히 한다. 고전적 형이상학에서는 존재증명이 최대
과제였을 만큼 신의 존재 여부가 관건이었다. 있음의 차원에서의 접근
이었다. 그러나 근대 전기 인식론적 비판을 거치면서 앎이라는 것이
있음 그대로를 드러내 알게 할 수 없다는 한계를 절감하게 되었다. 이
제는 앎의 한계를 넘어선 있음 자체는 긍정도 부정도 할 수 없는 건너
편의 차원이 되었다. 앎에 담긴 만큼 있음을 더듬을 수 있을 뿐인데 그
것이 있음 자체는 아니었던 것이다. 이를 견디지 못한 근대 후기 사람
들이 다시 정신을 붙잡고 자연을 지배하고 조종할 뿐 아니라 구성한다
고 했다. 앎이 있음을 엮어낸다는 것이었다. 있음 그대로의 있음은 거
기 그렇게 머물러 고정된 있음이어서 그대로를 알아낼 길이 없지만 있
음이 스스로 움직여 앎에 밀고 들어오니 움직이는 있음과 이에 마주하
여 움직이는 앎이 서로 만나 얼싸안는다는 것이었다. 있음의 움직임대
로 알아가고 알아가는 대로 있음이 움직인다는 것이었다.

---

24 『종교의 본질』, 278. 그는 유신론이나 무신론이나 공히 의미가 없다고 갈파한다: "이처
럼 시대가 변하고 시대와 더불어 인간의 신들도 변한다. 그러므로 '신은 있다', '나는 신
을 믿는다'는 말은 '신은 없다', '나는 신을 믿지 않는다'는 말과 같이 아무런 의미도 없다.
문제가 되는 것은 유신론의 내용, 근거, 정신인 것처럼 무신론에서도 내용, 근거, 정신이
문제가 된다"(71). 여기서 내용, 근거, 정신이 의미를 향하는 것일진대, 신에 관한 논의
가 더이상 실재나 진리 차원에서가 아니라 의미로 새겨져야 함을 설파하고 있다는 것을
확인할 수 있다.

그러나 죽음과 얽힌 삶이 전면에 등장하게 된 오늘날 있음대로 앎이란 아무리 그것들이 서로 만나도록 함께 움직인다고 하더라도 여전히 앎의 작동일 소지가 크다는 점을 부정할 수 없게 되었다. 삶에 대해 죽음이라는 것이 있음만 아니라 없음이 얽혀 있음을 입증해주고 또한 앎이라는 것이 모름과 함께 간다는 것을 여실히 가리키고 있기 때문이다. 그렇지만 있음과 앎이 같다고 하니 결국 있음이란 앎이 만들어낸 환상이라는 것이다. 있음 자체가 아니라 앎이 만나는 있음이 그러하다는 것이다. 그래서 그의 무신론은 형이상학적 무신론이 아니라 '반형이상학적 무신성'이다. 그리고 그의 초점은 바로 이것이었다. 이럴 수밖에 없는 이유는 그가 바로 삶에서 있음과 앎을 보았기 때문이었다. 일찍이 해석학적 성찰을 선구적으로 개진했다고 봐야 마땅하다.

> 환상은 어떤 작용을 하는가? 그것은 모든 것을 인간을 본떠서 만들어낸다. 그것은 자연을 인간적인 본질의 형상으로 만든다. … 인간은 자연을 의인화하면서 또는 바로 그 때문에 자연을 신격화한다. 다시 말하면 인간은 자연을 신격화하면서 스스로를 신격화한다.(280)

앎일 뿐인 것을 있음이라 주장하니 환상이라는 것이다. 그런데 그 환상은 인간 자신으로부터 나온다는 것이다. 이토록 집요하게 포이어바흐는 인식구조의 횡포, 즉 대상에 대한 주체의 과도한 지배를 비판한다. 해석학적 성찰로 향해가는 징검다리의 결정적인 지점으로서 그의 위치를 간과해서는 안 되는 이유이다.

게다가 포이어바흐는 자기와 타자의 관계마저도 인식의 주-객 구도로 끌어들이는 생리에 대해서, 즉 자기중심성에 대해서도 선구적으로 비판을 개진했다는 점에서 오늘날 타자철학과 타자윤리학의 개척자로도 평가되어야 한다. 그는 이렇게 말한다: "인간의 이기주의만이 스스로의 신을 참된 신으로 간주하고 다른 민족의 신을 상상 속의 존재로 간주한다."[25] 이기주의는 자기의 앎은 있음으로 등극시키고 남의 앎은 그저 앎일 뿐 아니라 그것도 가짜 앎이라고 주장한다고 비판한다. 앎이 있음이 되고 말고의 여부가 자기에게 달려 있으니 이기주의요, 그러하니 그렇게 주장된 있음은 진짜 있음이 아니라는 것이다. 앎이 우리를 속이는 탁월한 증거를 포이어바흐는 이렇게 신관에 작동하고 있는 이기주의적인 성향에서 여실하게 보여주고 있다. 다시 말하면, 인간이 스스로를 신격화하여 신을 만들고 있는데 그 안에서도 자기를 주체로 하는 기준에서 서로 다른 신들 사이를 교통정리하고 있다는 것이다. 주체의 주도권적 지배뿐 아니라 자기의 중심주의적 횡포까지도 신랄하게 고발한다. 참으로 종교적 인간의 폐부를 찌르는 핵심적 비판이 아닐 수 없다. 자고로 어떤 논의든 그 핵심은 언제나 자기가 관건이 되고 있다는 점을 여실히 드러내주는 자기성찰의 선언이다. 바로 이런 이유로 그는 근대를 종지부 찍고 우리 시대인 현대로 넘어오게 한 선구자로 추앙된다.

---

25 『종교의 본질』, 286.

2 장

앎에 대한 삶의 절규

애당초 살았다. 살면서 이런저런 것들을 겪으며 깨닫게 되었다. 삶이 그런 것인가 하려던 차 죽음을 당했다. 죽게 되면서, 있던 것이 없어진다는 것을 보게 되었다. 죽음에 대한 저항은 당연하고 불가피하게도 없어짐과의 투쟁이었고 따라서 있음을, 그것도 영원한 있음을 찾아 헤매게 되었다. 헤매는 과정에서 불변하는 그 무엇이 있다고 믿게 되었다. 그리고 그것을 붙잡았다. 있음 자체를 붙들고 늘어졌다. 마땅히 근원으로 모셔졌다. 그러다 보니 이제 있음 자체가 모든 것의 뿌리가 되었다. 이제는 있음을 잘 알아내는 것이 관건이었다. 그리고 그런 앎에 그렇게 살아오던 삶을 꿰맞추기 시작했다. 이러면서 애당초 그냥 살았던 삶이 일그러졌다. 그런데 삶이 일그러지니 있음을 붙들고 늘어진 목적에 정면으로 위배되는 것이었다. 자가당착이었다. 헌데 역사는 이렇게 흘러왔다. 그러나 그런 왜곡을 깨닫게 된 것은 그런 흐름이 상당히 엮어진 후의 일이었으니 역사를 주목하는 19세기를 거치면서나 겨우 기대할 수 있는 것이었다.

그즈음에 몇 사람들이 앞서거니 뒤서거니 삶을 이야기하기 시작했다. 아니 사실 절규였다. 삶을 위한 있음이 삶에 앞선 있음으로 군림하며 억압하니 목적과 수단의 도치일 뿐 아니라 그 이상으로 목적의 충돌이었다. 게다가 사람을 위한다는 종교가 오히려 이런 억압에 더욱 앞장서 왔다고 이구동성으로 거품을 물었다. 이른바 반종교의 시대가 시작된 것이다. 앞서 살폈던 포이어바흐가 선구였다면, 이 도도한 흐름의 정점에 니체가 나타난다. 삶을 삶답게 살게 하는 것이 종교의 본뜻이어야 한다는 그의 신념은 그로 하여금 있음의 군림을 통한 삶의 억압이라는 자가당착에 빠져 왔던 종교에 대해 비판의 칼을 갈지 않을 수 없게 했다. 삶에서 삶을 위해 파생된 앎과 있음이 오히려 삶을 거슬러 모순을 일으키고 억누른다면 이것이야말로 본말전도가 아닐 수 없기 때문이다. 그런데도 종교와 도덕이 이를 오히려 더욱 부추기니 그 이유인 즉, 종교라는 것이 회의를 일으킬 수도 있는 삶의 자기성찰을 거부하고 확신을 위하여 있음과 앎을 묶어 같음으로 만들어내려는 절대화로 빠질 수밖에 없는 생리를 구조적으로 지니고 있기 때문이었다. 도덕도 마찬가지였다. 니체는 이를 고발하며 절규했다. 예언자적으로! 그러다 보니 아직도 오해되고 핍박도 받는다. 기독교와 교회 그리고 신학이 이를 매도하고 외면해왔지만 그 결과 오늘날 근대의 탈종교는 물론이고 현대의 서두를 장식한 이와 같은 반종교적 일침마저 고전이 되게 한 무종교의 시대가 밀려오고 있다. 그런데 이러한 무종교시대에 종교의 의미를 일구어내려는 가냘픈 시도는 반종교와의 대화를 비껴갈 수는 없을 터이다. 새삼 니체를 보려는 이유다.

니체의 종교비판과 해석학적 의의

니체 철학의 취지

반복하지만, 삶이 시작이다. 삶에서 시작해서 삶의 문제를 해결하고자 더듬어 알다가 있음에 이르게 되었다. 순서가 '삶-앎-있음'이다. 그런데 있음이 설정되고 나더니 순서가 뒤집어진다. 있음이 기준이 되고, 출발이 되고, 뿌리가 된다. 거기에 대해서 앎, 즉 '있음에 대한 앎을 가지고 삶을 살라'라는 식으로 뒤집어졌다. 있음에 대한 앎, 이것이 무엇인가? 사상이고 도덕이며 문화이고 종교이다. 삶이 필요해서 내지른 몸부림인데, 거꾸로 있음이 앎을 무기로 삶을 조정 통제하게 되었다. 프리드리히 니체(Friedrich Nietzsche)의 고발이 그런 것이다. '삶-앎-있음'이 '있음-앎-삶'으로 뒤집어졌다는 것이다.[1]

---

1 메타언어는 사상가들이 말하는 저마다 서로 다른 용어들을 관통하고 더 깊이 들어갈 수 있게끔 해주는 유용한 도구이다. 니체에 앞서 등장하는 칸트-피히테-셸링-헤겔만 간단히 살펴도 바로 확인할 수 있다. 칸트는 물 자체 그대로는 알 수 없고 우리 앎에 담긴 걸 현상이라고 한다. 그래서 물 자체와 현상이라고 한다. 피히테는 그것을 자아와 비아라고 말한다. 셸링은 정신과 자연이라고 말한다. 헤겔은 칸트가 벌려놓은 현상과 물 자체의 거리를 좁히기 위해서 피히테를 구도를 가지고 셸링의 착상을 써서 그 자신의 그림을 그려냈다. 헤겔에게 있어서 칸트가 문제 제기다. 물론 피히테, 셸링도 그 문제를 해결하려고 했으나 작은 범위에 머물렀다. 문제의 출발은 칸트이고, 해결하는 방식이 피히테의 변증법이다. 그리고 사용하는 결정적인 개념은 셸링의 것을 쓴다. 그러면 헤겔에 앞선 사람들의 어휘가 다르고 복잡한데 어떻게 우리가 그 흐름을 꿰어낼 수 있을까? 여기서 메타언어가 유용하다. 있음-앎-삶을 사용하면, 칸트의 물 자체는 '있음'이고 현상은 '앎'이다. 피히테의 자아가 '앎', 비아가 '있음'이다. 셸링에 가면 자연이 '있음', 정신이 '앎'이다. 이게 헤겔에 들어와서 원래 정신이 바깥으로 나간 것이 자연이다. 앎이 바깥으로 나간 것이 있음이다. 그러니까 관념론이라는 소리를 듣는다. 안에 있다가 바깥으로 나갔다가 다시 안으로 들어오는데, 나름대로 패턴이 있다. 이것을 논리라고 한다. 그래서 헤겔의 기본구도가 정신으로부터 자연으로 나갔다가 다시 정신으로 되돌아가는 자기 귀환 과정의 논리적인 규

삶은 의식하지 못하고 산다. 삶은 모르고도 산다. 아기가 뭘 모르면서도 이미 살아가지 않는가? 그런데 아기가 무엇을 하려고 하는가? 알려고 한다. 생소한 것이 나한테 좋은 건가, 나쁜 건가를 알아간다. 그런 것을 엄마가 말해준다. 안다는 것은 상아탑의 지적 유희이기 전에 생존본능에 의한 것이다. 삶을 위한 것이다. 삶을 이미 살고 있었고, 그 삶을 꾸리려고 알고자 하는 것이다. 앎은 삶을 위한 원초적이고 자구적인 노력이다. 앎의 가장 기초적이고 일차적인 방식이 '이름 붙이기'이다. 물론 이름을 붙인다고 사실 다 아는 것은 아니다. 뭘 알고 있는 것처럼 이름을 붙여놓았지만 다 알 수는 없다. 그러나 이름을 붙임으로서 생판 모르는 것에 대한 불안에서 나름대로 교통정리를 할 수 있는 것처럼 느껴진다. 사실 이름은 뜻이 없다. 이름이 뜻을 가지려면 그만큼의 세월과 역사가 쌓여야 한다. 삶이 뜻을 세워주니 말이다.

앎의 가장 초보적인 차원이 이름이고, 그러다가 이름의 껍질을 벗기고 내용을 쌓아간다. 그러나 삶이 원하는 앎은 삶을 조금 더 잘살게 하는 정도를 넘어서 죽을 수밖에 없는 삶을 해결하려는 꿈을 꾼다. 그래서 죽음 너머, 없어짐 너머의 있음을 구하는 앎이 된다. 결국 앎이 그런 있음, 즉 '없음이 없는 있음'에 도달하게 된다. 그렇게 해서 있음 자체, 존재의 근원, 신이 그려진다. 그렇게 그려지고 나니 오히려 있음이 기준이 되고 그것을 잘 알아내서 진리로, 교리로 정리하고 삶의 현실을 거기에 찍어 맞추게 된다. 이것이 니체가 말하는 가치의 전도이다. 그래서 다시 뒤집어야 한다는 것이다. 원래 그런 것인데 종교와 문화에 의해서, 도덕과 이성에 의해서 뒤집어졌다는 것이다. 그래서

칙, 그것이 그의 역사철학이다. 그러니까 세계사는 '절대정신의 자기외화로부터 다시 자기귀환으로 이어지는 과정'이라 고 하는 것이다.

자연으로, 생명으로, 삶으로 되돌아가야 한다고 역설한다. 그래서 니체의 주장에서 핵심은 생명이고, 자연이며, 삶이다. 그것을 관통하는 주제는 역시 힘이라고 할 수 있다. 이제 그 눈으로 문화와 도덕 그리고 종교를 비판한다.

어떻게 비판하는가? 좀 더 자세히 보자. 삶이 필요해서 내뻗은 몸짓으로서 앎이 도달한 있음을 위해서 그 있음에 대한 앎에 삶을 꿰어 맞추기 시작했다. 이러면서 앞서 말한 대로, 애당초 그냥 살았던 삶이 일그러졌다. 삶이 죽음을 겪다보니까 '어떻게 하지?'라고 하면서 알기 시작하다가 '어떻게 하지?'라는 목적을 위해서 '있음'까지 도달했는데, 그 있음이 도리어 앎의 원조가 되고 삶을 구획 지어버리는 위상으로 군림하니까 삶이 거기에 도리어 억압되었다. 문화와 도덕과 종교가 사람을 살리는 것이 아니라 오히려 죽이고 있다고 폭로한다. 물론 많은 사람들이 이전에도 반동을 제기한 적이 있지만 대체로 작은 담론이었다. 이것이 큰 담론이 되게 된 것은 임계점에 도달하면서이다. 이제는 '왜'를 터뜨릴 수밖에 없는 상황이 된 것이다. 헤겔이 바로 그 임계점이었다. 헤겔이 모든 것을 종합하면서 벌어진 일이었다. 무수히 서로 다른 '다름들'이 이글거리다가 결국 같음에 도달한다는 것이 변증법적 종합이다. 이건 다름들의 소용돌이와 충돌들을 극복하여 예쁘고 깔끔한 하나에 이른다는 것이다. 모순지양이다. 그 어떤 것도 빠져나갈 수 없는 다름의 거대한 용광로이다. 다 싸잡아버려서 어디에도 빈틈이 없으니 헤어날 길이 없어 보였다. 그런데, 바로 그렇기 때문에 삶이 본격적으로 저항한다. 그래서 반동이다!

물론 종교에 대한 현대의 반동적인 비판은 종교에 대한 관심이고 애정이지 포기가 아니었다. 근대는 과학과 함께 종교로부터 벗어나는 탈종교시대였다. '탈'은 지배적인 종교로부터 벗어난다는 뜻이다. 그러니까 세속화를 향해서 나아갔다. 그러나 아직도 종교의 세력이 막강했다. 시민 사회가 만들어지지만 여전히 엘리트 사회이다. 그런데 현대로 넘어오는 지점에서 의심의 대가들을 시작으로 종교에 대해서 비판했다. 그래서 '반종교'라고 할 수 있다. 비판이란 무엇인가? 관심이고 애정이다. 그런데 이제는 그것도 옛날 이야기이다. 반세기 전부터 더이상 '반종교'라고 칭할 수 없는 시대가 시작되었다. 20세기 중엽에 종교의 존재와 의미를 부정하는 무종교시대가 시작된다. 비판하는 것이 아니라 필요도 없다고 하는 것이다. 옳고 그름을 따지는 것이 아니라, 더이상 관심이 없는 것이다. 이렇게 무종교가 지배하게 된 데에는 반종교의 종교비판을 진솔히 새기지 못한 데에도 적지 않은 연유가 있을 것이다. 그런 점에서 이토록 애정 어린 비판을 되새기는 것은 참으로 시의적절할 뿐 아니라 그 이상의 필수적인 의의를 지닌다. 종교가 중요해서가 아니라 사람이 중요해서이다.

현대의 반동이 일어나게 된 역사적 배경

도대체 우리 시대에 왜 그렇게 삶이 절규하게 되었나? 앞선 시대에 무엇을 씨름했는지 간단히 살펴보자. 서양사를 시대적으로 분류하면 고대, 중세, 근세, 현대로 나눈다. 이를 정신문화의 차원에서 보면, 고대는 철학의 출현으로 시작하고, 중세는 철학과 얽힌 종교의 지배를 특징으로 한다. 그전에 종교가 없었던 것은 아니었지만 철학과 얽히는 세계를 지배하는 종교의 출현은 고대와는 다른 시대인 중세를 만들었다. 그리고 그 종교는 바로 그리스도교였다. 그런가 하면 근대는 그 중세를 뒤로 돌리고 탈종교를 부르짖는 과학이 연 시대였다. 그렇다면 현대는 무엇일까? 철학, 종교, 과학이 각 시대를 특징짓는 것이라면, 현대는 무엇이 특징짓는 시대라고 할까? 필적할 만한 시대 전환의 계기로 무엇을 위치시킬 것인가? 아직도 진행되고 있는 시대이니 단도직입적으로 대답을 붙이기는 어렵다. 그러나 우리 시대인 현대는 철학, 종교, 과학만으로는 무엇인가 모자라니 몸부림치고 발광하는 시대인 것만은 분명하다. 현대의 사조들이 대체로 이를 공유한다. 니체도 이런 맥락에서 필두에 서 있는 인물이다.

위에서 열거한 네 개의 시대를 다시 셋으로 분류할 수 있을 뿐 아니라 둘로도 분류할 수 있다. 물론 고대 이전의 시대도 있지만, 우리는 학문 이전의 시대로 돌아갈 수는 없다. 다시 돌아갈 수 없으니 학문의 시작으로부터 시대정신을 읽어가고자 할 때 더 거슬러 갈 수 없는 시대가 고대이다. 물론 그전에 시원으로 돌아가는 신화사, 예술사, 종교사가 있지만 자기 정체성을 자리매김하게 되는 축의 시대, 즉 학문의 시대를 주전 5세기로 잡는다. 현대를 위한 의미의 비중을 놓고 셋으로 쪼갠다면, 고·중세는 한 묶음이다. 이천오백 년 학문의 역사에서 이천년이 한 묶음이다. 간단하게 고전이라고 말한다. 고전은 근대와도 구별된다. 그래서 고전·근대·현대로 말할 수 있다. 필자의 메타언어를 사용해서 표현하면, 고전은 있음을 올곧게 세우려는 형이상학을 중심으로 하는 '무엇' 물음이 지배하던 시대라고 할 수 있다. 과학이 열어준 근대는 인식론의 지배 시대이다. 앎이라는 행위에 주목하게 되었으니 물음의 방식으로 표현하면 '어떻게'이다. 현대는 무엇일까? 현대는 앞선 질문들의 얽힘에 대해서 '왜'를 묻는다. 근거를 시비하는 반동이니 반형이상학이라고도 한다.

'무엇'이 정체 물음이고, '어떻게'가 방법 물음이라면 '왜'는 근거물음이다. 연대기로 보면, 고·중세 시대가 이천 오백 년 중 이천 년이기에 그것을 나이테로 형상화한다면 4/5를 차지하고 있다. '무엇'의 두께가 80%를 차지하고 있다. 바로 앞선 근대의 '어떻게'는 350/2500이니 15% 정도라고나 할까? 우리 시대는 이제 5% 남짓이다. 말하자면 고대, 중세, 근대가 옛날이야기로 지나간 것이 아니다. 엄연히 현대의 우리를 그만한 부피와 두께로 엮어내고 있다. 역사를 본다는 것은 나를 이루고 있는 이런 무게에 대해 감지한다는 것을 가리킨다.

이제 더 줄여서 둘로 줄여보자. 이천 오백 년을 둘로 나눈다면 어디에서 잘라야할까? 우리 시대인 현대가 그 배경으로서 근대와 불연속적이면서도 연속적이라고 본다면, 고-중세와 근-현대로 묶을 수도 있다. 그러나 근대에 대한 현대의 반동에 초점을 둔다면, 고·중·근대를 한 묶음으로 전통이라 하고 현대와 대비하여 전통·현대로 구분할수도 있다. 헤겔에서의 집대성과 이에 대한 반동이 좋은 증거에 해당한다. 현대라는 시대를 어떤 각도에서 보는가에 따라서 이전 시대들을 이리저리 묶고 가를 수 있다는 말이다.

고·중세에는 형이상학으로 주로 저쪽만 이야기했었고 근대는 인식론으로 이쪽 이야기를 해보자는 것으로 갈라 대조적으로 볼 수 있다. 그런데 없었던 것이 새로 생긴 것이 아니고 이미 그러고 있던 것을 새삼 깨닫고 드러낸 것이다. 그래서 근대는 전환(turning to)이다. 그런데 현대는 전환이 아니라 반동(reaction against)이다. 그런 점에서 전환보다 반동이 더 큰 분기의 이유가 될 법하니 고·중·근세와 현대를 구분하는 것이 적지 않은 의미를 지닌다.[2] 근대가 탈종교라고 한다면

---

2 고·중세의 물음은 '무엇' 하나이다. 근대는 '누가'가 등장하여 이미 있는 '무엇'과 관계하

그것에 대한 반동인 현대는 반종교일 터인데 반종교가 우리 시대에 대해 큰 비중을 지니는 것도 그런 연유이다.

그러나 한 꺼풀을 더 벗기면 근대 안에서 소용돌이가 있었다. 짧은 근대이지만, 시기적으로 16세기부터 19세기 중반까지 350년 정도로 가늠할 수 있을 짧은 근대이지만 현대와 관련해서 떼려야 뗄 수 없는 관계이기에 그 격동과 변화는 굉장히 중요하다. 아주 구체적으로 본다면, 근대 전기는 고·중세 형이상학으로부터 인식론으로의 전환이라고 한다면, 근대 후기는 인식론의 주체로 끝나는 것이 아니라 형이상학을 다시 복구시킨다. 근대 후기는 근대 전기의 인식론을 토대로 두고 고·중세의 형이상학을 가지고 와서 재건하려고 했으니 말이다.

그렇다면 형이상학의 재건이 왜 일어났는가? 원래 인식론의 취지이기도 하지만, 그것을 절체절명의 시대적 과제로 새기게 한 것이 바로 칸트이다. '무엇'이 정체 물음이고 '어떻게'가 방법 물음이니 방법을 열심히 갈고 다듬으면 정체를 드러내는 데 훨씬 효과적으로 갈 수 있으리라는 것이 인식론자들이 가지고 있던 꿈이었다. 그런데 칸트가 등장하여 방법이 정체를 잘 드러내기 위한 수단이기는 하지만 있음을 앎에 담기에는 앎이 철저히 한계 지어져 있다고 했다. 감성, 오성, 이성 모두 한계를 가지고 있다는 것이었다. 그러니까 무엇 물음이 가리

나'어떻게'까지 총 세 개다. 현대 물음은 남아 있던 것들이 다 터져 나오니 모두 여섯 개가 아우성친다. 때문에 역동적이기도 하고 복잡하며 혼란스러울 수밖에 없다. 하나일 때는 하나로 귀결될 수밖에 없고, 세 개일 때도 하나로 향했다. 근대의 물음은 세 개이지만 하나로 정리하려고 했다. 이성론이나 경험론 모두 하나로 향하고자 하였다. '하나에 도달한다'거나 혹은 '하나에 가까이 간다'는 것을 목표로 했다. 도달한다는 것은 필연성이고 가까이 간다는 것은 개연성인데, 그 차이만 있을 뿐 어쨌든 하나를 향한다. 즉 동일성을 향하는 것이다. 그래서 고대, 중세, 근대가 한 묶음이 된다. 이 동일성에 대하여 현대가 반동한다.

키는 목적이나 정체에 해당하는 이야기가 실종될 위험에 놓이게 되었다. 이래서 칸트 이후 이 문제를 씨름한 자들이 피히테, 셸링이고 결국 헤겔에 이른다. 근대 전기의 작업뿐 아니라 고·중세 작업까지 가지고 와서 거대한 용광로 안에서 종합하고자 한 것이 근대 후기이다. 고·중세가 '무엇' 물음에 종사했었다면 근대 전기에는 '어떻게'를 그리고 근대 후기에 와서는 '무엇'과 '어떻게'를 결합하는 거대한 시도가 벌어진다. 칸트가 바로 이를 촉발한 결정적인 계기에 자리 잡고 있다.

그러니 현대가 던진 '왜'는 '무엇'이나 '어떻게'만 아니고 근대 후기에 도모된 '무엇'과 '어떻게'의 결합을 향한다. 거기에 대해서 '왜'를 던진 것이다. 바로 앞선 근대 후기의 '무엇'과 '어떻게'의 결합, 즉 '목적'과 '수단'의 연결을 도모했는데 바로 여기에 헤겔이 서 있었다. 그런데 현대는 바로 거기에 날리는 저항이자 반동이었다. 그렇기 때문에 '왜'를 제대로 이해하기 위해선 앞서 그렇게 얽혀진 '무엇·어떻게'를 어슴푸레하게라도 그려야 한다. 현대를 이해하기 위해선 근대 후기를 포기할 수 없다는 말이다. 그러니까 헤겔을 기준으로 헤겔 이전과 이후로 나눌 것이 아니라 이전의 칸트까지 거슬러 올라가 여기를 분기점으로 살피지 않으면 안 된다.

니체 사상의 태동배경

우리가 마땅히 가져야 할 인간관, 세계관, 신관을 위한 성찰은 단순히 정보 나열이나 양적인 축적으로 이루어질 수는 없다. 질적인 초월이 필요하다. 과거와 현재를 잇고 미래를 내다보아야 하니 말이다. 물론 질적인 초월은 양적인 축적이라는 원재료를 필요로 하지만 축적과 초월 사이에는 넘을 수 없는 거리가 있다. 때문에 단편적인 조각으로 보는 것이 아니라 파편들일지라도 역사적으로 꿰어서 보는 시각이 필요하다. 마찬가지로 삶도 결코 단면이 아니니 몇 개의 단편적 물음에 대한 답변으로 끝날 수 있는 것이 아니다. 삶은 있음과 앎으로 얽혀있을 뿐 아니라 어떻게 얽혀있는 줄도 모른다. 니체도 그런 것을 목소리 높여 외쳤다. 삶이란 것이 그전 선배들처럼 그렇게 깔끔하게 정리될 수 없다는 것을 깨닫게 된 우리 시대이다. 물론 전통의 마지막 주자인 헤겔은 너무나도 깔끔하게 정리했었다. 온갖 세상에서 벌어지는 악, 모순, 부조리 등이 더 높은 단계를 위해서 봉사한다고 말이다. 배부르고 등 따스한 귀족의 세계관이고 신관이라는 비판을 피하기 어려웠다. 키르케고르가 선봉에 서서 절규했고 이어서 같은 시대에 포이어바흐가 반동의 폭탄을 투척했으며 니체가 조소의 사자후를 토해냈다.

소외, 허무, 모순, 부조리, 그것이 우리 삶이 생겨 먹은 꼴이라고 폭로했다. 그것이 왜 그저 지나가는 낮은 단계로만 간주되어야 하는가 하는 반동이 터져 나왔다. 왜 모순지양의 방식으로, 즉 위계질서로 세상을 봐야 하는가? 왜 인간이 체제 유지를 위해 이념에 복속된 채 신음해야 하는가? 이렇게 니체가 질러댔다. 단적인 예로, 인간이 겪는 고통을 그리스도교는 무엇이라고 말하는가? 죄에 대한 벌이라고 말한다. 니체는 무어라 말하는가? 고통도 힘든데, 고통을 죄에 대한 벌이라고 하는 교리로 그리스도교가 고통을 오히려 더럽혔다라고 말한다. 전율이다. 차라리 이것이 복음이다. 이 눈으로 예수의 말씀을 보아야하지 않을까? 요한복음 9장 1-3절을 보아라. 날 때부터 시각장애인자의 고통이 누구의 죄 때문인가를 제자들이 물었다. 다시 말해 '자신의 죄로 비롯된 고통인가, 부모의 죄로 비롯된 고통인가?'를 물은 것이다. 예수는 '죄 때문에 받는 벌이 아니라'고 답한다. 예수가 그렇게 말씀하셨음에도 그리스도교라는 종교는 구약성서에 반복해서 깔려 있는 압도적인 인과율적 사고 때문에 예수의 말씀을 그저 스쳐지나가고 만다. 그 앞에 천 마디, 만 마디가 있었더라도, 이 한 마디의 대답으로 뒤바뀌어야 하는데, 그러지 못했다. 종교체제에서는 그것이 뒤집히지 않는다. 이제 목사의 아들인 니체가 드디어 도덕의 이름으로, 종교의 이름으로, 인간과 자연을 억누르고 고통을 더럽히고 있다고 말한다. 힘든 고통을 더럽힌 것이다. 아픈 사람을 나쁜 사람이라고 몰아 부친다고 절규한다. 고통에다가 죄를 갖다 붙이니 더럽힌 것이 아니고 무엇이겠는가?

물론 니체는 혼자만은 아니었다. 19세기 중엽, 현대의 시작이라는 한 세기 반 전 기라성 같이 등장한 예언자들이 있었다. 오늘날 이른바 '의심의 대가'라고 불리는 사람들이다. 포이어바흐, 마르크스, 니체, 프로이트, 이렇게 네 사람을 대표적으로 말할 수 있다. 이들을 오늘날 포스트-모더니즘이 거슬러 올라가서 효시로 모시고 있다. 그중에 한 명이 바로 니체이다. 니체 이후 최근 한 세기 붐이 일어나게 된 다양한 사조들을 통칭하는 잠정적인 표현인 소위 포스트-모더니즘이 니체를 원조로 모신다. 그러니 이들도 함께 견주어보아야 할 일이다. 즉 니체를 이야기하기 위해선 종적으로 칸트-헤겔-포이어바흐에 이어진 니체를 살펴야 하고, 횡적으로는 니체와 같은 시대에 등장한 소위 새로운 시대의 선구자인 네 사람 사이의 관계를 살펴야 한다. 물론 여기서 이를 망라할 수는 없지만 말이다.

니체의 종교비판

니체를 그리스도교와 연관하여 살피려는 취지에서 본다면 우선 그로부터 끌어낼 수 있는 것은 종교 비판이다. 단도직입적으로 말한다면, 니체가 전개하는 종교 비판의 주제는 '우상파괴'이다. 물론 파괴와 비판이 단지 부정적인 것만은 아니다. 그 무엇을 위한 것이니 우상 파괴를 통한 종교 비판에서만 끝나는 것이 아니라 신앙 성찰까지 끌고 나아가야 한다. 이유인즉, 비판은 타자를 향한 언어이고, 성찰은 자기를 향한 언어이기 때문이다. 사회과학의 언어가 대체로 비판 언어이다. 사회라고 했을 때, 사회와 관련해서 '나'는 사회를 대상으로 연구하고 비판하는 입장에 서 있다. 비판자와 관련해서 사회는 '타자'이다. 이제 인문학은 사람의 무늬에 관한 되새김으로서 '자기'도 포함되어야 한다. 인문이란 사람이 살면서 아우성치고 몸부림치다가 얽히고 긁힌 무늬들이기 때문이다. 음악도, 미술도 마찬가지이다. 그런 온갖 발광들의 흔적이고 무늬이다. 인문학이란 그런 것이니 나 자신은 연구자나 관찰자라고 빠져나올 수 있는 것이 아니다. 그래서 인문학적 성찰은 자기성찰에서 시작해야 한다.

니체의 종교 비판은 불쑥 튀어나온 개인적인 외마디가 아니었다. 앞서 포이어바흐가 우리의 신이미지를 '투사'라고 분석한 것을 필두로 현대 무신론의 핵폭탄이 터지기 시작했다. 곧이어 마르크스는 종교를 '아편'이라고 비판했으며 니체의 '우상' 고발에 이어 프로이트의 '환상' 폭로에서 절정에 이르렀다. 이러한 일련의 궤적에서 니체가 차지하는 비중과 역할은 아무리 강조해도 지나치지 않다.

그러기에 이제 니체의 '우상'을 '투사', '아편', '환상'과 견주어 새긴다면 보다 더 입체적으로 살펴볼 수 있겠다. 무엇을 공유하며, 동시에 구별되는 독특한 무엇이 있을까를 살펴야 한다. 그것이 동시대에 '의심의 대가'로 불리는 현대 시대정신의 선구자들의 연관 관계에 대한 분석이 될 것이다. 종적으로 보자면, 헤겔, 더 나아가 칸트와 어떤 부분에서 그들과 공유하고 어떤 부분에 대해서 비판하는지를 짚어야 한다. 칸트는 규범이라는 이름으로 각에 맞춘 도덕군자를 기준으로 인간을 판단한다. 니체는 거기에 대해 뭐라고 비판할까? 도덕과 문화가 어떻게 인간을 판에다 놓고 찍는지에 대해 비판할 것이다. 헤겔의 경우에도 그가 말하는바 좋은 것을 위해서 나쁜 것들이 봉사하고 기여한다는 낙관주의적 역사관에 대해, 삶이 겪어야 하는 수많은 악한 계기들과 과정들에 대해, 니체가 뭐라고 비판하는지 살핀다면 종적인 흐름을 꿰어보는 접근이 될 것이다.

물론 니체의 이러한 통찰은 종교에만 해당하는 것은 아니다. 보다 더 넓게 현실에 적용한다면, 우상파괴라는 것은 단순히 종교적인 명제 정도가 아니라 강박으로부터의 해방을 뜻한다. 우상이 우리를 노예화시키니 말이다. 하느님이 우상을 왜 싫어하시는가? 하느님이 할 일이 없어서 우상을 질투하시는가? 그렇지 않다면 그런 의인화의 뜻은 무엇인가? 인간은 인간이 원해서 우상을 만들었다. 칼뱅이 말하듯이 인간은 끝없이 우상을 만드는 공장이고, 프로이트가 말하듯이 인간은 우상 없이 살 수 없다. 인간이 인간 스스로를 위해서 우상을 만들었는데, 오히려 거기다가 머리를 조아리게 된다.3 내가 부여한 초자연

---

3 니체를 읽어내는데 중요한 것은 우상파괴이다. 미리 우상에 대해 질러두자면, 우상이라는 말은 관계를 가리킨다. 어떤 것이 그 자체로 우상인 것은 없다. 고목나무가 그 자체로 우상인가? 아무리 머리 조아리는 고목나무보다 더 큰 나무가 지구 어딘가 있다 한들 그것이 우상인가? 아니다. 그것이 우상이 되는 것은 종교적 인간이 지나가다가 초자연적인 이

적인 이미지에 의해서 이끌려지는 대로 복속하게 되어있다. 우상에의 노예화란 이것을 일컫는다. 구약성서가 온갖 잔인한 이야기를 불사하면서 주장하는 주제가 우상파괴인데 그 이유도 바로 여기에 있다. 우상은 인간의 필요에 의해서 만들어졌지만 자가당착적으로 인간을 노예화하기 때문이다. 이것을 하느님이 받아들이실 수 없다는 것, 이것이 구약성서의 주제이다. 흙에서 와서 흙으로 돌아가지만, 신의 형상으로 만드시고 신의 입김을 불어넣어 서로 인격적으로 소통하길 원하셨다. 신약성서로 오면 급기야 성육신이 되어 오셨다는 고백에서 신과 인간의 인격적 관계는 절정에 이른다. 그런데 우상이란 바로 이를 근본적으로 왜곡시키는 것이다. 그러니 파괴해야 하는 것이다.

니체의 이러한 종교 비판은 구체적으로는 우상파괴를 주장하는 데에 핵심이 있지만 결국 도덕과 문화, 종교 등 인간에게 부과되는 이념이 본래의 존재 이유인 해방과는 정반대로 인간의 삶을 억압하고 강박으로 몰고 간다는 데 대한 저항과 반동에서 보다 본격적인 의의를 찾아야 한다. 그리고 이런 점에서 그의 종교 비판을 둘러싼 그의 실존주의적-삶의 철학적 사자후들은 그러한 강박으로부터의 해방을 도모하는 우리 시대의 해석학을 향해 한 걸음 더 나아가면서 엄청나게 소중한 통찰을 유산으로 물려주었다고 평가해 마땅하다.

미지를 부여하는 것이다. 그런 것은 누가 부여하는가? 종교적 인간이 부여하는 것이다. 자연스러운, 천연스러운 나무로, 바위로 있을 수 있는가 하면, 내가 초자연적인 이미지를 부여하는 순간 그것과 나의 관계 방식이 달라진다. 그래서 우상은 자체의 실체언어가 아니라 그것과 나 사이를 가리키는 관계 언어이다.

확신은 진리의 반대

니체, 〈안티크리스트〉

종교는 이상이 아니라 본능에서 비롯된 것이다

니체와 함께 종교 비판이라는 의제를 논한다면 가장 먼저 떠오르는 작품은 아무래도 〈안티크리스트〉(Der Antichrist)이다. 그런데 '안티크리스트'를 '반그리스도'로 번역한 책도 있다. 하지만 이는 잘못된 번역이다. 우선 독일어에서 '크리스트'는 그리스도교인을 말하니 니체는 그리스도를 비판하는 게 아니라 '그리스도인' 또는 '그리스도교'를 비판한다. 그리스도와 그리스도교, 그리스도인은 다르다. 〈안티크리스트〉는 종교인 비판이다. 즉 종교 비판이고 인간 비판이다. 〈안티크리스트〉에서 니체는 오히려 예수를 살려내려고 애쓴다. 그래서 이를 왜곡한 그리스도교를 질타한다.

그러나 우리는 여기서 니체를 그리스도교로만 한정하기보다는 오늘날의 시대정신의 맥락에서 읽고자 한다. 오늘 우리 시대와 공명하는 니체의 목소리를 더듬으며 읽자는 말이다. 니체를 보는 관점은 다양하다. 근대 후기 시대정신에 대한 철저한 반동으로서 포스트모더니즘의 시조로 보는 이들이 많다. 하이데거는 니체가 형이상학을 뒤집으면서도 안에 머물러 있다고 보며, 니체 이후 자신의 사유를 현대의 출발점으로 삼고자 한다. 하지만 하이데거의 사유는 분명 니체를 거쳤기 때문에 나올 수 있었다. 포스트모더니즘의 시조로 보는 이들과 하이데거처럼 보는 이들의 중간 위치에서 니체를 보는 이들도 있다. 포스트모더니즘에서 포스트는 '탈'로도, '후기'로도 번역할 수 있다. 다시 말해 후기로 번역할 때는 근대와의 '연속성'이 강조되고 '탈'로 번역할 때는 근대와의 불연속성이 부각된다. 즉 '포스트모던'은 근대와의 연속성과 불연속성의 공속을 잠정적으로 지칭하는 용어이다.

　포스트모더니즘을 상대주의로 매도하는 이들이 있다. 특별히 그리스도교 진영에서 포스트모더니즘을 상대주의, 심지어 허무주의로 간주하고 아무것이나 진리로 삼는 천박한 사상이라고 오해한다. 하지만 포스트모더니즘은 상대주의가 아니라 상대성을 추구하는 사조다. 상대주의와 상대성은 아주 다르다. 상대주의는 저마다 서로 다른 진리를 가지고 있다는 주장이다. 각각의 다른 진리를 소유할 수 있다고 파악한다. 진리의 소유 가능성을 전제한다. 상대성은 진리의 소유가 불가능하다는 전제에서 추구의 대상으로 놓는다. 상대성과 상대주의를 구분해야 한다. 포스트모더니즘을 상대주의로 매도하는 것은 경박한 판단이다. 상대주의와 상대성을 구분하는 기준은 다시 한번 말하지만 '소유'냐 '추구'냐이다. 이를 지식과 지혜의 유비로도 표현할 수 있다. 지식은 소유하는 것이고 지혜는 추구하는 것이다. 지식은 채우는 것이고 지혜는 비우는 것이다. 지식은 양적인 축적이고 지혜는 질적인 통찰이다. 상대주의는 지식의 언어이며 상대성은 지혜의 언어이다. 니체를 상대주의자가 아니라 상대성을 추구한 선구자로 보는 것이 중요하다. 지식을 넘어서 지혜를 추구하는 니체의 통찰을 어떻게 새길 것인가. 종교, 특히 그리스도교 입장에서 어떻게 새길 것인가를 고민하며 읽어 보자.

　〈안티크리스트〉의 서문은 다음과 같이 시작한다. "이 책은 극소수를 위한 것이다." 이해되기 쉽지 않다는 것을 저자도 예상한다는 말이다. 2절의 마지막 문장에서 니체는 다음과 같이 말한다. "이러저러한 악덕보다 더 해로운 것은 무엇인가?—모든 실패자와 약자에 대한 동정 행위—그리스도교." 니체는 그리스도교 신앙의 어쩌면 당연한 실천이라고 할 수 있는 '실패자와 약자에 대한 동정 행위'를 해로우며 악덕보다 더 나쁘다고 비판한다. 실패자와 약자에 대한 동정이 왜 해로운가? 세상은 성공한 자들이나 강자들이 지배해 왔다. 실패자들과 약자들은 이들과는 구별되는 '다름'이다. 그렇다면 다름에 대해 동정을 한다는 것은 무엇인가? 동정(compassion)은 '함께 고난 받음'(compassion)을 의미한다. 다름과의 연대라고 말할 수 있겠지만 니체는 실패자나 약자의 다름을 희석시키는 것이라고 보았다. 동정이란 약자들이 개선하겠다는 힘의 의지를 축소시키고 무화하는 행위라는 말이다. 기존체제의 유지를 위해 실패자를 계속 실패자로 만들어 놓을 수밖에 없다는 것이다. 성공자의 시스템 안에 약자를 반복해서 약자로 놓기 때문이다. 그러니 해롭고 나쁘다는 것이다. 그런데 니체는 그리스도교가 이러한 방식으로 체제유지에 기여했다고 본다. 5절을 읽어 보자.

> 그리스도교는 약자, 천한 자, 실패자 전부를 옹호했으며, 강한 삶의 보존 본능에 대한 반박을 이상으로 만들어냈다. 그리스도교는 정신의 최고 가치를 죄가 된다고, 오도한다고, 유혹이라고 느끼도록 가르치면서 가장 정신적인 인간의 이성마저도 망쳐버렸다.[1]

본능, 이상, 가치라는 말이 나온다. 본능은 '삶'에 해당하고, 이상은

---

1 프리드리히 니체, "안티크리스트", 백승영 옮김, 『바그너의 경우·우상의 황혼·안티크리스트·이 사람을 보라·디오니소스 송가·니체 대 바그너』(서울: 책세상, 2002), 218; 이하 "안티크리스트"로 표기한다.

'앎'에 해당한다. 삶은 본능인데 이를 반박하고 억압하는 이상이라는 이름의 앎으로 추렸다고 그리스도교를 비판한다. 비판에 못지않게 중요하게 주목해야 할 것은 본디 삶이었는데 앎으로 전환시켰다는 대목이다. 종교가 그러했으며 도덕과 문화가 그러했다는 것이다.

> 내가 보기에는 삶 자체가 성장을 위한 본능, 지속을 위한 본능, 힘의 축적을 위한 본능, 힘을 위한 본능인 것 같다. 힘에 의지가 결여되는 곳에서는 쇠퇴가 일어난다. 내가 주장하는 바는 인류의 모든 최고 가치에 이런 의지가 결여되어 있다는 것—쇠퇴의 가치들이, 허무적 가치들이 그것을 가장 성스러운 이름으로 지배하고 있었다는 것이다.[2]

삶이 지닌 본능은 힘에의 의지가 그 핵심인데, 삶을 꾸리는 데 필요하다고 옹립되어 온 최고 가치라는 것이 오히려 힘에의 의지를 상실하게 되었음에도 오히려 거룩한 이름으로 군림했다는 것이다. '최고 가치'가 '앎'에 해당한다면, '가장 성스러운 이름'은 '있음'에 해당된다. 그런데 이런 것들이 근본 뿌리인 '삶'에서 비롯된 것임에도 도리어 삶을 도치하는 위치로 군림하고 지배하고 있다고 개탄한다.[3] 이어서 9절을 보자.

이런 신학자-본능과 나는 전쟁을 한다: 나는 그것의 흔적을 여기저기

---

2 "안티크리스트", 219.

3 여기서도 학문과 사상을 읽어내는 필자의 재구성을 위한 메타언어로 풀어낸다. 당장 이렇게 풀어내니 앞서 논했던 포이어바흐와 연결하여 살피는 것이 가능할뿐더러 훨씬 더 효과적이게 된다. 이에 대해서 다음의 저서를 참조하기 바란다. 정재현, 『신학은 인간학이다: 철학읽기와 신학하기』(왜관: 분도출판사, 2002), 전권.

서 발견한다. 신학자-피를 몸 안에 갖고 있는 자는 처음부터 만사에 대해 삐딱하고 부정직한 태도를 취한다. 그리고 거기에서 발전된 파토스를 신앙이라고 부른다; 치유 불가능한 허위의 측면으로 인해 고통 받지 않도록 자신에 대해서는 영원히 눈을 감아버리는 것. … 어떤 신학자가 참이라고 느끼는 것은 거짓이지 않으면 안 된다. … 신학자의 영향이 미치는 한, 가치 판단은 뒤집히고 '참'과 '거짓'이라는 개념도 필연적으로 뒤바뀐다.[4]

니체는 신학자를 '자신에 대해서는 영원히 눈을 감아버리는' 사람, 즉 자기 반성이 불가능한 사람이라고 한다. 나아가서 그들이 '참이라고 느끼는 것은 거짓이지 않으면 안 된다'는 말로 신학자들을 조소하기까지 한다. '가치판단은 뒤집히고'라는 말은 삶에서 시작해야 함에도 삶을 가장 해로운 것으로 보면서 '있음'으로부터 시작한다고 비판하는 것이다. 이런 방식으로 삶의 요구에 의한 종교가 있음을 내세우면서 본말전도 되는 현상을 질타한다. 이어서 11절은 니체가 도덕을 비판하는 대목이다. 칸트를 도덕주의자로 비판한다. 선이기 때문에 도덕의 의무를 지닌다는 칸트의 도덕주의는 심지어 해롭다고 조소한다. 니체에게 있어 핵심은 '삶'이다. 어떤 대목에서는 삶을 '힘'으로 또는 '생명'으로 서술한다.

칸트가 원했던 것처럼 '덕' 개념에 대한 존경심에서만 나온 덕은 해롭다. '덕', '의무', '선' 그 자체, 비개인성과 보편타당성이라는 성격을 갖는 선―이것은 삶의 몰락과 삶의 최후의 소진. … 비개인적인 의무, 추

---

4 "안티크리스트", 223.

상이라는 몰로흐 신에게 바치는 모든 희생보다 더 깊고, 더 내적으로 파괴하는 것은 없다. … 삶의 본능이 강요하는 행위가 옳은 행위라는 것에 대한 증거는 바로 기쁨이다: 그런데 그리스도교적-독단적인 내장을 갖고 있는 허무주의자는 기쁨을 반박으로 이해했다.[5]

니체는 비개인성, 보편타당성, 추상성을 개인과 개체를 말살하는 것으로 본다. 이는 '삶을 파괴'하는 것이며 삶의 기쁨을 허무한 것으로 보는 그리스도교로부터 야기되었다는 것이다. 종교가 인간의 본능적 감정인 기쁨마저도 억압하는 이념에 사로잡혀왔음을 비판한다. 여기서 우리는 의무와 기쁨이라는 극적인 대비를 만난다. 도덕적 의무를 따라 행위를 할 것인가, 아니면 본능이 요구하는 기쁨으로 살 것인가에서 전자를 강요해왔던 문화와 종교에 대해 항거한다. 이러한 항거는 나중에도 나오지만 확신에 대한 비판에서 절정에 이른다. 12절에서 우리는 '확신'과 '진리'의 관계에 주목해 볼 수 있다.

그 모든 대단한 몽상가와 불가사의한 자들—그들은 '아름다운 감정'을 이미 논거로, '고양된 가슴'을 신성의 송풍구로, 확신을 진리의 규준으로 간주해 버린다. … 위와 같은 사제의 유산, 즉 자기 기만적인 거짓부렁들이 더이상은 놀랍지 않다. … 지금까지는 사제가 지배했었다! 그가 '진리'와 '비진리'를 결정했었다.[6]

---

5 "안티크리스트", 225.
6 "안티크리스트", 226-227. 진리와 비진리에 대한 니체의 논의는 다음 장에서 다루게 될 하이데거의 그것과 견주어 보면 보다 깊이 이해할 수 있을 것이다. 이는 진리와 자유의 관계를 논하는 데에서 다시금 확인된다. 이들은 진리가 비진리를 안고 가야 한다는 삶의 생리 및 이에 뿌리를 둔 해석학적 통찰을 공유한다. 해당되는 대목에서 다시 언급하겠지

'확신을 진리의 규준으로' 보니 순서가 뒤집어졌다. 진리이기 때문에 확신하는 것이 아니라 확신하기 때문에 진리라고 주장한다는 것이다. 이것이 바로 인식론은 도저히 잡아낼 수 없는 해석학적 성찰의 탁월한 예증이다. 보편타당하고 객관적인 진리라는 것은 그렇다기보다는 그렇다고 주장되는 것일 뿐인데 이때 주장이 확신으로부터 온다고 할 때 확신이 진리에 앞선다는 것이다. 진리가 앎이고 확신은 삶의 위치에 해당하니 비록 왜곡된 파행의 모습이지만 오히려 앎에 앞서 삶이 먼저 깔려있다는 것에 대한 증거가 된다. 니체는 더 나아가 그러한 확신을 진리로 삼는 것은 '자기 기만적인 거짓부렁들'이며 이러한 거짓 진리는 그리스도교 사제들에 의해 결정되었다고 고발한다. 14절에서 니체는 자신이 앞에서 질타하고 분석한 그리스도교를 교정하겠다고 제안한다.

> 우리는 달리 생각하는 법을 배웠다. 우리는 모든 면에서 더 겸손해졌다. 우리는 인간을 더이상은 '정신'과 '신성'으로 소급시키지 않는다. 우리는 인간을 동물 가운데로 되돌려 놓았다. 우리는 인간을 가장 교활하다는 이유 때문에 가장 강한 동물로 간주한다. 그의 정신성이란 것은 그 한 가지 결과다.[7]

근대 주체는 주도권을 지닌 오만한 주체이다. 니체는 근대의 주체가 앎의 차원에서 '정신'이고 있음의 차원에서는 '신성'으로 환원된 주체라고 본다. 근대의 주체는 인간의 정신인 앎을 있음 중의 있음인 신

만 진리와 자유의 관계도 마찬가지다.
7 "안티크리스트", 228.

의 차원으로까지 끌고 갔다는 것이다. 헤겔의 정신현상학에서 정신이 신으로 가는 장면을 묘사한다. 니체는 이렇게 신이 된 인간 주체를 더 이상 상정하지 않을 것이라고 선언하면서 '동물'이라는 단어로 대체해 야 한다고 주장한다. 동물은 '삶'이라는 단어로 번역될 수도 있는데, 동물적 인간은 데카르트의 생각하는 인간을 뒤집는다. 오히려 이성과 정신이 동물로부터, 즉 삶으로부터 나왔다고 말한다. 사실 '주체'라는 말은 근대어이지 현대어가 아니다. 현대에 와서 주체의 소멸과 몰락 이라는 말도 그런 연유다. 그렇지만 현대에 여전히 주체를 말한다면 빌려와서 쓰는 것이니 '겸손해진 주체', '던져진 주체' 정도로 표현해 볼 수 있다.

> '자연'이 '신'의 대립 개념으로 고안된 다음부터 '자연적'은 '비난받아 마땅한'을 가리키는 말이어야만 했다. 허구 세계 전체는 자연적인 것 (실재성)에 대한 증오에 자신의 뿌리를 두고 있으며, 실재성에 대한 깊 은 불만족의 표현인 것이다. … 하지만 이렇게 해서 모든 것이 해명되 어버렸다. 그런데 도대체 어떤 자만이 실재성에서 나가라는 거짓말을 스스로에게 할 이유를 갖는가? 실재성으로 인해 고통받는 자, 그런데 실재성으로 인해 고통받는다는 것은 실재성이 실패한 실재성이라는 것을 의미한다. … 쾌에 대한 불쾌의 우세는 허구적인 도덕과 허구적 인 종교의 원인이었다. 그런데 그런 우리가 데카당스에 대한 공식을 제공하는 것이다.[8]

신을 명분으로 해서 자연을 억제하는 도덕과 종교가 니체의 비판

---

8 "안티크리스트", 230.

초점이 된다. 니체는 기존의 도덕, 종교가 자연을 '해명해 버렸다'고 주장한다. 즉 삶이 있음과 앎으로 환원되었다는 분석이다. 그런데 이것은 목적과 수단의 전도이다. 왜냐하면, 앞서 포이어바흐에서 살핀 바와 같이, 삶 즉 자연으로부터 종교도, 자연도 나왔기 때문이다. 아니라면 현실적으로 어떤 의미도 지닐 수 없기 때문이다. 그러기에 니체는 이러한 자연을 부정하도록 내몰린 이들이 누구인지 캐물으며 그들은 자연으로 인해 고통받는 자들, 다시 말해 약자들임을 주장한다. '실제성에서 나가라는 거짓말'이 이를 가리킨다. 니체에게 있어 '삶, 동물, 자연, 힘'은 서로 바꾸어 쓸 수 있는 말이다. 이에 대조되는 '정신, 신성, 이상, 실재, 가치' 또한 서로 치환 가능하다. 니체는 이 후자의 낱말들이 인간뿐 아니라 신도 규정했다고 주장한다. 이러한 본말 전도의 사태를 가장 앞장서서 이끌어 간 것이 바로 도덕과 종교라는 것이다. 그러니 니체가 죽었다고 선포한 신은 앎을 거쳐 있음으로 환원된 형이상학적 신이었다. 그런데 많은 사람이 니체를 형이상학적 무신론자로 오해한다. 즉 신 존재 여부 자체가 관건인 맥락에서 신이 없다고 주장한 것으로 오해한다. 신 존재증명에서 증명되지 않았다고 주장하는 것으로 오해한다. 전혀 아니다. 니체가 죽인 신은 설령 그런 식으로 증명되어서 신이 존재한다고 하더라도 삶에 대해 그렇게 억압하는 방식으로 작동한다면 의미가 없다는 것이었다. 있어도 의미가 없다는 것이다. 이는 사실상 더 심오한 비판이다.

종교적 이상이 오히려 신을 왜곡시켰다

이제 니체는 그렇게 이상과 가치를 명분으로 삶과 본능을 억압하는 형이상학적 신을 죽임으로써 탈형이상학적 사유, 다시 말해 삶에서 종교를 새롭게 새겨야 한다고 주장한다. 16절로 넘어가 보자.

신에게 반자연적인 거세를 가해 한갓 선한 신으로 만드는 것은 여기서는 바람직한 일이 아니다. 사람은 악한 신을 선한 신만큼이나 필요로 한다. 그들 고유의 존재는 관용과 박애 덕뿐만은 아니다. … 분노와 복수와 질투와 조소와 간계와 폭행을 알지 못하는 신이 무슨 가치가 있을 것인가?

생각해보자. 이상과 가치가 앎의 차원에만 머무르면 현실적인 힘을 기대하기 어렵다. 그래서 있음으로까지 올라가는데 여기서 바로 있음 중의 있음인 신이 등극한다. 그러니 그런 신은 선하기만 하다. 그런데 현실 종교는 그런 신을 원하지는 않는다. 나의 욕망을 충족시켜주어야 하는 것은 물론이지만, 이런 맥락에서 내가 제거하고 싶은 대상들을 처리해 줄 수 있는 능력과 의지도 있어야 한다. 말하자면 신이 선하기만 해서는 안 된다. 그리고 이것이 바로 현실의 삶이 요구하는 신의 모습이니 이상과 가치를 근거로 한 신성이란 허위일 수밖에 없다.

창백한 자들 중에서 가장 창백한 자인 형이상학자 제씨들, 이 개념의 백색증 환자들마저 그 신을 지배하게 되었다. 신이 그들의 짓거리에 최면이 걸려 한 마리 거미가, 형이상학자가 되어버릴 때까지 그들은 그의 주변에 오랫동안 그물을 쳤다. 이제 신은 세계를 다시 자기 자신에게서 짜냈으며—스피노자적으로— 이제 스스로를 점점 더 얄팍하고 점점 더 창백하게 변모시켜, 그는 '이상'이 되었고, '순수정신'이 되었으며, '절대자'가 되었고, '물 자체'가 되었다. 신의 붕괴: 신이 '물 자체'가 되었다.[9]

삶과 맞닿는, 즉 삶에서 뻗어낸 몸짓과 함께 호흡하는 신이어야 하는데, 삶을 억누르는 이상과 가치를 실체화함으로써 이르게 된 신은 삶과는 동떨어진 '창백한 형이상학자' 같다고 기염을 토한다. 신에게 형이상학적인 최면을 집요하게도 걸어온 종교의 역사는 결국 신을 순수, 절대로 가두어버렸다는 것이다. '절대'라는 것은 마주하기를 끊은 것이고, '물 자체'라는 것도 스스로 존립하는 것이니 어느 경우도 '관계'라는 것은 없다. '순수'는 결국 '무관계'를 가리키니 자고로 신의 위상에 대한 우리의 태도가 이렇게 삶으로부터 괴리되었다는 것이다. 게다가 이제는 '물 자체'가 됨으로써 아예 알 수 없게 되어버렸다. 신이 인간과 관계도 없고 알지도 못하는데 삶을 억압하는 방식으로 군림하도록 종교가 왜곡시켰다는 것이다. 아래 구절은 이를 옹호해 준다.

신이 삶에 대한 미화이자 삶에 대한 영원한 긍정이 되는 대신, 삶에 대한 반박으로 변질되어버리다니! 신 안에서 삶과 자연과 삶에의 의지에 대한 적대가 선언되고 있다니! '이 세상'에 대한 온갖 비방의 공식이자, '저 세상'에 대한 온갖 거짓 공식이 신이라니! 신 안에서 무가 신격화되었고, 무에의 의지가 신성시되다니![10]

---

9 "안티크리스트", 234.
10 "안티크리스트", 234.

니체는 삶에 대한 긍정의 원천이었던 신이 앎과 있음으로 환원되더니 급기야 삶을 반박하는 신으로서 변화되었음을 격렬하게 한탄한다. 앎과 있음으로 환원된 신은 삶을 '적대'하고 '비방'한다. 니체는 이를 '무의 신격화'라 칭한다. 삶을 부정하는 신이니 '허무의 신'인데, 그리스도교가 이러한 허무의 신을 섬기고 있다고 한탄한다. 현생과 내세를 갈라놓고 내세 지향적인 분위기로 몰고 가면서 현실을 부정하거나 무시하게 만드는 반자연적·반인간적 정서를 연출했다는 것이다. 돌이키자면, '무의 신격화'야말로 형이상학적 종교의 최대 아이러니가 아닐 수 없다. 현실에 대한 교정으로서 이상을 거쳐 이르게 된 '존재 중의 존재'로서 신이 오히려 삶에의 의지를 적대하는 '무'로 새겨지는 자가당착에 이르렀으니 말이다.

불행을 죄에 대한 벌로 더럽혔다

사람들은 신 개념을 탈자연화 시켜버렸다. ⋯ 신 개념은 이제 사제 선동가들의 손아귀에서 도구가 되어버렸다. 이들은 이제 모든 행복을 보상으로, 모든 불행을 신에 대한 불복종의 벌로, '죄'에 대한 벌로 해석해낸다. ⋯ 순수함이 죽어버린 우연, 불행을 '죄' 개념으로 더럽히는 것, 위험으로서, '유혹'으로서 잘 살고 있음, 양심이라는 벌레의 독에 중독된 생리적 불편이다.[11]

'신이 탈자연화 되었다.' 즉 신이 삶으로부터 떨어져 나갔다는 것이다. 삶으로부터 떨어져 나간 신은 한갓 앎의 대상으로 전락하면서 신

---

11 "안티크리스트", 245-246.

학자들의 도구가 되었다. 신학자들은 도구로서 신을 해석하며 자연적인 것을 순수한 우연으로 받아들이지 못하고 기획과 의도가 담긴 '섭리'로 해석한다. 불행을 '불복종의 죄에 대한 벌'로 '더럽힌다'는 통찰은 니체가 종교에 대해 가한 비판의 절정에 해당한다. 사실 그저 불행일 뿐이다. 순수한 불행이다. 그런데 이것을 불순하게 더럽힌다는 것이다. 죄에 대한 벌이라고 봄으로써 그렇게 더럽힌다. 이것이 종교가 자연에게, 인간에게 가한 해악이다. 해악 중의 해악이다. 특히 여기서 작동하고 있는 가증스러운 인과율을 놓쳐서는 안 된다. 불행은 자연에서 일어나는 순수한 우연이다. 그런데 원인과 결과의 관계라는 틀에다가 집어넣고 풀어야만 직성이 풀린다는 알량한 합리화의 사고방식이 그렇게 자연적이고 순수하게 우연한 불행을 결과로 보고 죄라는 원인의 고리를 덧씌웠다. 니체는 지금 이러한 인위적 고리를 본래의 자연적 우연으로 되돌리고자 한다. 그것이 삶의 마땅한 모습에 보다 더 다가가는 길이기 때문이다.

인과율과 목적론을 넘어서는 복음

니체는 이렇게 생명을 억압하는 그리스도교에 대한 반동으로서 〈안티크리스트〉를 썼다.

'복음'의 심리 전체에는 죄와 벌의 개념이 없다; 보상이라는 개념도 없다. 신과 인간 사이의 관계를 멀어지게 하는 '죄'가 없어졌다는 것—바로 이것이 '복음, 기쁜 소식'이다. 지복은 약속되지 않으며, 조건들에 묶여 있지 않다; 이것이 유일한 사실이다—나머지는 이런 사실을 말하

기 위한 기호일 뿐이다.[12]

여기서 '조건'과 '복음'이라는 말이 대립한다. 복음은 은총이고 은총은 무조건이기 때문이다. 죄와 벌은 원인과 결과로 이루어진 인과율적 조건 관계이다. 니체는 복음 즉 기쁜 소식을 당연하게도 무조건적 은총으로 받아들인다. 그런데 우리는 어떤가? 복음을 은총이라 말하면서 항상 인과율 혹은 목적론적으로 엮어내고 있지는 않은가? 인과율은 필연성을 말한다. 반면에, 목적론은 필연성을 말하지는 않는다. 왜냐하면 목적을 이루기 위한 수단은 여럿으로 나뉘고 서로 다를수 있기 때문이다. 그래서 인과율은 법칙이고 목적론은 추론이라 말할 수 있다. 이를 죄와 벌의 관계에 연결시켜 보자면, 인과율에서는 죄는 나쁜 원인이고 벌은 나쁜 결과라고 보는 것이다. 이데올로기의 작동방식이다. 목적론은 나쁜 수단을 취하지만 좋은 목적을 상정한다. 나쁜 수단조차도 좋은 목적을 가질 수 있다는 환상을 만든다. 유토피아를 꿈꾸게 해 준다. 죄와 벌의 관계뿐 아니라 믿음과 구원이라는 관계에 대해서도 인과율과 목적론을 적용해 볼 수 있다. 믿음이 수단이고 구원이 목적이다. 나아가 믿음이 원인이고 구원이 결과다. 이렇게 조건적이다. 말하자면 구원이 없다면 왜 믿을 것인가 하면서 믿음과 구원을 철저히 조건적으로 묶는다. 그렇다면 조건적인 고리에서 무조건적인 복음을 어떻게 받아들일 수 있는가?

그러한 상태의 결과는 하나의 새로운 실천, 진정으로 복음적인 실천 속에 투영된다. 그리스도교인은 행동한다. … 구세주의 삶이란 바로

2장_ 앎에 대한 삶의 절규 ㅣ 121

이러한 실천 외에 아무것도 아니었다. … 그는 사람들이 오직 삶의 실천을 통해서만 자신을 '신적이고' '복되며' '복음적이고' 언제나 '신의 자식'으로 느끼게 된다는 사실을 알고 있었다. 신에게 이르는 길은 '회개'도 아니고 '용서를 구하는 기도'도 아니다. 복음에 따른 실천만이 신에게 인도해주며, 실천이 바로 신이다.13

니체는 철저히 조건화되어 버린 구원의 원인으로서 '신앙'을 '실천'과 대비시킨다. 무조건적인 복음으로 다가가는 것은 조건화된 '신앙'이 아니라 조건 없이 삶으로 뛰어드는 '실천'이라는 것이다. 조건으로 묶여 있는 우리 삶에서 무조건적인 복음으로 나아가는 것이 바로 '실천'이다. 니체가 보기에 지난 천 구백년 동안 기독교가 행해왔던 것은 복음적인 실천이 아니라 조건적인 신앙이었다. 여기에 나온 '화개'나 '기도'가 바로 그러한 조건들에 연관된 것일 터이다. 회개는 죄의 사함을 통한 구원을 앙망하는 종교적 행위이고, 기도 역시 이를 포함하여 인간의 희망을 담은 종교적 의사전달이기 때문이다. 니체는 예수가 보여준 것이 조건적인 신앙이 아닌 '실천'이었음을 말한다. 35절을 보자.

이 '기쁜 소식을 가져온 자'는 그가 살아왔고, 그가 가르쳤던 대로 죽었다—'인간을 구원하기' 위해서가 아니라, 어떻게 살아야 하는가를 보여주기 위해 죽었다. 그가 인류에게 남겨놓은 것은 바로 실천이었다:

---

13 "안티크리스트", 258. 여기서 '회개'도 아니고 '기도'도 아니라고 하는 구절만 뽑아서 니체를 공격하는 부류들이 꽤 있다. 작품의 전체적 목적과 부분들의 유기적 관계를 파악하지 못하고 일부만 뽑아 비난하는 천박한 반박이 아닐 수 없다. 니체가 애써 그것들을 예로 든 것은 매우 '종교적인 행위'의 탁월한 사례에 해당하기 때문이다.

재판관과 호위병과 고발 자와 온갖 종류의 비방과 조소 앞에서 보여주었던 그의 태도—십자가에서 보여주었던 그의 태도." '기쁜 소식을 가져온 자'는—자신이 살아왔고 가르쳤던 대로—'인류를 구원하기'위해서가 아니라 어떻게 살아야만 하는지를 보여주기 위해 죽었다. 그가 인류에게 남긴 것은 실천이었다.[14]

'살아왔고 가르쳤던 대로 죽었다.' 그래서 '바보'라고 한다. 니체는 예수를 백치로 그려내었다. 예수를 천재로 부각시킨 르낭과 대조적으로 니체는 예수를 바보라고 주장한다. 불가에서 부처를 만나면 부처를 죽이라는 가르침이 있는데 이보다는 온건해 보이지만 달리 보면 차라리 더 강한 어조로 들리기도 한다. 도대체 이 묘사는 무엇을 의미하는가? 죽을 줄을 알면서도 뻔히 그 길을 걸어갔으니 바보라는 것이다. 예수가 보여준 신앙의 길이다. 즉 예수는 삶을 걸었다. 예수는 실천했다.

'인간을 구원하기 위해서가 아니라'는 니체의 말은 무엇을 의미하는가? 그리스도인들이 이 말을 공격한다. 하지만 정말 그리스도인이 되기 위해서는 '구원을 놓아야 한다.' 구원을 놓는다는 것이 어떤 의미인가? 니체가 생각하는 '구원'이란 무엇인가? 앞서 말했듯이 '구원'이란 '신앙'이라는 원인의 '결과'로서 조건적인 '구원'이다. 이를 다른 말로 표현하면, 원인에 의해 붙잡힌 구원이라고 할 수 있다. 즉 '소유'하는 '구원'이라고 할 수 있다. 인간은 종교적 인간이기에 구원을 소유하고 싶어 한다. 흔들림 속에서 안정적인 것을, 불확실함 안에서 확실한 것을, 유한한 것에서 영원한 것을 소유하고 싶어 한다. 철학적으로 표

---

14 "안티크리스트", 262.

현하면, 실체를 소유하고 싶어 한다. 종교적 인간이니까 붙잡으려고 하고 그럴 수 있다고 믿는다. 그런데 그러한 종교적 인간이 그리스도인인가? 안전하고 싶은 인간의 욕망을 철저하게 소유하는 종교적 인간이 그리스도인인가? 인간 최대 조건을 충족시켜주는 구원을 소유하는 것이 그리스도인인가? 자기 비움이 아닌 자기 채움으로 사는 것이 그리스도인인가? 그런데 그리스도교인은 신앙을 이상과 가치의 반복으로, 다시 말해 있음과 앎의 영역으로 환원시켜 버렸다. 행동으로, 삶으로, 생명으로 나아가야 할 것을 이상과 가치 차원에 머물게 했으며 삶과 생명이 이상과 가치의 수단으로 전락하게 만들었다. 심지어 이상과 가치를 위해 삶을 억압했다고 고발한다.

'인간을 구원하기 위해서가 아니라'라는 말을 다시 생각해보자. 여기서 말하는 '구원'은 자기 비움 없는, 자기 십자가 없는 '구원'이다. 자기 십자가 없이 대속십자가를 따른다. 그러나 자기 십자가 없는 대속십자가는 우상이다. 자기 십자가와 얽혀져야 비로소 대속십자가의 참된 의미가 드러난다. 우리는 '예수의 믿음'과 '예수에 대한 믿음'을 구분할 필요가 있다. 우리는 예수에 대한 믿음에 너무 일방적으로 치우쳐 있다. 우리는 성육신이 신에서 인간이 되신 사건임에도 이를 다시 신격화하여 받든다. 애써 사람이 되신 취지가 무색할 정도로 하늘 위로 도로 올려보내려는 듯하다. 죽음을 두려워한 인간 예수, 철저히 사람 됨의 증거임에도 이러한 사실을 스캔들, 딜레마처럼 사유한다. 예수의 믿음을 제쳐 놓고 예수에 대한 믿음만 붙들고 늘어지고 예수의 믿음, 즉 예수가 걸어갔던 백치의 삶을 곱씹지 않는다. 36절을 읽어보자.

어느 시대나 사람들은 파렴치한 사욕에 의해 복음서에서 자기들의 이익만을 원했고, 복음과는 정반대되는 것을 기초로 해서 교회를 세웠다. … '기쁜 소식을 가져온 자'가 자신의 아래에 있다고, 자신의 뒤에 넘겨버렸다고 여겼던 것을 인류는 '교회'라는 개념 안에서 신성시한다는 것-이것보다 더 엄청난 형식의 세계사적 아이러니를 찾는 것은 헛된 일이다.[15]

무조건적인 복음에서 자기 욕망을 충족시키기 위한 것만을 끌어다가 교회를 세웠다. 다시 말해 자기 비움과 철저히 반대되는 행동을 했다. 예수를 따르는 것이 아니라 예수를 자신의 아래에, 예수를 수단으로 삼아, 예수를 자기 것으로 소유했다고 니체는 교회비판의 정점을 향해 기염을 토해냈다.

신앙이 아니라 행동, 앎이 아니라 삶

39절에 〈안티크리스트〉의 꼭짓점을 찍는 이야기가 터져 나온다. 이 절은 앎과 삶 사이에서 밀고 당기는 기술을 보여주는 듯하다. 니체가 신앙과 실천을 대비했을 때 그에게는 신앙이 앎에 머물러 있는 것으로 본다는 뜻이다. 이것을 깨고 신앙이 삶으로 가야 한다는 것을 강조하면서 니체는 '행위'를 말한다.

'신앙'에서, 말하자면 그리스도를 통한 구원에 대한 믿음에서 그리스도교인의 표지를 찾는 일은 터무니없을 정도로 잘못된 것이다. 오로지 그리스도교적 실천만이, 즉 십자가에서 죽었던 그가 살았던 것처럼 사

---

15 "안티크리스트", 263.

는 것만이 그리스도교적이다. … 신앙이 아니라 행동이다. 그리스도
교인-임과 그리스도교성을 어떤 특정한 것으로—참으로 간주하는 일
로, 한갓 하나의 의식—현상으로 환원하는 일은 그리스도교성을 부정
하는 것이다. 사실상 그리스도교인은 단 한 사람도 없었다. … 그 모든
'신앙'에도 그의 본능들만이 그리스도교인을 지배해왔다는 것이 드러
난다. 신앙은 특정한 본능들의 지배를 가리는 교활한 눈가림이었다.[16]

니체가 비판하는 신앙은 종교적인 것을 '특정한 것으로, 참으로 간
주하는' 일이다. 말하자면, 신앙이란 마땅히 '삶'이어야 하는데 '앎'으
로 환원한다는 것이다. 이에 대비해서 '실천'이란 '삶'을 살아감을 말한
다. 삶에 초점을 맞추기 위해서 실천을 신앙에 대한 대안으로 주목했
다. 니체는 앎과 있음으로 환원된 신앙은 '본능' 즉 자기 만족을 위한
욕망을 위장하는 포장이었다고 비판한다. 물론 자기 안정화를 추구하
는 것 자체가 나쁘다고 말할 수 없다. 인간은 본래 안전을 원한다. 하
지만 이러한 욕망을 '신앙'이라는 이름으로 포장하는 것은 분명하게
자기기만일 뿐이다. 니체는 40절에서 41절까지 어떻게 자기 욕망이
신앙으로 포장되는지 다음과 같은 세 단계의 질문을 통해 설명한다.

진리를 믿는 것이 아니라 믿으니 진리가 된다

"그 사람은 누구였던가? 저 사건은 무엇이었던가?"

"누가 그를 죽였나?"

"신이 어떻게 그런 일을 허용할 수 있었는가?"[17]

---

16 "안티크리스트", 266-267.

각 단계의 질문이 깔고 있는 터전과 전제 그리고 방향에서 매우 현격한 차이를 보인다. 첫 번째 물음은 죽임당한 예수 자체에 대한 물음이다. 예수 자신의 삶과 실천에 초점을 두니 '삶'의 물음이라 할 수 있다. '그 사람이 누구였던가?' 죽을 줄 뻔히 알면서도 십자가를 향해 걸어가는 예수는 누구인가? 이 물음은 결코 하나의 답으로 환원될 수 없는 물음이다. 그런데 니체가 보기에 결코 답할 수 없는 물음, 그래서 끝까지 묻고 또 물어야 할 물음이 답이 정해진 두 번째 물음으로 그리고 급기야 세 번째 물음으로 전환되면서 삶은 종교가 되었다. 예수의 죽음이 인과율이라는 틀로 설명할 수 있는 물음으로 전환되었다. 첫 번째 물음을 '실천'으로, 두 번째 물음을 '종교화의 가능성'으로, 세 번째 물음을 '종교의 현실성'이라는 말로 설명할 수 있다. 삶에서 앎으로 그리고 앎에서 있음으로의 전환으로도 설명할 수 있다. 이 질문에 따른 단계의 전환을 다음과 같이 정리할 수 있다.

실천	신앙	교리
삶	앎	있음
본능	이성	실재
십자가	사랑	구원
죽음	죽임 당함	대신 죽음

믿으면 복을 받는다: 그러므로 믿음이란 진리이다. … 소위 말하는

---

17 "안티크리스트", 269-270. 니체가 이렇게 연속으로 이어서 질문을 던진 것은 아니다. 우리가 읽어가는 목적을 위해서 이어지는 질문을 순서대로 나열한 것이다. 그러나 여기서 주목해야 할 것은 하나의 질문에서 다음 질문으로 넘어가는 전환이 일상의 삶이 종교화하는 과정을 보여주는 것이라는 점이다. 아울러 질문의 순서대로 삶-앎-있음으로의 전환을 에누리 없이 보여준다. 첫째 질문은 예수의 삶에 대한 것이었고, 둘째 질문은 사건의 진상 파악과 분석이라는 점에서 우리가 추리는 앎의 영역에 해당하는 것이라면, 마지막 질문은 신으로 표상되는 있음으로 밀고 올라가는 것이라고 볼 수 있기 때문이다.

'효력 증거'란 근본적으로 믿음에 의해 약속된 결과가 생길 것이라고 다시 한번 믿는 것에 불과한 것이다. 공식화하면: '믿음이 복되게 만든다는 것을 나는 믿는다. 따라서 그것은 참이다.'18

믿음이 작동하는 역학 구도를 예리하게 분석한다. 〈안티크리스트〉가 종교 비판이라고 했을 때 핵심적인 절정이 바로 여기서 터져 나온다. 믿음을 둘러싸고 진리가 하는 역할에 대해 검토한다. 우선 믿음은 복을 주니 진리라고 간주한다. 진리가 중요한 것이 아니라 복이 중요하다는 것이 믿음의 정체라고 폭로한다. 그런데 복이라는 효력은 자기가 믿고 있다는 것을 믿기에 기대할 수 있다는 것이다. 말하자면 인간은 자기가 믿고 있다는 것을 믿는다. 하느님을 믿는 것이 아니라 자기 믿음을 믿는다. 자기 믿음인데 그것이 참되다고 판단할 수 있는 근거는 내가 그것을 그렇게 믿기 때문이다. 결국 나를 믿는 것이다. 실로 거부할 수 없는 치밀한 분석이다. 자기 순환적 정당화이다. 그러니 이것은 언제나 어디서나 정당하다. 성찰의 가능성이 애당초 배제된다. 그러니 믿음이 결국 삶에서 동떨어지게 되었다.

그러나 진리는 소유가 아니라 추구되는 것

이에 반해서, "진리는 한 걸음씩 애써서 쟁취되어야만 한다." 진리는 추구되어야 하는 것이라는 말이다. 소유대상이 아니라는 말이다. 그런데 우리는 진리를 소유의 대상으로 삼는다. 많은 이가 진리를 소유의 대상으로 삼고 '확신'으로 나아간다. 그런데 중요한 것은 확신에

18 "안티크리스트", 290.

자유가 없다는 점이다. 현실에서 확신은 강박이 된다. 나에게는 강박이 되고 타자에게는 독단이 된다. 소유된 진리는 거꾸로 나를 지배하기 때문이다. 주인·노예 변증법이 작동한다. 주인이 노예를 소유하는 것 같지만 반대로 주인이 노예에 의존하는 것과 마찬가지다. 그래서 진리와 확신은 반대라고까지 한다. 확신은 강박으로 이끌고 가는 반면, 진리는 자유로 향하기 때문이다. 진리가 자유를 줄 수 있는 이유는 '추구'이기 때문이다. 추구과정에 자유라는 공간이 허용된다. '추구'는 이처럼 역동적이기 때문에 자유의 길이고 진리의 길이라고 바울 사도도 말한다. "나는 이미 도달했다는 것이 아니라 다만 한 걸음씩 앞으로 나간다"는 고백도 이런 맥락에 이어진다.

니체는 52절에서 급기야 이렇게까지 말한다: "'신앙'이란 무엇이 참인지를 알고자 ― 하지 ― 않는다는 것을 의미한다."[19] 알고자 하면 추구하는 과정으로 들어가게 되고 여기서 억지로라도 만들어 놓은 확신은 무너질 수도 있으리라고 염려하기 때문이다. 우리는 이런 모습의 신앙을 자주 목격한다. 무엇이 참인지를 알고자 하지 않는다. 진리가 아니라 진리가 담보해 줄 것 같은 평안에 초점을 맞춘다. 그러나 앞서 말했듯이 진리의 추구는 자유로 향한다. 실존철학자들이 거칠게 주장했듯이 자유는 평안이 아니다. 자유의 근본은 흔들림, 불안이다. 물론 '평안' 자체를 부정하지는 않는다. 당연히 우리 삶에서 평안은 중

---

19 "안티크리스트", 293. 신앙을 '알고자 하지 않는다는 것'으로 새기는 것은 니체가 신앙을 앎의 수준에서 새기고 있다는 증거가 된다. 그는 삶의 차원으로 향하는 실천과 대비하여 신앙은 이상이나 이념에 대한 수용이라는 앎의 차원에 머무르는 것으로 보았기 때문이다. 그리고 이러한 분석과 분류는 오히려 그리스도교 안에 있는 사람들이 숨기고 싶어 하는 공공연한 비밀이기도 한데 그 폐부를 깊숙이 본 니체로서는 당연한 분석이라고 하지 않을 수 없다.

요하다. 그러나 평안은 늘 우상이 되어 왔다. 벗어날까 두려워하고, 지키려는 강박에 사로잡히니 도리어 불안하다. 그래서 종교적 평안이라는 것이 기만적일 가능성이 농후하다고 비판한다.

〈자유로 향하는 진리〉와 〈강박에 빠지는 확신〉

53절에 순교자 이야기가 나온다. 물론 순교에 대해 우리는 조심스럽게 이야기해야 한다. 많은 이들이 진리의 이름으로 순교를 불사했다. 그렇지만, 대단히 송구스럽지만, 우리는 순교 안에 있는 진리의 강박을 반성해봐야 한다. 진리 강박에 의한 순교가 있을 수 있기 때문이다. 진지하게 생각해봐야 한다. 하느님이 과연 그것을 원하실까? 물론 인간과 종교가 같이 간다면 의미가 있을 수 있다. 그러나 더 많은 경우 인간과 종교는 충돌한다. 예수의 안식일 사건을 생각해보라. 안식일 법을 어긴 예수를 나무라는 이들에게 예수는 말한다. "사람이 먼저냐 안식일이 먼저냐?" '인간인가, 종교인가'라는 선택의 물음이 깔고 있는 긴장을 주목해야 한다. 긴장에 주목하지 않을 때, 긴장에서 의미를 새기지 않을 때 사람은 너무나도 단순해지고 무모해진다. 순교도 이러한 관점으로 바라볼 수 있다. 왜냐하면 "진리는 누군가는 가졌을 것이고 다른 누군가는 갖지 않고 있을 그런 것이 아니"[20]기 때문이다. 니체는 다시 한번 말한다. 진리는 소유하는 것이 아니라고 말이다. 삶이기 때문에 그렇다. 인식론에서는 진리를 소유하는 것이 최대의 목표였지만, 해석학에서는 어림도 없을 뿐 아니라 설령 가능하다고 하더라도 부적절하다. 삶에서 진리를 소유하고 있다는 주장은 폭

---

20 "안티크리스트", 295.

력이기 때문이다. 강박이고 억압이기 때문이다. 그래서 53절에서 진리를 말하고 바로 이어서 54절에서 '자유'를 말한다.

> 정신의 강력함에서, 정신의 힘과 힘의 넘침에서 나오는 자유는 회의를 통해 입증된다. 확신하는 인간은 가치와 무가치의 문제에서 근본적인 것 전부를 전혀 고려하지 못한다. 확신은 감옥이다. 이것은 충분히 넓게 보지 않고, 발아래를 보지 않는다.[21]

자유로 향하는 진리는 '회의'를 허용한다. 회의를 허용하는 진리다. 추구라는 과정이 있기에 가능하고 심지어 불가피하다. 반면에 '확신'에는 회의가 허락되지 않는다. 질문이 허용되지 않는다. 확신이 강박에 빠질 수밖에 없는 이유다. 그래서 니체는 '확신은 감옥'이라고까지 했다. 많은 경우 확신은 감옥으로 작동한다. 그래서 '확신의 죄'라는 말까지 있다. 같은 내용인데 위의 분석이 확신의 범위와 한계에 대한 것이라면, 아래 분석은 확신의 근거와 이유에 대한 것이다. 확신은 보이는 발이 근거라고 생각하고 그 아래를 파들어 가보지 않는다. 그 이유인즉, 필요한 시각을 충족시켜주면 그만일 만큼 편파적이기 때문이다. 위에서 '감옥'과 '발아래'가 주목할 핵심어라면, 아래에서는 '필요'와 '편파'를 꼽을 수 있겠다.

> 확신이라는 것이, '믿음'이라는 것이 무엇인지를 알 수 있게 된다. 확신하는 인간에게 확신은 그를 지탱해주는 기둥이다. 많은 것을 보지 않고, 그 어느 것에도 공평하지 않고, 철저히 편파적이며, 모든 가치를 엄

---

21 "안티크리스트", 295.

격하고도 필요한 시각으로 보는 것—이것만이 확신하는 인간 종류를 존재하게 해주는 유일한 조건이다.[22]

확신이라는 것이 필요에 의한 편파이니 급기야 '거짓보다 더 위험한 진리의 적수'라고 공언한다. 아래에서 볼 수 있듯이, 확신이라는 것이 만들어지는 단계와 과정에 대한 예리한 분석은 전율적이다. 확신이 아니었던 시기가 아주 오랫동안 있었고 불분명한 단계는 더 오래 거쳤다는 것이다. 무슨 뜻인가? 불분명한 상태가 더 오랫동안 갈 수밖에 없었던 이유는 나름대로 이미 짜여 있는 틀과 수많은 시행착오가 뒤섞이는 과정을 거쳐야만 했었기 때문이다. 말하자면 확신이라는 것조차도 그 뿌리는 삶이었다는 것이다. 뒤집어 말하면 모든 것의 근본 뿌리는 삶이라는 것이다. 다만 이로부터 파생되면서 축소되고 왜곡되다 보니 확신이 급기야 자기 자신을 속이는 기만의 방식으로까지 치달아가게 되었다고 고발한다.

확신과 '믿음'의 심리학에서 한 걸음 더, 확신이 거짓보다 더 위험한 진리의 적수일 수 있다는 것에 대해 나는 이미 오래전에 생각할 계기를 제공했었다. … 모든 확신은 나름의 역사, 나름의 선재 형식, 나름의 시험적 모습과 실책을 갖고 있다. 오랫동안 확신이 아니었던 시기 이후에, 확신인지 아닌지가 불분명했던 더 오랜 시기를 거친 다음에, 그것은

---

22 "안티크리스트", 298. 더 나아가 '확신'이라는 말 자체에 대한 의미론적 분해도 의미 있을 터이다. 말하자면, 결합할 수 없는 두 말의 결합으로 확신이라는 표현이 만들어졌다는 분석이다. 자고로, 확실함과 신앙이라는 것이 얽힐 수 없기 때문이다. 확실하다면 믿는가의 여부는 관건이 아니며, 믿음이 확실하다는 뜻이라면 이것 또한 인간 삶의 진솔한 꼴에 대한 성찰이 결여된 착각일 뿐이기 때문이다.

확신이 된다. … 가장 습관적인 거짓은 자기 자신을 속이는 거짓이다.[23]

니체는 확신의 계보를 추적한다. 이러한 확신의 계보학은 포이어바흐가 제시한바 투사가 만들어지는 과정에 비견된다. 확신이 애초부터 확신은 아니었다. 말하자면, '그랬으면 좋겠다'는 '희망'이 '그래야 한다'는 '당위'를 거쳐 '그렇다'는 '현실', 즉 확신이 된다고 분석한다. 말하자면, 희망·당위·현실이라는 투사의 구성방식으로 확신이 만들어진다는 것이다. 앞서 말한 '필요'를 다시 확인해주는 뜻이 있다. 결국 많은 이들이 확신이 아니었던 것들이 확신으로 만들어진 이후에 태어나니 그것을 확신으로 전수 받아 착각할 뿐이다. 그러니 확신이 우리를 속이는데 속는 줄도 모르고 속는다. 자기기만이라는 것이 그러려니와 이를 거쳐 자기도취에 빠진다. 그러니 불가피하게도 다음과 같은 문제들에 봉착할 수밖에 없다.

진리와 비진리를 인간이 결정할 수 없는 문제들이 있다. 최고의 문제들과 최고의 가치문제들은 전부 인간 이성을 넘어서 있다. … 이성의 한계가 파악된다. 이것이 비로소 진정한 철학이다.[24]

인간은 과연 진리와 비진리 사이에서 어떠한 결정도 할 수 없다. 그런데 인간은 확신의 이름으로 이것을 결정한다고 생각했었다. 인식론적 진리관에서는 어찌 우겨볼 수도 있었을 것이다, 그러나 이제 삶의 몸부림이 전면에 등장하고 우리 자신에 대해서뿐 아니라 세계, 나

---

23 "안티크리스트", 299-300.
24 "안티크리스트", 300.

아가서 신에 대한 이해의 터전이 된 삶에서 그런 진리는 더이상 의미를 지니지 못한다. 삶에 닿을 수 있는 진리, 즉 우리에게 강박이 아니라 자유하게 해 주는 진리가 믿음의 뜻이며 길이다. 니체는 〈안티크리스트〉라는 그의 종교 비판에서 바로 이것을 역설했던 것이다.

생명을 박제화하는 종교 비판

니체, 〈우상의 황혼〉

왜: 삶이 던지는 물음

니체의 작품 〈우상의 황혼〉은 〈또는 망치로 철학하는 방법〉이라는 부제를 달고 있다. '우상'과 '망치'를 엮으면 당연히 '우상파괴'라는 주제로 갈 것이라는 것은 짐작하고도 남을 터이다. 게다가 그러한 우상이 황혼을 맞게 된다 하니 우상의 족쇄와 억압으로부터의 해방을 향한 새 시대의 도래를 예언하는 작품이기도 하다. 그런 〈우상의 황혼〉에서 주목할 만한 시작의 선언으로 다음 문장을 뽑아 음미해보는 것도 좋을 듯하다.

> 삶에 대한 자신의 이유인 '왜냐하면'을 가진 자는, 거의 모든 방법, 거의
> 모든 '어떻게'를 견뎌낼 수 있다.[1]

삶의 이유, 즉 삶의 뜻을 나름대로라도 추릴 수 있다면, 이를 향해 가는 방법은 부차적일 수도 있다는 것이다. '왜'가 관건이다. 당연하다. 그런데 이토록 지당한 '왜'의 역할이 일찍이 이렇게 주목되고 부각된 적이 있었던가? 철학을 포함한 정신문화사의 흐름 속에서 '왜'라는 것은 사실 군림하는 '무엇'뿐 아니라 이를 떠받치는 '어떻게'에 눌려 오

---

1 프리드리히 니체, "우상의 황혼", 백승영 옮김,『바그너의 경우·우상의 황혼·안티크리스트·이 사람을 보라·디오니소스 송가·니체 대 바그너』(서울: 책세상, 2002), 78; 이하 "우상의 황혼"으로 표기한다.

랫동안 깔려 있었다. '무엇'은 누구에게나 언제 어디서나 같고 더 나아가서 하나의 대답을 요구하는 동일성의 '원리'(原理)였다면, '어떻게'는 바로 그 무엇을 대답으로 모시려는 길을 더듬고 다듬는 작업이니 비록 여러 갈래로 벌어졌더라도 다시 모아지고 추려져야 하는 것이어서 역시 동일성으로 되돌아가는 '논리'(論理)를 뼈대로 할 수밖에 없었다. 이에 비하여 '왜'는 위에 인용된 니체의 말이 보여주듯이 저마다 서로 다른 이유 또는 근거를 파고드는 '생리'(生理)를 지니고 있어 동일성의 기준에서는 하찮거나 억눌려져야만 하는 것이었다. 있음의 원리와 앎의 논리는 서로 얽혀 동일성을 찾아 세우려고 하지만, 삶의 생리는 변화무쌍한 시공간으로 구성되는 다름의 현실을 살아가면서 만들어져 가니 말이다. 삶은 사실로 살아가기보다는 의미와 가치로 살아가는데 그동안 사실의 무게에 눌려왔던 의미가 혁명적으로 반동하게 된 오늘날 의미를 묻는 '왜' 물음이 삶의 전면에 등장하게 되었으니 이제는 기존에 중요한 것으로 간주되었던 물음들이 부차적인 것이 되었다는 것이다.

이성에 대한 생명의 반동

10절에 소크라테스와 함께 이성에 대한 비판이 나온다. 이성에 대한 의존이 과도하다는 것이다. 종교조차도 그런 흐름에서 앞장서고 있으니 달리 방법이 없이 도덕으로 전환되고 급기야 도덕주의로 전락하고 말았다는 것이다. 시작부터 우상을 이루고 있는 성분들에 대해 조목별로 파헤치려는 것을 예고하는 듯하다.

이성적이라는 것은 어길 수 없는 것이며, 그들에게는 최후 수단이었으니, 그리스도적 숙고 전체가 이성성에 몸을 던지면서 보여주었던 열광은 특정한 위급 상황을 드러내고 있다: 사람들은 위험에 처해 있었고, 오로지 하나의 선택권만을 갖고 있었다는 것을: 즉 몰락하든지 아니면 —불합리할 정도로 이성적이든지… 플라톤 이래의 그리스도 철학자들의 도덕주의는 병적이었다; 변증론에 대한 그들의 평가도 마찬가지였다. 이성=덕=행복은 단지 다음과 같은 것을 의미할 뿐이다:[2]

'불합리할 정도로 이성적이다.' 표현 자체가 역설적이면서도 꽤 재치 있다. 이성적인데 그 정도가 불합리하다는 것이다. 말하자면 좋은데 지나치다는 것이겠다. 이성의 체계화가 극치에 도달한 근대성이 지닌 긍정적 기능에 대해서는 물론 적극적으로 평가했지만, 그 이면에 부정적인 것에 대한 염증을 절절하게 느낀 현대 정신의 통찰이다. 그것의 탁월한 사례가 앞서도 언급한 대로 도덕주의이다. 실제로 변증법도 그렇다. '정'과 '반' 사이의 모순을 모순대로 두지 않고 불편한 것들을 제거하는 지양을 거쳐 종합하려고 하지 않았는가? 좋아 보이는데 이렇게 하면 더이상 긴장은 없어진다. 긴장 없는 것이 더 좋다는 것이다. 물론 그렇기는 하다. 그런데 그러면서 현실로부터 동떨어진다. 그런 것이 정신변증법이고 역사변증법이다. 유물론적 변증법이나 실존변증법과는 전혀 다르다. 여기서 이성성, 도덕주의, 변증법이 같은 말이다. '영원한 햇빛'이라는 은유가 이들이 공유하는 분위기다. 이것들이 니체에게는 거부되어야 할 것들이다. 이와 대비하여 '어둠의 욕구'가 예찬된다. 소위 아폴론과 디오니소스의 대립이라고 할 수도

---

2 "우상의 황혼", 94.

있다. 아폴론의 합리주의에 의해서 짓눌렸던 도덕과 문화의 역사에 대한 생명의 반동이다.

헤겔도 거대한 용광로 같은 체계로 긴장을 흡수·통합하니 절대정신의 이름으로 꼭짓점을 찍는다. 그 안에 지성뿐 아니라 감정도, 의지도 있다. 그래서 지·정·의 삼각 구도의 긴장이 유지될 줄 알았는데 그것이 아니다. 모순은 지양되어야 할 그 무엇이었기 때문이다. 헤겔은 모순에 주목했다는 점에서는 선구자인데 모순을 끌고 가려고 하지 않았다. 모순에 대한 칸트의 해법과 헤겔의 해법이 다르면서도 공통점이 있다. 어떻게든 모순을 해결해서 없애려고 했다는 점은 공통적이다. 칸트는 제쳐두면서, 헤겔은 싸안으면서 모순이 없다는 방식으로 말이다. 그것과 현대는 첨예하게 대립된다. 현대는 모순에 보다 정직해졌다. 실존주의자들은 모순이라는 것이 삶의 생겨먹은 꼴이니 그것을 싸안고 씨름하다가 때로 넘어지기도 하고 분열하기도 하였다. 탑을 쌓듯이 정리하고 체계를 세우는 것은 턱도 없는 일이다. '어둠의 욕구'에 보다 정직하고 용기 있게 다가간다. 니체의 〈디오니소스 송가〉도 같은 맥락이다. '본능들에 굴복하는 것, 의식되지 않는 것'이라는 표현은 이성의 눈으로 보면 그렇게 보일 수밖에 없다는 것을 에둘러 말한 것이다. 모두 '어둠의 욕구'와 같은 맥락이다. 니체가 이것을 길어 올리고 있다. 이것이 포스트모더니즘의 전거들이고 화두들이다. 그 이야기가 11절에도 계속 나온다: "삶이 상승하는 한, 행복은 본능과 같은 것이다."3

---

3 "우상의 황혼", 95.

도덕에 의한 행복이 아니라 본능에 의한 행복

삶, 본능, 행복을 하나로 묶어 '삶=본능=행복'이라는 등가의 공식을 만들었다. 이것은 앞서 나왔던 10절의 '이성=덕=행복'과 대비되는 것이다. 칸트를 떠올리게 하는 이성주의나 도덕주의에서는 이성과 덕을 행복에 이었는데, 니체는 삶과 본능을 행복을 연결했다. 사실 감각, 본능, 욕구는 오랜 세월 동안 금욕주의에 의해 억제되어왔다. 본능과 욕망이 수면 위로 올라오게 된 것은 이성으로 삶이 모두 해결되고 재단될 수 없다는 부조리와 모순을 겪으면서 일어난 반동 덕분이다. 이성도 의지와 얽혀서 근대 주체를 이루었는데 자유와 자율을 내세우는 도덕 판단에 근거하여 인간은 선을 마땅히 추구해야 할 존재로 여겨졌다. 그가 표상해야 하는 것은 그저 무색무취의 이성적 주체가 아니라 선한 의지를 추구하고 실현하는 것을 과제로 싸안고 있는 주체이다. 멋진 주체다. 그러나 현대는 수수께끼고 모순이고 내던져진 실존일 수밖에 없다.

철학자들한테서 나타나는 특이 성질이 무엇이냐고 내게 묻는가? 그들의 역사적 감각의 결여, 생성이라는 생각 자체에 대한 그들의 증오. 어떤 것을 영원이라는 관점에서 탈역사화하면서 그들은 그것을 영예롭게 만들고 있다고 믿는다—그것을 미라로 만들면서 말이다. … 개념을 우상처럼 숭배하는 이런 철학자 제씨들. 이들은 숭배하면서 죽여 버렸고, 박제로 만들어버렸다—이들은 숭배하면서 모두의 생명을 위협하는 것이다. … 있는 것은 되어가지 않는다; 되어가는 것은 있지 않는다.[4]

영원과 생성의 대비, 역사와 탈역사화의 대비, 개념과 생명의 대비 등 이와 같은 일련의 대비를 결국 존재와 생성의 대비로 이어가면서 철저하게 생성, 역사, 생명을 박제화해 왔다고 고발한다. 영원은 생성이 일으키는 일시성과 가변성에 의한 예측불가성의 문제를 극복하려는 형이상학적 시도의 산물인데 이를 명분으로 박제화하다 보니 오히려 본래의 목적 가치인 생명을 위협하기에 이르렀다는 것이다. 사실 철학사 안에서도 파르메니데스의 존재와 헤라클레이토스의 생성이라는 대조 이후 이 문제는 다양하고 상충하는 입장을 거쳐 왔다. 이제 니체는 고정불변으로 꿈쩍도 하지 않는 존재에 대한 항거의 표시로 생성과 존재를 첨예하게 대립시킨다. 여기서 존재는 영원, 불변, 부동이다. 반면에, 생성은 늘 소멸이다. 생성·소멸이다 보니 존재를 더 좋은 것으로 여기게 되었고 따라서 변화를 좋지 않은 것으로 간주했으니 생명과 자연이 억압받게 되었다는 것이다.

하이데거로 넘어가면 존재와 생성은 함께 간다. 그동안 존재에 대해서 생성, 현상, 사유, 당위는 반대로 취급되어 왔다. 생성의 반대로서 존재라면 고정불변을 가리키고, 현상의 반대로서 존재는 본질을 뜻하며, 사유와 대척점에서 존재는 대상, 당위의 반대로서 존재는 현실을 가리킨다. 존재의 뜻이 이토록 다양하다. 존재의 다의성이다. 그런데 안정을 제공해 줄 것으로 기대되는 고정-영원-불변-부동을 명

---

4 "우상의 황혼", 96. 니체가 여기서 일련의 대비를 열거한 것은 그가 자신의 철학적 위치를 어떻게 설정하고 있는지를 극명하게 보여준다. 즉, 근대에 이르기까지 인간을 지배하고 있었던 형이상학의 온갖 가치와 이념들이 나름대로 인간의 자구책으로 등장한 것이었음에도 자가 당착에 빠질 수밖에 없었다는 문명비판과 함께 이에 대한 새로운 대안으로 그가 제시하는 삶의 철학이라는 반형이상학적 저항을 극적으로 보여주기 위한 설정이라고 하겠다.

분으로 존재를 쪼개놓으니 존재가 납작한 명사가 되어버렸다는 것이다. 개념이 되어버렸다는 것이다. 그러나 존재의 반대라는 것이 본디 모두 존재에 들어있던 것이라고 하이데거가 되돌린다. 반대라고 쪼개놓은 것들을 다시 집어놓으면 명사가 아니라 동사가 되고, 사물이 아니라 사건이 된다. 이러한 맥락으로 니체의 존재 비판을 봐야 한다. 니체는 존재와 생성을 분리하는 것이 옳다고 말하는 것이 아니라, 그동안 이렇게 해왔다고 비아냥조로 폭로한 것이다. 그렇게 해서는 세계를 제대로 읽을 수 없다고 말이다. 인간의 정체성도 역시 제대로 엮어질 수 없다고 말이다. 신 이해도 마찬가지이다.

앎이 우리를 속인다

감각은 정직한데, 이를 개념으로 만들면서 우리 스스로를 속인다. 감각이 삶이라면 변조하는 개념은 앎인데 그런 앎이 거짓말을 한다는 것이다.

> 감각의 증거를 가지고 우리가 만들어내는 것, 이것이 비로소 거짓을 집어넣는 것이다. 그 예를 들자면 단일성이라는 거짓말, 물성이라는 거짓말, 실체나 지속이라는 거짓말 등이…'이성', 이것이 바로 우리에게 감각의 증거를 변조하게 하는 원인이다.[5]

감각의 증거가 엄연히 있는데 우리는 여기에다가 무엇인가를 가한다. 그래서는 나름대로 파악하고 판단한다. 그래서 단일하다고도

---

5 "우상의 황혼", 98.

하고, 지속적이라고 하더니 급기야 실체로까지 등극시킨다. 감각에 주어진 대로가 아니라 감성이라는 기능이 시공적인 장치인 직관으로 잘라내어 알려질 만한 감각이라는 뜻에서 지각이라는 것을 만든다. 여기에 머무르는 것이 아니라 알려지도록 해야 하니 나름대로 틀로 취합하는데 오성이라는 기능이 범주라는 틀로 추려낸다. 여기서 추려지는 것을 개념이라 하니 이쯤 되면 감각의 증거에서 벌써 몇 단계 거친 것인데 우리는 그런 결과물인 개념이 감각물 자체인 줄로 착각한다는 것이다. 실체라는 것이 바로 이것을 일컫는다. 그러나 이는 사실 '감각의 증거를 변조한' 것이었다. 그러니 '거짓말'이라는 것이다. 완전히 뒤집어지는 세상을 살고 있다. 사실 세상이 뒤집어진 것이 아니라 우리가 그렇게 뒤집어 새겨놓고서는 그것을 세상이라고 한 것일 뿐이다. 말하자면 앎이 우리를 속이고 있다. 삶은 엄연히 그렇게 모순과 부조리의 뒤범벅으로 살아가는데, 앎이 이를 매끈하게 주물러내니 거짓말이라는 것이다. 우리를 속이고 있다. 아니 우리가 우리의 앎에 기꺼이 속고 있다. 니체는 이것을 고발한다. 인식론적으로는 깔끔해 보이지만, 해석학적으로는 자기기만이라는 것을 폭로하고 있다.

이성의 편견과 오류를 고발한다

위에 나온 '거짓말'을 좀 더 보자. '실체'가 형이상학에서 시작하여 인식론을 관통하는 기축이라면 '단일성'은 인식론의 목표로서 군림하는 본질에 해당한다. 굳이 그 취지를 인정하여 적절하게 이것들의 위치를 찾아주자면, 최후에 가서야 이를 말이다. 그런데 이것을 모든 것들에 앞서 출발점으로 삼았다. 그러니 여기에 담길 수 없는 것들은 시작도 하기 전부터 제거되어야만 했다. 실체와 단일성의 이름으로 엄청난 난도질이 벌어졌던 것이다. 동일성의 폭력이란 바로 이것을 가리킨다. 이유인즉, "최후의 것과 최초의 것을 혼동하기"[6] 때문이었다. 최초의 것은 삶이고 최후의 것이 있음인데, 이것이 뒤집어졌던 것이다. 반복하지만, 니체에 있어서는 삶이 출발이다. 아니 사실 우리에게서 그러하다. 다만 나름대로 구실로 정리과정을 거친 것일 뿐인데, 과정이라는 것을 잊어버리고 파생품이 원본으로 군림하는 비극적 역전이 벌어졌다. 그래서 니체는 이렇게 개탄한다: "가장 일반적인 것들, 가장 공허한 개념들, 증발해버린 사실성의 마지막 연기를 시작에 놓고 시작으로서 놓는다."[7] 여기서 '시작에'라는 위치보다 더욱 주의 깊게 주목해야 할 것은 '시작으로서'라는 자격 단서다. 끝이 시작되었다는 것이다. 이렇게 되면서 이후에 마땅히 등장하고 포함되어야 할 것들이 시작부터 밀려났다는 것이다. 그런데 그렇게 밀려난 것은 바로 다름 아닌 삶이었다. 욕구, 본능, 감정, 자연, 생명 등으로 표현되는 삶 말이다. 당연히 명분이 있었다. 그 명분은 "정열과 욕구들을 한갓 그것들의 우매함이나 우매로 인한 달갑잖은 결과들을 예방한다는 이유로 멸절시킨다는 것"[8]이었다. 이러면서 멸절된 것은 바로 정열과 욕

---

6 "우상의 황혼", 99. 최초와 최후를 혼동한다는 니체의 분석은 그리스도교 신학방법론에도 지대한 의미를 지니며 실제로 큰 영향을 미쳤다. 예를 들면, 신은 있음의 차원에서는 창조된 모든 있음에 앞서는 최초의 있음 또는 '최초 이전의 있음'이지만, 앎의 차원에서 보면 신은 인간이 그를 둘러싼 세계에 대해 알고 있거나 알게 될 모든 것들을 포함하고도 넘어서야 하니 최후 또는 '최후 이후의 앎'일 수밖에 없다는 방법론적 성찰을 들 수 있다. 말하자면, 어느 순간에도 인간은 신에 대한 앎을 완성할 수 없다는 것이다. 개념이라는 것이 지니는 구조적 한계에 대한 분석이다. 그러다 보니 신에 대한 개념은 지속적으로 재구성되어야 한다는 구성신학도 제안되었다. 참조: 고든 카우프만, 『신학방법론』, 기독교통합학문연구소 옮김 (서울: 한들, 1999), 전권.
7 "우상의 황혼", 99.

구들이었으니 삶이 그렇게 될 수밖에 없게 된 연유가 바로 여기에 있었다. 그래서 니체는 다시 한번 쐐기를 박듯이 '이성의 편견'이라는 구호로 비판한다: "단일성, 동일성, 지속, 실체, 원인 물성, 존재를 만들라고 이성의 편견이 우리를 강요하는 꼭 그 정도만큼 이성의 편견이 우리를 오류에 빠지게 하고, 필연적으로 오류로 향하게 한다."9 이성의 편견과 이에 의한 오류! 언제 우리가 이성을 편견이라 하고 오류에 빠질 가능성을 되돌아본 적이 있었던가? 사실 삶이라는 터전의 절규가 아니라면 그렇게 볼 이유도 겨를도 없다. 그러나 삶이었다. 그래서 몸부림이 터져 나왔던 것이다. 그런 시대정신의 소용돌이에서 니체는 그 역할을 감당했던 것뿐이었다.

인간이 주체가 되고 실체가 되는 근대의 자가당착

위의 서술이 고·중세 형이상학에서 벌어진 과정에 대한 비판적 분석이라면, 아래는 인간을 주체로 부상시킨 인식론이 지배한 근대에 대한 비판이라고 하겠다. 이제는 그러한 실체가 주체로서 '나'에게 직접 적용되었다는 것이다.

---

8 "우상의 황혼", 105.

9 "우상의 황혼", 100. 여기에 니체가 열거한 것은 칸트를 연상하기에 너무나 충분하다. 과연 칸트는 이전의 형이상학이 도대체 인간에게 불가능한 전체를 설정하니 허상일 수밖에 없다고 비판하면서 앎의 구조를 세세히 분류해놓았다. 그가 비판했던 영혼론의 오류추리, 우주론의 이율배반 그리고 신론의 증명 불가 등은 허상의 사례에 해당한다. 그런데 이제 그러한 형이상학적 허상을 깨고 인식론적 실상을 앎의 한계 안에서 그리려고 했던 칸트의 노작을 '이성의 편견'이라고 니체는 비판하고 있으니 시대의 전환은 언제나 사상의 전복을 포함하고 있었다. 물론 칸트가 앎의 한계를 밀도 있게 주목한 것은 분명하지만 삶의 소용돌이까지 나가지 않고 그러한 앎의 한계 안에 머물렀다는 데에서 니체는 '이성의 편견'이라는 비판을 하지 않을 수 없었다고 하겠다.

이성의 근본 전제들을 의식하게 되면, 우리는 주물을 숭배하는 비소한 자가 되어버린다. 외식은 도처에서 행위자와 행위를 본다: 의지를 일반적 원인이라고 믿는다; '나'를 믿고, 나를 존재라고 믿으며 나를 실체로 믿는다. 그리고 나-실체에 대한 믿음을 모든 사물에 투사한다—이렇게 하면서 의식은 '사물'이란 개념을 비로소 만들어낸다. … 존재는 원인으로서 어디서든 슬쩍 밑으로 밀어 넣어진다; '나'라는 구상으로부터 '존재' 개념이, 비로소 파생된 것으로서 뒤따르는 것이다.[10]

근대 주체로서 '나'가 니체의 과녁이다. 고·중세를 관통하는 것이 단일성, 동일성, 실체, 지속, 원인, 물성, 존재라면, 이제 근대는 주체, 정신, 의식, 의지가 전면에 등장하니 이를 실체로 보게 되었다는 것이다. 시대를 관통하는 것은 '실체'인데, 근대에는 인간이 '주체'로 설정되니 의식과 의지가 부각되었다. 그런 토대에서 세상을 주-객 구도로 보도록 했다. 그러한 주-객 구도는 근대 문법이다. 일찍이 고대와 중세에는 없었던 것이었다. 그러나 여전히 집요하게 관통하고 있는 것은 바로 다름 아닌 '실체'라는 것이었다. 세계와 신에 대해서 말하든지, 인간 자신에 대해서 말하든지, 여전히 실체가 준거였다는 사실이다. 무엇을 보여주는가? 니체에 의하면, 실체라는 문법 때문에 이로부터 엮어진 신을 붙잡고 있다는 것이다: "언어에서의 '이성': 오오, 이 무슨 기만적인 늙은 여자 같은 존재인지! 우리가 문법을 여전히 믿고 있기 때문에 신을 떨쳐버리지 못하는 게 아닌가 하고 염려하게 된다."[11] 실체의 문법에서 파생된 신관이라는 니체의 비판은 그리스도교에게는

---

10 "우상의 황혼", 100.
11 "우상의 황혼", 101.

뼈아픈, 그러나 결코 외면해서는 안 되는 비판이었다. 그러나 그리스도교는 형이상학과 인식론을 관통해 온 실체의 정체를 전혀 간파하지 못했으니 눈치를 챌 수도 없었고, 계시를 핑계 삼으니 그러한 실체가 자신의 정신세계를 꾸리고 있는 문법이라는 통찰의 깊이를 헤아릴 눈이 도무지 있을 수 없었다. 게다가 결정적으로 비판의 과녁이 신 자체가 아니라 신관이었음에도, 이를 구별하지 못하고 신 자체에 대한 부정으로 오해하면서 종래의 형이상학적 무신론으로 매도했으니 참으로 대책 없이 현대의 반종교와 무종교 상황을 맞이하게 되었던 것이다. 해석학적 통찰이 소중한 이유가 또 확인되는 대목이다.

종교에서의 자기기만

그런데 이토록 예리한 분석과 비판에도 이를 새길 능력과 의지가 없는 종교가 여전히 '영혼의 평화'를 말하니 가증스럽기 그지없다고 개탄하지 않을 수 없다. "많은 경우 '영혼의 평화'란 물론 한갓 오해일 따름이다—영혼의 평화라는 것은 자기 자신을 좀 더 솔직하게 명명할 줄 모르는 다른 어떤 것들이다."[12] 무슨 말인가? '영혼의 평화'가 오해라고 한다. 스스로를 속이고 기만한다는 것이다. 정직하지 않다는 것이다. 세속사회가 되었든 종교가 되었든, 영혼의 평화라고 하는 것은 자기성찰이 결여되어서 벌어진다. 왜냐하면 삶은 수수께끼, 모순, 충돌일 수밖에 없기 때문이다. 그래서 급기야 이렇게까지 조소한다: "우상의 황혼: 누가 알겠는가? 이것 역시 일종의 '영혼의 평화'에 불과할는지를"[13] 니체 자신이 벌이고 있는 우상파괴 작업까지도 스스로 성

---

12 "우상의 황혼", 108.

찰한다. 전율이 아닐 수 없다.

그렇다면 우리의 과제는 무엇인가? 그러한 기만으로부터 벗어나는 것이다. 기만의 구체적인 예로 네 가지 오류를 분석한다. 여기가 〈우상의 황혼〉에서 핵심이다.

> 원인과 결과를 혼동하는 오류—결과를 원인과 혼동하는 일보다 더 위험한 오류는 없다. 나는 이 오류를 이성의 본래적인 타락이라고 부른다. … 그 오류는 심지어 우리 사이에서 신성시되고, '종교'나 '도덕'이라는 명칭을 갖는다. 종교와 도덕이 정식화하는 모든 명제는 그 오류를 내포하고 있다.[14]

이미 앞서 비슷한 구절이 나왔다. 최후의 것과 최초의 것을 뒤집는 오류라는 것이 바로 그것이다. 그런데 좀 더 껍질 안쪽으로 들어간다. 결과가 원인의 자리에 가더니 도덕적인 근거인 양 간주되고 심지어 종교적으로 신성시하게까지 되었다는 것이다. 니체는 식이요법과 신진대사의 예를 들면서 뒤집어진 사례로 비판한다. 그러더니 더 나아

---

13 "우상의 황혼", 109.

14 "우상의 황혼", 113. 종교나 도덕에서 원인과 결과를 혼동하는 오류의 사례를 떠올려보면 이 대목에서 니체의 통찰을 보다 효과적으로 이해할 수 있을 것이다. 니체의 또 다른 작품 〈선악의 저편〉에서도 나오지만, 착해서 좋은가 아니면 좋아서 착한가 하는 일상적인 문제를 생각해 볼 수 있다. 착하다는 것은 그래야 한다는 당위를 아는 문제이고 좋다는 것은 삶의 판단이다. 그런데 칸트라면 착해서 좋다고 할 터이다. 앎이 먼저이고 삶이 따라 나온다. 그러나 니체는 좋아서 착할 수 있다고 주장한다. 그것이 나에게 좋기 때문에 착할 이유가 있다는 것이다. 당연히 삶이 먼저이고 이에 앎이 따라 나온다는 입장이다. 니체는 삶이 원인이고 앎이 결과이어야 하는데 이전의 사람들은 이를 뒤집어서 도덕을 형성하고 이를 토대로 종교도 엮여졌다고 비판한다. 그러면서 결국 삶을 억눌렀으니 말이다.

가서 "그가 생리적으로 제시하는 질서에 그는 자기가 인간과 사물과 맺는 관계를 도입한다"[15]고 비판한다. '생리적으로 제시하는 질서'는 삶이 요구하는 생리라면, '사물과 맺는 관계'는 앎의 논리에 해당한다. 삶에서 앎으로 가야 할 터인데, 거꾸로 앎이 삶을 재단하고 지배하는 전도와 왜곡이 벌어졌으니 이는 원인과 결과를 혼동하는 오류라는 것이다. 그런데 도덕과 종교가 이런 과정을 거쳐 만들어졌다는 것이다. 그러면서 결국 삶을 잊어버렸고 나아가 억누르기까지 했다는 것이다. 우상의 방식으로 군림하면서 말이다.

이성적 의지를 내세우는 근대 주체를 비판하다

좀 더 구체적인 설명을 들어보자.

우리는 의지 작용에 있어서 우리 자신이 원인이라고 믿었다; 우리는 거기서 적어도 행위에 작용하고 있는 원인을 포착했다고 생각했다. 마찬가지로 어떤 행위의 모든 선행 조건, 그 행위의 원인을 의식 안에서 찾을 수 있고, 거기서 찾아보면—그 행위의 '동기'로서 다시 발견할 거라고 믿어 의심치 않았다: 그렇지 않다면 그 행위를 할 자유가 없을 것이고, 그 행위에 대한 책임이 없을 것이리라.[16]

여기서 핵심은 의지, 원인, 행위, 작용, 의식, 동기, 책임이다. 근대 정신이 세운 주체의 특성들이다. 이제 니체는 이를 조목조목 분석하

---

15 "우상의 황혼", 114.
16 "우상의 황혼", 116.

고 비판한다. 인간이 주체가 되는데 특별히 생각하는 주체이니 정신이 중요하고 정신을 이루는 요소 중에서 주체이게 하는 결정적인 것으로서 의지가 부상하는 것은 자연스럽고 필요한 일이기도 했다. 이렇게 해서 의지가 인간을 주체이게 하는 결정적인 근거가 된다. 그런데 일단 이렇게 되고 나니 의지가 모든 것을 주도하는 것으로 보게 되었다. 의지가 시작이고 출발이니 원인이 되는 것도 당연했다. 그리고는 원인에서 동기가 나오고 여기에 자유와 책임이 한데 얽힌다고 보았다는 것이다. 자유의지로 이루어진 멋진 주체였다. 그리고 이것이 근대의 시대정신이었다.

> 인과관계를 보증해주었던 것처럼 보이는 이 세 가지 '내적 사실들' 중에서 가장 설득력 있는 첫 번째 인과관계는 원인으로서 의지의 그것이다; 원인으로서 의식(정신)이라는 구상과 그다음에 나오는 원인으로서 나(주체)라는 구상은 의지에 의해 인과관계가 주어진 사실로서, 경험적인 것으로서 확립된 다음 나중에 생겨난 것이다.[17]

이게 근대의 시대정신이 설정하고 전제하는 인간의 자화상이다. 인간은 앎이란 행위의 주체이다. 앎은 가만히 앉아 있는 목석같은 것이 아니라, 주체가 주도권을 지니고 벌이는 행위이다. 주체가 대상에게 향해가거나 대상으로부터 수동적으로 받아들이더라도 여전히 주체가 주도권을 지니고 주무른다는 것이다. 능동이든 수동이든 주체는 인간이고, 수동적 주체라고 하더라도 주도권을 가지고 있다. 인식주체가 나름대로 방식으로 새기고 주체 안으로 받아들이는 주체 내재화

---

17 "우상의 황혼", 116.

적인 방식으로 대상화하기 때문이다. 그러니까 앎이라는 행위 자체가 이미 의지 행위라는 것이다. 의지가 있고, 의식이 있고, 그래서 나(주체)가 있다.

그런데 이제 니체는 의지를 비판하면서 주체 비판으로 간다. 근대 주체의 의지는 니체가 말하는 생의 의지, 권력의 의지가 아니라 이성적 의지라는 것이다. 그것으로 세상을 대상으로 놓고 대상을 잡아 주무르는데, 출발, 기준, 목적이 철저히 이성적인 것이라는 말이다: "우리는 '경험 영역'을 점잖게 오용하여, 이것을 기초로 해서 세계를 원인의 세계로, 의지의 세계로, 정신들의 세계로 만들어냈다."[18] 계속 반복하지만, 니체가 말하는 '경험 영역'은 삶이다. 세계 역시 삶의 터인데 이를 형식적으로는 '원인'으로 그리고 내용적으로는 '의지'라고 새겼다는 것이다. 거기에 그냥 자연으로 있는 것을 앞서 원인과 이유가 있어서 비롯된 것으로 보아야만 아귀가 맞고 직성이 풀린다고 보는 이성의 횡포가 삶을 그렇게 억눌렀다는 것이다. 인간은 이유 없이 살지 못하도록 길들여졌기 때문이다. 그래서 어떻게든 이유를 끌어내려 한다. 눈앞에 현상 상태를 그대로 보는 것이 아니라 어떤 형태로든지 이유를 들이댄다. 그것이 앞선 이유면 원인이 되겠고, 뒤에 나오면 목적이 될 터이다. 이유는 중립인데, 원인이 되기도 하고 목적이 되기도 한다. 그런 식으로 해서 세상을 표상했다는 것이다. 도덕이 그러했고 종교가 그러했다는 것이다.

---

18 "우상의 황혼", 117.

그런 주체가 급기야 신을 투사했다

이제 니체의 이성 비판은 아래와 같은 분석에서 절정을 향해 질주한다.

우리는 '경험 영역'을 점잖게 오용하여, 이것을 기초로 해서 세계를 원인의 세계로, 의지의 세계로, 정신들의 세계로 만들어냈다. … 즉 인간은 자신의 세 가지 '내적 사실들'을, 그가 가장 확고하게 믿었던 의지와 정신과 나를 자신의 외부 세계에도 투사했던 것이다. … 원인으로서 정신을 실재와 혼동하는 오류! 그리고 그것을 실재의 척도로 만들었다! 그리고 신이라 불렀다![19]

이성과 의지의 주체인 인간은 '경험'에서 '원인'으로 거슬러 올라가더니, 이를 이름 붙이기를 '정신'이라고 했다. 그런데 정신에만 머물러서는 소기의 목적을 달성하기 어려우니 외부 세계에 그것이 있다고 설정한다는 것이다. 말하자면, '정신'인데 '실재'라고 간주했고, 심지어 척도가 되니 절대기준으로서 드디어 '신'으로 등극하게 되었다는 것이다. 경험이 삶이라면, 원인인 정신은 앎이라 하겠고, 실재는 있음에 해당한다. 삶에서 시작하여 앎을 거쳐 있음에 이르렀다는 일련의

---

19 "우상의 황혼", 117. 이 인용에서 '원인으로서 정신을 실재와 혼동하는 오류'라는 표현을 보다 자세히 분석해 보자. 사실 정신이 원인인데 실재로 간주한 것이 잘못이라는 것이다. 다시 말하면, 앎이 원인인데 있음으로 착각했다는 것이다. 보다 엄밀하게 그러나 일상적으로 번역한다면, 그저 앎일 뿐인 것을 있음으로 옹립했다는 것을 가리킨다. '외부 세계에로 투사했다'는 것이 이를 가리킨다. 종교와 도덕을 형성한 정신문화사가 삶-앎-있음으로의 전환을 거치면서 왜곡되고 억압구조가 되었다는 것을 이토록 조목조목 분석한다.

과정에 대한 분석이 이제 신에게 적용되는 순간이다. 포이어바흐가 의식의 자기대상화에 의한 투사의 결과로서 신이라는 주장과 정확하게 평행되는 구조로 이루어진 니체의 투사 분석이다. 니체가 사실은 포이어바흐라는 이름을 언급하기를 극도로 자제했을 뿐 그로부터 지대한 영향을 받았다는 것은 부인할 수 없다. 같은 이야기를 4절에서 각도를 달리 해서 표현한다.

> 우리가 갖는 일반 감정의 대부분이 ― 기관들이 펼치는 유희 작용과 반작용에서의 온갖 종류의 억제, 억압, 긴장, 폭발, 특수하게는 교감신경의 상태가 ― 우리의 원인을 만드는 충동을 자극한다. 우리는 우리를 이러저러한 상태에 있게 하는 ― 좋은 상태에 있든, 나쁜 상태에 있든 ― 이유를 갖고 싶어 한다. 단순히 우리가 이러저러한 상태에 있다는 사실만을 확인하는 것으로는 우리는 결코 만족하지 않는다.[20]

상태, 사실만 가지고서는 만족할 수 없는 인간에 대해 말한다. 그저 삶만 가지고서는 안 된다고 학습되어 온 결과로 빚어지는 비극이다. 어떤 방식으로든지 앎으로 추려야 한다. 그래서 원인을 떠올린다. 인간이 경험하는 억압과 긴장 등이 원인을 찾게 만든다는 것이다. 물론 해결을 찾으려는 충동일 수도 있다. 그러나 여기서 주목해야 할 것은 원인이다. 이유를 가지고 싶어 한다. 〈안티크리스트〉에서 말했던 것과 비슷하다. 눈 앞에 펼쳐진 현상을 밑도 끝도 없는 자연현상으로 새기고는 머물러 만족할 수 없을 뿐더러 심지어 황당무계하니, 이유를 찾고 어떤 방식으로든지 합리화하고자 한다. 그렇게 하지 않으면

---

20 "우상의 황혼", 119.

안 되기 때문이다. 이유를 원인으로든 목적으로든 찾아야만 하기 때문이다. 인간도, 세계도, 신도 그렇게 생겼다고 정해놓고 보아야 직성이 풀린다. 그렇기는 하지만 그러다가 거꾸로 이에 예속된다. 고통이 그 자체로도 이미 고통인데 죄에 대한 벌이라고 더럽혔다고 니체가 〈안티크리스트〉에서 절규했다. 고통은 더러운 것이 아니라 아픈 것이다. 그런데 그리스도교에서 더럽혀졌다. 그리스도교만 그런 것이 아니라, 동양종교도 그랬다. 인과응보가 증거다. 어떻게 해서든지 이유를 가지고 싶어 한다. 이런 방식으로 우리는 그저 사실일 뿐인 사실에 이유를 밝혀줄 만한 동기를 부여했다는 것이다.

> 우리가 그 사실에 일종의 동기를 부여할 때, 비로소 우리는 그 사실을
> 허용하며 — 그 사실을 의식하게 된다. — 그런 경우 우리도 모르게 활
> 동하기 시작하는 기억은 이전에 발생했던 동일 종류의 상태들을 불러
> 내고, 이것과 함께 생겨났던 원인-해석들을 불러낸다. — 그것들의 인
> 과 관계가 아니라. 표상들이나 수반되는 의식의 과정들의 원인이었다
> 는 믿음은 물론 기억을 통해 끌어들여진다. 이런 식으로 특정한 하나
> 의 원인-해석에 익숙해지는 습관이 발생하고, 이 습관이 사실상 원인
> 에 대한 탐구를 저해하며 심지어는 배제시켜 버린다.[21]

원인, 이유, 동기, 습관이 일련의 과정으로 펼쳐지면서 패턴으로 자리 잡는다. 자연적 사실에 대해 부여된 동기에 대한 기억이 습관으로 정착하면서 원인이라는 믿음이 조성된다는 것이다. 눈앞에서 일어나는 어떠한 사태가 단순히 자연적으로 그러하다는 것에 대해 만족하

---

21 "우상의 황혼", 119.

지 못하고, 어떻게든 원인과 결과로 엮어야만 만족하겠다는 습관이
우리에게 기호로 자리 잡고, 그것이 습관이 되었다.

투사된 신이니 우상일 수밖에

자연과 세계에 대한 이런 성향은 결국 신에 대해서 우상화로 기울
수밖에 없다. 그래서 5절의 제목으로 '우상화에 작동하는 심리'라고
붙이면 좋을 것 같다.

> 알려지지 않은 어떤 것을 알려진 어떤 것으로 환원하는 것은 마음을 편
> 히 해주고 안심시키며 만족하게 하고 그 외에도 힘을 느끼게 한다. 알
> 려지지 않은 것에는 위험, 불안정, 걱정이 수반된다.[22]

알려지지 않은 것, 즉 모르는 것은 불안과 걱정을 일으킬 수밖에
없다. 이를 견딜 수 없으니 우리는 알려진 것으로 바꾼다. 알려고 애를
써서 정체를 밝히기도 하지만 때로 여의치 않을 경우에는 이름이라도
붙여서 알게 되었다고 생각하게 한다. 착각일지라도 평안과 안정, 만
족을 준다. 심지어 힘까지도 느껴진다. 신관이 발생하게 되는 배경과
동기이다. 그러니 우상화할 수밖에 없다. 우상화의 기능이기도 하다.
칼뱅은 '인간은 끊임없이 우상을 만들어내는 공장'이라고 말한다. 프
로이트는 '인간은 우상 없이 살 수 없다'고 말한다. 니체는 칼뱅과 프로
이트 사이에서 우상이 이러한 동기와 목적을 가지고 엮어지더라고 말
하고 있다. 환원하는 마음에 대한 통찰을 잘 새겨 봐야 한다. 알려지지

---

22 "우상의 황혼", 119.

않은 것을 알려진 것으로 환원하여 만족을 거쳐 기쁨에 이른다. 6절에는 이에 대한 보론이 나온다. 믿음과 사랑과 소망의 역학에 대해서도 이야기한다.

> 사람들이 희망을 가질 수 있는 상태에 있는 이유는 생리적인 근본 느낌이 다시 강력하고도 풍부하기 때문이다; 사람들이 신을 믿는 이유는 충만과 힘의 느낌이 그를 안정시키기 때문이다. — 도덕과 종교는 전적으로 오류의 심리학에 속한다: 개개의 모든 경우에 원인과 결과가 혼동되어 있다; 또는 진리와 진리로 믿어진 것의 결과가 혼동되어 있다; 또는 의식의 특정 상태와 이런 상태의 원인이 혼동되어 있다.[23]

'생리적인 근본 느낌'이라는 것은 무엇보다도 삶의 충만함을 가리킨다. 이럴 때에 가장 희망이 크다는 것이다. 이렇게 니체는 이런 방식으로도 삶이 원천이라는 것을 다시금 말하고 있다. 종교에서도 충만한 힘에 대한 느낌이 안정을 준다고 한다. 이것이 신을 믿는 이유다. 말하자면 힘이기 때문에 신이다. 그런데 종교는 신이기 때문에 힘이라고 주장한다. 원인과 결과를 바꿔서 말하고 있다는 것이다. 그런데 이렇게 뒤집는 것은 단순한 논리적 오류에 머무르지 않는다. 힘이어서 신인 것이 아니라 신이어서 힘이라고 하면서 신이 힘의 군주로서 군림하게 된다는 것이다.

---

23 "우상의 황혼", 121.

자유의지의 굴곡 역사

니체가 반복해서 말하는 것의 근거가 무엇인가? 자유의지에 관한 이야기도 고대 아우구스티누스와 펠라기우스의 논쟁까지 훑어가고 있다. 자유의지라는 것을 그리스도교가 어떤 식으로 사용했는가? 교회사에서 '자유'나 '의지'라는 말이 고·중세 시대의 중심언어가 아니었다. 아우구스티누스가 '자유의지'라는 말을 썼지만 매우 부정적인 의미로 썼다. 나름대로 지성과 감정에 대한 제3의 요소로 자리 잡으려는 가능성이 배제된 채로 긴 세월을 보냈다. 그렇게 토마스 아퀴나스까지 이어지고 그의 제자인 요하네스 둔스 스코투스의 반론으로 의지가 부각된다. 우주론적인 존재증명으로 신을 옹립하려다가 필연 존재로 가두게 되니 '신의 자유를 어떻게 설명할까?'라는 맹점에 부딪치게 되면서 제자의 반론이 시작되었고, 중세는 끝나게 된다. 그리고 의지 중심의 시대가 열렸다. 이보다 천 년 앞서 아우구스티누스가 자유의지를 질러주었는데, 어째서 16세기까지 기다려야 했을까? 천 년 동안 뭐했을까? 도대체 아우구스티누스의 자유의지는 어떠하였길래 그럴 수밖에 없었는가? 그의 자유의지는 '죄를 짓지 않을 자유'가 없이 '죄를 지을 수 있는 자유'밖에 없었기 때문이다. "판결하고 처벌될 수 있기 위해 ― 죄지을 수 있기 위해, 인간은 '자유롭다'고 생각되었던 것이다."[24]

---

24 "우상의 황혼", 122. 이 표현은 니체의 전형적인 풍자와 조소를 보여준다. 인간에게 자유가 부여된 것으로 보는데 이유인즉, 죄를 지을 수 있기 위해서라는 것이며 보다 정확하게는 인간에게 벌을 주는 것을 정당화하기 위해서라는 것이다. 이것은 '병 주고 약 주고'라기보다는 '약 주고 병 주고'라고 해야 할지도 모를 일이다. 자유를 먼저 주고 죄를 지어서 벌을 받게 하니 말이다. 이럴 정도로 도덕과 종교가 기만적이었다고 절규한다.

자유의지를 말하기는 했었는데, 타락으로 인해서 죄를 짓지 않을 자유는 파괴되었고, 기껏해야 죄를 지을 수 있는 자유만 있다는 것이었다. '자유'라 함은 어떠한 것을 할 수도 있고 그 반대의 것도 할 수 있는 상태가 공존할 때 의미를 지닐 수 있을 것인데 죄를 지을 자유만 있고 죄를 짓지 않을 자유는 없다는 것이었다. 창조 시에 그렇게 대조적인 자유가 주어졌는데 인간은 타락해서 죄를 짓지 않을 자유가 날아갔다는 것이다. 이처럼 논리적이지도 않음에도 오직 신의 올바르심을 꾸려내려는 신정론적인 동기를 구실로 아우구스티누스의 그림이 그려졌었다. 의지에 대한 적극적인 순기능을 일구어낼 수 있는 기회가 시작부터 덮여진 채로 상당한 세월을 지나왔다. 그것이 고대 · 중세 역사였다.

근대로 넘어와서 인간의 자유와 의지를 다시 말하기 시작했다. 그런데 어떤 자유의지였는가? 니체가 어떻게 비판하는가?

'책임 있게' 만드는 데에, 즉 인류를 그들에게 의존적으로 만드는 데에 그 목적이 있다. 책임이 찾아지는 곳 그 어디서든 그 책임을 찾는 것은 벌을 원하고 판결을 원하는 본능이게 마련이다. 이러저러한 상태에 있는 것이 의지나 의도나 책임 있는 행위로 환원된다면, 생성에게서 무죄가 박탈된다. 의지에 대한 학설은 근본적으로 벌을 목적으로 고안되었다.[25]

근대에는 의지라는 것이 책임을 지울 수 있게 하는 근거가 되고 나아가 책임을 이행하지 못했을 때 이에 대한 판결과 이에 따른 벌까지

---

25 "우상의 황혼", 122.

이어지도록 하는 일련의 의존연계를 위해 고안된 것이라고 비아냥조의 비판을 날린다. 말하자면 '도덕의 음모'라고 제목을 붙여도 좋을 만한 비밀을 폭로하는 듯한 예리한 통찰이다. 삶의 얽힘에서 불가항력적으로 저지르게 된 행위들에 대해서도 여지없이 법의 이름으로 판결을 통해 사회의 법적·윤리적 체제를 확립하려는 근대정신이 인간과 삶을 말살해 왔다고 기염을 토한다. 철저하게 삶과 이에 대한 의지의 손을 들어주는 니체의 거친 숨결이 느껴지지 않을 수 없는 전율적인 대목이다.

사람은 한 조각 숙명

그는 급기야 다음과 같이 결정적인 선언으로 사자후를 뿜어댄다: "'목적'이라는 개념은 우리가 고안해낸 것이다: 사실 목적이라는 것은 없다. … 사람들은 필연이며, 한 조각 숙명이다."[26] 이제는 의지에서 더 나아가 목적이라는 것에 대해서까지 우상파괴의 칼날을 휘두른다. 목적이라는 것도 이루고자 하는 의지의 동기로서 역할을 하기는 하지만 이는 뒤집어보면 미래를 위해서 끊임없이 현재를 유보해야만 하는 착취의 논리를 정당화하는 근거로 작동하니 의지의 연장선상에서의 고안이라는 것이다. 게다가 목적은 성취되지 못했을 때 현실에서의 좌절과 절망이라는 엄청난 대가를 전제하니 보장도 없는 기만적인 착취로 전락할 수도 있다. 더 좋은 세상을 꿈꾸는 낙관주의가 지배하는 근대가 겉보기와는 다르게 잘난 인간들의 행진일 수밖에 없었다는 것이 그 증거이다. 물론 목적이 가지는 순기능이야 폐기처분할 일은 아

---

26 "우상의 황혼", 123.

니지만, 설정된 목적이란 삶을 끌고 가는 앎일 뿐인데, 그렇게 삶을 끌고 가다가 삶을 짓눌러버린다. '목적이 이끄는 삶'이라는 제목으로 풍미했던 어떤 목사도 자신이 거대한 사기를 쳤다고 이실직고했었다. 그래서 '사람이 숙명'이며, 그것도 '한 조각의 숙명'이라는 말은 이를 깊숙이 지르면서 던져지는 절규이다. 목적, 전체, 제일원인과 같은 것들이 인간을 옥조여 왔었다. 이에 대한 저항으로 '생성'이 나온다.

> … 제 일 원인으로 소급되어서는 안 되는 것, 세계가 감각중추나 '정신'으로서 단일체는 아니라는 것, 바로 이것이야말로 위대한 해방이며 — 이로써 생성의 무죄가 비로소 다시 회복된다.[27]

'생성의 무죄'라는 표현은, 뒤집어 말하면, 그동안 생성은 계속 유죄였다는 것을 폭로하는 선언이다. 존재가 정답이고 진리이며 안정의 원천이었다면, 생성은 끝없는 불안의 근원이라는 혐의로 당연히 유죄였으니 말이다. 이런 맥락에서 '삶의 철학'도 그냥 나온 것이 아니다. '강단의 철학'에 대한 반동으로 앞서 질러진 외마디에 대해 이제 니체가 이렇게 호응한다. 헤겔에게서 생성은 세상이 돌아가는 방식이긴 하지만, 극복되고 지양되어야 할 그 무엇이었다. 생성은 존재를 향해 가야하는 것이었다. 헤겔에게 있어서 생성은 모순이고 지양되어야 할 것이었으니 당연히 유죄였다. 그러나 니체는 이제 생성을 무죄라고 선언한다. 우리 삶이 힘들고 수수께끼고 모순이고 질곡이며 위험인데 이것이 어떻게 유죄인가 하고 절규한다. 오히려 생성을 억누르는 존재가 우상으로 군림하면서 우리를 억압해 왔으니 이를 깨부수어

---

27 "우상의 황혼", 123.

야 한다고 강변한다. 더욱이 존재 중의 존재로 신을 그려내니 우리 삶
과 동떨어진 우상일 수밖에 없다고 고발한다. 그리고 이제는 그렇게
유구했던 우상의 깃발을 내려야 한다고 불을 뿜는다. '우상의 황혼'은
바로 이것을 가리키는 것이었다.

도덕의 기만에 대한 삶의 항거

니체, 〈선악의 저편〉

전통철학이 독단이었다고 비판하다

제목부터 짚고 가야 한다. 때로 '선악을 넘어서'라고 번역한 것도 있는데 자칫 도덕적 판단의 근거인 선악까지도 넘어서자고 주장하는 것처럼 비쳐서는 안 된다. 마치 도덕을 초월하는 경지로 가자는 것처럼 우리를 오도할 수도 있기 때문이다. 그러나 〈선악의 저편〉이란 단도직입적으로 선과 악을 구별하면서 도덕적인 판단을 하지만 이것이 조작의 산물인지라 이면에 왜곡하는 기제들이 작동하고 있었다는 분석이고 고발이다. 그것이 사회를 구성하고 인간사회를 그럴듯하게 엮어간다고 표방했지만 겉으로 제시된 표방과는 달리 삶을 왜곡시키고 억압하는 방식으로 작동할 수밖에 없었다는 것이다. 왜 그런가? 저편에 그러한 요소들이 있었기 때문이라는 것이다.

〈선악의 저편〉은 무엇을 말하려 하는가? 니체의 저작들이 대체로 그러하지만, 여러 이야기들로 종횡무진하기도 한다. 그렇지만 아우를 수 있는 것이 분명히 있을진대 선구적인 통찰로 '미래를 위한 철학'이라고까지 부제를 달았다. 그러니까 동시대 사람들이 알아듣지 못할 것이라는 예측을 깔고 간다. 이걸 누가 들었겠는가? 혼자 질러댄 것이다. 지르다가 갈겼으니 니체의 작품은 대체로 글이 아니라 말이다. 터져 나온 말이 겨우 글에 담긴 것이다. 원래 말이었다. 생명이고 삶이고 본능이니 글보다 말이었다. 말이라 했지만, 사실 어떻게 말로 다 담을 수 있었겠는가? 이런 점을 염두에 두고 살피자.

철학에서의 모든 **독단화**는 아주 화려하고 결정적이며 최종적인 것처럼 태도를 취해왔다고 해도, 여전히 고상한 어린아이 장난이거나 신출내기의 미숙함에 불과하다고 단언할 이유는 충분하다. … 그것은 바로 먼 태곳적부터 있었던 통속적 **미신**(마치 주체의 미신과 자아의 미신으로서 오늘날에도 역시 끊임없이 피해를 주는 영혼의 미신 같은 것), 아마도 말장난 같은 것, 문법의 특이한 면에서의 유혹 또는 매우 협소하고 개인적이며 대단히 인간적인, 너무나 인간적인 사실을 터무니없이 일반화하는 것이다. … 그러나 이 **오류**를 극복하고, 유럽이 이러한 악몽에서 벗어나 안도의 긴 숨을 내쉬며 적어도 좀 더 건강한 숙면을 즐길 수 있게 된 지금부터 우리의 과제는 깨어 있음 그 자체이며, 우리는 이러한 오류와 투쟁함으로써 엄청나게 단련된 힘을 모두 상속받은 것이다. 플라톤이 그랬던 것처럼, 정신과 선에 대해 말한다는 것은 확실히 진리를 전복하고 모든 생명의 근본 조건인 **관점**주의적인 것을 스스로 부인함을 의미했다.[1]

니체는 〈선악의 저편〉이라는 책의 서문을 위와 같이 시작했다. 복잡다단하고 심지어 모순적으로 충돌하기까지 하여 인간의 삶을 고통으로 몰아가는 예측 불가한 현실을 꿰뚫어낼 만한 원리는 마땅히 결정적이고 최종적이어야 했다. 이러한 요구에 부응하려는 신화와 이로부터 이성으로 전환하면서 이어진 형이상학은 당연하게도 예측 가능할 뿐 아니라 더 나아가 확실하여 안정을 줄 것으로 기대되는 원리를 찾고자 했다. 여기서 일련의 주장들이 나타나는데 먼저는 주어진 삶

---

1 프리드리히 니체, '선악의 저편', 김정현 옮김, 『니체전집 14: 선악의 저편, 도덕의 계보』 (서울: 책세상, 2005), 9-10; 이하 '선악의 저편'으로 표기한다.

에서 운명을 읽어내면서 보다 적극적으로 충돌하는 삶을 조정할 규범을 떠올리게 되었고 그러한 규범의 눈으로 둘러싼 삶의 터전인 자연을 살피니 자연도 법칙을 따라 운행한다는 것을 발견하게 되었다. 아울러 그러한 운행법칙을 관장하는 힘으로서 영혼을 상정하는 것은 마땅한 일이었다. 나아가 영혼의 정점에 신이 위치하게 되는 것도 예정된 수순이었다. 이제 영혼의 눈으로 자연 세계와 신을 보게 되니 인간 스스로도 영혼의 존재가 된다. 형이상학이 지배하던 고대와 중세에 인간은 마땅히 영혼이 그 본질이려니와 육체는 그저 질료에 해당할 뿐이었다. 과학의 발달이 새로운 시대인 근대를 열게 되면서 인간은 이제 인식과 탐구라는 행위자로서 자의식을 갖게 되니 여기서 인간은 둘러싼 자연을 대상으로 하는 주체가 되었다. 그러나 여기서 주체란 인식주체, 즉 앎이라는 행위의 주체로서 앎의 대상과의 관계에서 앎의 영역을 확보하는 것이 관건인 인식론적 주체였다. 말하자면 종래 형이상학의 주제인 있음의 영역과는 별도로 앎의 영역에서의 주도권을 지닐 뿐이었다. 근대 전기의 일이었다.

그런데 이러다 보니 비록 주체일지언정 앎에만 제한된 주체로서 있음에 대해서는 어찌할 수 없는 한계를 지니고 있음을 깨닫게 되었다. 있음과 앎 사이의 극복할 수 없는 거리가 시대적 과제로 등장하게 된 근대 후기에 인간은 앎의 주체이기만 한 것이 아니라 있음을 앎과의 관계에서 '구성'(konstituieren)하거나 '설정'(setzen)하는 위치로 부상한다. 칸트에게서 개진된 인식론적 종합에서의 선험적 자아(transzendentale Ego)가 피히테에 이르러서는 세계-구성적 자아(Welt-konstituierende Ego)로 등극한다. 이제 인간은 '신화적 영혼'에서 '인식론적 주체'를 거쳐 '세계를 구성하는 자아'가 되었다. 물론 근대 후기의 자아에서는 타자에 대해 적극적 지위를 부여하지 못했으니 타자의 자기화라는 비판을 받을 수밖에 없었지만 이는 이미 세계-구성적 자아라는 선언에 심겨져 있었던 것이었다. 그런데 그토록 찬란하고 화려한 인간의 자화상이 오히려 인간의 삶을 허상으로 내몰고 억누르는 기만으로 빠질 수밖에 없었으니 삶의 철학과 실존주의의 반동이 바로 좋은 증거라 하겠다. 니체가 '독단'이라고 호되게 힐난했던 것이 바로 여기까지 흘러온 일련의 과정에 대한 것이었다. 그러한 독단이 영혼·주체·자아라는 일련의 '미신'으로 이어졌는데 인간적인 삶을 억누르는 '오류'였다고 고발한다. 그리고는 생명의 근본 조건인 '관점'을 대안으로 주장한다. 그렇다면 독단과 관점은 어떻게 다른가?

독단은 자기만 옳고 그 이외에 다른 모든 것은 옳지 않다고 배제하는 것이니 스스로가 전체라고 주장하는 것이다. 이에 비해서 관점은 삶의 근본 조건이라는 서술이 가리키듯이 삶을 조건 짓는 형식으로서 보는 눈이니 부득이 쏠려 있고 움직이는 것이어서 부분적일 수밖에 없다. 말하자면 독단은 전체를 표방한다면, 관점은 부분일 수밖에 없다는 것을 명백히 인정한다. 서문에서 이미 형이상학의 관념과 반형이상학적 실존을 극적으로 대비시키고 아울러 근대와 현대를 확언하게 가르고 있다. 시대정신의 혁명적 반동을 누구보다도 단호하게 강조하는 니체의 입장이 분명하게 드러난다.

영혼·주체·자아가 미신이라고 비판하다

보다 구체적으로 살펴보자. 니체는 독단에 대한 평가로 시작한다: "진지하게 말하자면, 철학에서의 모든 독단화는 아주 화려하고 결정적이며, 최종적인 것처럼 태도를 취해왔다."[2] '화려,' '결정,' '최종,' 모두 좋아 보이지만 독단의 모습이다. 그런데 그런 독단은 '영혼의 미신'이라는 것이다. "그것은 먼 태곳적부터 있었던 통속적 미신(마치 주체의 미신과 자아의 미신으로서 오늘날에도 역시 끊임없이 피해를 주는 영혼의 미신 같은 것)"[3]이라고 불을 뿜는다. 특히 괄호 안에서 엄청난 핵폭탄을 쏘아올리고 있다. 역사는 영혼에서부터 시작해서, 주체로 그리고 자아로까지 갔다. 굳이 역사를 따지자면 인간의 자화상에서 처음부터 주객 구도를 설정하거나 자타 관계를 분리하지는 않았었다. 사실은 형이상학에 당도하기 전부터 인간은 자연 세계와 신을 이해하려던 신화적인 사고에서 스스로를 이미 영혼으로 설정해 왔다. 말과 글을 쓰기 전부터도 이미 홀연하게 이미지로 그려내고 있었고, 그것이 예술의 영상적인 이미지로 들어왔다. 음악이나 미술도 그렇게 그려내었던 문화의 산물이고, 말과 글을 가지게 됨으로써 신화에도 적극적으로 반영되었다. 물론 영혼은 사실 주어진 인생의 운명과 이를 조율해보려는 사회적 규범 이후에 등장한다. 앞서 말한 대로, 운명과 규범을 자연에 적용하면서 영혼이 등장하게 되었던 것이다. 자연이 그냥 사심 없는 자연이 아니고 선악 판단까지 하면서 규범적인 역할을 하는 것으로 보고 싶었던 것이다. 그래야 자연을 먹고 살 만한 것으로, 나를 품어줄 만한 것으로 인간이 새길 수 있었기 때문이었다. 결국은 자연을 그렇게 새기고 나서는 그렇게 자연을 움직이게 하는 힘, 즉 활동하는 원리로서 영혼이 등장하였던 것이다. 이후 이제는 영혼으로 인간을 이해하고 세계를 관조하며 신을 앙망하게 되었다. 결국 영혼 중의

---

2 "선악의 저편", 9.
3 "선악의 저편", 10.

영혼으로서 신이 등장한다.

인간뿐만 아니라 세계와 신까지도 관통하는 범주로서 영혼은 그 질서의 종점이면서 시점에 신을 옹립하면서 신화적 세계를 엮어낸다. 보편성을 위해 이성으로 전환하고 학문이 조성되고서도 꽤 긴 세월 동안 신은 역시 최고봉으로 옹립되었다. 그러다가 인간이 전면에 부상하게 되면서 주체로 등장하게 되었다. 영혼에서 주체에 이르는 길은 이토록 길고도 길었다. 그러나 주체만 하더라도 인식론적인 주·객 구도에서의 위치일 뿐이었다. 아직 자아 이야기는 나오지도 않았다. 자아라는 표현이 언제 나왔을까? 자아는 그러한 인식론적 주체가 형이상학적으로 지위를 갖게 되면서 등장한다. 인식론적인 지위로서 주체가 형이상학적인 위상을 지녀야 했었기 때문이었다. 오늘날 우리에게는 주·객 구도와 자타 관계가 매우 익숙하다. 그러나 인간 자화상의 진화적인 계보 과정에서 본다면, 자아는 주체보다 한참 뒤에 나타난다. 주체는 인식론적 언어고 자아는 형이상학적 언어이다. 다만 주객 구도의 토대 위에서 다시 정초되어야 할 세계를 떠받칠 주체로서 자아가 요구되었던 것이다. 그 시작을 피히테로 말할 수 있다. 자아(自我)·비아(非我) 말이다. 그런데 자아·비아만 해도 형식언어일 뿐 아니라 아직 주체의 주도권이라는 사고방식에서 벗어나지 못했다. 타자라는 이야기가 적극적으로 나오지 않았다. 피히테가 자아와 타자가 아니라 자아(das Ich)와 비아(das Nicht-Ich)로 나눴다는 것에서도 확인된다. '자아'와 '자아가 아닌 것으로서 비아'이니 세상을 자아와 자아 아닌 것으로 나누었을 뿐이었다.

그렇다면 '비아'와 '타자'는 어떻게 다른가? 비아(非我)는 부정어이지만, 타자(他者)는 부정어가 아니다. '타'를 부정어로 봤던 오랜 세월이 자아에서 비아라는 것을 나오게 만들었지만 말이다. 그런 맥락에서는 그것의 정체를 홀연하게 드러내려니 비아라고밖에 할 수가 없었다. 그러다가 타자가 비아와 같은 부정어가 아니라 긍정어가 되었으니 이는 현대에 와서이다. 이것만 놓고 봐도 역사가 얼마나 오랫동안 집요하게 영혼 및 이의 변형으로서 주체와 자아에 지배되고 있었는지를 가늠할 수 있다. 종교·예술·신화시대를 관통하는 영혼이 철학으로 넘어와도 여전히 영혼으로 군림했었으며 근대로 넘어와 살짝 정신으로 표현되었지만 여전히 형이상학적인 주체였으니 근대는 전후기를 막론하고 그 좋은 증거다. 근대 인식론에서 이성을 말했지만 이는 인식기능일 뿐이었고 형이상학적 주체의 위상은 정신이 지니고 있었는데 이는 영혼의 근대적 변형이라고 봐야 한다. 이성은 기능이지만, 정신은 주체의 위상까지 가진 실체이다. 이렇듯이 영혼의 눈으로, 정신의 눈으로 인간을 이해해왔다. 그러니까 BCE 5세기에 '이성적 동물'이라는 말이 나오고, 2000년 후 근대 초기에 파스칼에 와서도 '생각하는 갈대'라고 말했는데 이는 근대 후기까지도 집요하게 이어졌었다는 말이다.

근대 후기라 하니 좀 더 자세히 보자. 피히테의 '자아'는 셸링에서는 '정신'을 가리키는 것이고, 피히테의 '비아'는 셸링의 '자연'을 가리키는 것이었다. 자아와 비아의 관계를 변증법적 구조로 완성해낸 피히테에게서 형식을 가져오고, 정신과 자연의 동일성 관계를 말하는 셸링에게서 내용을 가져와 합성시킨 사람이 바로 헤겔이다. 복잡다단한 이야기를 생략하고 핵심용어로만 추려도 그렇게 구획정리가 될 수 있다. 자아는 이제 단순히 앎의 행위를 주도하는 주체인 정도가 아니라 세계를 구성하는 정신이라는 뜻을 지닌다. 그렇다면 무엇이 어떻게 다른가? 인식론에서는 주어진 세계가 그저 목석같이 있고 내가 인식주체로서 그것을 향해서 능동적으로 틀을 짜거나 수동적으로 정보를 받거나 어떤 경우이든지 내 안에서 주물럭거린다는 방식이었다. 그런데 근대 후기 형이상학에서 피히테가 '구성'이라는 말을 여러 대목에서 이야기했지만 이제는 인간이 '자아'로서 둘러싸고 있는 세계와의 관계에서 그 무엇을 그렇게 '세계'로서 엮어내는 힘을 지닌다는 것을 가리킨다. 물론 구성이 창조는 아니지만 말이다. 나아가서 '정신이 겉으로 드러난 것이 자연'이라고 말한 셸링이 있었는가 하면, '정신이 바깥으로 나가는 게 자연이고 다시 정신으로 되돌아감으로써 역사는 진전한다'는 헤겔이 이어졌었다. 모들 자아의 세계 구성에 대한 나름대로 설명이라고 하겠다. 그래서 관념론이라고 한다. 이런 일련의 흐름이 보여주듯이 영혼·주체·자아라는 일련의 자화상은 강력한 것이었다.

간략히 살펴본바, 인간의 자화상이 홀연한 영혼으로부터 인식론적 주체를 거쳐 형이상학적 자아로까지 진화했는데 이런 일련의 과정이 '미신'이라고 니체는 비판하고 있다. 괄호에 묶인 게 괄호가 아니었던 것이다. 이제 거기에 대한 반동이 물질로, 육체로, 실증으로 터져 나왔다. 물질과 육체의 유물론이 관념론에 대한 항거로 신호탄을 쏜 이후, 본질에 대한 실존의 반동이 터져 나왔고 말장난 같은 사변에 대한 실증의 거부가 일어나면서 현대로의 혁명적인 전환이 벌어진다. 이제 자연이나 세계나 그저 비아로 처리되는 것이 아니라 타자인 것이다. 그리고 그렇게 서로 다른 인간들도 그러한 자연과 세계를 이루니 비아가 아니라 타자이다. 니체는 타자라는 말을 적극적으로 쓰지 않았지만 이러한 독단 비판을 통해 자타 관계에 주목하는 타자철학의 선구적인 위치로 평가될 만한 성찰들을 누구보다도 강력하게 개진했던 것이다.

왜 '미신'인가? 영혼이, 주체가, 자아가? 니체 이후 부상한 우리 시대 타자 철학의 눈으로 보면, 영혼이나 주체, 자아 모두 철저하게 아전인수다. 자아도취로 귀결된다. 그래서 '독단'이라고 말하는 것이다. 독단인데 자아도취이니 독단인 줄 모르고 마치 보편적 진리의 주체인 양 착각한다. 그래서 미신이라는 것이다. 굽이굽이 흘러온 철학의 역사에서 좀 더 설득 가능한 방식으로 자아상과 세계관 그리고 신관까지 엮어보려 했는데 그것의 귀결이 자아 중심적 관념론이었으니 이쪽에서 저쪽까지 모두 움켜쥐는 자아도취가 그 탁월한 증거이다.

독단에 대한 대안으로서 관점

독단에 대한 반대말이 저 밑에 나온다.

플라톤이 그랬던 것처럼, 정신과 선에 대해 말한다는 것은 확실히 진리를 전복하고 모든 생명의 근본 조건인 관점주의적인 것을 스스로 부인함을 의미했다.[4]

여기서 '관점'이 '독단'의 반대말이다. 독단과 관점주의를 거칠게 비교한다면, 앞서 말한 대로, 독단은 전체를 표방하고 관점은 부분을 일컫는다. 말하자면, 독단 대 관점은 전체 대 부분이다. 독단은 나름대로 체계를 가지고 우주를 교통 정리할 수 있다고 주장하는 것이다. 독

---

4 "선악의 저편", 10.

단은 언제나 전체를 지향하고 설정하는 데 비해, 관점은 부분일 수밖에 없다. 독단의 사례로서 영혼, 주체, 자아를 말했는데, 영혼은 '있음', 주체는 '앎', 자아는 '있음과 앎의 얽힘'이다. 자아는 앎에 토대를 두고 있음을 엮어내고자 하는 위치에 있기 때문이다. 탁월한 증거로서 '있음과 앎의 같음'이라는 헤겔의 결론이 독단의 최고봉이다. 이에 반해서 니체에 있어서 관점은 '삶'이다. 삶은 부분일 수밖에 없다. 있음은 언제나 전체를 설정하며, 앎은 전체를 어떻게든 싸잡아보려고 하지만 말이다.

이성을 보라. 보편 이성이라 하니 이성의 전제가 보편이다. 경험은 개별경험이다. 개별에서 출발하여 개별들 사이를 관통하여 비슷하게 엮어질 수 있는 공통성을 추구한다. 이성은 보편을 먼저 짜놓고 이루려고 한다. 경험론은 개별에서 출발하니 반대처럼 보이지만 목표는 이성과 같다. 경험론의 목표도 보편성인데 출발이 개별경험이기 때문에 보편에 도달할 수 없는 것에 대해서 겸손하게 인정한다. 대신 대안으로 공통성을 말한다. 보편성에 근접하려는 공통성이다. 어쨌든 서로 다른 개별성을 관통하는 유사성에 근거하여 귀납법의 논리로 일반화를 거친다. 물론 일반화가 보편화는 아니다. 그러나 일반화는 공통성을 추구한다. 개별경험에서 출발하기 때문에 보편성과 필연성은 불가능하다. 그래서 보편성이 아니라 공통성이고, 필연성이 아니라 개연성이다. 그렇지만 이런 과정을 거치고 칸트가 갈라놓은 것을 다시 묶어 있음과 앎이 공히 전체를 꿈꿔 결국 있음과 앎이 같게 된다는 헤겔의 결론은 전체 중의 전체를 목적으로 한다. 이에 비해 관점은 삶이 전체일 수 없다는 데에 겸허하게 주목한다. 삶이 전체일 수 없다는 것은 불확실성과 무지 때문이다.

우리는 진리를 원한다고 가정했는데, 왜 오히려 진리가 아닌 것을 원하지 않는가? 왜 불확실성을 원치 않는가? 왜 심지어 무지를 원하지는 않는가? ― 진리의 가치문제가 우리 앞에 다가왔다. ― 아니, 이 문제 앞에 다가선 것은 우리가 아니었던가?[5]

니체의 수사기법이 진하게 드러나는 진술이다. 조소를 섞어 진리에 대한 강박에 화살을 날린다. 여기서 주목해야 할 말이 '불확실성'과 '무지'다. 전통적으로 보면, 진리와는 거리가 먼 것들이다. 진리라는 것은 확실성을 보장하는 근거이고 내용이니 무지가 아니라 지식 중의 지식이어야 하기 때문이다. 인식이 지식을 산출하고 진리를 향한다. 그러니 진리는 지식 중의 지식이다. 최고단계의 지식이다. 그런데 니체는 무지를 말한다. 무엇을 말하는가? 앞서 나왔던 독단과 관점의 비교를 떠올리면 취지를 더듬을 수 있다. 전체를 싸잡을 수 있다는 주장이 독단이라면 관점은 부분일 수밖에 없다고 했다. 부분이라는 것은 알지 못하는 것이 엄청나게 크고 많다는 것을 받아들이는 것이다. 무지란 바로 이를 가리킨다. 전체에 대해 관점이 지닐 수밖에 없는 무지라고 해도 좋다. 전체를 관통한다는 진리는 오히려 독단일 수밖에 없고 우주를 관통할 것 같은 진리도 실상 관점의 산물이라는 것을 받아들이라는 것이다.

관점의 이와 같은 불가피성을 니체는 다른 각도에서 이렇게도 표현한다: "우리는 의식적인 사유의 대부분도 본능의 활동으로 간주해야만 한다."[6] 의식에서 비롯된 사유도 본능에서 비롯된 것이라는 말이

---

5 "선악의 저편", 15.
6 "선악의 저편", 18.

다. 의식과 사유가 앎이라면 본능은 삶이다. 한 마디로, 앎은 삶에서 비롯된 것이라고 주장하고 있다. 있음을 어떻게 해서든지 담아내는 앎이라는 것이 사실은 이미 부분으로 쏠려 있는 삶에서 비롯된 것이라는 말이다. '전체인 줄 알았더니 부분이다'라는 말이다. 관점이 이것을 가리킨다. 종래의 진리가 독단일 수밖에 없는 것은 그것이 부분인데 마구 전체라고 자임하기 때문이며, 관점이야말로 삶의 조각이니 비록 부분적일지언정 더욱 큰 적합성을 지닌다는 것이다.

불확실성과 무지로 인해 관점일 수밖에 없다

그러나 불확실성이나 무지야말로 진리와 반대가 아닌가? 그런데 니체가 이렇게 상식을 뒤집는 물음을 던지는 이유는 무엇인가? 이는 확실성을 기준으로 이를 실현하기 위해서 어떤 무지도 허락하지 않는 최고지식을 전제로 삼아 왔었던 종래의 진리가 삶의 불확실성이나 모호성과는 동떨어져 있고 심지어 삶이라는 것이 다 알고 사는 것이 아니라 모르고도 살아가는 것임을 도외시한 편견일 뿐이라는 것을 고발하는 뜻을 지닌다. 그러니 비상식적인 듯이 보이는 그의 물음은 사실상 그렇게 부분으로 쏠려버린 편견일 뿐인 것을 진리로 옹립해 온 종래의 태도에 대한 수사적인 조소라 하겠다. 우리의 해석을 뒷받침하는 근거가 그의 다음 언술에 깔려 있다. '진리의 가치문제'라는 표현이 그것인데. 종래에는 생각할 수도 없었던 착상이다. 진리가 그 자체로서 재론의 여지가 없는 가치였던 시대에서는 동어반복일 뿐이지만 이제 진리의 현실적 의미를 문제로 삼게 되었다는 것을 가리키기 때문이다. 진리가 앎의 목표라면 가치는 삶의 의미를 뜻하니 층위가 사뭇 다르다. 아무리 최종적이고 결정적인 진리이더라도 삶에서 가치를 지니지 않으면 의미가 없다는 현대의 시대정신을 간결하게 표현한다. 심지어 문제가 우리 앞에 다가왔을 뿐 아니라 우리가 문제 앞으로 다가섰다는 진단은 전율적이다. 앞의 서술은 여전히 인간이 인식 주체로서 문제를 대상적으로 접근하는 분위기를 떨치기 어려운 반면에, 뒤의 진술은 우리가 문제로, 삶의 상황으로 내던져졌다는 것을 토로하고 있기 때문이다. 잘난 주체가 아니라 운명 지워진 실존이다. 인식에 머무를 수 없이 해석으로 갈 수밖에 없는 절박한 이유가 바로 여기에 있다. 앎만이 아니라 삶이기 때문이다. 보다 본격적으로 인용해 본다.

> 우리는 의식적인 사유의 대부분도 본능적인 활동으로 간주해야 한다. 의식은 어떤 하나의 중요한 의미에서 본능적인 것에 대립되는 것이 아니다. 한 철학자의 의식적 사유의 대부분은 그 자신의 본능에 의해 은밀하게 인도되며 특정한 궤도에서 움직이도록 강요된다. 모든 논리와 그 움직임의 외견상의 독단성 뒤에도 가치 평가가 있다. 명료하게 말한다면, 특정한 방식의 생명을 보존하기 위한 생리학적인 요구가 있다. 예를 들어, 확정된 것은 불확정적인 것보다 가치가 있고, 가상은 진리보다 가치가 없다는 것이다.[7]

앞서 의식과 사유가 앎이라면, 본능은 삶이라고 했다. 이제 그러한 본능이 바로 '특정한 방식의 생명을 보존하기 위한 생리적인 요구'라고 풀어준다. 보다 구체적으로, 확실성을 불확실성보다 더 가치 있는 것으로 보려는 요구라고 부연해준다. 불확실성이 불안의 근거가 된다

---

7 "선악의 저편", 18.

면, 확실성이 안전과 안정을 보장해 줄 것으로 기대할 수 있기 때문이다. 말하자면, 확실해서 확실한 것이 아니라 확실하기를 바라는 삶의 본능이 앎으로 하여금 확실성의 전체로 착각하게 만들었다는 것이다. 결국 앎의 뿌리에 그렇게 삶이 깔려 있다는 것을 정직하게 직시하라고 니체는 이렇게 세밀하게 분석하고 있다.

니체보다 반세기 정도 앞서 등장한 키르케고르가 진리를 '객관적 불확실성'으로 묘사했었다. 무엇을 향해 던진 포문인가? 진리의 보편타당성이고 객관성이다. 그렇게 객관적 확실성으로 옹립되었던 것에 대해서, 그는 객관적 불확실성을 말한다. 있음과 앎의 차원에서는 객관적 확실성일지 몰라도 삶의 차원에서는 그렇지 않다는 것이다. 저 주받은, 운명 지어진 실존에 대해서 객관적 확실성을 충족시키는 진리는 아귀가 맞을 수 없다. 그것은 배부르고 등 따뜻한 지배자들의 체제유지, 현상 유지를 위한 이데올로기였을 뿐이었다. 니체도 같은 맥락에서 주장한다. 극복되어야 할 것이라고 봤던 불확실성과 무지라는 것이 이제는 만들어져가는 진리의 피할 수 없는 요소라는 것이었다. 진리의 여러 주장에 교집합이 있을 수도 있지만 전혀 무관할 수도 있다. 그렇다면 당연히 이 부분적 진리는 저 부분적 진리에 대해서 무지일 수밖에 없다. 결국 진리는 불확실성으로 귀결될 수밖에 없다. 그런데 우리는 진리를 확실성의 이념으로 규범화하고 공식화하고 제한해왔다. 진리에 대해서 제한을 가함으로써 반대로 제한된 진리가 우리를 제한시키고 진리 강박으로 끌고 간다. 〈안티크리스트〉에서 이러한 진리강박에 대해서 살폈었다. 이제 관점주의적 진리관은 확실과 불확실, 지식과 무지가 뒤범벅될 수밖에 없다는 것을 가리킨다. 인식론의 확실성에 대해 해석학의 불확실성이고, 인식론의 지식에 대해 해석학의 무지이다.

진리의 뿌리는 편견이었다고 고발하다

어떤 것이 어떻게 그와 반대되는 것에서 생겨날 수 있을 것인가? 예를 들어 진리가 오류에서 생겨날 수 있는가?… 이러한 종류의 발생은 불가능하다. 이것을 꿈꾸는 사람은 바보다, 아니 더 나쁜 사람이다. 최고의 가치를 지니는 것은 다른 독자적인 기원을 가져야만 한다. 그것은 덧없고 유혹적이며 기만적인 하찮은 세계로부터, 망상과 욕망이 이렇게 뒤얽힌 혼란으로부터 이끌어낼 수 없는 것이다! 오히려 존재의 모태 속에, 불변하는 것 속에, 숨어있는 신 안에, '물 자체' 속에 ― 바로 그곳에 그 근원이 있어야만 하지, 그 외의 다른 곳에 있는 것은 아니다!" ― 이러한 방식의 판단이 전형적인 편견을 낳는데, 이러한 편견은 모든 시대의 형이상학자들의 정체를 다시금 알 수 있게 만든다. 그들의 모든 논리적인 추론 과정의 배후에는 이러한 방식의 가치 평가가 있다. 그들은 이러한 자신들의 '믿음'에서 그들의 '지식'을, 격식을 갖추어 마침내 '진리'라고 명명하게 되는 그 무엇을 얻으려고 노력한다. 형이상학자들의 근본적인 믿음은 가치들의 대립에 관한 믿음이다.[8]

꽤 길게 인용했다. '논리적인 추론 과정'을 거친 진리라고 말하지만 사실 편견에 의한 '가치 평가의 결과'라고 폭로한다. 그 근거로서 '믿음'을 들고 있다. 믿음이 시작이라고 주장한다. 그래야 한다는 것이 아니라 그렇게 하고 있다는 것을 폭로한 것이다. 진리의 정체에 대해 더

---

8 "선악의 저편", 17.

욱 집요하게 파고드는 니체의 해석학적 통찰을 엿볼 수 있는 대목이다. 오류, 기만, 이기심, 망상, 욕망, 혼란과 같은 부정어들과 평행-대조적으로 존재, 불변, 선, 물 자체가 열거되었다. 그런데 진리는 후자에서 나올 뿐 결코 전자에서는 나올 수 없다는 형이상학적 주장을 편견이라고 했다. 왜 편견인가? 열거된 부정적 요소들이 배제된 채 진리를 추론한다면 현실과는 동떨어진 이념적인 주장일 뿐이겠기 때문이다. 니체는 이처럼 진리가 나오고 되돌아 적용되어야 할 터로서 삶을 분명하게 전제하고 있다. 그런데 진리를 향하는 논리적인 추론 과정에 동원되는 지식과 이로부터 귀결되는 진리의 배후에서 결국 편견으로 작동하는 믿음이 깔려 있다는 것이다. 진리의 뿌리를 거슬러 갔더니 믿음이라는 이름의 편견이 깔려 있었다는 것을 고발하는 전율적인 통찰이다. 진리에 관한 인식론적 비판인데 앎의 뿌리에 삶이 깔려있다는 해석학적 성찰을 담고 있다. 말하자면 편견과 같은 비록 왜곡된 방식일지언정 앎의 차원에 머무르는 진리의 뿌리에는 삶이 그렇게 시키는 믿음이라는 것이 똬리를 틀고 있다는 심층 분석이다. 보편타당성과 객관성의 기준을 충족시켜야 하는 진리의 뿌리에 이미 지극히 왜곡되어 있을 수 있는 편견으로 똘똘 뭉친 믿음이 그렇게 작동하고 있다는 것이다. 앎의 뿌리에 삶이 이미 거기에 그렇게 살아지고 있었기 때문이다.

보다 자세히 보자. 믿음에서 지식을 끌어내고 종국에 진리로 추앙한다. 그것이 진리인 것은 내가 그것을 진리라고 믿기 때문이라는 것이다. 인간학적으로도 전율적인 통찰이며, 해석학적으로도 예리한 분석이다. 앞서 언급되었던 '본능의 활동'과 같은 것이다. 먼저 그렇다고 믿는 것이다. 삶이 그렇게 끌고 가고 있으며, 그렇게 행동하도록 만들기 때문이다. 그것이 본능이고 믿음이다. 거기서부터 지식을 끌어낸다는 것이다. 믿음은 삶이고 지식은 앎이니 삶에서 시작해서 앎으로 끌어내더니 있음으로 등극시킨다. 여기서 니체가 열거한 대비들을 자세히 살펴보면, 믿음을 이루고 있는 것들을 추려낼 수 있다. 무엇을 대비시키는가? 진리와 오류, 진리와 기만의 대비이다. 사심 없음과 이기심의 대비다. 관조와 욕정이 대비다. 이렇게 보면, '오류, 기만, 이기심, 욕정, 유혹, 망상, 욕망, 혼란' 등, 이런 것들이 믿음에 이글거리고 있다. 아니 사실 삶의 꼴들이다. 버릴 수 없는 것들이다. 이것들이 우리 삶의 뜻풀이로서 해석을 이루고 있는 것들이니 말이다.

다시 말하면, 진리라는 것이 겉으로 포장되기에는 존재, 선, 불변, 물 자체인데 그 뿌리인 믿음 안에는 위에서 열거한 요소들이 이글거리고 있었다는 것이다. 껍질로 보니 앎의 꼴이고 있음의 틀로 옹립되었던 것들인데 그렇게 존재, 선, 불변을 옹립했던 이유가 무엇인가로 들어가 분석한다. 현상 너머 형상, 형상 중의 형상, 제일의 실체, 제일 원인과 같은 방식으로 형이상학의 그림이 그려졌는데, 사실상 아무런 사심 없이 그러한 태도와 입장으로 접근해 들어간 것이 아니라, '힘들 수밖에 없는 세상, 치고받은 세상, 모순이 이글거리는 세상, 약육강식의 세상에서 인간이 어떻게 살 수 있을까'라는 문제로 씨름하는 것이었다. 그래서 거기서 윤리학과 정치학이 나왔다.

의심: 표방된 가치도 이기심에서 비롯되었다

형이상학과 윤리학의 나눌 수 없는 관계를 그동안 예쁘게 읽어주는 역사의 흐름이었는데, 니체는 그것이 틀린 것은 아니지만 그 동기를 물으면서 파고 들어간다. 그러면서 형이상학이 표방한 사실과 가치의 진리라는 것이 믿음을 이루고 있는 요소들에서 비롯된 것이었다고 분석한다. 그것은 부정적으로 보이지만 삶을 이루고 있는 격동적인 요소들이었다는 것이다. 삶은 그렇게 이글거리는데, 우리는 그럴듯한 한쪽으로만 쏠려서 봤다는 것이다. 그러나 나머지 반쪽이 더 큰 동인이었다고 말한다. 결국 형이상학과 윤리학의 '왜'를 파고드니 의심이 나올 수밖에 없었다고 하겠다. 그러한 의심이 우리 시대인 현대 시대정신의 출발이었다.

> 그들 가운데 가장 신중한 사람들도, 그들이 "모든 것을 의심한다"(de omnibus dubitandum)는 것을 긍정적으로 평가해왔다고 할지라도, 의심하는 것이 가장 필요했던 이 경계선에서 이미 의심하는 것은 생각하지 못했다. 즉 사람들은 다음의 사실을 의심해볼 수 있다. 첫째, 도대체 대립이라는 것이 존재하는가, 둘째, 형이상학자들이 보증했던 저 대중적인 가치 평가와 가치 대립은 아마 단지 표면적인 평가가 아닌지, 단지 일시적인 관점이 아닌지, 아마도 하나의 시각, 아마도 아래서 위로 본 — 화가들에게 잘 알려진 표현을 빌리자면 — 개구리의 관점 (Frosh-Perspektiven) 같은 것은 아닌지? 참된 것, 진실한 것, 무아적인 것에 귀속될 수 있는 모든 가치에도, 모든 생명을 위한 더 높고 근본인 가치는 가상에, 기만에의 의지에, 이기심에, 욕망에 있다고 생각해야만 한다는 것은 가능할 것이다.[9]

참된 것, 진실한 것, 무아적인 것이 저 앞에서 열거되었던 존재, 불

---

9 "선악의 저편", 17.

변, 물 자체, 선과 같은 것이다. 그런데 이런 것들이 기만, 이기심, 욕망에서 비롯되었다고 한다. 삶이라는 터전에서 봤을 때, 내가 삶을 살고 있는 것이 아니라, 삶이 나를 살고 있을진대 삶이 앎을 엮어내는 방식이 이렇다는 것이다. 우리의 삶은 필요한 대로 가상을 수시로 만든다. 기만, 이기심, 욕망 등 심층적인 폐부로 파고 들어가는 길에서 니체는 프로이트를 준비한다. 니체는 포이어바흐로부터 깊은 영향을 받아 프로이트로 넘겼다.

의식적인 사유는 본능에서 비롯된다고 앞서 말한 바 있다. 자기 스스로 전체를 표방하는 게 독단인데 그것이 사실 특정한 궤도에서 발동하는 본능이 끌고 가는 것이라고 한다. 세상을 평정한다는 보편은 독단일 뿐이다. 보편이라는 이름의 독단일 뿐이다. 왜? 특정한 궤도에서 움직이니 말이다. 의식 바닥에서 껍질을 벗기니 본능이 나왔다. 삶은 이미 특정한 궤도에서 나를 그렇게 끌고 간다. 내가 그 줄기를 타고 갈 때 다른 줄기로 갈 수 없다. 앎은 이 갈래, 저 갈래 갈 수 있지만, 삶은 그럴 수 없다. 그 길로 가는 도중에 다른 길로는 못 간다. 나중에는 갈 수 있을지언정 특정한 궤도일 수밖에 없다. 가치 평가도 특정한 궤도와 같은 이야기다. 특정한 궤도에서 특정한 가치 평가가 불가피하니 전체와 보편일 수 없다. 이기심과 욕망을 따르는 특정한 궤도라는 것이다. 나름대로 그런 방식의 가치 평가라는 것이다. 전체가 부분에서 비롯되었다는 말이다. 역사해석학이 나온다. 해석학이 전체와 부분의 불가분리적 순환성을 말하는 대목이다. 어떤 것을 먼저라고 말할 수 없기 때문이다.

먼저 소망하고 나중에 근거로 정당화한다고 비판하다

앎에 대해서 삶이 작동하는 방식인 '본능의 활동'은 은밀한 인도와 특정한 궤도를 강요한다. 이것이 은밀할 뿐 아니라 강요하는데 의식의 주체는 스스로를 자유롭다고 착각하니 강요를 진단할 길이 없다. 그래서 어리석음일 수밖에 없다. 이에 대한 대안으로 니체는 과감하게 다음과 같이 제안한다.

잘못된 판단을 포기하는 것은 삶을 포기하는 것이며, 삶을 부정하는 것이리라. 삶의 조건으로 비진리를 용인하는 것, 이것이야말로 위험한 방식으로 습관화된 가치 감정에 저항하는 것을 의미한다. 이 일을 감행하는 철학은 그것만으로도 이미 선과 악의 저편에 서 있게 된다.[10]

언뜻 보기에 잘못 쓰였나 싶을 정도이다. 그러나 그것이 오히려 잘못된 것이다. 잘못된 판단이 삶을 삶이게 만든다는 것이다. 습관화된 도덕적 가치판단에 저항하는 취지로 '비진리'를 옹호한다. 진리라는 이름으로 습관적이고 관습적인 판단이 얼마나 폭력적으로 우리 삶을 억눌러왔는지를 절감하면서 그 대책으로 오히려 비진리를 내세우는 절묘한 수사이다. 이어서 형이상학의 표면적인 태도에 대하여 분석하고 내면의 실상을 비판한다. 같은 얘기를 고전형이상학에 들이대어 분석한다.

그러나 반면 근본적으로 하나의 전제된 명제, 하나의 단상, 하나의 '영

---

10 "선악의 저편", 19.

감', 대부분의 추상화되고 여과되어 나온 그들 마음의 소망은 대개 뒤늦게 찾는 근거에 의해 정당화된 것이다. ―그들은 모두 옹호자라 불리기를 원하지 않는 옹호자이며, 실상은 대부분 그들이 '진리'라고 부르는 자기 편견의 교활한 대변자이기조차 하다.[11]

드디어 나온다. 진리라고 표현했던 것들이 자기 편견이다. 위 인용 구절에서 특별히 주목해야 할 어휘들이 있다. '전제, 소망, 근거'라는 말이다. 마음의 소망은 근거를 찾는다. 먼저 소망이 있었고 그것을 정당화하는 근거를 만든다는 것이다. 앞서 말했던 인간의 믿음을 구성하는 요소들인 '오류, 기만, 이기심, 욕정, 유혹, 망상, 욕망, 혼란'을 이번에는 우아하게 '소망'이라고 표현한다. 소망이라고 말하면 거룩하고, 욕망이라고 말하면 그렇고 야망이라고 말하면 달리 들리지만, 결국 다 비슷한 것이 아닌가? 나중에 근거를 찾아 정당화시키지 않는가? '욕망'이 아니라 숭고한 '소망'이라고 말이다. 자기 편견에서 출발했는데 진리라고 말이다. 전통 철학에 대한 비판은 6절에서도 계속 나온다.

지금까지의 모든 위대한 철학의 정체가 내게는 차츰 명료해졌다. 즉 그것은 그 철학의 창시자가 말하는 자기 고백이며, 원하지 않은 채 자기도 모르게 쓰인 일종의 수기인 것이다. 다시 말하자면, 모든 철학에서 도덕적인(또는 비도덕적인) 의도가 본래의 생명의 싹을 형성하며, 그 생명의 싹에서 매번 식물 전체가 성장한다는 것이다.[12]

---

11 "선악의 저편", 20.
12 "선악의 저편", 21. 바로 이런 이유로 니체는 자신의 철학적 작품들을 종래의 논문 방식

앞에서는 '자기 편견'이라고 했는데, 여기서는 '자기 고백'이라고 말한다. 니체가 무엇을 향해 가고 있는가? 긴 세월 동안 진리라고 옹립되어 왔던 것들, 즉 형이상학 및 그 위에서 전개되어 왔던 신학 그리고 도덕과 종교 이 모두가 자기 고백이고 수기라는 것이다. '고백, 수기, 의도, 생명, 성장,' 이는 한 묶음으로 삶의 맥락을 가리킨다. 이것이 철학의 발생 동기이고 정체라는 것이다. 무엇을 말하는가? 결국 뿌리는 삶이라는 것을 이토록 세밀하게 분석하고 있다.

핵심은 결국 자기였다

그리고 결국 핵심은 자기였다고 폭로한다.

그러나 인간의 근본 충동이 바로 여기에서 영감을 불어넣는 천재성으로(또는 악령과 요마로) 어느 정도까지 수완을 부릴 수 있었는가를 생각하는 사람은 그 충동이 모두 이미 한번은 철학을 추동했다는 사실을 알게 되고, 그 충동 가운데 각각의 충동은 바로 자신을 기꺼이 현존재의 최종 목적으로, 다른 모든 충동의 정당한 주인으로 드러내고자 한다는 사실을 발견하게 된다. 왜냐하면 모든 충동은 지배욕에 차 있고, 또 지배자로서 철학자 사유를 하고자 하기 때문이다.[13]

과는 전혀 다르게 수필이나 단상으로 또는 일기나 수기의 형식으로 자유분방하게 썼다. 형식과 내용의 불가분리 관계를 떠올린다면 이는 단순히 형식에서의 새로운 시도 이상이다. 그러한 형식이 아니고서는 담아낼 수 없는 삶의 언어가 말을 넘어 글로 착지할 수 있는 새로운 지평을 열었다고 해도 과언이 아니다. 인문학이라면 보다 더 과감하게 이런 착상의 시도가 허용되어야 할 터이다.

13 "선악의 저편", 21.

여기서 충동, 지배, 주인은 결국 자신을 가리킨다. 세계의 주인이라고 스스로를 착각하니 타자를 포함하여 세계를 지배하려는 충동이 철학을 그렇게 만들었다고 분석한다. 이렇게 해서 자아주심주의를 귀결시킨 근대 후기 철학을 향해 신랄하게 비판의 화살을 날리고 있다. 그런가 하면, 시대를 거슬러 무감정 상태라는 이름의 금욕주의를 말한 스토아 철학을 예로 든다. 엄청난 시간 간격에도 관통하는 것이 있다고 역설한다. 스토아 철학이 표방하는 무감정주의는 감정을 억누르라고 말하는데 왜 '자연에 따라 살기'라고 말할까?

> 그대 기묘한 배우이며 자기 기만자여! 그대들의 자부심의 자연에, 심지어는 자연에까지 그대들의 도덕, 그대들의 이상을 규정하여 동화시키고자 한다. 그대들은 자연이 '스토아 철학에 따른' 자연이기를 원하며, 모든 존재를 오직 그대를 자신의 모습에 맞추어 존재하게 하고 싶어 한다.14

자연을 따라 살라고 한 그럴듯한 처세술을 전개했던 스토아학파의 정체를 폭로한다. 자연과 감정은 같이 가야 함에도 스토아학파는 무감정주의를 말한다. 스토아가 보는 자연은 어떤 자연이었는가? 자연에 초점을 맞추면서도 파토스가 아니라 로고스를 강조했다. 자연이 '인과 관계의 무한한 연쇄'(series implexa causarum)로 이어져 있다는 것이다. 자연에 따라 산다고 했지만 자연을 그렇게 보니까 파토스를 줄일 수밖에 없다. 그래서 '아파테이아'(Apatheia), 즉 무감정주의를 말한 것이다. 스토아가 말하는 자연은 법칙과 규범을 덧씌운 횡포에 희

---

14 "선악의 저편", 24.

생된 것이었다. 그렇다면 스토아학파만 그랬는가? 다 그랬다. 필요에 따라 세상을 그렇게 보게 만들었다. 플라톤이나 아리스토텔레스도 마찬가지다. 사조는 양립 불가할 정도로 달라도 다 거기서 비롯된 것이다. '관점주의'라고 말한 것이 바로 이것을 가리킨다. 니체의 이토록 예리한 분석과 함께 해석학의 씨앗이 심긴다. 모두 특정한 관점에서 보이는 대로 읽었다는 것을 드러내면서 말이다. 우선 여기서부터 정직하게 인정하고 가자고 말이다.

'나'라는 것

'직접적인 확실성', 예를 들면 "나는 생각한다"라는가, 쇼펜하우어의 미신이었던 "나는 의지한다"와 같이 '직접적인 확실성'이 존재한다고 믿는 천진한 자기 관찰자가 아직까지도 존재한다.[15]

앞에서 '영혼의 미신, 주체의 미신, 자아의 미신'이라는 화두로 인간의 자화상을 살폈었다. 여기서는 자아의 미신에 대해 보다 집중포화를 쏟아붓는다. 직접적인 확실성이 절대적으로 중요하다 보니 인간이 급기야 자신을 근거로 내세운다는 것이다. 내가 그렇게 하고 있으니 의심할 여지가 없지 않은가 하면서 말이다. 그런데 직접적 확실성이란 불가능한 허상일 뿐 아니라 역사적으로는 엄청난 폭력이었다고 고발한다. 인식론이 세우려 했던 금자탑이 사상누각이라는 것을 해석

---

15 "선악의 저편", 34. 그래서 니체는 이렇게 부언한다: "그러나 이러한 '그 무엇'이 바로 저 오래되고 유명한 '나'라고 한다면 부드럽게 말한다고 해도, 단지 하나의 가정일 뿐이고 주장일 뿐, 특히 '직접적인 확실성'은 아닌 것이다. 결국 이미 이러한 "그 무엇이 생각한다"는 것으로 너무나 충분하다"(35).

학이 폭로한다. 폭력에 대한 폭로는 당연히 억압으로부터의 해방을 향한다.

내가 확실한 것이 아니다. 굳이 말하자면 살려는 의지가 있을 뿐이다. 이러한 의지는 다양한 감정은 물론 사고까지 포함하니 지성과 감정을 아우르는 의지, 즉 삶이다. 그러기에 자유의지와는 사뭇 달리 명령과 복종의 역학으로 움직인다. 니체에게 의지는 전혀 자유롭지 않다. 자유라고 착각하고 있을 뿐이다. 결국 의지는 정신요소가 아니라 삶의 생리이다. 종래의 지정의를 통합하고 생명에서 비롯되는 삶의 충동적인 힘을 뜻한다. 결국 니체는 의지를 삶으로 풂으로써 오히려 비의지의 차원으로 더듬어가는 통찰을 시작한다. 자기가 명령하고 자기가 복종하니 자유로 느끼고 쾌의 상태로 판단하면서 이로써 '나'를 설정한다는 것이다. 그러한 삶이 원초적 충동이고 힘에의 의지이니 어떠한 앎도 타고나는 '본유관념'(ideae innate)의 순수한 보편 이성이거나 왜곡 없이 경험하기 위한 '백지상태'(tabula rasa)일 수가 없다. 이미 "특정한 문법적 기능에 속박되는데 궁극적으로는 생리학적 가치판단과 종족적 조건에 속박되는 것이다."16

> 마치 여기에서 주체나 객체의 측면에서 왜곡됨 없이, 인식이 순수하게 있는 그대로의 대상을 '물 자체(Ding an sich)'로 파악할 수 있는 것처럼 말이다. 그러나 '직접적 확실성'은 '절대적 인식'이나 '물 자체'와 마찬가지로 자기 자신 안에 형용모순(eine contradictio in adjecto)을 함축하고 있다는 사실을 나는 백 번이고 반복하게 될 것이다. 우리는 마침내 이 용어의 유혹에서 벗어나야만 한다!17

---

16 "선악의 저편", 40.

근거가 무엇인가? 이렇게 직접적 확실성, 물 자체를 부정할 수밖에 없다는 것은 칸트 이후로 불가피할 정도로 당연하지만, 니체가 부정하는 이유는 무엇인가? 왜 부정하는가? "이와 같이 다시 되돌아가 다른 관점에서의 '지식'과 관계하기 때문에, 이 현재의 순간적인 상태는 어쨌든 나에게는 직접적인 '확실성'을 주지 못한다."18 무슨 이야기인가? 전체가 아니라 부분일 수밖에 없는 관점이니 나의 인식도 결국 해석으로 들어가면서 무수히 다른 것을 만나고 얽힐 수밖에 없기 때문이다. 이런 상황에서 만일 자기 확실성을 주장한다면 결국은 자기를 근거로 하여 사유한다는 것인데, 사유가 자명하기보다는 다른 것과 비교 연관하여 판단하는 것이기에 확실성을 가질 수 없다는 것이다. 더욱이 그 근거가 자기이니 선순환이기보다는 악순환일 소지가 많다. 결국 자기 강박에 빠질 수밖에 없을 터이니 이를 분석하고 시정을 요구하는 외침이다. 해석학적 통찰이 자기 강박으로부터 해방을 향하는 함의를 가진다는 근거가 바로 여기에 있다.

출발은 앎의 확실성이 아니라 삶의 복합성이다

데카르트가 '나는 존재한다, 고로 생각한다'고 했는데, 확실한 것은 '생각하는 행위'라는 것이다. 행위가 있다면 행위의 주체가 반드시 있어야 한다는 것은 동사로부터 명사를, 술어로부터 주어를 뽑아낸 억지주장이라는 분석이다.

---

17 "선악의 저편", 34.
18 "선악의 저편", 34.

이미 이러한 '그 무엇'에는 사유 과정에 대한 하나의 해석이 함축되어 있으며, 과정 그 자체에 속한 것은 아니다. 사람들은 여기에서 문법적인 습관에 따라 "사고하는 것은 하나의 활동이며, 모든 활동에는 활동하는 하나의 주체가 있다"고 생각하는 것일 뿐이다.[19]

니체는 데카르트가 행위에서 존재를 끌어내더니 확실성의 근거로 세웠다고 비판한다. 오늘날 포스트모더니즘의 해체주의에 대한 시조적인 선언을 여기서 또 발견할 수 있다. 이어서 '자유의지'에 대해서도 다룬다. 근대 주체는 인식 주체다. 그런데 인식이 주체와 대상의 관계에서 대상에 대하여 주체가 주도권을 지니는데 이를 지탱해주는 위상과 역할에 담겨 있는 것이 자유이고 자율이다. 물론 윤리적 주체이기도 하기 때문에 자유의지가 굉장히 중요하다. 그런데 니체는 자유를 분해한다. "의지작용(Wollen)이란 나에게는 무엇보다도 어떤 복합적인 것이며, 단지 말로 표현했을 때만 통일성이 있는 그 무엇처럼 보인다."[20] 자유의지라고 한 단어로 처리하여 돌리지만, 사실 자유의지가 조성되고 작동하는 꼴을 보면 복합적인 움직임이라는 것이다. 앎에서 보면 그렇게 '자유의지'라고 부르니 간단하게 보이지만, 삶에서 비롯된 소용돌이이기 때문에 그럴 수밖에 없다는 것이다.

이것이 무슨 말인가? 근대 전기와 후기에 걸쳐 무슨 일이 일어났는가? 고·중세 시대에는 이성 대 감성이라는 형식기능의 대결이 있었다. 그것을 신에다가 적용시켰더니, 합리주의 대 신비주의라는 것이 나왔다. 이성의 틀로 봤더니 신은 합리주의의 절정이고, 감성의 틀로

---

19 "선악의 저편", 36.
20 "선악의 저편", 37.

봤더니 신비주의의 심연이다. 높이의 신이 되거나 깊이의 신이 되었다. 그러나 근대로 넘어오면서 인간이 인식주체가 되었다. 그렇지만, 인식이라는 것은 내용을 가진 존재에 대해서는 그저 형식이어야 한다. 텅 비어있어야 하며 무엇을 하면 안 된다. 텅 빈 채로 존재를 얼마나 깔끔하게 모실까 하는 것이 인식의 사명이었다. 그래서 있음을 그대로 모신다는 보편 이성이 나왔다. 그런가 하면, 백지상태에서 시작하여 그려져 가는 쪼가리들을 부지런히 모아 비슷하게 공통성에 도달해보겠다고 했다. 모두 스스로는 텅텅 비어있어야 했다.

　그런데 중기에 이르러 칸트가 있음과 앎 사이를 찢고 난 후에 후기로 넘어서면서 어떤 일이 벌어졌는가? 형식기능이 내용을 가지게 되었다. 이성이 지성으로, 감성이 감정으로 내용을 지니게 되었고 중세 말기에 등장했던 의지가 합세했다. 이렇게 해서 삼각 구도가 완성되었다. 예를 들어, 감성은 아무것도 할 수 없지만, 감정은 무엇을 하게 된다. 즉 감정주의라는 것이 나올 수 있게 되는 것이다. 나름대로 내용과 방향과 색채를 가지게 된다. 지성 대 감정은 영원히 만날 수 없는 평행적인 관계였다. 그리고 의지가 제3 요소로 등장했다. 어느 쪽으로도 쏠리지 않는 제3 요소다. 근대 전기에 인식론을 거치고 이후 지성, 감정, 의지가 내용을 품는 인식론적 형이상학, 즉 관념론으로 재건되면서 스스로의 위치를 정신으로 잡는데 그 안에서 지성, 감정, 의지라는 세 요소는 깔끔하게 경계를 확립하게 된다. 경계를 짓다 못해, 환원주의로까지 가게 된다. 주지주의, 주정주의, 주의주의가 바로 그것이며, 신학사에서는 정통주의, 경건주의, 자유주의로 나타났다. 음악이나 미술에서는 주지주의에 해당하는 고전주의, 주정주의에 해당하는 낭만주의, 주의주의에 해당하는 사실주의와 같은 사조들이 보여주는 것처럼 지, 정, 의의 환원주의가 소용돌이를 쳤던 것이다. 환원 가능할 만큼, 환원이 불가피할 만큼 경계가 지어져 있을 만큼, 단순하고 확실한 것이었다.

그런데 니체는 복합적이라고 말한다. 왜 복합적이라고 하는가? 말로 표현했을 때 통일적으로 보이지만, 동일이 아니라 통일적이라는 것이 중요하다. 같은 하나가 아니라 여러 갈래의 묶음이니 그러하다. 묶을 수 없는 것을 묶어보았을 뿐이었다. 그런데 그 갈래가 덮어둘 수 없을 만큼이니 통일적이기보다는 복합적이라고 진단한다.

의지는 인식주체의 자유가 아니라 삶의 욕망이다

모든 의지 작용에는 첫째, 감정의 다양함이 있다. 즉 떨어져 나가는 상태의 감정과 지향에 들어오는 상태의 감정, 이렇게 나가고 들어오는 감정 자체가 있다. 그리고 그다음에는 우리가 팔과 다리를 움직이지 않고도 우리가 '의지'하자마자 일종의 습관에 의해 움직이기 시작하는 수반되는 근육의 느낌도 있다. 그러므로 느낀다는 것은 Fühlem을, 더구나 다양하게 느낀다는 것을 의지의 구성 요소로 인정해야 하는 것처럼, 두 번째로 사고(Denken) 또한 의지의 구성 요소로 인정해야만 한다. 즉 모든 의지의 행위 속에는 하나의 지배하는 사상이 있다. 세 번째로 의지는 감정과 사고의 복합체일 뿐 아니라, 무엇보다도 하나의 정서(Affekt)이다. 그리고 이는 실상 명령의 정서이다. '의지의 자유'라고 불리는 것은 본질적으로 명령에 순종해만 하는 자에 대한 우월의 정서이다. 즉 "나는 자유이다. '그'는 복종해야만 한다."[21]

---

21 "선악의 저편", 37. 여기 인용한 니체의 주장은 참으로 엄청난 통찰을 쏟아내고 있는 고

니체에 바로 앞선 근대 후기에는 지성, 감정, 의지를 철저히 쪼갰는데, 니체는 의지를 떠워 놓고 거기에 감정도 들어있다고 한다. 그러나 거기서 멈추지 않는다. 사고로 표현된 지성도 의지를 이루는 요소라고 한다. 환원주의를 깨버린다. 혁명적 전환이다. 어디로 가려고 하는가? 앎에서 삶으로 가려고 한다. 교실에서 깔끔하게 정리할 만한 앎을 망망대해의 소용돌이인 삶으로 끌고 나가려고 한다. 의지 안에 감정도 들어있고, 지성도 들어있다니 말이다. 그렇다면 니체가 말하는 의지란 도대체 무슨 의지인가? 니체는 그것을 '의지'라고 했지만, 당대의 관용어로 바꾸면 일단 '정신'이겠다. 니체는 정신을 의지라고 봤다. 왜? 삶의 정신이기 때문이다. 앎을 담당하고 주관하는 정신이 아니라 삶의 소용돌이이기 때문이다. 삶이 부처님 가운데 토막처럼 가만히 있는 것이 아니라 본능이고 충동이며 끝없이 소용돌이치는 욕동이기 때문이다. 욕망의 충동들이다. 니체는 이를 일상적으로 '의지'라는 용어로 싸안고자 했던 것이다.

정신을 의지라고 봤다고 하더라도 육체와 갈라지는 정신만을 가리키는 것은 아니었다. 결국 의지는 정신과 육체의 미분적 단일성으로서 삶을 가리킨다. 결국 '전인성'이다. 니체는 이것을 가리키는 결정적인 실마리를 바로 이어서 깔고 있다. 모든 의지의 행위에는 지배하는 사상이 있다는 것이다. 그 다음에 주목해야하는 것은 명령과 복종이다. 지배와 명령을 한 축에, 복종을 다른 축에 놓으면 니체의 전략이 나온다. 의지라는 것에 지성, 감정, 의지를 다 싸잡아 넣어 '의지'라고

밀도의 보고라고 하지 않을 수 없다. 종래 근대 후기에서 정신을 요소론적으로 분류했던 것을 삶이라는 터전에서 싸잡는 과감한 시도는 오늘날 전인성이나 통전성으로 나아가게 하는 결정적인 동인이 되기 때문이다. 자유의지를 자기에의 복종이라고 보는 통찰은 압권이다. 자기를 문제로 보고서야 이를 수 있는 통찰임은 두말할 나위도 없다.

하더니, 이어서 자유라는 것을 '명령과 복종'으로 풀어버렸다. "여기에서 우리는 주어진 상황에서 명령하는 자이자 동시에 복종하는 자이다."[22] 자기가 명령해놓고서는 자기가 복종한다. 그리고 그러기에 '자유다!'라고 한다는 것이다. 이것이 바로 자기 확실성의 고리라는 것이다. "우리는 다른 한편으로 '자아'라는 종합 개념에 의해 이 이중성을 무시하고 속여 알지 못하게 하는 습관을 가지고 있"[23]기 때문이다. 명령하고 복종하는 이중성을 자아 안에 몰아넣으니 보일 리가 없기 때문이다. 그리고 그러기에 바로 자기기만일 수밖에 없다. 이것이 근대의 주체였다는 것이다. 니체는 그런 주체가 자만이고 더 나아가 기만이라고 말한다.

그런데 자아를 자유로운 주체라고 하면서 자유의지를 예찬하게 되었다. 자아가 먼저 있고 나중에 명령하는 것으로 새기니 명령과 복종의 복잡다단한 얽힘을 그저 '명령하는 자'로 규정하면서 기만적으로 '기분 좋은 주체'라고 착각하게 되더라는 것이다. 그래서 니체는 이렇게 말한다. "'의지의 자유'—이것은 명령하고 동시에 자기 자신을 명령을 수행하는 자와 일치시키는, 의지하는 자의 저 복잡다단한 쾌(快)의

---

22 "선악의 저편", 38. 명령과 복종이라는 반대 항목을 인간에게 동시에 적용하는 것이 가능하고 의미를 지닐 수 있는 것은 삶의 생리를 이루는 역설 덕분이라는 것을 이 대목에서 새삼 강조해야 할 터이다. 앎의 논리를 떠받치는 근대 주객 구도는 일방적일 수밖에 없기 때문에 형식논리학의 지배를 벗어나기 어렵다. 명령은 명령이고 복종은 복종이니 명령하는 자와 복종하는 자는 따로 있어야 한다. 헤겔의 주노변증법도 이것이 따로 있는 것을 전제한다. 다만 노예가 주인에 의존하는 것과 같이 거꾸로 주인도 노예에 의존하는 현실에 주목하여 변증법의 작동방식을 설명하려 했으니 명령과 복종의 역설에 다가가기는 하지만 여전히 과도기적인 차이를 보인다. 역설은 삶의 생리이니 앎의 논리로는 풀어질 수 없다. 니체가 그토록 삶을 절규한 것도 바로 이런 뜻을 감지했기 때문이라고 하겠다.
23 "선악의 저편", 38.

상태를 나타내기 위한 말이다"[24] 이제 니체는 의지의 자유를 완전히 분쇄한다. 의지의 자유인 줄 알았던 것들이 명령하고 수행/복종하는 삶의 얼개라는 것이다. 그리고 그 얼개가 자아라는 것이다: "그 결과, 그것이 바로 나이다"[25] 자아가 먼저 있어서 무엇을 하고 마는 것이 아니라, 명령과 복종의 얽힘이 바로 자아라고 하는 것이다.

> 모든 의지 작용에서 중요한 문제는 이미 말한 바 있듯이 오로지 많은 영혼의 집합체를 바탕으로 한 명령과 복종이다. 그렇기 때문에 철학자는 의지 그 자체도 이미 도덕의 관점에서 파악하는 권리를 가지게 되었다. 즉 도덕이란 '생명'의 현상이 발생하는 지배 관계에 관한 학설로 이해된다.[26]

이러한 맥락에서 도덕도 의지와 관련된 파생적 가치가 아니라 생명의 운행인 명령과 복종의 구도 안에서 새겨져야 한다고 주장한다. 그래야 마땅한데 종래에 도덕은 행복을 억누르는 방향으로 고쳐되어 왔던 왜곡의 역사를 지녔었다. 니체의 도덕 재구성은 이에 대한 비판을 포함하고 있다. 의무가 아니라 생명이기 때문이다.

생리적 조건을 뿌리로 하는 세계관

세계관이라는 앎도 생리적 조건이라는 삶에서 비롯된다. 특히 종

---

24 "선악의 저편", 39.
25 "선악의 저편", 39.
26 "선악의 저편", 39.

족을 반영하는 언어가 이를 보여준다. 문법이라는 것이 좋은 증거인데 이에 따라 세계를 볼 뿐 아니라, 또한 세계를 보는 관점에 따라 문법이 특정하게 짜인다는 데에서 확인할 수 있다.

우랄 알타이 언어권에 속하는 철학자들은(이 언어권에서는 주어 개념이 가장 발달되지 않았다) 아마도 인도 게르만족이나 이슬람교도와는 다르게 '세계'를 바라볼 것이며, 그들과는 다른 길을 찾게 될 것이다. 특정한 문법적 기능에 속박되는 것은 궁극적으로 생리학적 가치판단과 종족적 조건에 속박되는 것이다.[27]

다른 언어가 가지는 세계관이 서로 다를 수밖에 없다. 그러기에 자신의 고유 언어, 즉 모국어로 사상을 만들어가야 하고, 외래의 인문학도 그렇게 돌려 새겨야 한다. 우리 한글도 속하는 우랄 알타이 언어권에 주어가 가장 희박하다고 한다. 그렇다고 주체가 없는 것은 아니다. 주체가 어떤 방식으로 있는가? 언어에 정형화되어있지 않고, 명시화되어 있지 않다. 나 대신 우리라고 쓰는 것도 주어를 숨기는 것이라고 볼 수도 있다. 그렇다면 우리는 이것을 어떻게 새길 수 있을까? 의지적 선택의 자유 이전에 주어진 생리, 자연, 삶이 주어라고 하고 있는 것은 아닐까? 말하자면 내가 삶을 사는 것이 아니라 삶이 나를 살고 있다는 통찰을 자연관과 인간관에 이런 방식으로 엮어내니 주어가 희미한 종족 언어로 만들어진 것이 아닐까? 그렇다면 주어가 없는 우리 언어가 이미 삶에 대한 보다 깊은 통찰이 반영된 것이라고 볼 수도 있다.[28]

---

27 "선악의 저편", 40.
28 혹자는 우리 한글이 많은 경우 애매모호하여 학문적으로 발전하기 어렵다고 한다. 그러

다른 한편으로, 종족 언어와 세계관 사이의 관계에 대한 니체의 분석은 관념의 피상성을 반박하기 위한 것으로 볼 수도 있다. 경험론의 선두주자 로크는 '백지상태'(tabula rasa)라는 말을 썼다. 경험 주체로서 인간은 백지상태에서 시작한다는 것이다. 대상 세계가 정보를 주면 그것을 우리가 백지상태에서 수동적으로 받아들여 감각과 반성이라는 틀을 통해서 새겨나간다. 그런데 니체는 그것이 아니라는 것이다. 경험론에서도 백지상태, 즉 출발은 무전제라고 했지만, 삶에서는 도대체 무전제가 불가능하기 때문이다. 이런 식으로 인식론과 해석학은 출발에서부터 정확하게 대치된다. 인식론은 무전제를 전제한다. 이성론이 말하는 보편 이성은 날 때부터 주어진 것으로서 삶의 과정 이전에 먼저 있는 기준이니 삶에서 왜곡되지 않는다. 데카르트의 주장이다. 백지상태를 말한 로크도 마찬가지이다. 앎은 텅 비어있는데 있음이 쏟아지면 그것을 받아들이는 만큼 새긴다고 생각한다.

그러나 이런 설정이 얼마나 피상적이고 인위적인가? 얼마나 단순 소박한가? 왜? 그렇게 백지상태가 아니기 때문이다. 삶은 이미 특정한 가치 판단의 체계를 역사로 지니고 있는 종족적 조건 안으로 던져졌기 때문이다. 우리는 이미 우리 생명체의 원재료인 난자와 정자의 결합으로 한반도로 내던져진 존재인데, 생태계와 문화가 선천적으로 유전자에게 새겨져 있고, 후천적으로 습득된 것들이 또한 계승되었으니 그러한 언어체계 안에서 인간관과 세계관을 가지게 된다. 도대체 어떻게 백지상태일 수가 있는가? 앎에서 말하면 그렇게 보일 수도 있

나 바로 그 특성이 삶에 그만큼 더 다가간 언어라는 방증일 수도 있다. 서양언어에 대한 사대주의적 숭배에 젖어 한글을 그리 폄하하는 것은 인문학적 성찰의 결여에 지나지 않는다. 물론 부질없는 국수주의도 적절하지 않지만 말이다.

지만, 삶에서는 어림도 없다. 관점이고 특정한 궤도이며 종족적 조건
이다. 예를 들면, '하느님' 또는 '하나님'이라는 표현만 해도 한글 언어
의 틀 안에서 그렇게 새기게 되어 있다. 구약성서를 히브리어로 유창
하게 읽어도, 히·한 사전적으로 능통하게 한다고 해도 결국에는 모국
어로 새겨낼 것이다. 모국어는 앎이 아니고 삶이기 때문이다. 만일 아
니라면 그런 번역이야말로 오히려 공허하고 무의미하다.

앎의 폭력성을 고발한다

> 자기 원인(causa sui)은 지금까지 사유된 것 중 가장 심한 자기모순이
> 며, 일종의 논리적인 강요이며 부자연스러움이다. 우리는 '원인'과 '결
> 과'를 그릇되게 사물화해서는 안 된다. 우리는 '원인'이나 '결과'를 단
> 지 순수한 개념으로만, 다시 말해 기술하고 이해하기 위한 관습적인
> 허구로만 사용해야 할 것이며, 설명하기 위해 사용해서는 안 될 것이
> 다.[29]

원인과 결과는 무엇인가를 이해하기 위한 허구적 도구인데 마치
사물 자체나 시사 자체를 가리키는 것처럼 오해한다고 지적한다. 그
중에서도 가장 진하게 드러나는 오류가 '자기 원인'이라고 예를 든다.
자기 원인이란 스스로가 스스로에 대해서 원인이라는 것이다. 물론
그 안에는 그렇게 해서 자기가 자기에게 원인이면서 또한 동시에 결
과이다. 원인과 결과가 하나의 자기 안에 들어있으니 부자연스러운
모순이라는 것이다. 게다가 이를 신에게 적용하여 '최초의 원인'이라

---

29 "선악의 저편", 41.

고도 하지만 이는 사실 인과적 추론에 의한 소급의 결과로서 앎일 뿐인데 있음으로까지 새긴다고 비판한다. 앎을 있음으로 만드니 결국 신화적이라는 것이다. 결국 원인이나 결과는 사실에 대해 덧씌우는 앎의 농간인데 그렇게 무지나 허위로 향하리만큼 임의적이니 폭력적이다.

> 이제 이러한 확고하고 단단한 무지의 기반 위에서 비로소 학문은 일어날 수 있었고, 앎(知)에의 의지는 더욱 폭력적인 의지를, 즉 무지, 몽매, 허위에의 의지를 기반으로 해서 일어날 수 있었을 것이다![30]

단도직입적으로 표현하면, 앎이 폭력이라고 비판한다. 진리에 대해서도 그대로 포문을 발사한다. 니체의 다음과 같은 권면은 참으로 압권이다. "'진리를 위하여' 수난을 당하지 않도록 조심하라!"[31] 역사상 진리의 이름으로 수난을 당하다 못해 순교하고 순국한 사람들이 얼마나 많았는가? 그런데 그렇게 하지 말라고 한다. 왜 그런가? 진리가 무엇인가? 앎이다. 앎에서 시작한 것이다. 참이라고 알려진 것, 그게 거꾸로 삶을 억누르니 참된 삶을 불가능하게 한다. 도덕이라는 명분을 구실로 말이다. 종교라는 제도도 마찬가지이니, 도덕과 종교를 관통하는 가장 소중한 가치가 진리라고 표방되어 왔다는 점이 이를 입증한다.

니체는 이어서 국가주의도 비판한다. 자연이라는 차원에서 인간

---

30 "선악의 저편", 49.
31 "선악의 저편", 50. 이어서 니체의 조소적인 논조는 계속된다: "마치 '진리'는 하나의 순진하고 서툰 사람이기 때문에, 옹호자가 필요한 것 같다!"(50).

의 생명을 보자면 국가주의로 빠져서는 안 될 일이라는 것이다. 국가주의가 얼마나 폭력적인가? 그럴듯한 이념적 정당성을 가진다하더라도, 국가주의는 사회를 구성하는 개인과 구성된 사회에서 사회가 우선이라는 것의 확대판이다. 개인의 자유와 인권이 유보되고 체제 유지를 전제로 희생을 요구하는 대의명분을 부추기고 정당화해주는 방식의 진리 이해가 근대에서부터 깊게 자리 잡아왔었다. 이런 것들이 삶에서 파생된 앎이 뿌리를 망실한 채 거꾸로 앎을 속이고 삶을 억누르는 방식으로 작동해왔다고 개탄한다.

앎의 기만과 오류를 벗어나 의도하지 않은 삶으로

도덕 이전의 시대가 당연히 있었다. 언제 도덕이 만들어졌는가? 문명이 있었고, 앞서 자연이 있었으며, 더 거슬러 규범이 있었다. 규범부터 도덕일 터인데 규범으로 자연을 보았었다. 시작은 결과에서 보는 것이었다. 결과는 현상이다. 그러더니 니체는 "이에 반해 최근 만 년 정도의 기간 동안 사람들은 몇몇 지상의 거대한 지역에서 결과가 아니라, 행위의 유래가 행위의 가치를 결정하도록 한 걸음 한 걸음씩 진보해나갔다"[32]고 평가한다. 만 년 정도의 기간이라는 것이 무엇인가? 주전 100세기로 거슬러 간다는 것인데 어떻게 봐야 하는가? 결과, 현상에서 보기 시작했다. 그런데 이후 만 년 전부터 행위의 유래에서 보기 시작했다. 결과에서 유래로, 즉 끝에서 시작으로 거슬러 가는 대전환이다. 이제 오랜 선사시대를 뒤로하고 최근 일만 년 전부터는 행위의 유래가 행위의 가치를 판단하는 기준이 되었다. 유래는 의도

---

32 "선악의 저편", 61.

라고 할 수 있다. 눈 앞에 펼쳐지는 현상이 있음이라 한다면 유래나 의도는 앎이라고 말할 수 있다. '유래', '관점의 전환', '투쟁', '동요', '해석의 편협함' 등을 주목할 일이다. 결과적인 현상인 있음과는 사뭇 다르게 편협한 해석을 불사해가면서 나름대로 유래로 거슬러 원인 분석에 들어가는 방식이니 앎의 영역으로 나아간 것으로 볼 수 있다. 그런데 이 대목에서 니체는 제안한다: "그러나 오늘날 우리는 또 한 번의 인간의 자기 성찰과 심화에 힘입어 다시 한번 가치의 전환과 근본적인 자리바꿈을 이루도록 결심할 필요성에 이른 것은 아닐까?"[33] 그래야 할 필요성에 대해 니체는 다음과 같이 설명한다.

> 행위에서 의도하지 않은 것에 그 행위의 결정적인 가치가 있다는 혐의, 모든 행위의 의도, 그로부터 보여지고 알려지며, '의식'될 수 있는 모든 것은 아직은 행위의 표피나 피부에 속하는 것이라는 혐의가 제기되고 있다.[34]

우선 '의도하지 않은 것'은 삶을 가리킨다. '보여지고 알려지는' 것은 당연히 앎일 터이다. '의식될 수 있는 것'이라는 표현도 이를 입증한다. 그런데 이것이 표피나 피부에 해당한다는 것이다. 삶에 비해서 앎은 겉껍질에 머물러 있다는 것이다. 두 줄 내려가서 이 대목을 함께

---

33 "선악의 저편", 61.
34 "선악의 저편", 62. '의도하지 않은 것'이 니체의 전략상 근대와 현대를 가르는 결정적인 분기의 기준이다. 근대는 의지를 근간으로 인간을 주체로 내세우는 시대였다. 실험이 성공하지 못하고 소외와 허무로 추락하니 삶으로 던져졌음을 발견하게 된다. 니체는 이 길목에서 '의도하지 않은 것'이 우리 삶에 밀고 들어왔다는 것에 대한 남다른 감수성을 지녔다. 비의지에로 향하는 눈을 뜨면서 프로이트와 리쾨르를 향한 길을 열었다.

훑어야 취지를 보다 효과적으로 읽을 수 있다.

> 간단히 말해 우리가 믿고 있는 의도라는 것은 한층 더 해석이 필요한 기호이고 징후일 뿐이며, 또한 기호는 너무 많은 것을 의미하며 그 자체만으로는 거의 아무 의미가 없다는 사실이다.[35]

'믿고 있는 의도'라는 표현에서 믿음과 의도는 삶에 도사리고 있는 것들이다. 그래서 해석을 필요로 하는 '기호'라고 한다. 여기서 기호는 삶이 앎에 건네는 쪼가리라고 풀 수 있겠다. 자체로는 아무런 의미가 없는데 또 너무 많은 것을 의미한다고 했다. 아무런 의미가 없다는 것은 '의도하지 않는 것'처럼 모르는 채로 깔려 흘러가는 삶을 가리킬 터이다. 늘 말하지만 모르고도 산다. 그런데 너무 많은 것을 의미한다는 것은 이게 앎으로 나오면 온갖 뜻이 붙게 되는 현상을 가리키는 것으로 보인다.

다시 저 위의 이야기로 올라가 보자. 도덕 이전의 시대에는 결과로서 현상에서 가치 판단을 했다. 그다음에 최근 만 년 동안의 문명사에서는 행위가 유래한 의도에서 가치를 봤다. 그런데 지금은 '의도하지 않은 것'에 주목한다. 눈앞에 주어진 '현상'이 '있음'이라면, 이를 '유래'로 추론하는 것은 '앎'에 해당할 터인데, 이제 저 위에서 인용한 구절에 나오는 '의도하지 않은 것'이라는 것은 앞서 말했듯이 에누리 없이 '삶'을 가리킨다. 의도하지 않은 것, 즉 비의도, 비의지, 무의식으로 들어가는 영역이다. 거기로 들어갈 때 그것이 우리로 하여금 그러한 생리를 꾸리게 한다는 것을 더듬을 수 있다. 그런데 특정한 종교가 군림하

---

35 "선악의 저편", 62.

면서 본말전도가 되고 종교와 도덕이 삶을 억눌러왔으니 그 근본적인 삶을 위해서 비의지의 영역으로 들어가야 한다. 이런 방식으로 니체는 프로이트를 위해 길을 터주고 있다. 각도를 다르게 하면서 또 이야기한다. 차분히 읽으면, 니체가 자신을 설명하는 장면에 이른다.

> 우리가 살고 있다고 믿는 세계가 잘못되었다는 것은 우리의 눈이 포착해낼 수 있는 가장 확실하고 확고한 것이다. ⋯ 우리는 그에 대해 다양한 이유를 찾아내는데, 이는 우리로 하여금 '사물의 본질' 안에 있는 기만적 원리를 추정하게끔 유혹한다. 이 세계가 잘못 추론되었다고 여기는 사람이 있다면, 그러한 사람은 결국 적어도 모든 사유 자체를 불신하는 법을 배우게 되는 좋은 기회를 갖게 될 것이다.[36]

사물의 기만과 추론의 오류를 말한다. 물론 이것은 앎의 영역에서 벌어진 일이다. 본질이라는 이름으로 오히려 우리를 기만하는데 우리는 오히려 이로부터 추론하니 오류에 빠질 수밖에 없다는 것이다. 어떤 오류들이 있을까? 어떤 학설이 '행복하게 만들거나 유덕하게 만들기 때문에' 진리라고 여긴다면 오류이고, 반대로 '불행하게 하고 사악하게 한다는 것이 마찬가지로 반대 논거는 되지 못하는데' 이를 잊고자 하면 오류에 빠진다. 이것은 〈도덕의 계보〉에서 분석하는 바와 같이, 비이기적인 행위가 이기적인 만족을 주기 때문에 선하다고 하는 것과 비슷한 오류다. 이기적인 만족은 좋음(好)이고 비이기적인 행위는 착함(善)인데 어떤 것이 착함인 것이 나에게 좋기 때문이라면, 좋음이 착함의 근거가 된다는 오류 말이다. 이기적인 만족은 가려지고 비

---

36 "선악의 저편", 63.

이기적인 행위와 착함이 그대로 연결되어 준칙이 되더니 좋음을 억누르기까지 하게 되었다는 것과 비슷하다.

> 예를 들어 의식은 '실재' 하는 것인가 또는 도대체 왜 의식은 외부 세계를 그렇게 단호하게 멀리하는가 그리고 그와 같은 물음이 더 있지 않은가 등에 대해 대답해줄 것을 간청하는 것이다. '직접적인 확실성'에 대한 믿음은 우리 철학자들을 명예롭게 만드는 하나의 도덕적 순박함이다.[37]

그래서 좋다는 것인가? 물론 조소이다. 직접적인 확실성, 도덕적 순박함을 같이 끌고 갔었는데, 이게 다 기만이었다는 것이다. 사물의 기만과 추론의 오류에서 비롯된 것이다. 그래서 그것에 대한 대안을 제시한다. 불신, 의심이다. "오늘날 철학자는 불신해야 할 의무가 있으며, 의심의 심연에서 가장 악의적인 곁눈질을 해야 할 의무가 있다"[38] 이유인즉, "진리가 가상보다 더 가치가 있다는 것은 단지 도덕적인 선입견일 뿐"[39]이기 때문이다. 도대체 니체는 진리를 왜 이토록 증오하는가? "관점적 평가와 가상성에 바탕을 두지 않는 한, 삶이란 것은 전혀 존립할 수가 없"[40]기 때문이다. 삶은 관점과 가상으로 얽혀 있는데

---

37 "선악의 저편", 64.
38 "선악의 저편", 64.
39 "선악의 저편", 64. 진리를 폄하하는 것처럼 들려서 많은 사람들이 오해한다. 진리주의자들은 혐오하면서 오해하고 진리를 거부하는 사람들은 자기편이라고 간주하면서 오해한다. 그러나 니체는 그 어느 쪽도 아니다. 진리라는 실체를 설정하고 하는 이야기가 아니기 때문이다. 그것이 우리 인간과 관계하는 방식에 주목하는 성찰이다. 관점이라는 표현을 반복한다든지 가상을 진리와 대비하는 수사도 모두 인간이 진리와 관계하면서 새기는 방식에 관한 것이다. 이미 진하게 해석학적 통찰을 전개하고 있다.

진리만 붙잡으려 한다면 횡포라는 것이다. 부분일 수밖에 없는 관점에 대해 보편성의 이름으로 전체를 표방하는 진리는 억압이고 강박일 수밖에 없겠기 때문이다. 또한 삶의 가상은 앎이 표방하는 직접적 확실성이라는 것이 허구라는 것을 드러내 주는 계기가 되기 때문이다.

앎의 영역에서는 최대 기준이고 지상목표지만, 삶에서는 그 모든 것이 불가능하다. 이 점에서 칸트와 니체를 관통하는 것을 말할 수는 있다. 그러나 적어도 칸트와 니체는 '있음'의 위치와 의미를 공유할 수는 있지만, 니체는 칸트가 가냘프게 설정하는 '앎'에 대해서도 공격한다. 이미 형이상학에 심각한 물음표를 던지고 있다는 점은 공유하지만, 니체는 한 걸음 더 나간다. 앎조차도 있음과 관련하여 그러한 한계 안에서 꾸려지는 대로 끝나는 것이 아니기 때문이다. 그러한 현상을 드러내는 앎의 틀, 즉 감성의 직관과 오성의 범주라는 것도 사실 삶의 요구들이라는 것이다. 그러니 당연히 관점적일 수밖에 없다.

> 이러한 '있다'는 것이 아마 허구에 속하는 것은 아닐까? 술어나 목적어에 대한 것과 마찬가지로 주어에 대해서도 결국 어느 정도는 역설적이어도 되지 않는가? 철학자는 문법에 대한 믿음을 넘어서야 할 필요가 있지 않을까[41]

언어의 주·술 구조

우리의 언어는 주어와 술어의 연결구조로 엮여있다. 주·술 구조

---

40 "선악의 저편", 65.
41 "선악의 저편", 65.

에서 '주'가 그렇게 설정되어 있다. 그런데 니체는 그것이 얼마나 가상적이고 얼마나 미신적인가를 앞서 지적했었다. 주체가 그렇게 자유라고 했지만, 명령과 복종의 패턴일 뿐이라고 폭로했다. 나중에 '자아'라고 불렀다고 비판했다. 주·술 구조에서 관건은 술어나 목적어이지 주어는 의심의 여지가 없는 것이었다. 그런데 이것이 주·술 구조가 가지고 있는 미신이라는 것이다.

이 대목에서 불가에서 회자되는 격구를 거론해도 좋겠다. '산은 산이고 물은 물이다'로 시작하는 격구다. 그런데 '산은'이라는 주어는 '이것은 산이다'라는 본질 판단을 깔고 있다. 그런데 이것조차도 그 아래 '무엇인가 없지 않고 있다'라는 존재 판단에 떠받쳐 있다. 여기서부터 다시 올라오니 그다음에는 '없지 않고 있는 그 무엇은 산이다'가 된다. 그래서 비로소 '산은'이라는 주어가 성립한다.

그래서 둘째 명제 '산은 산이 아니고 물은 물이 아니다'로 이어진다. 첫째 명제를 이루고 있는 기저의 이중판단, 즉 본질 판단과 존재 판단이 타당한가를 묻는다. 그래서 주어에서 주격조사 '-은' 앞에 붙어 있는 '산'이라는 것이 정말 산인가를 묻는다. '산은 산이 아니고'라는 말은, 첫째 명제 아래에 깔려 있는 '-이다'라는 본질 판단과 '-있다'라는 존재 판단이 정말 옳은 것인지를 되묻는다. 첫째 명제가 두 개의 판단을 거치고 나온 결과이니 주어인 산이 그저 명사가 아니고 동사라고 질러주고 있다. 주어가 명사가 아니고 동사이다. 그것도 무려 두 겹의 동사이다. 그리고 같이 나열할 수 없이 층이 서로 다른 동사이다. 세 번째 '산은 물이다'라는 명제는 이제 술어에 대해서도 똑같이 검토해야 한다는 것을 말한다. 그런데 '물이다'라는 것은 산이 아닐 가능성을 배제하지 말아야 한다는 깨우침이다. 그리고 넷째 명제는 첫째와 똑같다, 그러나 둘째와 셋째를 거친 넷째와 그렇지 않은 첫째는 겉으로는 똑같지만 하늘과 땅의 차이다. 니체의 언어로 표현하면 넷째 명제는 주어의 미신을 벗어난 단계에 해당한다.

철학자는 문법에 대한 믿음을 넘어서라고 한다. 포이어바흐도 이런 이야기를 한다. 신에 관해서 신을 주어로 모시고 옆에다가 술어를 계속 붙여 왔다. 술어가 관건이라고 했는데, 진짜 술어가 관건인가? '하느님은 사랑이다'라는 명제를 보자, 반대로 가정해도 주어가 성립하는가? 사랑하지 않는 하느님이라고 반대를 가정하니 주어가 성립되지 않는다. 주어가 오히려 술어가 의존한다. 즉, 주술의 마법이 신에게 적용되면서 벌어지는 언어의 맹점이다. 삶이었는데 앎으로 그리고 있음으로 몰고 가니 그런 일이 벌어진다는 것이다. 앞서 '생각한다'는 행위가 있을 뿐인데 주체를 말한 것도 그렇다. 니체는 의지 속에 감정도, 정서도, 생각도 들어있는데 그것을 묶어서 의지라고 했다. 그리고 이것이 종래 자아라고 하는 것의 정체인데, 그런 것들을 취합시키는 과정의 결과물일 뿐인 것이 오히려 시작이 되어 버렸다고 비판한다. 말하자면, 결과가 원인으로, 끝이 시작으로 도치되어버렸다는 것이다.

이런 발상을 신학방법론에 적용시키면, 고든 카우프만 같은 사람을 떠올릴 수 있다. 하느님의 존재 자체를 왈가왈부할 수 없지만, 인간이 자고로 하느님을 말한다면, 그것은 하느님에 대한 인간의 이해인데 하느님에 대한 우리의 앎은 어떻게 해서 생긴 것인가? 그것은 하느님의 있음은 모든 있음보다 앞서 있어야 마땅한 것이지만, 하느님에 대한 우리의 앎은 우리의 모든 앎을 포함하고도 넘어서는 앎이어야 한다. 모든 인간들이 알고 있는 앎을 넘어서는 개념으로서 하느님 개념을 설정해야 하는데, 그것이 현실적으로 불가능하다는 것이다. 왜

나하면, 우리의 앎이 늘어나면 하느님에 대한 앎은 더 뒤로 물러나기 때문이다. 배가 수평선에 도달하려고 달려가면, 수평선은 뒤로 점점 물러나는 것과 마찬가지다. 그러니까 우리의 모든 개념을 모으고 모아서 하느님 개념에 근접하려 하더라도 수평선처럼 점점 뒤로 물러난다. 그러면서 우리의 개념을 한계 지어준다. 한계가 늘어나더라도 한계 지어주는 개념(limiting concept)이 있을 수밖에 없다. 그런데 우리는 이를 계속 잊어버린다. 이것을 잊어버리게 하는 원흉이 독단이다. 독단이 문제인 것은 그것이 언제나 전부를 표방하기 때문이다. 내가 아는 것이 전부라고, 내가 알고 있는 것이 다 맞는 것이라고 할 때 바로 독단이 된다. 사실은 스스로에게 갇히는 자기 강박인데도 말이다.

힘에의 의지가 주어다

자유의지가 아니라 오히려 충동적 의지다. 자유의지와 충동의지는 아주 다르다. 충동이 내리는 명령에 복종해야 하는 의지이니 말이다. 삶의 충동에 대해 니체는 매우 구체적으로 수사해 준다: "아직 모든 유기적인 기능이 자기 조절, 동화, 영양 섭취, 배설, 신진대사 등과 종합적으로 상호 결합되어 있는 일종의 충동적 생을 생각하고 있다."[42] 충동이란 이야기가 여러 번 나왔다. 버클리, 쇼펜하우어 등 근대 후기 사람들을 이야기하다가 착각, 표상 등 왜곡된 앎을 니체가 다 거부한다. 그러면서 삶을 가리키는 '힘에의 의지'를 말한다.

힘에의 의지가 형성되고 분화된 것으로 설명하게 된다면, 또 우리가

---

42 "선악의 저편", 66.

유기적 기능을 모두 이러한 힘에의 의지로 환원할 수 있고, 그 힘에의 의지 안에서 생식과 영양 섭취 문제를 해결하는 방안도….43

유기적 기능을 힘에의 의지로 환원한다고 말할 때 힘에의 의지가 삶 자체의 또 다른 표현임을 드러낸다. 이제는 우리의 언어와 사고에서 주어는 충동적 생, 삶의 충동이라는 것이다. 앎의 주어가 삶이라고 말하고 있다. 나아가 명령과 복종일 뿐인데 그런 것들의 추론의 종합으로서 자아, 주체를 말하지만, 이것도 역시 주어가 아니라 술어라는 것이다. 힘에의 의지가 주어이다. 충동적 삶이 주어라는 것이다. 충동적 삶, 힘에의 의지가 자아라는 것이다. 3장 종교적인 것에서도 몇 가지 추려볼 만하다. 앞서 했던 이야기와 비슷하지만 이해에 도움이 될 것이어서 인용한다.

사람들이 말하기를, '나'는 제약하는 것이요, '생각한다'는 술어이자 제약되는 것이다 — 사유는 하나의 활동이며, 그것에는 반드시 원인으로 하나의 주어가 있다고 생각해야만 한다. 이제 사람들은 놀라울 정도의 집요함과 간계로 이러한 그물에서 빠져나올 수 없는가를 시도하고 있다.44

근대에는 자아가 주체이고 주어로서 제약하는 주도권을 지니고

---

43 "선악의 저편", 67. 반복하지만 '힘에의 의지'라는 표현에서 니체가 말하는 의지는 근대 후기에서 말하는 정신을 이루는 세 요소 중 하나로서 의지가 아니다. 힘과 의지가 얽혀 그저 삶이라는 것을 뜻한다. 삶의 충동이고 생명성이라는 뜻으로 새겨야 한다. 갈래나 요소가 아니라 총체적 전인의 차원이다.
44 "선악의 저편", 91.

술어는 제약을 받는 것이라고 생각해왔다. 그리고 주어는 심지어 원인의 지위를 지닌 것이었다. 모든 술어는 주어에서 비롯되니 말이다. 그러나 이제 이것이 '그물'이라는 것이고 사람들이 빠져나오려고 한다는 것이다. 그물인 이유는 주어가 주도권을 지닌다고 하면서 옥죄이고 있기 때문이다. 그래서 이제 니체는 주어와 술어의 위상을 아예 뒤집자고 제안한다. 술어인 동사로 이루어진 삶이 근본 뿌리이고 여기서 주어가 파생적으로 조성되기 때문이다. 사실 살지도 않고 그저 무색무취의 사물로 있는 주어가 있을 수 있는가? 현실은 물론 개념으로도 불가능하다.

주어와 술어를 다시 뒤집어야 한다

근대와 현대의 차이를 극적인 대비로 집약해낸 니체의 통찰은 전율적이다. '나는 생각한다'는 명제에서 주어가 우선 등장하고 난 후 취할 수 있는 많은 술어 중에서 생각하는 행위를 취한다는 방식으로 주어주의 또는 명사주의로 세계를 보던 근대라면, 이제 우리 시대는 술어가 우선적이다. 이유인즉, 삶이 전면에 등장하여 지평과 터전으로 깔려 있음을 새삼 발견했기 때문이다. 시작은 삶이었고 그것도 꿈틀거리고 용솟음치는 욕망과 충동의 생명력이었으니 그 터전과 근원인 자연이 이미 그러하였기 때문이다. 그러니 이미 살고 있었고 살아가고 있었다. 내가 삶을 사는 것이 아니라 삶이 나를 살아가는 것이었다. 그런데 언어가 주어와 술어로 엮인 구조이다 보니 주어가 우선적이라고 착각하고 기만당하게 되었다는 것이다. 그런데 이것은 단순한 착각이나 기만 정도가 아니다. 인간이 스스로를 주어로, 주체로, 주인으로 새기게 오도했기 때문이었다. 소외와 허무의 원천인 인간중심주의로 몰아갔기 때문이었다. 언어의 구조적 주술(主述)이 인간으로 하여금 스스로 주인으로 착각하도록 주술(呪術)을 걸었었던 것이다. 그래서 니체는 아래와 같이 주장한다.

> 아니면 아마도 그 반대의 경우가 참은 아닐까, 즉 '생각한다'는 것이 제약하는 것이요, '나'는 제약되는 것이 아닐까, 즉 '나'란 사유 자체에 의해 만들어진 종합에 불과한 것이 아닌지를 시험해본다. 칸트는 근본적으로 주체에게서 주체가 증명될 수 없음을 입증하고자 했다.[45]

자아라는 주어가 사유라는 행위에 의해서 만들어진 가닥의 묶음이라는 것이다. 말하자면, 주체가 술어에서 만들어진다. 여기서 칸트까지 끌고 들어와서 주체에서 주체가 증명될 수 없음을 상기시켰다. 대상인 한에서 현상의 범위 안에 잡히는 만큼이니 주체를 주체로서 증명할 길이 없다. 그러나 칸트는 저쪽을 날려버렸기 때문에 지렛대가 없다. 있음과 앎의 관계에서 있음을 불가지 영역으로 넘겼으니 담겨진 앎일 수밖에 없다. 그러니까 앎의 영역에서 주체의 있음을 설정할 수 있는 근거는 없게 되었다는 것이다. 주체조차 앎의 주체인 것이다. 앎의 주체가 지닌 내용도 앎이기 때문이다. 앎의 주체라고 할 때 그것이 있다고 말한 것은 아니기 때문이다. 데카르트는 있다고 말했지만 칸트는 아니었다. 인식론자들 중에서도 이성론자들은 그렇게 인식론을 수단으로 삼고 형이상학에 봉사하려고 했다. 그런데 칸트는 것이 불가능하다고 말한다. 그러니까 그러한 인식론적 성찰을 다 거

---

45 "선악의 저편", 91.

치고서 다시 복구하려는 형이상학은 철저히 인식론의 토대를 가진 형이상학이다. 앎이라는 토대 위에서의 있음이다. 그러니까 관념론이 되는 것이다.

자유와 행복

잠언은 주로 삶의 생리를 앎의 논리나 윤리와 구별해서 그 특성을 부각시키는 데에 초점을 둔다. 논리나 윤리로 치환할 수 없는 삶의 생리를 관통하는 역설을 주저 없이 드러내고 있다. 잠언에서는 대귀를 뽑아 그것이 떼려야 뗄 수 없는 관계로 뒤얽혀 있음을 계속 이야기한다. 모순처럼 보이는데 제거하는 것이 아니라 얽혀져서 삶의 생리인 역설로 끌고 간다. 생리는 철저히 역설이다. 앎의 논리에서는 모순인데, 삶의 생리에는 역설이다. 모순은 하나를 버려야 하지만, 역설은 다 싸잡아야 한다. 그런 이야기이다. 그다음에 '도덕의 자연사'라는 말 나온다. 이것이 도덕의 계보에 대한 핵심적 요약이다. 도덕의 역사를 거슬러 가면 자연이 근본 뿌리였다는 것이다. 그런데 결국 도덕이 나름대로 정당한 명분에도 억압이었다. 도덕은 자연에서 비롯되었음에도, 오히려 자연을 억압하는 강제라고 비판한다. "모든 도덕은 방임과는 반대의 것이며 '자연'에 대한 폭압이고 '이성'에 대해서도 폭압이다."[46]

반자연적 도덕을 이용한 종교를 고발한다

이러한 폭압, 이러한 자의, 이러한 엄숙하고 위대한 어리석음이 정신

---

46 "선악의 저편", 140.

을 교육시켰던 것이다. 노예 상태는 조잡하게 이해하든 세밀하게 이해하든 정신적인 훈육이나 육성에 반드시 필요한 수단인 것처럼 보인다. 모든 도덕을 이 점에 비추어 생각해볼 수 있을 것이다. 도덕 속에 있는 '자연'은 방임을, 즉 너무나도 큰 자유를 미워하도록 가르치며 제한된 지평에 대한 욕구, 가장 시급한 과제를 해결하려는 욕구를 심어준다.[47]

도덕이 자연에서 비롯되었는데, 그 자연으로 하여금 자유와 대치하도록 역사를 엮어 왔다고 한다. 이것의 대표적인 사례가 칸트다. 칸트에게서 자연은 행복의 터전이다. 도덕은 자유를 전제로 하며 또한 자유를 향한다. 그렇게 대비된다. 니체와 견주어봤을 때 정반대이다. 그래서 자연 대 도덕을 대비시키고 행복과 자연을 대비시킨다. 칸트의 자유는 행복하지 않은 자유, 좀 더 조소를 섞어 표현한다면 '불행한 자유'이다. 정언명령을 따라야 하는 것에서 최고선이 이루어지는 것이다. 최고선은 도덕과 행복의 결합이라는 것이다. 그러면서 삶은 억눌린다는 것이다.

어느 시대든지 무리를 이룬 인간 집단 역시 존재했으며(씨족 연합, 공동체, 부족, 민족, 국가, 교회), 언제나 소수의 명령하는 자에 비해 복종하는 사람들이 대단히 많았다.—즉 복종이란 지금까지 인간들 사이에서 가장 잘 그리고 오랫동안 훈련되고 훈육되어왔다는 사실을 고려하면, 이제 당연히 각 개인은 평균적으로 일종의 형식적인 양심으로, "너는 어떤 것을 무조건 해야만 하고, 또 어떤 것을 무조건 해서는 안 된다"고 명령하는 것, 즉 간단히 말하자면 "너는 해야만 한다"고 명령하는

---

47 "선악의 저편", 142-143.

그러한 욕구를 타고 났다고 전제해도 좋을 것이다. 이러한 욕구는 만족하고자 하며 형식을 내용으로 채우고자 한다.[48]

명령과 복종의 구도가 자아 안에서 잘 이루어지면 아주 멋진 자아가 된다. 원하는 자아이고 자유라고 말할 수 있을 텐데, 현실은 소수의 명령과 다수의 복종 사이에서 소외가 벌어진다. 대다수 인간이 소수가 쥐고 있는 명령과 다수에게 부과된 복종의 의무로 인해 살아간다. 태생적으로 익숙한 명령·복종의 틀이 도덕의 이름으로 부과된다. 그게 지엽적으로는 법으로 나타나지만 법에 앞서서 도덕의 이름으로 부과된다. 그렇게 도덕이 사람을 반자연적이게 만들었고, 종교가 그것을 잘 이용해왔다고 고발한다. 그리고 이어서 공포 이야기가 나온다. 공포가 도덕과 종교를 관통한다고 말이다. 도덕과 종교가 공히 공포를 동기로 불안을 일으키면서 그 체제를 유지한다. 약육강식의 공포로부터 평화공존의 윤리를 개발하자는 동기이다. 인간이 선해서가 아니다. 종교도 마찬가지이다. 공리성, 공동체, 이웃사랑의 도덕 이야기도 모두 공포를 동기로 한다는 분석은 피할 길 없이 전율적이다. 이웃사랑도 공포에 대한 타협의 필요에서 생긴 것이라고 한다. "결국 '이웃에 대한 사랑'은 이웃에 대한 공포에 비교하면 언제 부차적인 일이며, 어느 정도는 관습적인 것이고 자의적이며 외면적인 것이다"[49] 그리스

---

48 "선악의 저편", 154. 니체는 '명령하는 욕구'를 타고 났다고 했지만, 우리에게는 '복종하는 욕구'도 있다. 특히 종교로 들어오면 이것이 더 강해진다. 그러면서 평안을 대가로 얻기 때문이다. '노예의 편안함'이라는 비판도 여기에 얽히겠지만 하여튼 복종하는 욕구도 만만치 않다. 물론 니체가 이에 대한 통찰을 하지 않은 것은 아니지만 여기에서 함께 연관하여 떠올려도 좋을 것이라고 본다.
49 "선악의 저편", 158.

도교가 강조하는 이웃사랑이 사실은 이웃에 대한 공포에서 연유한다는 것이다. 이웃이 나에게 우호적이면 괜찮지만, 어떻게 나올지 모르기 때문이다. 공포도 이제 자연으로 눈으로 정직하게 보자는 니체의 통찰이다. 도덕도, 종교도 그렇다. 이렇게 해서 니체가 집요하게 가리키고자 것, 즉 종교와 도덕이 포함되는 문화라는 것이 원초적 자연성을 왜곡하고 억압했다는 것을 보았다. 종교, 도덕, 문화가 앎이라면 자연은 삶일진대, 앎이 앎을 스스로 속이고 그래서 삶을 억압하고 기만해왔다는 고발이다. 삶의 참된 뜻을 풀어내기 위한 해석학으로 한 걸음 더 나아가는 소중한 통찰이다.

도덕과 종교의 억압을 비판하다

니체, 〈도덕의 계보〉

우리가 우리 자신을 잘 알지 못한다

"우리는 자기 자신을 잘 알지 못한다."[1] 니체는 〈도덕의 계보〉를 이렇게 단언적인 고백으로 시작한다. 상식으로나 통속적인 인식으로는 생각하지도 못할 말이다. 인식론자들은 이렇게 생각하지 않았다. 근대의 시대정신은 이런 생각을 할 수 없다. 근대의 인식주체란 무엇인가? 나를 알 뿐 아니라 나를 둘러싼 대상 세계를 알려고 하는 인식행위의 주도권을 지니고 있는 주체다. 세상을 알고자 하는 것이니 자기는 당연한 대전제다. 그런데 지금 니체는 우리가 우리 자신을 알지 못한다고 한다. 이유가 무엇인가? "우리는 한 번도 자신을 탐구해본 적이 없기"[2] 때문이다.

근대 인식론은 스스로를 앎의 주체로 세우고, 주체로 세우는 순간 주도권을 지닌다. 내가 주도권을 잡고 나를 둘러싸고 있는 세계를 대상으로 삼는다. 내가 주도권을 쥐고 있으니 자신을 탐구할 필요가 없다. 데카르트의 〈방법서설〉, 〈성찰〉에서 무엇을 성찰했는가? 코기토, 즉 인간의 사유를 성찰했다. 그런데 사유가 무엇인가? 인식주체 안에서 벌어지는 행위이다. 그런데 무엇과 관련한 행위인가? 당연히 대상과 관련해서, 세계와 관련해서이다. 즉, 내가 주체로서 세계와 어떤

---

1 프리드리히 니체, "도덕의 계보", 김정현 옮김,『선악의 저편·도덕의 계보』(서울: 책세상, 2002), 337; 이하 "도덕의 계보"로 표기한다.
2 "도덕의 계보", 337.

방식으로 관계하는가가 관건이며 그중에서도 특별히 인식행위에 초점을 맞춘 것이다. 인식이라고 말하는 순간, 인식주체와 대상으로 구도가 짜인다. 주체인 자기를 돌아볼 길이 없다. 주체이기 때문이다. 자기를 발견하는 일은 한참을 기다려야 했다.

우리가 어느 날 우리 자신을 찾는 일이 어떻게 일어날 수 있다는 말인가? "너희의 보물이 있는 그곳에 너희의 마음도 있느니라"… 우리의 보물은 우리 인식의 벌통이 있는 곳에 있다.[3]

성서 구절을 인용하면서 니체는 우리가 우리 자신을 찾지 않는다고 말한다. '인식의 벌통' 즉 대상에만 온갖 눈이 쏠려서 자신을 돌아볼 겨를도 없다는 것이다. 사실 근대가 자기를 주체로 세우기는 했지만 자기를 찾고 돌아보는 것은 전혀 아니었다. 주체 확립이 관건이었을 뿐 자기성찰은 밀려 있었다. 인식주체로서 그저 인식대상이 보물인 줄로 알고 거기에만 벌떼처럼 달려드니 인식대상이 벌통이 되었다는 것이다.

우리는 태어나면서 날개 달린 동물이자 정신의 벌꿀을 모으는 자로 항상 그 벌통을 찾아가는 중에 있다. 우리가 진정으로 마음을 쓰는 것은 본래 한 가지 ― 즉 무엇인가 '집으로 가지고 돌아가는' 것뿐이다. 그 외에 생활, 이른바 '체험'에 관해서라면, ― 또한 우리 가운데 누가 그런 것을 살필 만큼 충분히 진지하겠는가? 아니면 그럴 시간이 충분한가?[4]

---

3 "도덕의 계보", 337.

'정신의 벌꿀'과 '생활의 체험'이 대비된다. 정신이 앎이라면 생활은 동어반복일 정도로 삶이다. 인식의 벌통에서 꿀을 빨아서 집으로 가지고 돌아가는 것에 혈안이 되어 있다. 그저 앎만 더 늘이고자 한다는 것이다. 모름을 줄이고 앎을 늘이는 것은 물론 마땅한 일이다. 그런데 그렇게 하면서 모름은 제거되어야 할 부정적인 것으로만 취급되었다. 이러면서 앎보다 모름이 더 크게 자리 잡고 있는 삶이 억눌려졌다. 그래서 '생활의 체험'이 각을 세우면서 대립된다. 삶이 겪어가는 것인데 정신뿐 아니라 분리될 수 없는 육체가 겪는 것이다. 당연히 모름이 얼마나 큰지도 모른 채 자리 잡고 있다. 이것이 삶이고 이것이 바로 그런 삶을 살아가는 자기 자신이다. 그러니 우리가 자기 자신을 잘 알지 못할 수밖에 없다. 니체는 더 나아가 이렇게 경고한다: "내가 두려워하는 것은 그러한 일에 우리가 한 번도 제대로 '몰두한' 적이 없었다는 것이다. … 우리의 마음은 거기에 없었다. 거기에는 우리의 귀마저 단 한 번도 있지 않았다!"[5] 우리의 인식 통로 중 어떤 것도 우리 자신에게로 방향을 돌리지 않았었다. 이처럼 우리가 삶에, 체험에 주목한 적이 없었다. 베르그송, 딜타이와 같은 삶의 철학자들이 시작한 것이다. 니체도 여기에 합류한다, 이제 삶 이야기를 막 시작한다.

그러다 보니 우리가 오히려 자신에 대해 가장 먼 존재가 되어버렸다.

우리는 필연적으로 우리 자신에게 이방인이다. 우리는 우리 자신을 이해하지 못한다. 우리는 우리 자신을 혼동하지 않을 수 없다. "모든 사람은 자기 자신에 대해 가장 먼 존재이다"라는 명제는 우리에게 영원히 의

---

4 "도덕의 계보", 337.
5 "도덕의 계보", 337.

미를 지닌다. ― 우리 자신에게 우리는 '인식하는 자'가 아닌 것이다.[6]

우리가 우리 자신을 인식대상으로 삼아보지 않았기 때문에 우리 자신에 대해 우리가 인식주체도 아니다. 물론 그랬다고 하더라도 문제가 해결되는 것은 아니었다. 우리 자신은 앎의 역학관계로 축소시켜서 파악될 수 없겠기 때문이다. 자고로 인식행위라는 앎의 주체가 되면서 오히려 스스로를 소외로 내모는 자기모순이 시작부터 일어났다고 진단한다. 앎의 눈으로는 도저히 볼 수 없지만 삶에서는 이내 드러날 수밖에 없는 진단이다. 그렇다면 어떻게 해야 하는가?

가치를 사실로 보는 실체화의 오류

사람들은 이러한 '가치들'의 가치를 주어진 것으로, 사실로, 모든 문제제기를 넘어서 있는 것으로 받아들였다.[7]

도대체 가치 판단이 어떤 근거를 가지고 있는가? 앞서 동기, 배경, 욕구, 무지 이런 것들이 작동하면서 가치 표상들이 등장했다고 이미

---

6 "도덕의 계보", 338.
7 "도덕의 계보", 345. '가치들의 가치'는 당연히 삶을 가리켜 마땅한 것이었다. 그 무엇으로 하여금 가치이게 하는 것이니 말이다. 그런데 그렇게 가지 않고 뒤틀렸다고 니체는 비판하고 있다. 소위 사실과 가치의 대립이라는 전형을 여기서 확인할 수 있다. 이 대립은 일반적으로는 객관-주관의 대립 중 가장 대표적인 것으로 간주되며 여기서 사용하는 우리의 독법에서는 있음과 앎의 관계로 볼 수도 있다. 그런데 니체는 가치의 가치는 앎의 뿌리인 삶이어야 하는데 오히려 사실이라는 이름의 있음이 되었다고 개탄하고 있다. 그리고는 그렇게 있음의 차원으로 등극한 사실이 가치의 가치인 삶을 재단하는 왜곡이 벌어졌다고 비판한다.

살폈었다. 그런 과정을 거쳐서 '가치들의 가치'까지 갔다. 이제 그것을 정당화시키는 근거가 주어졌는가를 묻는다. 가치들의 가치는 사실 앎의 뿌리로 들어가는 것인데, '사실'이라는 말은 이러다가 있음으로, 즉 존재로 만들었다는 것이다. 가치들의 가치를 주어진 것으로, 심지어 사실로 받아들여 왔기 때문이었다. 그러나 가치라고 할 때는 '앎'이다. 니체에서 출발은 물론 삶이다. 삶을 이루고 있는 본능이었고, 욕망이었고, 힘이었다. 그런데 그것을 꾸려내기 위해서 가치, 이상이라는 것을 설정했다. 그러면서 앎의 영역으로 갔다. 그런데 앎의 영역을 잘 꾸리려고 하니까 가치, 이상에만 머물러서 안 되었다. 그런 가치와 이상을 주도, 관장하는 실재가 마땅히 군림해야 했었다. 그러니까 있음으로까지 가게 되었던 것이다. 여기서 '사실'은 바로 이것을 가리킨다.

그러나 니체는 여기에 강력하게 이의를 제기한다. 아래 인용은 참으로 예리한 분석을 담고 있다.

> 원래 비이기적 행위란 그 행위가 표시되어, 즉 그 행위로 인해 이익을 얻는 살마의 입장에서 칭송되고 좋다고 불렸다. 그 후 사람들은 이 칭송의 기원을 망각하게 되었고 비이기적 행위가 습관적으로 항상 좋다고 칭송되었기에, 이 행위를 그대로 좋다고도 느꼈던 것이다. 마치 그 행위가 그 자체로 선한 것인 듯.[8]

'비이기적 행위'가 좋다고 느낀다. 왜 그런가? 그것이 이익을 얻게 해주기 때문이다. 이익은 무엇인가? 이기적 이익이다. 비이기적 행위가 이기적 이익을 얻게 해주니 좋다. 그런데 '이기적 이익을 얻게 해주

---

8 "도덕의 계보", 353.

니'라는 근거는 어디로 사라져버리고 겉으로 드러난 비이기적 행위가 여전히 주어로 등장했다. 그러니 결론적으로 '비이기적 행위가 좋다'는 것으로 귀결되었다. '비이기적 행위가 좋다'에서 좋다는 '선'(善)이다. 그러나 '이기적 이익을 얻게 해주니'에서 좋다는 '호'(好)다. '호'기 때문에 '선'이라는 것이다. '선'이기 때문에 '호'가 되는 것이 아니다. 칸트는 '선'이어서 '호'라고 말했다. 그런데 니체는 '호'이어서 '선'이라고 말한다. 물론 칸트는 당위를 말한 것이고, 니체는 현실을 말한 것이다. 당위는 앎이고, 현실은 삶이다. 사실 니체의 입장에서 보면 칸트는 앎에 속아서 그렇게 뒤집어 생각할 만큼 착각한 것에 불과하다. 이런 층위의 차이를 덮어두면 두 사람의 이야기가 정면충돌하는 것처럼 보인다.

호에서 선이 되더니, 이제 선이 무엇이 되는가? 호는 삶이고, 선은 앎이다. 있음의 단계로 가면 무엇이 되는가? 신(神)이 된다. 니체는 이 것을 이야기하고 싶었던 것이다. 원래는 이기적 이익을 충족시켜주어서 좋은 것이다. 그러니 그것을 가치라고 새겼다. 그래서 선한 것이다. 개별성으로부터 보편성을 확보해가는 방식이라고 볼 수 있다. 그리고 그것이 급기야 도덕에서는 절대가치, 종교의 영역에서는 신이 되었다. 신 이야기가 나중에 가면 나오는데 본능이 영혼이 되고, 영혼에서 양심이 되고, 양심을 지켜주고 관철하는 존재로서 신을 그린다. 이것이 곧 도덕의 계보이고, 곧 종교의 계보이다.

도덕이라는 것도 사실 먹고 살기 위해 하는 것이었다. 본능과 생리의 작동에서 파생된 결과에 대한 감정이다. 본능의 발동에 의해서 파생된 결과가 좋다고 말하는 것인데 그 연유를 잊어버리고 겉으로 드러나는 행위를 '호'가 아닌 '선'이라고 보았다는 것이다. 니체는 그 고리를 끊고자 한다. 왜 고리를 끊어야 하는가? '호'를 '선'으로 새기다 보니 삶과 앎 사이의 우선순위가 뒤집어졌기 때문이었다. '선'이 명분이 되어 '호'를 억눌러버리기 때문이다. '선'의 이름으로 '호'가 억제된다. 이것이 금욕주의이다. '호'인데 '선'이라고 새기도록 강요되었으니 말이다. '선'이 명분이 되고, 가치 근거가 되고, 기준으로 등극한다. 이제 도덕은 선의 기준에 충족시켜야 한다고 '호'를 필요로 하는 삶에 요구한다. 본말전도이다. 심지어 '호'가 억제되는 방식으로까지 '선'이 강조되니 말이다. 도덕 강박이다. 종교 강박도 이와 같은 궤도를 달린다.

그저 겪을 뿐인 고통을 의미로 기만하는 종교를 비판한다

사실 고통에 대해 사람을 분격하게 하는 것은 고통 자체가 아니라, 고통의 무의미함: 그러나 고통 속으로 비밀스러운 구원 장치 전체를 집어넣어 해석한 그리스도교에게도, 모든 고통을 방관자의 입장이나 고통스럽게 만드는 자의 입장에서 해석할 줄 알았던 고대의 소박한 인간에게도 그러한 무의미한 고통이란 전혀 존재하지 않았다.[9]

고통이란 원래 무의미한 것인데 철학이나 종교는 그것에게 어떤 방식으로든지 의미와 가치를 부여해 왔다. 그러나 고통은 삶이고, 의미화는 앎이다. 삶에 대해서 앎의 특수한 방식의 의미로 새겼다. 결국은 우리 삶에서 무의미한 고통이란 아예 없는 것처럼 새기며 살아왔다. 즉, 삶을 앎으로 계속 포장하고 치장하며 살아왔다. 그 결과 어떤 일이 벌어졌는가? 삶이 왜곡되었다. 무의미할 수밖에 없는 고통은 외면당했다. 의미 부여가 가능해 보이는 고통은 고통이 아니라 의미로

---

9 "도덕의 계보", 410.

끌려 들어갔다. 의미를 명분으로 기만하는 구조를 고안해 낸 문명이 고통을 끊임없이 희석시키고 결국 삶을 위장하게 만들었다. 그 결과가 계속해서 나온다.

> 단 한 번에 그들의 모든 본능은 가치를 상실하고 '고리가 빠져버렸다.'…
> 이 새로운 미지의 세계 앞에서 그들에게는 더이상 조절하며 무의식중에
> 확실히 안내해주는 본능이라는 그들의 오래된 안내인이 없었다. ― 이
> 불행한 인간인 그들은 사유, 추리, 계산, 인과의 결합으로 축소되었고,
> '의식'으로, 즉 그들의 가장 빈약하고 가장 오류를 범하기 쉬운 기관으
> 로 축소되었다! 내 생각에는 지상에서 그처럼 비참한 감정, 그와 같이
> 납처럼 무거운 불쾌감이 있은 적이 없었다. ― 그렇다고 해서 저 오래
> 된 본능이 돌연 그 요구를 멈춘 것은 아니었다.[10]

여기서 본능과 의식이 정면으로 대조된다. 물론 본능은 삶이고, 의식은 앎이다. 그런데 무의식중에도 안내해 주던 본능은 평가절하당하고, 더 알아야 할 대상인 미지의 세계에 대해 그저 사유, 추리, 계산하는 의식만을 담당하는 것처럼 인간이 찌그러들었다. 물론 그렇다고 해서 본능이 사라지는 것은 아니었다. 삶을 앎으로 축소한다고 그렇게 되고 말 삶이 아니기 때문이다. 그러면 어떻게 되었다는 것인가? 본능이 요구를 멈추지 않았다는 진단이 중요하다. 앎으로 덮는다고 삶이 짓눌리고 마는 것은 아니니 말이다. 결국 터져 나온다. 나중에 니체는 그러한 삶의 본능이 지하로, 내면으로 들어가더니 영혼으로 불리게 되었다고 진단한다. 니체가 말하는 영혼이 프로이트의 무의식

---

10 "도덕의 계보", 431.

이라면 이제 니체는 프로이트를 위한 길을 열고 있었던 것이다.

신에 이르는 계보: 본능-영혼-양심-신

> 대체로 이 본능들은 새로운, 말하자면 지하의 만족을 찾아야 했다. 밖
> 으로 발산되지 않는 모든 본능은 안으로 향하게 된다. ― 이것이 내가
> 인간의 내면화라고 부르는 것이다: 이것으로 인해 후에 '영혼'이라고
> 불리는 것이 인간에게서 자라난다.[11]

그러더니 본능이 지하로, 안으로 들어간다. 의식에 의해 억눌린다
는 것이다. 그렇게 억눌린 본능은 자신에게로 방향을 돌릴 수밖에 없었
다. "그러한 본능을 소유한 자에게서 이 모든 것이 스스로에게 방향을
돌리는 것, 이것이 '양심의 가책'의 기원이다."[12] 본능이 의식에 의해
안으로 밀려 들어가서 내면화하여 영혼이 되더니 급기야 양심으로 표
출된다. 말하자면 양심이란 본능의 억압과정에서 비롯된 산물이다.
"사실 그때 시작하여 결말의 전망이 전혀 보이지 않는 연극의 진가를
평하기 위해서는 신과 같은 관객이 필요했다."[13] 양심의 가책을 느끼
고 겪는 것을 평가하는 위치에 신이 등장한다. 여기서 양심의 가책에
근거한 왜곡된 적용이 대속 교리를 그런 식으로 만들어냈다는 것이다.

---

11 "도덕의 계보", 431.
12 "도덕의 계보", 431-432.
13 "도덕의 계보", 432. 여기에 나온 '신과 같은 관객'은 칸트가 실천이성비판에서 말하는
  요청으로서 신을 연상하게 한다. 본능이 내면화하여 양심이 된 후 스스로 가책을 느끼
  는 연극을 벌이도록 도덕주의와 종교적 죄의식이 몰고 갔는데 이를 판정해 줄 기준으로
  서 신이 필요했기에 '관객'으로 불러들였다는 것이니 말이다. 하느님이 우리를 지켜보
  신다는 종교적 언어가 이런 뜻을 지니고 있지는 않은지 돌아보게 하는 통찰이다.

이제 저 '죄'나 '의무' 같은 개념들은 뒤로 향하지 않을 수 없게 된다. — 도대체 누구를 향한 것일까? 의심할 여지 없이 그것은 먼저 '채무자'를 향했던 것이며, 이제 양심의 가책은 그런 식으로 채무자에게 뿌리를 내려 침투하고 확장해나가고 무좀처럼 넓고 깊게 성장하며, 그 결과 마침내는 부채를 해결할 수 없다는 것과 더불어 속죄도 해결할 수 없다는 생각, 즉 보상이 불가능하다는('영원한 벌'의) 사상이 배태된 것이다.[14]

양심이 가책을 느낀다는 말이 무슨 뜻인가? 호와 선의 관계에서 호가 근원이고 선이 그것에 대한 포장이었는데 거꾸로 선이 기준이 되어 지배하고 규범으로 군림하는 방식으로 호를 통제하게 되면 양심의 가책이 발동하게 된다. 일상적으로 부채인데 이것이 종교에 적용되니까 정죄가 된다. 그런데 부채에 대한 속죄나 보상이 불가능하다. 이것에 대한 해결방법이 대속이라는 것이다. 같은 이야기를 달리 표현하면, 환자를 죄인으로 만든다는 것이다. 아픈 사람을 나쁜 사람으로 만든다는 것이다. 환자는 자연현상이다. 삶이다. 환자라는 것은 내가 이러쿵저러쿵 할 수 없다. 죄인은 무엇인가? 죄의식을 가져서 죄인이다. 아닐 수도 있는데도 말이다. 그러니 죄인은 앎이다. 환자는 삶이고 죄인은 앎이다. 그런데 삶을 앎으로 치환시키는 방식으로 환자를 죄인으로 만든다. 환자를 죄인으로 만든다는 것은 정체성 전환을 넘어서 삶을 앎으로 뒤집는 곡해라는 것이다.

그런 곡해는 어디까지 나가는가? 니체는 종교가 부과하는 죄의식이 이에 대한 탁월한 증거라고 비판한다.

---

14 "도덕의 계보", 441.

자기를 괴롭히려는 저 의지가 내면화되어 자기 안으로 내몰린 동물적 인간, 길들이기 위해 '국가'에 갇힌 동물적 인간의 저 뒤로 물러난 잔인함이 그것이다. 이 갇힌 인간은 이러한 고통을 주려는 의욕의 좀 더 자연적인 출구가 막힌 후에 스스로에게 고통을 주기 위해 양심의 가책을 고안해냈다. ― 양심의 가책을 지닌 이러한 인간은 자기 고문을 소름 끼칠 정도의 냉혹함과 준엄함으로 몰고 가기 위해, 종교적 전제를 자기 것으로 만들었다. 신에 대한 죄책감: 이 사상은 인간에게는 고문의 도구가 된다. … 이것이야말로 정신적 잔인함 속에 자리 잡고 있는 그 무엇과도 견줄 수 없는 일종의 의지의 착란이다: 즉 이것은 스스로를 구원할 수 없을 만큼 죄가 있으며 저주받아야 할 것으로 보는 인간의 의지이다.[15]

집요할 정도로 의지를 말한다. 그런데 전부 왜곡된 의지이다. 삶을 앎으로 추려내는 왜곡을 의지라는 표현을 사용해서 계속 말하고 있다. 의지가 좋다는 말이 아니다. 의지가 이런 짓을 하고 있다고 말하는 것이다. 욕망은 그가 자연적인 것으로 마땅히 되살려서 회복시켜야할 것으로 예찬하는 반면에, 의지는 삶을 앎으로 계속 왜곡시킨다고 비판한다.

인간이 삶의 다양한 방식으로 욕망도 구사하고 의지도 해본다. 그런 가운데 뭔가 유형이 자리 잡힌다. 무수한 시행착오를 거치면서 나름대로 '이렇구나, 혹은 이러려고 했는데 저렇게 되었구나'하는 식으로 온갖 것들의 반복된 누적 경험을 통해서 나름대로 일반화시켜낼 수 있는 법칙을 추려낼 수 있을 만큼 원재료로 인간 삶을 보기 시작한

---

15 "도덕의 계보", 442.

다. 그게 운명이다. 그런데 운명은 그렇게 일반화시킬 수 있는 규칙 같은 것을 끌어낼 수 있는 원재료이긴 하지만 주어진 것이기에 내가 어떻게 해보기 이전의 것이다. 그렇게 해서 결국 추려낼 수 있다면, 그래서 '이것이 운명이구나!'라는 것이 우리에게 자리 잡히게 되면, 앞으로 조금이라도 더욱 효과적으로 우리 삶을 영위하기 위해서 적절하고 맞갖은 방향으로 운명을 사용해 볼 수 있겠다는 방식으로 나오는 것이 규범이다. 겉보기에는 굉장히 달라 보이지만 관통하고 있는 하나의 근본원칙이 있는데, 반복되는 유형의 누적된 경험으로부터 일종의 법칙을 추려내는 것이다.

운명도 사실은 법칙의 전신이다. 인간에게 자연적으로 이미 주어진 운명에서 사회적인 규범을 끌어냈으니 말이다. 자연에 대해 도덕적 판단을 기대하는 의인화가 신화로 표출되었다는 것은 좋은 증거다. 결국 개인 단위의 삶뿐 아니라 사회 단위의 삶도 이미 운명이었다. 그 운명이 특히 사회적인 단위에서는 절실하게 규범을 필요로 했다. 그렇게 규범으로 설정되게 되는 중간 단계에 관습이라는 것이 중요하게 자리 잡는다. 습관이 뒤집어져서 관습이 되는 것이다. 개인적인 습관이 점점 누적되는 가운데 사회적으로 통용되고 공감할 수 있는 관습을 거쳐서 마땅히 그래야 된다는 규범으로 간다. 먼저 경험한 것이 사회다. 물론 자연이라는 터전에서 인간의 운명과 관습과 규범을 잘 영위할 수 있게끔 할 수도 있겠고, 아주 역경으로 다가올 수도 있겠다. 온갖 형태들을 통해서 흥망성쇠가 벌어진다. 그것과 씨름하는 가운데 점점 더 자연이라는 단위가 인간 삶에 들어오고 삶의 차원에 자리를 잡게 된다. 그랬을 때 먼저 앞서서 이미 크고, 작은 사회 단위에서 속에서 설정하고 있었던 관습, 규범을 자연에다가도 들이댄다. 자연도 이제 그냥 자연의 눈으로 보는 것이 아니라 규범의 눈으로 보는 것이다. 그렇게 해서 자연법칙이 나왔다.

그렇다면 어떤 일이 벌어지는가? 니체는 이를 뭐라고 하는가? 니체는 결국 나중에 거슬러 올라가서 운명을 사랑하라고까지 말하지만, 저 자연이 그냥 자연이 아니라 그보다 앞선 규범이 있었고, 규범을 만들 수밖에 없게 한 원초적인 원재료로서 운명이란 것이 있었다는 것을 보라고 한다. 즉 자연을 운명과 규범의 눈으로 보아 왔다는 것을 드러낸다. 자연을 규범의 눈으로 본다는 것이 무슨 뜻인가? 자연이 무색무취의 자연현상이 아니라 도덕적 판단을 하는 사건이란 이야기이다. 말하자면, 자연이 선한 사람은 잘 먹고 잘 살게 해주고, 악인은 망하게 해준다고 생각하는 것이다. 자연이 만일 그렇게 하지 않는다면 반드시 그렇게 해야 된다고 생각한다. 자연에 대해서 그런 기대를 한다. 자연이 '스스로 그러한 것'이 아니라 이미 규범의 눈으로 자연을 보기 시작한다. 자연이 물질이기만 한 것이 아니라 이미 규범을 운행할 정신을 갖고 있다. 그것이 바로 영혼이다. 니체는 무엇이라 하는가? 자연이 원래 본능인데, 억압되면서 영혼이 나왔다고 했다. 그리고 영혼에서 양심이 나왔다고 했다. 그리고는 양심이 신이라는 거울을, 신이라는 관찰자를 요구하고 설정한다는 것이었다. 그래서 일련의 그림이 그려진다. 여기서 신의 출현이라는 일련의 과정에서 영혼과 신 사이에 양심이 끼어들어 있다는 것을 주목해야 한다. 종교에 도덕이 깊숙하게 개입할 수밖에 없는 구조를 폭로한다.

여기서 주목할 것은 자연·영혼·신이라는 일련의 계보이다. 그런데 이를 폭로한 니체는 다시 되돌아가자고 한다. 운명에 대한 적극적인 승인으로, 운명에 대한 사랑으로 말이다. 그 이유가 무엇인가? 영혼과 신이 오히려 그런 자연을 억압했기 때문이다. 여기서 영혼은 도덕에 해당하겠고 신은 종교에 해당하겠다. 이렇게 도덕과 종교가 자연에 대한 철저한 억압이었다. 당연히 인간 억압이었다.

금욕주의의 모순을 비판하다

그래서 제3 논문에 가서는 본격적으로 본능 또는 욕망에 대한 억압으로서 금욕주의가 영혼의 이름으로, 신의 이름으로, 도덕과 종교를 통해서 계속 펼쳐져 왔다고 비판한다.

> 금욕주의자는 삶을 결국 출발한 지점으로 되돌아가야만 하는 미로처럼 취급한다. 또는 행위에 의해 반박당하고—반박당해야만 하는 오류처럼 취급한다.[16]

금욕주의의 눈에 삶은 미로이고 오류다. 욕망을 억누르다 보니까 삶이 미로가 되고, 그것도 욕망에 의해 휩쓸리니 오류로 보일 수밖에 없다. 명백하게 금욕주의라는 표현을 쓰지 않더라도 우리가 스스로 우리 자신의 삶을 이렇게 보고 강박적으로 자학하기도 한다. 그러나 이것은 도덕이나 욕망의 문제가 아니다. 자연이고 생존의 문제이다. 그런데 이렇게 최저선인 생존에까지 도덕이 반인간적인 금욕주의의 칼을 휘둘러왔다. 그러기에 삶의 반동과 저항이 터져 나올 수밖에 없었다. 니체도 그런 시대정신에 합류하고 앞장서는 것일 뿐이다. 그러한 금욕주의를 당연히 비판하고 거부한다. 그러나 이야기가 한 겹으

---

16 "도덕의 계보", 479-480.

로 끝나지 않고 한 번 더 비판한다.

> 왜냐하면 금욕주의적 삶이란 하나의 자기모순이기 때문이다. 여기에
> 는 견줄 데 없는 원한이, 즉 삶에서의 어떤 것에 대해서가 아니라, 삶
> 자체, 그 가장 깊고, 강력하며, 가장 기저에 있는 조건들을 지배하고 싶
> 어 하는 기갈 들린 본능과 힘 의지의 원한이 지배하고 있다. 여기에서
> 는 힘의 원천을 봉쇄하기 위해 힘을 사용하려는 시도가 이루어진다.[17]

힘의 원천인 욕망을 억제하기 위해 힘이 의지라는 형태로 사용된
다. 겉으로는 욕망에 대한 의지의 견제로 보이지만, 사실 힘들 사이의
충돌이다. 힘의 봉쇄와 힘의 사용이 서로 충돌하고 있다. 그래서 금욕
주의가 자기모순이라고 한 것이다. 이것이 금욕의 아이러니이다. 욕
망은 삶이고 금욕은 앎인데, 앎에서 끝나지 않고 있음으로까지 끌고
간다. 그래서 금욕이 앎을 실재의 차원으로 이르게 한다고 한다. 그래
서 실재를 그렇게 표상해놓고 부인한다. 이것이 금욕 자체의 자가당
착, 자기모순, 분열이다. 금욕주의를 비판하는 것이 일차 비판이라면,
다시 말해 욕망을 억제, 금지하고 있는 것이 가지고 있는 근본적인 문
제점에 대한 비판이 일차 비판이라면, 금욕주의가 자체적으로 가지고
있는 자기모순에 대한 비판이 이차 비판이다. 그래서 실재로까지 설정
해놓고 스스로가 부인하는 분열이 일어난다고 지적한다. 순수이성, 절
대정신, 인식 자체가 그것이다. "우리는 '순수 이성'이나, '절대 정신'이

---

17 "도덕의 계보", 480-481. 금욕주의에 대한 니체의 비판을 추린다면 욕망인 삶을 금욕인
  앎이 억압하는 행태라고 분석된다. 니체가 삶에 대한 앎의 억압의 가장 밀도 있는 전형
  을 금욕주의에서 보게 된다는 비판을 계속 이어가는 것도 이러한 연유를 가진다.

나, '인식 자체'와 같은 그러한 모순된 개념의 촉수를 경계해야 한다."18

〈선악의 저편〉에서 나왔던 '독단 대 관점'과 같은 대조가 여기서도 반복된다. 그러더니 한 걸음 더 나아가서 금욕주의조차도 삶의 욕망을 실천하기 위한 하나의 방편이라고까지 말하고 있다. 이것이 모순의 절정이다. 아까 언급했던 봉쇄와 사용의 충돌 정도가 아니다. 금욕주의조차도 욕망 실현의 기제라고 말한다. 비판의 심도가 절정에 이르렀다. 그런데 왜 자기모순에 빠질 수밖에 없었는가? 삶을 일그러뜨리기 때문에 모순에 빠질 수밖에 없었다. 간단하지만 심오하다. 삶에서 어긋났기 때문에 결국은 모순일 수밖에 없다. 나름대로 삶의 문제 해결이라고 하는데 그 문제를 더 꼬이게 만든다. 그럴 수밖에 없는 이유는 금욕주의가 욕망을 억제하는 것이 아니라 나름대로 삶의 방편이기 때문이다.

고통에 대한 해석에서 금욕주의적 접근은 나름대로는 고통을 겪어내는 방법으로 채택된 것이라는 점도 좋은 증거이다.

금욕주의적 이상은 어떤 점에서 보더라도 지금까지 있었던 최상의 '어쩔 수 없는 것'이었다. 이 이상 속에서 고통은 해석되었다. 어마어마한 빈 공간은 채워진 것처럼 보였다. 모든 자살적 허무주의에 대해 문이 닫혔다. 해석은 — 의심의 여지없이 — 새로운 고통을 가져왔고, 좀 더 깊고, 좀 더 내면적인, 좀 더 독이 있는, 삶을 갉아먹는 고통을 가져왔

---

18 "도덕의 계보", 483. 고통에 대해 어떤 방식으로든지 해결해보려고 이해하고 해석한 것이 인류 문명사의 중요한 기획이었는데 이것이 오히려 고통을 더욱 가중시켰다는 분석이다. 고통에 대한 해석이 새로운 고통을 가져왔다는 통찰은 실로 소중하다. 삶의 문제를 해결하려다가 앎에서 벌어지는 자가당착의 전형이기 때문이다. 앎 너머로 가야 한다는 해석학의 공리를 다시금 확인하게 해주는 통찰이다.

다: 이 해석은 모든 고통을 죄라는 관점 아래로 가져갔다[19].

해석이 새로운 고통을 가져왔다는 것이 무슨 말인가? 고통 자체도 힘든데 고통에 대한 해석이 고통을 더 힘들게 만든다는 것이다. 고통에 대한 금욕주의적 접근이 나름대로 취지에도 새로운 고통을 가져온다. 그것이 오히려 삶을 갉아먹기 때문이다. 소위 '-때문에'의 인과율과 '-위하여'의 목적론 모두 금욕주의적 이상과 얽혀 있다. 죄 때문에 받는 벌로서 고통이라면 정죄와 형벌의 인과관계를 감내해야 하는 금욕적 의무가 부과된다. 구원을 위하여 고통당한다고 해도 마찬가지인데 좋은 구원을 위한 나쁜 고통을 수단으로라도 당해야 한다는 반인간적 기만이 금욕의 이름으로 정당화되는 작동방식을 취하고 있기 때문이다. 자고로 고통을 죄와 연관시키는 발상 자체가 종교의 왜곡된 도덕주의와 인과율의 문제를 보여주는 것이니 고통이라는 삶의 꼴을 죄라는 도덕적·종교적 앎으로 각색한다는 억압의 문제를 다시금 확인해준다.

그런데 여기서 끝나지 않는다. 그렇지만 인간은 여기서 구출되었다는 것이다. 그래서 의미를 가지게 되었다. 그 의미가 어떤 의미인가?

인간적인 것에 대한 이러한 증오, 더욱이 동물적인 것, 더욱이 물질적인 것에 대한 이러한 증오, 관능에 대한, 이성 자체에 대한 이러한 혐오, 행복과 미에 대한 이러한 공포, 모든 가상, 변화, 생성, 죽음, 소망, 욕망 자체에서 도망치려는 이러한 욕망 — 이 모든 것은, 감히 이것을 이해하고자 시도해볼 때, 허무를 향한 의지이며, 삶에 대한 적의이며, 삶의

---

19 "도덕의 계보", 540.

가장 근본적인 전제들에 대항한 반발을 의미하는 것이다.[20]

결국 의미를 가졌는데 그 의미는 허무를 향한 의지였다. 욕망에서 도망하려는 욕망이니 결국 삶에 대한 반발로 귀결된다. 우리가 이건 좀 씨름할 문제로, 과제로 삼아야 하지 않겠나 싶다. 마무리라기보다는 전체를 관통해가는 주제로 말이다. 삶이라는 틀에다가 본능을 넣고 이야기하고, 또 고통을 넣고 이야기한다. 다르지만 연관되어있다. 그걸 삶-앎-있음으로 추린다면 같은 층위에서 종적인 계보들로 추릴 수 있다. 끝없이 삶을 앎으로, 본능을 가치와 이상으로, 그래서 결국은 실재로 환원했던 것과 마찬가지로, 고통을 죄로, 환자를 죄인으로 치환하는 것도 무엇인가 명분을 내세우면서 벌어지고 있다고 말한다. 이것이 앎으로, 급기야는 있음으로 끌고 가면서 삶을 억누르더라는 것이었다.

---

20 "도덕의 계보", 541.

3 장

삶으로 다시 있음을

"왜 없지 않고 있는가?" 한가로운 물음일 수도 있다. 허나 '없어짐'은 '아직 있음'이 '그냥 있음'이 아니라는 것을 일깨워준다. '있음'은 당연한 것도 아니고 무조건적인 것도 아니며 영원한 것은 더욱 아니라는 것이다. 있음은 이토록 새삼스럽다. 홀연하기까지 하다. 없었다가 있기도 하며 없어지기도 한다. 슬프지만 경이롭다. 보잘것없어 보이는 미물이라 할지라도 말이다. 헌데 꽤 긴 세월 동안 '없었던 있음'이나 '없어질 있음'을 '그저 있음'으로 보아 왔다. 모르는 것은 아니었지만 '없어지지 않을 있음 자체'를 찾다 보니 어느덧 그렇게 찾던 인간도 그쯤 되는 듯 스스로를 새기려 했다. 시대마다 모양새는 좀 달랐지만 말이다. 그러면서 '없었던'과 '없어질'을 잊어버렸다. 아니 사실상 잊어버리고 싶어 했다. '있음'의 앙탈일 수도 있었다. 저항이고 외면이며 부정일 수도 있었다.

그러나 무엇이든 결국 망각에 이르렀으니 그 망각이 오히려 '있음'을 일그러뜨렸다. '잠시 있음'일 뿐인데 '있음이기만 한 있음'인 것으로 착각했으니 자가당착일 수밖에 없었다. 그러나 그런다고 '없음'이 없지 아니했으니 '없음'은 '있음'이 나오고 되돌아갈 곳이었으며 더욱이 '있음'을 '있음'이게/되게 하는 것이었기 때문이었다. 그런데 이걸 깨닫는 데 짧지 않은 세월을 보내야 했다. '없음'이 삶을 뒤흔들고서야 소스라치게 되돌아 살피게 되었다. 삶을 뒤흔드는 없음인 죽음이 새삼스러운 것은 아니었지만 내내 골방에서 혼자 앓게 만들었던 찬란한 이성을 기치로 인간 자화상을 옹립한 근대를 뒤로 하고 이제 사람들은 죽음과 마주하는 삶으로 내몰려졌다. '그냥 있음'이 아니라 '아직도 있음'이라는 자신의 꼴을 보게 된 사람들은 스스로 '없어질 있음'의 눈으로 '있음'을 다시 새기고자 했다. 말하자면 삶으로 다시 있음을 보게 되었다. 그리고 하이데거도 이 대목에서 한마디 거들었다. '아직도 있음'을 제대로 추린다면 그렇게 '아직도 있게 한 있음'을 다시 더듬을 만한 길이라고 읊조렸던 것이다. 물론 이도 얼마 안 있어 뒤집기도 했으니 그의 춤사위에 우리가 그저 놀아날 일은 아닐진대, 그렇지만 그런 시도에서 인간, 세계, 신에 대한 보다 적절한 발상을 도모해 봄직하기는 한 것 같다. 그의 이야기 몇 가닥을 들추어 보는 것은 그런 뜻이 있을 터이니 그와 함께 숲길을 걸어보고자 한다. 우리 시대 정신을 들추어내면서 또한 이끌어가는 '초연한 내맡김'에서 유구한 역사를 거친 씨름에 대한 한 줄기 통찰을 찾을 수도 있을 것이라 기대하면서 말이다.

삶과 얽히는 있음

하이데거, 〈존재와 시간〉

마르틴 하이데거(Martin Heidegger)에게는 여러 가지 혐의가 많이 씌워져 있다. 여러 가지 모순적인 평가들이 양립하고 있다. 그렇지만 하이데거라는 철학자를 한마디로 이야기하자면, '새로운 시대를 여는 작품'을 만든 사람이라고 할 수 있다. 하이데거의 여러 저술 중에도 이런 평가를 가능케 한 작품은 단연『존재와 시간』이다. 하이데거는 당초 계획한『존재와 시간』을 완성하지도 않았다. 그렇지만 이 책은 이전과 이후를 가르는 혁명적 전환을 담고 있는 것으로 평가된다. 도대체 어떠한 전환이 일어났기에 그렇게 새겨지는가?

'존재'와 '시간'의 관계

먼저『존재와 시간』이라는 제목을 살펴보자. 흔히 '와'로 앞과 뒤가 연결되어 있으면 상식적으로 그 두 단어는 최소한 가치나 위상이 같아야 한다. 그러나 하이데거의『존재와 시간』이 나오기 전까지 그 둘은 같은 층위의 것으로 여겨지지 않았다. '존재'라는 것이 지녀온 무게를 고려하면 이를 '시간'과 연결한다는 것은 언뜻 엄청나게 불균형적인 이음으로 보인다. '시간'은 아무래도 '존재'에 비하면 한결 가벼운 것이겠기 때문이다. 그리고 사실 존재를 논해왔던 긴 역사에서 이 둘은 결코 동급이 아니었으니 제목으로 존재와 시간을 묶는다는 것만으로도 존재에 대한 엄청난 불경죄에 해당한다고 하지 않을 수 없다.

『존재와 시간』이전에 '존재와 시간의 관계'는 어떠했는가? 철학사에서 '존재'라는 것이 등장하게 된 것이야 두말할 나위도 없이 있었다가 없어지는 사건으로서 죽음과 같은 절박한 문제에 대한 해결을 앙망하는 데에서 비롯되었다. 있는 것이야 당연하다고 여겼지만 없어지니 견디기 어려워서 없어지지 않는 있음을 찾게 되었으니 말이다. 말하자면, 없었던 적도 없고 없어지지도 않을뿐더러 있는 중에도 없어질 가능성이 없는 있음을 찾아 나섰다. 이걸 더듬다 보면 없어지는 상황에 대한 해결의 실마리라도 찾을 수 있을 것 같았기 때문이다. 그런데 그런 있음은 없어져서는 안 되는 것이니 시간과는 거리가 멀어야 했다. 일찍이 존재와 생성이 대비되었던 것도 이런 연유였음은 물론이다.

이처럼 존재는 그런 계기로 떠올려진 이후로 시대정신에 따라서, 패러다임 전환의 굴곡을 따라서 하이데거에게까지 이어져 왔다. 그런 존재의 역사에 대해 시간의 역사를 대비시켜 본다면 엄청나게 생뚱맞기까지 하다. 존재는 인간이 잡을 수 없을 정도로 넓고 깊은 것이니 개념이 아닌 그 무엇으로 그려졌다. 한마디로 존재는 개념 이전의 것이었다. 따라서 '존재'는 '시간'과 같은 차원으로 다루어질 수 없었다. 하이데거의 또 다른 저작인『형이상학이란 무엇인가?』에서 이런 대비를 보다 상세히 다룬다. 말하자면, 유구한 '존재'의 역사에 비추어 '시간'은 매우 가냘픈 이야기에 불과했다. 플라톤과 아리스토텔레스로 대표되는 고대 형이상학 이래로 '존재'에 대해 '시간'이 가지는 비중은 감히 견줄 수조차 없었다. 따라서『존재와 시간』이라는 제목부터가 하이데거의 혁명적인 기획을 보여주는 고도의 상징이다.『존재와 시간』은 1927년에 출판되었고 거의 1세기가 지났음에도 제목이 사상사 속에서 시사하는 바를 주목한다면 아직도 오지 않은 미래의 사상이라고 할 수도 있다.

하이데거 이전의 '존재'와 '시간'

좀 더 자세히 보자. '존재'는 유구한 역사를 거치면서 점점 더 두터워지고 갈래도 점차 벌어지는 그림으로 그려진다면, 이와 달리 '시간'은 아주 미미한 것으로 그려진다. 이렇게 견줄 수도 없을 것 같은 두 단어가 어떻게 해서 『존재와 시간』이라는 제목으로 묶이게 되었을까?

첫째, '존재'는 무릇 세계를 이루는 영원한 근본으로 여겨진 반면 '시간'은 생성소멸의 동인이니 오히려 '존재'를 방해하는 것으로 여겨져 왔다. 철학사에서 '존재'에 대한 이야기를 본격적으로 시작한 것은 고대 최초의 철학자라고 하는 '탈레스'라 할 수 있다. 탈레스는 만물의 근원($\alpha \rho \chi \eta$)을 탐구한다. 세계를 이루는 삼라만상 곧 무수히 다른 것들은 서로 충돌하며 온갖 변화를 만들어낸다. 비가 걷잡을 수 없이 내려 홍수가 일어나거나, 반대로 가뭄이 들기도 한다. 이와 같은 자연의 변화무쌍함을 보고 인간은 '신화'를 만들어냈다. 자연을 지배하고 있는 신들의 충돌로 인해 변화가 발생한다고 생각했다. 자연의 변화는 신들의 힘이 겨뤄지는 것으로 해석되었다. 그래서 신화는 '다신론'적이다. 그것을 관통하는 원리를 잡아내기보다는 충돌하는 현상에 대해 설명하려는 신화적 사유에서는 그저 '여럿'(多)이었다. 그런데 이 '여럿'은 깔끔하게 정돈된 '여럿'이 아니라 서로 충돌하는 '여럿'이었다. 따라서 인간이 이에 장단을 맞추기는 쉽지 않았다. 신화적 사유를 거치고 인지가 더 발달하게 되면서 '충돌하는 여럿'을 '관통하는 자연'으로 새기기 시작했다. 일컬어 퓌지스라 하니 이는 물리적인 힘을 가리켰다. 그러다가 인간은 세계에서 벌어지는 자연의 충돌이 무엇인가 정반대의 모습 속에도 그것을 관통하는 원리가 있을 것으로 생각하였고, 이제 퓌지스에서 '로고스'로, 즉 '물리'에서 '논리'로 한 단계 전진하는 과정이 벌어졌다. 말하자면, '여럿'(多)에서 '하나'(一)를 찾아가는 것이었다. 위에 든 예로 본다면, 가뭄과 홍수라는 정면충돌하는 현상을 이제는 '기후'라는 하나의 원리로 잡아내게 되었던 것이다. 기후가 작동하는 원리는 그리스 철학의 4원소인 물, 불, 공기, 흙 사이의 소용돌이로 설명되었다. 즉 기후의 원리는 뿌리를 찾아 하나에 이르는 것이었으니 퓌지스에서 로고스로의 전환에 대한 탁월한 사례에 해당한다. 신화에서 이성으로의 전환이라고도 한다. 그런데 소크라테스 이전에는 퓌지스와 로고스가 서로 각축전을 벌였는데 소크라테스 이후의 플라톤과 아리스토텔레스를 거치며 로고스가 정립되더니 퓌지스는 로고스 아래에 깔려버리고 말았다. 이후 로고스는 조종, 통제할 수 있는 근본적인 하나의 원리로, 퓌지스는 다종다양한 현상들로서 로고스의 지배를 받는 열등한 것으로 치부되었다. 이렇게 '힘', '움직이는 것', '생성', '동력'을 의미하는 퓌지스는 열등한 것이고, 로고스는 우월한 것으로 여겨지는 흐름이 고대에 그려졌고, 이 흐름은 중세를 관통하면서 근대의 구도적 전환에도 이어졌다. 로고스를 추구하는 형이상학과 퓌지스를 다루는 형이하학의 분류도 이를 반영한 것이었다.

'여럿'으로부터 '하나'로 전환하는 시도의 첫 번째 대결은 '물질'과 '정신' 사이의 그것이었다. 밀레토스학파와 피타고라스학파의 대립이 바로 이에 해당한다. 물론 여기서 말하는 물질과 정신은 오늘날 우리가 생각하는 개념과는 매우 다르다. 당대의 물질은 영혼을 가지고 있고, 정신인데 물질로 드러나는 것이었다. 분리 불가능한 물질과 정신이다. 즉 죽은 물질이 아니라 활동성을 지닌 자연인 것이다. 살아있는 자연에 대한 형이상학적 관조이기 때문이기도 하지만, 삼라만상이 다양함에도 그것을 하나로 설명해보려는 취지에 충실한 것으로 볼 수도 있다. 그래서 물질이 활동성을 가지고 있다는 '물활론'(物活論)이 등장했다. 밀레토스 학파의 탈레스, 아낙시만드로스, 아낙시메네스 모두 물활론자이다. 이들에게 활동하는 물질은 영혼을 가지고 있는 물질이다. 피타고라스학파에서는 '정령론'(精靈論)을 표방했다. 여기서 영혼은 어떤 귀신같은 것을 말하는 것이 아니라 자연에 깃들어 있는 생명성이고 힘을 가리키는 것이었다. 그런데 이 물질 대 정신(영혼)의 대립이 해결되지 않자 이것을 추상화시키는 작업이 벌어졌는데, 여기서 요청적 개념으로 '존재'가 대두되었다. 여기서 존재는 퓌지스를 싸안고 아우르는 로고스로서 존재이다.

　'존재'는 복잡다단하고 서로 충돌하는 힘들까지도 관장하는 하나의 원리이다. 이 원리가 이후에는 급기야 '신'으로까지 불리게 된다. 앞서 언급한 물질과 정신의 대립을 말하던 시기에는 이를 '우주론'으로 말하였고, 양자의 대립을 해결하기 위해 존재를 요청한 시기에는 이를 '존재론'으로 말하며, 존재를 절대적인 원리로까지 설정하게 된 시기에는 이를 '신론'이라고 말하였다. 그래서 고대 형이상학의 완성이라고 할 수 있는 '우주·존재·신·론'이 정립된 것이다. 이것이 플라톤과 아리스토텔레스의 구도였다. 물론 이들 사이에서 큰 차이를 보이지만, 이렇게 신론을 그리면서 정신(영혼)과 육체가 확실하게 구별되었다. 이는 신의 영원성과 순수성을 보다 높게 그리려는 의도로 인해 불가피했다. 그러면서 점차 정신과 육체의 간격이 더욱 크게 벌어지게 되었다. 고대말기 헬레니즘 시대의 신비주의가 그 증거다. 그렇게 로고스는 점차 신적 본성으로, 퓌지스는 단순 물질적인 것으로 그렇게 갈라진 채로 이어져 내려왔다.

이 간격을 '존재와 시간'에 거칠게 대입시켜본다면 로고스는 존재로, 퓌지스는 시간에 해당하는 것으로 볼 수도 있다. 그렇다면 신론을 등장시켰던 플라톤과 아리스토텔레스 시대 이래로 존재는 로고스 중의 로고스로, 시간은 아래에 있는 퓌지스인 것이다. 단도직입적으로 존재는 영원, 불변, 부동한 것으로, 시간은 영원이 아니라 말 그대로 시간이고, 불변이 아니라 가변이고, 부동이 아니라 유동인 것이다. 존재와 시간은 '영원 대 시간', '고정 대 유동', '불변 대 가변', '필연 대 우연', '절대 대 상대' 등의 온갖 대립 구도로 설명할 수 있다. 단적인 예로, 플라톤은 시간은 열등한 하부, 곧 이데아와는 다른 그림자 세계의 것으로 여겼다면, 이와는 달리 아리스토텔레스는 시간에 꽤 긍정적인 역할을 부여했다. 변화무쌍한 시간의 세계가 나름대로 저 너머의 본질을 담을 수 있는 것으로, 다시 말하면, 현상 속의 본질이 현상을 뒤집어쓰고 현상 안에서 본질을 이루어내는 것으로 여겼다. 본질과 현상을 만날 수 없는 것으로 만들어 놓은 플라톤과 대비해서 시간이 나름의 비중을 가지게 되었다. 그렇다고 하더라도 아리스토텔레스에게 있어서도 공간이 기본이고, 시간은 부수적이었다. 예를 들어 지금 눈앞에 있는 물건이 차지하고 있는 부피나 면적을 말할 수 있고, 위도나 경도로 그 물건의 위치를 설명할 수 있다. 왜냐하면 인간이 그 물건을 파악하는 인식의 영역에서 그것은 고정된 상태로 보이기 때문이다. 따라서 공간이라고 하는 범주는 한 물체의 고정된 상태를 말해준다. 공간이라는 범주만 생각한다면, 그 물건은 지금 내가 보는 그 자리에 영원히 있을 것 같다. 영원을 기대할 수 있게 된다. 그래서 공간이라는 범주는 결국 '영원', '불변', '부동', '고정' 등의 특징을 기대할 수 있게 해주고, 더 나아가서 '존재'라고 불리게 될 그 무엇을 이야기할 수 있는 근거가 된다. 그런데 만일 여기에 시간이라는 범주가 추가된다면, 여전히 '영원'을 기대할 수 있을까? 시간의 흐름이 가져올 무수한 가능성에 의해서 '그 물건'의 '영원', '불변', '부동', '고정' 등의 특징은 사라지게 된다. 결국 아리스토텔레스에게 있어서 '시간'은 불변하는 '공간'과 달리 변화하는 것이다. 그래서 아리스토텔레스는 '시간'을 '공간의 이동'이라고 했다. 고대 형이상학에서 복잡다단한 이야기들이 많이 있지만, 대표적으로 아리스토텔레스만 살펴보더라도 공간이 기준이고, 공간의 이동으로서 시간을 묘사한다. 즉 불변이 기준이고, 불변에 대한 종속적인 속성으로서 변화로 '시간'을 설명했다.

근대로 넘어가 보자. 근대의 중추라 할 칸트에게 시간은 어떤가? 아리스토텔레스에게 있어서 '시간'은 사물이 가지고 있는 속성이었다. 말하자면, '있음의 움직임'이었다. 그런데 칸트에게 '시간'은 '앎'이라는 행위를 하는 인식주체가 가지고 있는 '틀'이다. 이제 앎의 대상은 그저 있음이기만 한 것이 아니라 앎이라는 행위에 담기는 있음인데 이때 시간은 있음을 담아내는 앎의 틀이면서 한계라는 것이다. 구체적으로, 칸트의 용어로는 감성이라는 기능이 가지고 있는 장치로서 직관 중에서도 내적 직관이 바로 시간이다. 인식 주체가 대상을 보고 파악할 때, 그 대상이 없어질 때까지 관찰할 수 없기 때문이다. 즉 대상이 가지고 있는 모든 가능성을 일일이 감지할 수 없다. 말하자면, 인식주체가 '앎'이라는 인식행위의 범위 안에서 대상의 정체를 말할 수밖에 없는데 이때 일차적인 범위가 바로 시간이라는 것이다. 이렇게 고대와 중세를 지나 근대인식론의 시기에 들어서면서 시간은 거기 그렇게 있는 사물에게 속한 것이 아니라 대상과의 관계에서 대상을 알아가는 인식 주체가 나름대로 지니고 있는 틀이라는 것이다. 이제 시간은 '앎의 틀'이 되었다. '있음의 움직임'에서 '앎의 틀'로 전환되었던 것이다. 고대와 중세는 말할 것도 없지만 이런 근대의 눈으로만 보아도 하이데거의 『존재와 시간』은 황당하게 보일 수밖에 없었다.

인간·세계·신의 구도 전환

앞서 '존재와 시간'의 관계에 대해 역사적으로 살폈다면, 이제 '종교'와 '철학'의 주제들에 연관하여 살펴보자. 종교에서 철학에 이르는 일련의 과정을 관통하는 기본적인 구도는 '인간·세계·신'일 것이다. 종교는 말할 것도 없고 모든 학문이 인간과 세계에 대한 탐구라는 점은 두말할 나위도 없다. 여기에 '종교학'이나 '신학'은 신이라는 차원을 추가한다. 결국 모든 학문을 관통하는 주제를 인간·세계·신이라는 삼각구도에서 볼 수 있다. 그렇다면 이러한 기축에 대해 『존재와 시간』은 어떤 의미를 갖는가? 유구한 역사에서 아무래도 존재를 근거로 인간, 세계, 신 이해가 전개되었을 터인데 하이데거는 무슨 연유로 이를 '존재와 시간'의 구도로 전환시켰는지 그리고 이러한 전환은 그러한 삼각구도에 대해 어떤 의미를 지니는지 살펴보고자 한다.

그렇다면 각 시대에 따라 '인간', '세계', '신'이 서로 어떻게 얽혀 있었는가? 고대는 세계로부터 출발해서 인간에 눈을 돌리면서 신을 향해 올라갔다. 말하자면 자연에서 인간으로 초점이 보다 구체화하면서 신을 떠올리게 되었으니 순서는 세계·인간·신이 될 터이다. 중세에는 그렇게 옹립된 신으로부터 출발해서 세계를 향해 내려오는 구도 속에 인간이 끼어 있었으니 신·세계·인간으로 그릴 수 있다. 고·중세는 이렇게 세계와 신의 관계가 수직 구도를 이루고 그 사이에 인간이 자리를 잡은 방식이었다. 그러나 근대에 와서 이러한 구도는 큰 변화를 겪는다. 인간이 수직 구도를 벗어나 수평적으로 세계에 대립하는 주체로 등장한다. 주체로서 인간과 객체(대상)로서 세계가 대립하는 것이다. 그리고 이 구도 속에서 신은 인간과 세계의 수평적 대립 안에 있거나 바깥에 자리를 잡게 된다. 인간과 세계가 미리 설계해놓은 틀에 따라 알아서 잘 굴러가도록 밖에서 지켜보고 있는 자리에서의 신을 말하는 이신론(理神論, Deism)이 나왔고, 인간과 세계 안으로 들어와 바로 그렇게 인간과 세계로 자신의 모습을 드러낸다는 범신론(汎神論)으로 나타난다. 우리 시대인 현대는 이를 토대로 하지만 또 꽤 다르다. 인간과 세계는 여전히 수평적 구도를 이루지만 양자가 그저 대립하기만 하는 데에 머무르지 않고 대립하면서 동시에 교호적(交互的)인 관계를 가진다. 주·객 구도를 넘어서 자·타 관계로 그리고자 한다. 그리고 이 구도에서 신의 자리는 이전과는 달리 다양하다 못해 안팎으로 모호하게 위치한다.

지금 살핀 인간·세계·신이라는 삼각 구도는 시대를 막론하고 인간 정신문화의 복잡다단한 이야기들을 관통하는 틀이라고 할 수 있다. 이를 필자가 쓰고 있는 메타언어인 '있음', '앎', '삶'으로도 표현해볼 수 있다.[1] 앞서 언급했던 아리스토텔레스로 대표되는 고대와 토마스 아퀴나스로 대표되는 중세는 '있음'으로 그것들의 관계 구도를 설정했다. 여기서 신은 '있음 중의 있음'이니 '있게 하는 힘'으로 받아들여진다. 그리고는 '있게 하는 힘'인 신이 '있음'인 세계를 있게 하고 그 사이에 인간도 있게 한다.

여기에 비추어 근대는 인식론 시대인 만큼 '앎'으로 구도를 설정했는데, 근대 전기의 칸트와 근대 후기의 헤겔은 모두 '앎'의 구도 안에서 전개하지만 그 양상은 상당한 차이를 보인다. 먼저 칸트에게 있어서는 '앎'의 주체인 인간과 대상인 세계가 관계를 가진다. 그러나 여기서 세계는 인간의 '앎'의 영역 안에서 '앎'으로서 드러난다. 인식 주체의 '앎'을 벗어나는 '있음'을 부정하지는 않지만 적어도 인간이 그것을 그 자체대로 '앎'으로 담을 수 없기에 '알 수 없는 있음'이다. 이렇듯 칸트로 정리되는 근대 전기는 인간·세계·신 관계를 '앎'을 중심으로 엮었다.

이후 근대 후기에 이르러 헤겔은 '앎'만 가지고는 인간·세계·신의 관계 구도를 그릴 수 없다고 여기고 고대의 '있음'과 근대 전기의 '앎'을 이으려고 시도했다. 헤겔은 '앎'에서 출발하여 '있음'을 향해 가는

---

1 하이데거의 저서를 읽는 데에도 역시 필자의 분석 구도를 사용한다. 이에 관한 자세한 논의는 필자의 다음 저서를 참조하라. 정재현, 『신학은 인간학이다: 철학읽기와 신학하기』 (왜관: 분도출판사, 2002), 진권.

변증법을 통하여 근대 전기와는 다른 구도로 인간, 세계, 신의 관계를 정립하였다. 헤겔의 변증법은 '앎'에서 출발하는데 '앎'이 무수한 모순과 충돌을 겪지만 이를 지양하고 극복하면서 결국 '있음'에 도달하는 과정을 그리고 있다. 물론 이를 위해서는 '있음'도 앎과 마찬가지로 무수한 모순으로 스스로를 드러내는 과정을 거치면서 이를 넘어섬으로써 스스로의 올곧은 경지에 이른다는 식이었다.

이와는 달리, 현대를 열었다고 평가받는 니체는 '삶'에 대해 본격적으로 언급하기 시작했다. 실제로 니체는 '있음'에서 시작하여 '앎'을 거쳐 '삶'을 향해 온 사상사적 흐름을 정면으로 거부하면서 사실은 '삶'이 시작이었다고 주장한다. '삶'의 필요에 의해서 '앎'이 유래했는데 '이상', '도덕', '종교' 등 '앎'에서 유래한 제반문화요소가 확고하게 자리잡기 위한 근거로서 '있음'으로까지 거슬러 가서 '존재'나 '신' 등을 설정했다는 것이었다. 여하간 고대와 중세를 관통하는 '있음'과 근대를 관통하는 '앎'을 거슬러 본격적으로 현대의 '삶'이 대두되었다.

니체 이후 등장한 하이데거는 '삶'을 '있음'에 다시 이으려고 했다. 하이데거는 '삶'에서 출발한다는 점에서는 니체와 시대정신을 공유하지만, 니체가 '삶'의 파생물로 '앎'과 '있음'을 연결시킨 것과는 달리, 하이데거는 '삶'에서 출발하여 '있음'을 향한다고 갈파한다. 이때 하이데거가 말하는 '있음'은 고·중세의 고정·영원·불변하는 '있음'만을 언급하는 것이 아니라 이전의 '퓌지스'와 '로고스'에 까지 거슬러 올라가는 '있음'이다. 따라서 하이데거가 향하는 '있음'은 고대 이전으로부터 내려오는 것으로서 하이데거는 이를 복원하려고 시도했다. 이 구도로 하이데거를 본다면 하이데거의 『존재와 시간』은 '있음'으로서 '존재'와 '삶'으로서 '시간'으로 읽을 수도 있을 것이다. 고·중세에 시간이란 '고정된 있음이 움직이는 공간의 이동'이었고 근대에 시간은 '앎이 가지는 범위'였다. 그러나 이제 현대는 '삶'을 만들어내는 시간을 개진한다. 그리고 그러한 만큼 존재와 새로운 방식으로 얽힐 가능성을 도모할 수 있게 되었다.

존재와 같은 무게를 지니게 된 시간

『존재와 시간』을 이루는 '존재'와 '시간'을 각각 시대의 천칭 저울에 달아본다면 고대에는 '존재'가 100의 무게를 가지고 있다면 '시간'은 0에 가까운 비중만 겨우 가질 뿐이었다. 고대의 '존재'는 곧 고정, 영원, 불변, 부동, 무차별, 필연, 무한, 절대를 의미했고 '시간'은 단지 존재를 방해하는 것으로 치부되었으니 고대의 시간은 존재의 반대로서 유동, 시간, 가변, 역동, 차별, 우연, 유한, 상대의 의미를 가졌다. 이와 달리 현대 하이데거의 구도 속에서 '존재'와 '시간'은 동일한 무게를 지닌다. 뿐만 아니라 존재와 시간은 별개로 구분되는 것이 아니다. 현대에서 존재와 시간은 '같으면서 다르고 다르면서 같다.' 즉, 존재와 시간은 이제 서로 주거니 받거니 하는 상호 공속적인 관계가 된다.

위에서 살핀 것처럼 사상사의 흐름을 거치면서 시간이 차지하는 비중이 점차로 커졌다. 사상사의 이러한 시대적 성찰 없이 관습적으로 인간 · 세계 · 신을 말한다면, 고대의 구도로 그려질 수밖에 없다. 하이데거는 그런 이유가 '존재'를 망각했기 때문이라고 말한다. 원래 존재라는 것은 시간과 불가분리로 얽혀 있는 것인데 존재와 시간을 찢어 놓고 존재만으로 '인간', '세계', '신'을 말해왔다는 것이다. 말하자면 인간, 세계, 신은 그렇게 정의(定義, define)되었었다. 그런데 정의된다는 것은 '잘라서 단정 짓는 것'인데 이것이 바로 정의의 유용성이자 동시에 폭력이었다. 다른 이야기가 있을 수 없기 때문이다. 근대 역시 이러한 폭력성은 계속 이어졌었다. 칸트는 같은 이야기를 다른 방식으로 말했을 뿐이다. 칸트는『순수이성비판』에서 '있음'이라는 사실 언어로 '인간', '세계', '신'을 말할 수 없음을 선언했지만,『실천이성비판』에서는 '가치'의 언어로 '인간', '세계', '신'을 말할 수 있다고 주장했다. 곧 이전 역사에서 '있음'의 언어에서 말해온 영혼, 세계, 신에 대해 『순수이성비판』을 통해 '영혼론의 오류 추리', '우주론의 이율 배반', '신론의 증명 불가' 등으로 고전 형이상학에 대해 비판한 것이다. 칸트에게 있어서 '있음'의 언어는 '가상'일 뿐이었으니 말이다.

그런데 하이데거에게 와서 시간이 존재만큼의 위상과 무게를 지니게 되었다. 그렇지 않으면 '삶'이 일그러지기 때문이다. 그래서 '현-존재'(Dasein)가 등장한다. 여기서 '현'(現)은 시간과 공간을 동시에 의미하는 '언제/어디서'이다. 긴 세월 공간이 지배해 왔고, 근대 전기에 시간으로의 전환이 벌어졌지만 그 시간은 앎의 한계 안에 갇힌 시간일 뿐이었다. 그러나 현대에 와서 시간은 드디어 삶의 전면으로 드러나게 된다. 이렇게 하이데거에게서 시간은 존재와 동일한 비중을 가지는 것으로 새겨진다. 하이데거에 이르러 '삶'의 언어로서 시간이 존재와 대등하게 자리를 잡게 된 것이다.

그러나 하이데거가 '앎'을 포기한 것은 아니다. 앎은 삶에서 시작하여 있음을 향해 나아가는 방향으로 움직이니 말이다. 고·중세의 '있음'과 근대의 '앎'의 역사를 뒤로 하고 니체를 필두로 '삶'의 절규가 터져 나왔다. 곧이어 앎과 삶의 관계를 추리면서 실존철학과 현상학이 등장했고, 그 흐름 속에서 하이데거가 정립한 구도를 중심으로 '해석학'이 태동하였다. 형이상학에서는 '있음'이 주도권을 가지고, 인식론에서는 '앎'이 주도권을 가진다. 그런데 해석학에 와서는 '있음'과 '앎' 중 어떤 것도 주도권을 가지지 않는다. '삶'이 이것들의 터전일 뿐 아니라 그 안에서 이들이 얽히기 때문이다. 일방성과 중심주의를 깨고 또 넘어서면서 순환으로 나아간다. 해석학적 순환으로 향한다.

시간을 정지시켰던 인식론과 관념론

인식론과 해석학은 매우 다르다. 인식론은 '앎'의 이야기이고 해석학은 '삶'의 이야기이다. 하이데거 철학을 이해하기 위해서는 인식론과 해석학이 대립하는 틀을 기본적으로 세우고 가야 한다. 그러나 인식론보다 훨씬 이전의 형이상학까지 거슬러 이들이 대립하는 틀까지도 가지고 접근해야 한다.

『존재와 시간』이라는 책의 이름에서 '하이데거'는 '인식론'에 대해서 말하는 것을 볼 수 있다. 우선 이성론의 시각을 살펴보자. 이성론의 대표주자인 데카르트에게서 지식은 보편 이성에 근거해야 올바른 것이라고 본다. 데카르트는 바깥에서 감각을 통해 들어오는 관념은 믿을 만하지 못하고, 안에서 만들어지는 것은 감각보다는 항시성을 지니기에 믿을 만하다고 한다. 그렇지만 이 둘보다 훨씬 믿을 만한 것은 태어날 때부터 주어진 '생득관념'인데 이것이 누구에게나 동일하게 주어져 있으니 바로 '보편 이성'이라는 것이다. 이러한 이성론자의 주장 가운데 시간이 끼어들어 갈 곳을 찾기는 힘들다. 그렇다면 경험론에 있어서 시간은 어떤가? 경험이라는 것이 그럴 가능성을 지니기는 하지만 애달프게도 경험론자들은 '경험' 자체도 기계적으로 보았다. 이러한 상황에서 칸트가 등장했다. 칸트는 두 부류를 잇는다. 그러면서 칸트는 시간은 '있음'의 변화가 아니라 '앎'의 틀이라고 주장한다. 예를 들면, 눈앞에 있는 마이크를 보자. 우리는 마이크의 '있음'의 시간을 알 수 없다. 우리는 오직 우리에게 잡히는바 마이크에 대한 우리의 '앎'의 시간 안에서만 알 수 있다. 칸트의 이러한 주장을 통해서 '있음'은 멀어지게 되었다. 말하자면, '있음'으로의 '시간'이 없는 듯이 주-객 구도가 형성되었다.

'실재'에 대해서 분석해 보자. '실재'는 문자 그대로는 '참으로 있는 것'이다. 그런데 '참으로 있는 것'뿐 아니라 '참으로 없는 것'도 있다. 그렇기에 '실재'는 '존재'와 '무'로 갈라진다. '존재'는 또다시 '본질'과 '실체'로 갈라지고, '무'는 '실존'과 '관계'로 나뉜다. 존재와 무의 대립에 따라서 본질과 실존이 대립하며, 실체와 관계도 대립한다. 물론 존재 안에서 본질은 보편성을 담보한다면, 실체는 개별성도 아우른다. 무 안에서도 실존과 관계는 단수와 다수, 개체와 관계의 대립을 이룬다. 형이상학의 주제는 가장 크게 '실재'라 할 것인데 세분화한다면 '존재와 무' 사이에서 존재로 기울어지면서 특히 고대·중세에는 '본질'과 '실체'를 기축으로 논의를 전개했었다. 그리스도교 교리역사는 이 개념들을 사용하면서 교리를 다듬어왔다. 하지만 여기에서도 여전히 '시간'의 위치를 찾아보기는 어렵다.

근대 인식론은 어떠할까? 여기도 사정은 비슷했다. 인식론은 고전 형이상학의 '실재'가 독야청청 혼자 있는 것이 아니라 인식과 관계한다고 주장한다. 그러나 인간이 주체가 되어서 주·객 구도라는 관계를 형성한 인식론에도 여전히 '시간'이 없거나 기껏해야 그러한 앎의 테두리일 뿐이다. 그런데 시간이 그렇게 테두리라는 것은 그것의 바깥에 있다는 것이다. 바깥에서 들어오는 '시간'은 데카르트의 주장처럼 믿을 만하지 못하다. 그렇기에 애당초 주어진 '시간' 이전의 것만을 믿는 '틀'로 주체와 객체를 무시간적으로 분리시킨다. '관계'라고 말하지만 '관계'가 아닌 것이 바로 인식론이다. 인식론은 유동적이고 끊임없이 변화하는 '삶'을 담아내기에는 너무 '요새화'된 '일방'이다. '쌍방'은 찾아볼 수가 없다.

하지만 '세계'는 시간이고 관계로 만들어진다. 그러니 세계를 인식론의 '틀'로 담아낼 수가 없다. 고대·중세의 '초자연'과 근대 초기의 '자연'이라는 구도에서 볼 때 '세계'는 고정되어 있었다. 그러나 18세기가 드러낸 '사회'라는 공간 범주와 19세기에 등장한 '역사'라는 시간 범주는 세계가 움직인다는 것을 보게 해주었다. 즉, '시간'을 '앎'으로만 엮어낼 수 없음을 깨닫게 해 주었다. 그로 인해서, '있음'에도 '시간'이 있다는 것을 주장하는 관념론자들이 등장한다. 피히테, 셸링 그리고 그 중에서도 가장 많이 가로지른 헤겔이 있다. 하지만 헤겔 역시 '시간'을 모순의 원천으로 봄으로써 역시 지양되어야 할 것이라고 주장했다. '시간'을 통해서 엮이는 '모순들'의 밀고 당기는 관계를 넘어서야 마땅한 존재라고 했던 것이다. 생성을 싸안고 넘어서는 존재였다.

주·객의 일방 구도가 아니라 현존과 세계의 서로 얽힘

그렇게 해서 모순을 넘어 무시간적이고 초시간적인 '합'에 이르고자 했다. 그러나 '삶'은 그렇게 '합'일 수가 없다. '봉합'도 되지 않을뿐더러 '종합'은 더욱 되지 않는다. '모름'이 있을 수밖에 없음에도, '종합'이라는 이름으로 극복되어야 할 것으로 몰아낸 것이 근대철학이다.

하지만 우리 시대인 현대는 시작부터 '모순'을 받아들인다. 뿐더러 적극적으로 싸안는다. 모순은 삶을 구성하는 동력이고, 오히려 역설로 가야 될 절박한 필요성을 일깨우는 계기이기 때문이다. 이러한 시선으로 철학사를 바라본 하이데거는 인식론과 이를 토대로 한 근대 후기 관념론의 기축인 주·객 구도가 인간과 세계를 설명하는 올바른 '관계'가 아니라고 주장한다. 마치 날아다니는 나비를 잡아 날갯짓을 멈추게 하고 결국 생명까지 앗아가며 박제로 만들면서 '앎'을 끌어내고는 그것을 '있음'이라고 주장하기 때문이다. 그러나 오늘 우리는 이미 삶으로 묻는다. 과연 이러한 나비를 진정한 나비라고 할 수 있겠는가?

하이데거는 그러한 인식론과 형이상학에게 '그것이 과연 세계이고 인간인가' 하고 묻는다. 근대의 주·객 구도는 실재론과 관념론으로 나뉠 뿐이다. 물론 이러한 구도는 과거 형이상학에서부터 계속 있어왔다. 플라톤의 관념론과 아리스토텔레스의 실재론이 대별된 이후, 중세 보편논쟁으로 오게 되면 플라톤의 관념론은 '보편실재론'으로 이어진다. 그런가 하면, 아리스토텔레스로 대표되는 고대 형이상학의 실재론은 중세에 와서 '보편개념론'이 된다. 마땅한 연유가 있지만 이 모두는 일방적인 주도권만을 붙잡으려 했으니, 근대로 넘어와서도 이성과 경험 중 택일하는 일방성은 계속되었다. 그런데 하이데거는 시간을 고려할 필요가 없는 이러한 철학이 말하는 인간과 세계는 부적절하다고 한다. 이제 '주·객' 모두에게 '시간'을 집어넣어야 한다는 것이다. 다시 말하면 인간과 세계에 공히 시간을 밀어 넣는다. 아니 사실 원래 있던 것을 끌어낸다고 하는 것이 더욱 옳을 것이다.

하이데거의 이러한 착상에서 바로 '세계-내-존재'(in der-welt-sein)가 나온다. 저기 너머의 존재가 아닌, 세계와 관계하는 존재자로서 '현존재'를 말하고 현존재의 삶인 '실존'을 가리킨다. 하지만 앞에서 말했 듯 인식론과 형이상학은 '존재'를 명사화시켰다. 이러한 횡포를 하이 데거는 '존재망각의 역사'라고 불렀다. 이를 극복하기 위해서 그는 주 체를 '현존'으로, 객체를 '세계'로 대체한다. 주·객 구도는 일방적이지 만 현존·세계 구도는 쌍방적이다. '현존재'라고 불리는 단어의 원어는 'Dasein'이다. 여기서 'da'는 '언제, 어디서'라는 뜻을 가지고 있다. 즉, 존재가 일으킨 사건이 일어나는 터로서 '현존재'이다. 그렇기에 현존 재를 뒤지다보면 존재를 더듬을 수 있다. 이러한 가운데 과격한 실존 주의자들은 실존이 본질이라는 껍질을 깨고 나간다고 주장한다. 하지 만 하이데거는 본질이 실존에서 실현한다고 말한다. 그는 "현존의 본 질은 그의 실존에 놓여있다"고 말한다. 이러한 방식으로 '현존'을 다듬 고, '주·객 구도'를 뛰어넘어 '현존'과 '세계'의 '얽힘'을 말하는 것이 '관계'에 대한 그의 주장이다. 그러한 착상이 바로 앞에서 말한 '세계- 내-존재', 좀 더 정확하게 바꾸자면 '세계-내-현존'이다. 하이데거는 이렇게 현존과 세계가 시간으로 만들어지니 관계성과 가변성 덕분에 인간이 일방의 억압으로부터 벗어날 수 있다는 것이다. 쌍방으로 서 로를 구성해가기 때문이다.

앞에서 말했듯 헤겔에게 있어서 모순은 지양되어야 할 것이었다. 하지만 이러한 모순이 등장하는 이유는 시간이 우리의 의지와는 다르 게 움직이기 때문이다. 시간 속에서 우리는 삶의 모순을 무수하게 경 험하고 있다. 이토록 벗어날 수 없는 모순을 그대로 끌고 갈 수밖에 없는 삶을 말하는 것이 현대철학이다. 이러한 불안과 모순을 이끌고 나가는 인간을 하이데거는 계속해서 관심한다. 존재의 뜻을 이렇게 더듬어야 한다고 믿기 때문이다. 『존재와 시간』이라고 불리는 책의 제목은 사실 '현존과 세계'라고 불러야 한다. 현존과 세계의 '관계'에서 존재를 향해 더듬으려는 것이 바로 이 책의 목적이기 때문이다. 현존과 세계의 관계는 일방적인 '주·객 구도'를 대체한다. 앞에서 계속해서 말하듯이 '주·객 구도'는 '일방'의 구조로 '봉합'시키려고 했기 때문에 억압이었다. 그러나 봉합할 수 없는 '실존'은 운명적이면서도 자유를 향하는 몸부림으로서 뜻을 지닌다.

현존과 세계의 상호 공속과 상호구성

현존과 세계는 서로가 서로에게 속하면서 서로를 만들어간다. 어떻게 그럴 수 있는가? 현존이 세계를 구성한다는 말이 무슨 뜻인가? 아니 '지구'라는 행성, '우주'라는 지평 가운데 '세계'는 어떻게 위치하는가? 옛날 사람들보다는 '세계' 개념이 넓어졌다. 옛날 사람들은 위에 있는 해와 달과 별은 신이었고, 세계는 지평선까지였다. 그렇지만 현대에 과학에서 말하는 팽창하는 우주에서 우리가 말하는 세계는 아주 협소한 개념이다. 물론 공간과 세계가 동일한 것은 아니다. 하지만 하이데거에서 '현존'을 이루는 '공간성'이 '세계'를 나의 공간으로 삼을 수 있게 한다고 주장한다. 그렇다면 '공간'(Raum)과 '공간성'(Räumlichkeit)은 어떻게 구별되는가? 이 책에서도 뒤로 갈수록 '세계성', '시간성', '역사성' 등 일련의 개념을 형용사로 만들고 다시 명사화한다. 말장난과 같은 이러한 작업을 하는 이유는 사실 그것들이 본래 현존을 구성하는 동사라는 것을 가리키기 위함이다. 나아가 '현존'과 '세계'의 경계를 무너뜨리기 위함이다. 즉, '주·객 구도'라는 일방적 작동방식을 무너뜨리고자 하는 것이다. 그래서 그는 이렇게 시작한다: "우리의 첫 번째 과제는 우선으로 주어져 있는 자아와 주체의 단초가 현존재의 현상적 존립을 근본에서부터 놓칠 수 있다는 것을 증명하는 일일 것이다."[2] 여기서 '자아'와 '주체'는 근대 언어이다. '현존재의 현상적 존립'은 실존적인 삶을 말하니 현대 언어다. 필자가 제안하는 메타언어를 사용한다면, '자아'나 '주체'는 '누가'에 해당하며, '현존재'는 하이데거가 그토록 강조하는 시간성·세계성의 얽힘인 '언제/어디서'로 만들어진 '누가'로 풀 수 있다. 그런데 언제와 어디서가 없는 누가는 인식주체이기는 할지언정 살아있지도 않으니 현존재가 될 수도 없다. 이러한 주장을 통해서 하이데거는 주체가 가리키는 인식행위 즉 앎에서 시작한다면 이보다 앞서 근본적으로 깔려 있으면서도 앎을 요구하고 가능케 하기도 하는 '삶'을 애당초부터 날려버릴 수 있다고 경고한다. 이어지는 문장에 나오는 '삶', '인간'은 이를 부연하여 강조한다. 근대를 비판하면서 정면으로 부정한다. 그래서 "인격은 사물도, 실체도, 대상도 아니다"[3]라고 단언한다. 그동안 인격을 실체로, 주체이면서도 대상으로 다루어왔던 근대 전기 인식론과 후기 형이상학에 대한 비판이다. '사물'은 일반적인 언어이고 '실체'는 고대로부터 온 형이상학의 언어이며 '대상'은 인식론의 언어인데 모두 다 인간에게 적용되어서는 안 된다는 것을 말한다.

전통적 인간학의 중요한 근원들인 그리스의 정의와 신학적인 실마리가 보여주고 있는 것은, '인간'이라는 존재자의 한 본질 규정 안에서 인

---

2 마르틴 하이데거, 『존재와 시간』, 이기상 옮김 (서울: 까치, 1998), 72; 이하 『존재와 시간』으로 표기한다.
3 『존재와 시간』, 74.

간의 존재에 대한 물음은 망각된 채로 남아 있으며, 오히려 이 존재가 다른 창조된 사물들의 눈앞에 있음의 의미로 '자명하게' 개념 파악되었다는 것이다. 이러한 두 실마리는 근대의 인간학에서는 사유하는 사물, 의식, 체험의 연관에서 출발하는 방법적인 출발점과 뒤엉키게 된다. 그러나 사유행위가 존재론적으로 규정되지 않은 채 남아 있는 한 또는 다시금 묵시적으로 '자명하게' 그것의 '존재'는 어떠한 물음 아래에도 놓이지 않은 그런 '주어진' 어떤 것으로 간주되는 한, 인간학적인 문제 틀은 그것의 결정적인 존재론적 기초에서 규정되지 않은 채 남아 있는 것이다.[4]

이 문단은 고대, 중세, 근대의 인간관을 조목조목 그리고 연이어서 비판한다. '그리스의 정의'가 고대라면, '신학적인 실마리'는 중세를 가리킨다. 여기서는 인간은 자명한 것으로 간주됨으로써 어떤 차이도 만들어내지 않으니 굳이 인간이 전제되어야 할 필요가 없었다. '근대의 인간학'에서는 의식을 명분으로 방법적인 출발점으로 간주되었기에 여전히 당연하게 주어진 존재일 뿐이었다. 근대에서도 자명성은 전제되었고 물음이 되지 않았다는 것이다. 문제이고 물음인 인간이 자명한 좌표로 설정되어 왔으니 앞선 어느 시대에도 삶에 정직할 겨를은 없었다고 비판한다. 그리고는 "'내-존재'(안에-있음)는 이와는 다르게 현존재의 존재·구성틀의 하나이며 실존범주의 하나"[5]라고 주장

---

4 『존재와 시간』, 76.
5 『존재와 시간』, 82. '안에-있음'이 물리적 공간 관계를 가리키는 것이 아니라 인간의 존재 방식으로서 현존의 얼개를 가리킨다. 현존이 있고 나서 나중에 이보다 더 큰 것, 예를 들면, 세계 안으로 또는 타자와의 관계 안으로 들어가서 안에 있게 되는 것이 아니라 현존이 만들어진 방식이 안에 있음이라는 것이다. 종래 형이상학은 물리적 공간의 배후에 그러

한다. 애써 '시간성', '공간성', '세계성'과 같은 실존구성의 성분으로 새겨내는 이유가 바로 여기에 있다. 그런 이유로 "안에-있음은 눈앞에 있는 것들의 공간적인 '서로 안에 있음'을 뜻하지 않는데, 더구나 '안에'(in)도 근원적으로 결코 언급한 종류의 공간적인 연관을 의미하지 않는다"[6]고 경고한다. 세계가 물리적 공간이기에 앞서 먼저 현존을 구성하는 형식이며 내용이라는 것이다. 말하자면, '현존'과 '세계'가 별도로 있다가 만나서 부차적으로 관계를 이루는 것이 아니라 현존 자신의 구성 자체가 '안에'(in)라는 것을 계속해서 주장한다. 즉 '안에'가 부대 상황이 아니라 구성성분이니 '세계'와 '현존'을 공속적으로 만들고 있다는 것이다. 앞서 현존을 '누가-언제/어디서'로 풀었다면 세계는 '무엇-어떻게'에 해당한다고 할 수 있으며 이제 이들의 상호 공속과 상호구성이 '왜'에 해당한다. 그러한 관계가 바로 이들의 얽혀야 할 이유와 뜻을 가리키기 때문이다.

우선은 단지 실존범주로서 안에-있음과 범주로서 눈앞의 것들끼리의 '내부성'의 존재론적 구분을 보는 것이 중요하다. 우리가 그렇게 안에-있음을 제한 구별할 때, 그로써 현존재에게 어떠한 종류의 '공간성'도 인정하지 않는 것은 아니다. 오히려 그 반대이다. 현존재 자신 나름의 고유한 '공간 안에 있음'을 가지고 있는데, 이것은 또한 그 나름 오직 세계-내-존재 자체의 근거 위에서만 가능하다.[7]

한 공간을 현상으로 드러내게 한 본질을 찾으려 했다면, 하이데거의 현존재분석은 그러한 물리적 공간에 앞서 인간 현존이 이미 그렇게 생겨먹었기 때문에 물리적 공간이 가능하게 되었다고 주장한다. 인간 자체는 물론이지만 세계이해도 이처럼 이미 살아온 삶의 터에서 접근하고 있다는 것을 여실히 보여준다.

6 『존재와 시간』, 82.

어떤 사물이 보다 큰 터전 안에 있다는 공간적 내부성에 대해 '안에 -있음'은 실존범주로서 구별된다. 그리고 다시 말하지만 전자는 후자에 의해서 가능하다는 것이다. '세계-내-존재' 즉 현존과 세계가 서로에게 속하고 서로를 구성하는 역동성으로 인해 주어지는 현존의 구성성분으로서 공간성이 현존으로 하여금 공간 안에 있게 하는 근거가 된다는 것이다. 무엇이 먼저인가라는 물음에 대해 그렇게 알게 되기 전에 이미 앞서 그렇게 살아오고 있었다고 함으로써 순서를 분명하게 한다.

> 안에-있음은 지금까지 말한 것에 따르면 현존재가 때로는 가지다가 때로는 가지지 않을 수도 있는 ─ 그것이 없이도 그것이 있을 때나 다름없이 그렇게 잘 있을 수 있는 ─ 그런 '특성'이 아니다. 인간은 '존재하다'가 거기에 덧붙여, 그가 때때로 마련하기도 하는 그런 '세계'에 대해서 하나의 존재관계를 가지는 것이 아니다.[8]

하이데거는 반복해서 강조하는바, 가질 수도 있고 가지지 않을 수도 있는 것은 구성성분이 아니라 부대 상황이다. 그런데 '안에-있음'은 그런 부대 상황이 아니라 구성성분이라는 것이다. 말하자면 그것 없이는 아예 있을 수도 없다. 없어도 여전히 존재할 수 있는 단순히 부수적인 특성이 아니라 그것으로 하여금 그것이게 하는 근원이다. 같은 맥락에서 인간은 존재하다는 술어가 없어도 여전히 주어로 성립하는 개념이 아니다. 그렇게 술어 없이 주어로만 성립한다면 세계라는 것을 별도의 대상으로 갖겠지만 현존은 세계 없이는 구성될 수도 없다. 세계가

7 『존재와 시간』, 84.
8 『존재와 시간』, 84.

'안에-있음'이라는 구성작용이며 그 역도 성립하는 것이기 때문이다. 설령 세계와 상관없이 인간이 '천상천하 유아독존'이라 외치더라도 이미 이 가운데도 '천'이 있다. 세계가 이미 현존의 일차적인 양태, 즉 구성성분이고 구성작동이다. 심지어 그렇게 개념파악, 즉 알려지지 않았더라도 이미 그렇게 현존을 구성하고 있는 성분이고 작동이다.

> 그러기에 세계에 대한 인식(노에인) 또는 '세계'에 대해서 이야기함과 논의함(로고스)은 세계-내-존재의 일차적인 양태로 — 이 세계-내-존재가 그 자체로 개념 파악되지 않으면서도 — 기능하고 있는 것이다.[9]

이것이 바로 해석학이 주목하는 선이해(Vorgriff)의 불가피성이다. 아직 개념으로 파악되지 않아도 이미 이해되고 있으니 '선이해'라고 한다. 개념이 나중에 알게 되는 앎이라면 선이해는 그렇게 알기도 전에 이미 살고 있는 삶이다. '세계-내-존재'가 한 마디로 '삶'이라고 한다면 선이해는 삶의 꼴이다. 앎에 앞선 삶의 꼴이다. 인식론에 대항하여 '삶의 철학'도 이렇게 주장했지만, '삶'은 모른 채로 이미 살고 있음을 말하고 있다. 그래서 살아진다고도 한다. 살아지다가 사라진다. 이런 '삶'을 '앎'으로 끌고 나오는 순간 '세계-내-존재'는 인식 구도에서 주체와 객체 사이의 거리와 대립으로 왜곡된다. 이렇게 모르면서도 살아가는 '선이해'는 주·객 관계보다 앞선 것이니 그렇게 풀어질 수 없다고 한다.

---

9 『존재와 시간』, 88. '세계-내-존재'라는 것은 인간이 세계와 얽혀서야 생성하고 생존한다는 것이니 세계를 대상으로 알고 사는 것이 아니다. 내가 나를 만들고 있는 세계는 물론이거니와 나를 둘러싼 세계도 별로 알고 있지 않으니 말이다. 우선 이렇다는 것을 깨닫는 것은 인식론으로부터의 전환을 위해서는 절실하게 중요하다.

그러나 '세계인식의 현상,' 자체가 파악되자마자 그것은 또한 즉시 '외면적인' 형식적 해석에 빠지고 만다. 이에 대한 사항의 예는 오늘날에도 여전히 통상적인, 인식을 '주체와 객체 사이의 연관'으로 보는 설정이다. 이것은 그 '진리'만큼이나 공허함을 자체 안에 품고 있다. 그러나 주체와 객체의 관계는 예를 들면 현존재와 세계의 그것과 합치하지 않는다.[10]

앞서 했던 이야기이다. '현존'과 '세계'의 관계는 '주·객 구도'가 아니다. 말하자면 현존이 따로 있고 세계가 따로 있다가 서로 만나서 부수적으로 무슨 관계를 형성하는 것이 아니라는 말이다. 주체와 객체는 그런 것이어서 기껏해야 앎의 차원에서만 관계의 주도권을 놓고 밀고 당기기를 한다. 그러다 보니 우리는 '주·객 구도'가 편안하다고 느끼게 되어 있다. 우선 익숙해서 그렇고 보다 중요하게는 나에게 주도권을 주는 것으로 보이기에 좋아한다. 그렇게 해서 근대의 '주·객 구도'가 현대에 넘겨준 것은 '자아론적 선험주의'이다. 자아가 타자를 만나기 전에 먼저 주체로서 주도권을 쥐니 선험적이라는 것이다. 그러나 그렇게 좋아하면서 나만 주도권을 쥐는 것이 아니라 남들도 거꾸로 나에게 주도권을 행사하니 나도 객이 될 수밖에 없다는 사실을 망각하거나 외면한다. 그래서 소외가 벌어진다. 그리고 바로 이것이 근대를 붕괴시킨 결정적인 요인 중의 하나이다. 그런 소외가 끌고 나간 허무는 급기야 우리를 불안과 절망으로 내동댕이쳤다.[11] 실존이

---

10 『존재와 시간』, 90.

11 근대 후기를 대표하는 헤겔 이후 현대를 열어젖힌 니체가 등장할 때 '소외', '허무', '불안', '절망' 등이 대두되었다. 이것이 근대와 현대의 차이에서 큰 비중을 가지고 있는 삶의 체험들이다. 특히 하이데거에게 있어서 '허무'와 '불안'은 핵심적인 실존 요소로 다루

태동할 수밖에 없었던 연유이다.

왜냐하면 이제 비로소 하나의 문제가 생기기 때문이다. 즉 이러한 물음들이 제기된다. 어떻게 이 인식하는 주체가 그의 내면의 '영역'에서 나와 '다른 외부의' 영역으로 가는가, 어떻게 도대체 인식함이 하나의 대상을 가질 수 있는가, 결국에 가서 주체가 다른 영역으로 뛰어들 필요가 없이 대상을 인식할 수 있기 위해서는 대상 자체가 어떻게 생각되어야 하는가? 그러나 이러한 다양하게 변형시킬 수 있는 단초에게서는 일반적으로 이 인식하는 주체의 존재 양식에 대한 물음은 제기되지 않고 남아 있다.[12]

자고로 주체와 객체가 애당초 별개로 있었다면 주체가 어떻게 대상과 관계하여 인식할 수 있는지에 대한 근본 물음이 제기되지 않을 수 없다. 그런데 인식주체는 마치 당연하게 올바른 듯이 전제되니 주체 자체에 대한 검토는 전혀 고려되지도 않는다. 이것이 주객 구도의 문제이다. 아무렇지 않게 객체를 '그것'으로 보고 '대상'으로 봄으로 '사

어진다. 하이데거가 그린 '삶'에서 '있음'을 향하는 구도는 현대가 태동할 때 등장한 '허무'를 극복하려는 목적으로 그려진 것이다. 여기서 '허무'와 '불안'은 큰 차이를 갖는다. 하이데거는 '허무'를 극복하려고 했지만, '불안'은 극복의 대상이 아니다. '불안'은 하이데거에게 있어서 인간이 싸안고 살아가야 하는 것이다. '있음'을 배제해버린 '삶'은 '허무'일 수밖에 없다. 그래서 니체는 '허무'를 강조했었다. 이와 달리 하이데거는 '살아 움직이는 있음'을 통해 근대의 끝자락에 인류가 봉착한 '허무'의 문제를 극복하려고 하였다. 물론 하이데거에게 '허무'가 극복의 대상이었던 것과는 달리 '불안'은 극복의 대상이 아니라 오히려 결단으로 가는 동력이었다. 니체가 있음을 덮어두니 허무를 주목할 수밖에 없었다면, 하이데거는 있음을 삶에 잇대니 없음도 함께 꿈틀거리는 삶, 즉 불안의 현실을 살아야 한다는 것을 깨닫게 되었기 때문이다.

12 『존재와 시간』, 90.

용가치'만을 바라보면서 자연스럽게 살아가고 있으니 말이다. '주·객 구도'를 넘어서야 하는 이유이다.

의미에 이르는 실재로서 존재

근대적 주·객 구도가 잘 먹고 잘사는 방식이 아님을 현대인들은 겪었다. 물론 이것은 탁상공론하면서 알게 된 것이 아니라 삶의 현실에서 깨닫게 된 것이었다. 삶의 소용돌이를 겪어가다 보니 내가 주체로서 대상 세계를 구성해나가는 것이 아님을 인정하지 않을 수 없게 된 것이다. 이성론이나 경험론은 철저하게 주체를 세웠다. 칸트의 후예들은 주객 관계를 다시 세운다. 이전에는 앎의 주체였는데 이제는 앎의 주체일 뿐 아니라 있음에도 참여하는 차원으로까지 나아간다. 물론 여전히 주·객 구도로 가는 것이다. 앎의 틀뿐만 아니라 심지어 있음의 틀에서도 정신의 이름으로 주체를 세운다. 물론 시작 단계에서는 앎과 있음이 다르다. 모순의 충돌이 있다. 하지만 점점 극복되면서 가까워지다가 종합된다는 것이다. 이것이 바로 근대의 끝자락에서 결국 있음과 앎의 같음으로 귀결된 연유이다. 동일성으로 말이다. 하지만 현대는 동일성으로 종합되기에는 복잡다단하고 서로 다른 차이들의 충돌로 이루어진 세계를 보게 되었다. 평균수명의 급격한 신장과 인구의 급팽창은 더이상 시민 사회가 아니라 대중사회로의 전환으로 달려오고 있었다. 대중의 아우성이 등장한 것이다. 더이상 주도권을 지닌 주체의 논리로 대상을 주무를 수 없게 되었다. 말하자면 있음과 앎의 같음일 수 없게 된 것이다. '현존'은 제한된 공간에서 입자들의 충돌과 폭증에 의한 결정적인 요청이다. 대중사회의 요청이다. 분자들의 충돌 횟수의 현격한 증가로 인하여 주·객으로 교통 정리하기가 불가능했기 때문이었다.

　우리 삶은 실재나 진리보다는 의미로 산다. '참인 것'이나 '참이라고 알려진 것'보다도 '참되게 살게 하는 것'이 삶에서 더욱 중요하다. 아무리 실재가 모든 것의 기반이고 진리가 기준이라고 해도 삶에 대해 의미를 지니지 않으면 아무것도 아니니 말이다. 그러니까 의미의 터전에서 실재와 진리는 '헤쳐 모여'를 수행해야만 한다. 실재가 있음 탐구의 귀결이고 진리가 앎의 과정의 결론이라면, 의미는 삶을 살게 하는 힘이라고 할 수도 있다. 하이데거도 존재를 말해도 그냥 존재가 아니라 존재의 의미에 주목한다. 무슨 뜻인가? '의미'는『존재와 시간』전체를 관통하는 가장 중요한 축이다. '의미'와 전혀 관련 없어 보이는 것도 갈고 닦아서 '의미'로까지 끌고 가는 작업을 한다. 이토록 의미가 중요하다. 이어서 '역사', '현상' 등에 대해서도 주목해야 한다. '의미' '역사' '현상'이 우리가 그려가야 할 나름대로 그림에서 어떤 위치를 차지할지 이제부터 더듬기 시작해야 한다. '존재'라는 말은 향해 가야할 것이었는데 여기서 못다 한 말은『형이상학 입문』에서 보다 본격적으로 할 것이다. 시간이 존재를 살아 움직이게 하는『형이상학 입문』이야기를 우리가 살피게 될 것이다. 거기서 원색적으로 존재의 역동성을 본격적으로 말하게 될 터인데, 여기서는 그것을 향해서 나아가는 것이다.『형이상학 입문』에 비추자면,『존재와 시간』은 현존, 즉 '인간에서부터 출발해서 존재를 향해 어떻게 더듬어 가볼까'하는 애달픈 노력으로 읽힌다.

　물론 하이데거가 찾는 존재는 '있음'이다. 그런데 존재는 그 옛날에는 본질과 실체로 더듬어져 왔었다. 고전 형이상학에서 존재는 본질과 실체였다. 본질은 보편성의 의미가 강했다. 실체는 본질을 싸안으면서 개별화하는 성질을 지니고 있었다. 보편이 개체로 나오는 것이 실체다. 존재와 무의 대립도 역시 그러하다. 무가 벌여내는 몸짓으로서 실존과 관계도 하나와 여러 사이의 긴장과 같이 대립되는 것이었다. 그런데 하이데거는 '더불어-있음'을 말한다. 실존과 관계를 엮어서 이야기한다. 그런가 하면, 이제 존재에 속한 '본질'과 무의 표출인 '실존'은 당연히 대립한다. 존재의 특화로서 '실체'와 무의 작동방식으로서 '관계'도 대립한다. 실체는 자존성과 자족성에 근거한 자기동일성을 가장 중요한 본성으로 가진다. 반대로 관계는 자기 독립적이 아니고 타자 의존적이다. 이러니 대립일 수밖에 없다.

실재라는 이름으로 본질과 실존이 대립하며, 실체와 관계가 대립한다. 당연히 존재와 무의 대립이니 그럴 수밖에 없다. 그렇다면 하이데거가 말하는 존재는 무엇인가? 단도직입적으로 말하면, 그가 말하는 존재는 실재이다. 그런데 그것이 존재와 무의 대립에서 존재로만 쏠리고, 또 존재 안에서 본질과 실체 사이의 부질없는 대립으로 매몰됨으로써 결국 존재의 본래 뜻을 잊어버리게 되었다고 개탄한다. 그가 '존재망각'(Seinsvergessenheit)이라고 한 것은 엄밀히 말하면 '존재 의미의 망각'이었다. 대립하는 것에서 다른 한쪽을 날리고 한쪽만을 잡아 실재라고 규정했던 시대를 '망각'이라고 했다. 한쪽만 붙들고 늘어지면서 긴 세월 동안 존재를 납작하게 만들었다. 존재가 고정, 영원, 불변, 부동, 불가분, 무차별, 필연, 무한, 절대로만 간주된 것이다. 유동, 시간, 가변, 역동, 가분, 차별, 우연, 유한, 상대의 소용돌이로 엮어진 삶의 터로서 세계를 그런 존재의 눈으로 보았다. 인간과 신도 그렇게 보았다. 그러니 신은 존재 중의 존재, 존재 자체가 되었다. 대립된 반쪽을 잊어버리더니 잃어버리게 된 역사를 교정해야 한다는 사명으로 하이데거는 존재의 본래 의미를 회복하고자 한다. 우리가 실재라고 부른 그 대립들의 역동, 그것이 바로 그가 말하는 존재였다. 이것이 존재의 본래적인 뜻이라는 것이다. 이를 위해 그는 그렇게 존재의 뜻을 그렇게 더듬어가는 길로서 현존을 말한다. 그리고 그러한 현존의 탁월한 사례로서 인간 실존을 든다. 이것이 바로 존재의 본래 뜻을 회복하기 위해 시간에 주목해야 한다는 그의 과업의 첫 단계 작업이었다.

그래서 해석학으로 향해가는 존재

하이데거에 의하면 세계와 인간은 서로를 엮어가니 상호 공속이다. 그래서 현존은 세계성을 지니고, 거꾸로 세계는 현존성을 지닌다고 할 수 있다. 그렇다면 이것이 도대체 무슨 뜻인가? 고대로 거슬러가야 한다. 대표자로 아리스토텔레스의 실체형이상학을 말할 수 있다. 10개 범주를 말한다. 10개 범주인데 제1 범주가 실체다. 나머지는 실체의 속성들이다. 불변 부동의 실체로 세계와 신을 보고 사이에서 인간도 봤던 것이다. 신론까지 갈 수밖에 없었던 이유는 소피스트들의 상대주의와 회의주의 때문이었다. 그것이 신론을 절박하게 요청했다. 상대주의를 극복할 절대성, 회의주의를 넘어설 확실성은 우주만 가지고는 안 된다고 보았다. 그래서 신을 세웠다. 그리스도교신학은 이것을 끌고 온다. 이것이 중세였다. 그런데 과학이 이끄는 근대로 넘어가면서 인식 주체가 등장한다. 그동안 모셔졌던 실체는 객체가 되었다. 이제 인간은 실체인 객체와 맞먹는 주체가 된다. 데카르트에서 벌써 객체만큼 주체가 동격으로 등장한다. 그래서 객체도 실체지만 주체도 실체라는 것이다. 데카르트의 이원론이란 바로 이것을 가리킨다. 여기서 칸트는 한 발짝 더 나간다. 주체는 경험에 앞서서 먼저 엮어내는 틀을 가지고 있다. 잡히는 것은 잡히고 안 잡히는 것은 안 잡힌다. 그래서 모른다. 없지는 않은데 모른다. 물 자체 불가지론이다. 이 문제를 해결하기 위해서 모른다는 것으로 내몰렸던 객체가 그저 가만히 있는 것이 아니라 움직이는 실체라는 주장이 등장한다. 헤겔의 『정신현상학』에서 유명한 선언이 나온다. "실체는 주체다" 객체도 주체라는 말이다. 객체도 살아서 움직이기 때문이다. 인식론적 형이상학이다. 주체에 인식론을 주고 객체에 형이상학을 준다. 끝없는 모순들의 충돌이라는 상황을 극복하려는 시도였다.

헤겔의 이와 같은 정신현상학이 형이상학이라면 그러한 착상을 인식론적으로 옮긴 시도가 후설의 현상학에서 이루어졌다. 객체라고 불렸던 실체가 스스로를 드러낸다. 현상학의 언어로 쓰자면, 존재가 본질의 방식으로 현상 안에 자리 잡는다는 것이다. 참으로 있는 것이 스스로 드러내는 것 안에서 그렇게 알려진다는 것이다. 과거와는 사뭇 다르다. 과거에는 본질이 현상 위나 뒤에 자리를 잡는다고 봤다. 형이상학적으로는 현상 뒤라면, 종교적으로는 현상 위라고 해도 좋겠다. 그렇게 현상 바깥에 있던 본질을 현상학이 현상 안으로 끌고 들어왔다. 뒤도 아니고 위도 아니고 '안'으로 말이다. 그래서 현상학이다. 물론 '안'에 들어온 본질은 드러나기도 감추기도 한다. 존재가 목석같은 객체가 아니라 그렇게 드러내기도 하고 감추기도 할 만큼 움직이는 실체이기 때문이다. 만일 현상과 본질을 무시간적으로 동일화하면 현상주의가 되버린다. 후설의 현상학은 이를 경계한다. 현상이 곧 본질은 아니다. 찾아 들어가는 것이다. 겉으로 드러나 보인 것들에서 어떤 식으로든지 껍질을 벗긴다. 그 첫 번째 작업이 '판단 중지'다. 다음에는 그 핵심을 파고들어가는 작업을 한다. 그걸 '환원'이라고 한다. 소극적인 판단 중지와 적극적인 환원과 같은 시도를 통해 움직이는 존재의 본질을 현상과 연결시키고자 했다는 것이 중요하다. 정신현상학의 형이상학적 통찰을 인식론적으로 재구성한 것이라고 할 수 있다.

하이데거는 이 흐름을 타고 간다. 근대의 인식론에서는 이쪽에서 주도권을 지니는데 비해 현대 방법론인 현상학은 저쪽도 이쪽만큼 움직인다고 본다. 그런 현상학이 이제 인식론으로부터 주체의 주도권을 가져오지만 객체의 위치에 있는 존재도 본질로서 만만치 않게 움직인다고 본다. 그래서 상호 주체라는 방식이 고안되었다. 헤겔과 하이데거 사이의 징검다리로서 후설이 차지하고 있는 위치다. 그런데 그런 것들이 이제 하이데거로 넘어오면 실체도 아니고 주체도 아니다. 그럼 무엇인가? 현존이다. 징검다리가 시간성이다. 시간성일 수밖에 없는 결정적인 계기가 죽음이다. 자연스럽고도 불가피하게도 시간과 죽음 이야기로 넘어온다. 하이데거가 현존에 대한 분석에서 시작하는 이유가 바로 여기에 있다. 그래서 저쪽도 움직인다고 보는 현상학과 주도적이지는 않지만 이쪽의 몸부림에 주목하는 실존주의가 얽힌다. 그렇게 얽혀 해석학으로 나간다. 이처럼 하이데거 철학은 현상학을 끌고 들어와서는 해석학으로 간다. 그래서 현상학적 해석학이라고도 한다. 앞서 말했던바 '의미에 이르는 실재로서 존재'를 더듬어가는 여정이라고 해도 좋을 터이다.

시간을 일깨우는 죽음

『존재와 시간』이란 제목을 앞서 논한 대조들에 이어본다면, '존재와 시간'은 '존재와 무'라고 읽을 수도 있다. 사르트르가 똑같이 말했다. 물론 둘은 매우 다르게 접근했지만, 잃어버린 무, 잊어버린 시간을 회복시키고자 하는 역동적인 시도를 공유한다. 존재와 시간을 묶어서 다시 존재라고 한다. 이를 향하기 위해 현존에서 시작하는데 무엇보다도 죽음이 현존의 구성으로서 시간성을 드러낸다. 하이데거가 말하는 죽음은 당연히 생물학적인 죽음을 포함한다. 아니라면 공허하다. 실존 이야기일 수도 없다. 그러나 단순히 생물학적이기만 하지는 않다. 무슨 뜻인가? 흔히 죽지 않을 것처럼, 마치 영원히 사는 것처럼 살다가 죽는다. 죽기까지의 과정은 마치 죽음과는 아무런 상관도 없는 것처럼 말이다. 그러니 삶에는 죽음도 없고 따라서 시간도 없다. 시간이 삶을 직조하는 틀로 새겨질 겨를이 없다. 마치 죽지 않을 것처럼 살면서 시간을 잊어버리고 잃어버린다. '이성적 동물'이라고 했는데 '동물'을 날려버렸다. '이성'만 붙들고 잡아 늘인다. 본질과 실체는 이성에 연관된다면, 실존과 관계는 동물성에 얽힌다. 그런데 이성의 이름으로 동물성은 덮여져 왔다. 동물성은 기여하는 바가 없어서 덮어놔도 되는 것처럼 여겨졌다. 그래서 이성만 붙들고 늘어졌던 것이다. 이성적 동물이라고 말해왔음에도 그렇게 해왔다. 데카르트와 동시대의 파스칼이 말한 '생각하는 갈대'도 비슷한 운명이었다. 여전히 중요한 것은 생각이었다. 갈대가 기회를 얻기는 했었는데 애석하게도 수면 아래로 깔리고 말았다. 그것이 근대였다. 그러다가 결국 현대에 이르러 '동물'과 '갈대'가 몸부림치게 되었다. 동물과 갈대가 생명이니 죽음이고 그래서 시간이라는 것을 전율적으로 드러내었다.

　시간을 부정할 수 없게 보여주는 것이 죽음이다. 삶이 이미 죽음을 향해가고 있을 뿐 아니라 죽음이 가능성의 형태로 삶의 전 과정에 밀고 들어와 깔려 있기 때문이다. 이런 통찰을 신학에 적용하면 '말세'가 아니라 '종말론'이 된다. 말세가 연대기적인 끝을 가리킨다면, 종말은 끝이 현재에 가능성의 형태로 들어온 것을 일컫는다. 크로노스가 아니라 카이로스다. 질적인 농축이다. 매 순간에 죽음의 가능성이 에누리 없이 진하게 들어와 있다. 매순간 생사를 오르락내리락한다. 직간접적인 차이가 있을 뿐이지 계속 죽음의 가능성을 살고 있는 것이다. 상실도 죽음이다. 실패도 죽음이다. 죽음의 그림자들이다. 생물학적 죽음을 힐끗힐끗 경험하게 된다. 작은 죽음들이다. 생물학적 죽음이라고 해도 끝에서 보장받는 게 아니라 언제 겪게 될지 모르는 가능성으로 깔려있다. 매 순간이 죽음 가능성의 삶이다. 그 끝이 언제든지 이 안에 농축되어있다. 그러니 죽음이 그런 뜻으로서 시간성을 일깨워주는 계기가 된다. 그렇게 일깨워진 시간이 현존이게 하며 세계를 구성해가니 세계-내-존재인 현존은 시간과 공간의 불가분리를 가리킨다. 시간과 공간이 단순히 터전과 같은 부대 상황일 뿐 아니라 그 이상으로 현존과 세계를 구성하는 요소다. 그래서 세계성을 말하기 직전에 공간을 논하고 바로 이어서 시간을 논하기 위해 죽음을 계기로 동원한다. 서로가 서로에게 속해 있으면서 구성해나가는 생성소멸이다. 그 눈으로 존재를 봐야 한다. 존재는 소용돌이다. 이러한 눈으로 인간·세계·신 관계를 볼 수 있다.

　철학의 근본개념의 테두리 안에서 심지어 '존재'라는 개념과 연관해서 자명성을 끌어들인다는 것은 매우 의심스러운 절차일 것이다. 왜냐하면 '자명한 것' 그리고 그것만이, 즉 '통속 이성의 비밀스러운 판단'(칸트)이 분석론(즉 '철학자들의 임무')의 분명한 주제이고 주제로 남아 있어야 하니 말이다. 이런 선입견들에 대한 고찰은 동시에 다음의 사실을 분명하게 해주었다. 즉 존재에 대한 물음에는 대답만이 결여되어 있는 것이 아니라 심지어 그 물음 자체가 어둡고 갈피를 못 찾고 있다는 것이다. 따라서 존재 물음을 다시 제기한다고 함은 우선 일단 물음 제기를 충분하게 정리한다는 것을 말한다.[13]

이 구절에서 우리가 무엇보다도 주목해야 할 것이 있다. 대답이 아니라 물음이 관건이라는 통찰 말이다. 우리는 흔히 물음이 던져지면 그저 대답하려고 한다. 대답과 정답 강박까지 가지고 있다. 하지만 하이데거는 물음부터 문제이고 과제라고 주장한다. "대답만이 결여되어 있는 것이 아니라"는 예리한 비판을 특히 눈여겨봐야 한다. 현존은 존재를 묻는 존재자이어서 존재로 가기 위한 발판이고 통로가 될 수 있기 때문이다. 이제 인간은 '대답을 받는 인식주체'에서 '물음을 묻는 실존'으로 전환한다.

주체에서 실존으로, 대답에서 물음으로

따라서 존재의 의미는 어떤 방식으로든 이미 우리가 다룰 수 있어야 한다. 이로써 암시되고 있는 것은 우리가 항상 이미 하나의 존재 이해 속에서 움직이고 있다는 사실이다. 이 존재이해에서부터 존재의 의미에

---

13 『존재와 시간』, 18.

대한 분명한 물음과 그 개념으로의 경향이 자라 나온다. … 우리는 거기에서부터 그 의미를 파악하고 확정해야 하는 그 지평마저도 모르고 있다. 이러한 평균적이고 모호한 존재 이해는 하나의 현사실이다.[14]

이것이 바로 후설의 현상학과 하이데거 해석학 사이의 결정적인 차이이다. 현상학은 이미 주어진 자연적 태도의 왜곡 가능성을 제거하려고 했다. 하지만 우리는 의미의 근거가 되는 터전이나 지평을 모르는 채로 그렇게 존재 이해 속에서 움직이고 있다. '현사실'이 가리키는 것처럼 사실적 삶을 이미 살고 있다. 그게 판단 중지라는 구실로 벗길 수 있는 껍질이 아니다. 껍질 따로 속 따로 있는 것이 아니기 때문이다. 그래서 후설도 나중에는 '삶의 세계'로 눈을 돌리면서 궤도수정을 시도했다.

이러한 존재 이해가 그토록 매우 왔다 갔다 하고 어슴푸레하며 순전한 낱말적 앎의 한계에서 거의 못 벗어나고 있지만, 어쨌거나 각기 이미 다루고 있는 존재 이해의 이러한 무규정성은 그 자체가 곧 하나의 긍정적인 현상이다.[15]

알지 못한다. 지평도 모른다. 모호하다. 그래서 무규정성이다. 그런데 이 모든 것이 긍정적이라고 한다. 앎의 눈으로 보면 극복하고 해결해야 할 과제들인데 삶의 차원에서 보면 어쩔 수 없이 그럴 수밖에 없고 이것이 오히려 마땅한 출발이다. 이러한 모름을 물음이라고 새

---

14 『존재와 시간』, 19-20.
15 『존재와 시간』, 20.

기자고 제안한다. 현존재란 바로 그것을 가리키고 일깨워준다. 모름이 물음이 됨으로써 적어도 그저 부정적이기만 하기보다는 최소한 중립적이게 될 수 있었다. 나아가 삶의 동인이 된다. "즉 존재-에서부터 본질로 규정된다. 이러한 존재자, 즉 우리 자신이 각기 그것이며 여러 다른 것 중 물음이라는 존재 가능성을 가지고 있는 그런 존재자를 우리는 현존재라는 용어로 파악하기로 하자."[16]

그러나 물음이 어찌 중립적이겠는가? 시간성과 공간성으로 얽혀 있는 현존재이니 물음이 이미 특정적일 수밖에 없다. 존재도 가능성의 형태로 논구된다는 것이 바로 이를 가리킨다. 앎의 논리에서 보게 되면 악순환처럼 보이지만 삶에서는 불가피하다.

> 만일 존재가 시간에서부터 개념-파악되어야 하고 존재의 여러 상이한 양태들과 파생체들이 그 변형과 파생에 있어 실제로 시간에 대한 관점에서부터 이해될 수 있다면, 그로써 또한 존재 자체가 ─ 이를테면 '시간 속에 있는' 것으로서 존재자뿐 아니라 ─ 그것의 '시간적' 성격에 있어 제시되는 셈일 것이다."[17]

여기서 '시간 속에 있는 것'과 '시간적 성격' 사이의 차이에 주목해야 한다. 존재자가 시간 속에 있다고 할 때 시간은 존재자의 테두리 바깥에 머무는 부대 상황일 뿐이다. 그러나 시간적 성격이라는 것은

---

16 『존재와 시간』, 22.
17 『존재와 시간』, 36. 여기서도 '시간 속에 있음'도 존재 자체의 시간적 성격, 즉 존재가 이미 시간적이라는 데에 뿌리를 두고서 가능하게 된 물리적 현상으로 새겨야 한다. 하이데거의 논조는 계속하여 존재 또는 현존의 구성 요소나 구성성분이 관계하면서 세계가 얽어진다는 것으로 초지일관하며 나가고 있다.

존재자뿐 아니라 존재 자체도 시간으로 구성된다는 것을 가리킨다. 그래서 '존재와 시간'이다. 물론 이 저서에서는 '현존과 시간성'으로 묶고 머물렀지만 말이다. 어쨌든 존재의 시간적 성격 때문에 존재자가 시간 안에 있는 것이 가능하다는 것이다. 순서가 뒤집어져서는 안 된다. 죽음으로 인하여 시간성의 존재가 되는데 그래서 시간을 살고 덕분에 시간 안에도 살고 있다. 그러니 그저 있기만 한 것이 아니라 '이미' '그 무엇'으로 있어 왔다. "현존재는 각기 그가 이미 그렇게 '무엇'으로 존재해온, 자신의 현사실적인 존재 속에 존재한다."[18] 그러니 이런 있음은 그저 있음이 아니라 삶이다. 삶이 먼저이니 나중에 알기 전에 이미 그렇게 살고 있었다.

나중에 하는 인식이 아니라 이미 되어가는 이해

현존재는, 대충 말해서 그때마다 자신의 미래에서부터 '일어나고 있는' 그의 존재 방식에서 자신의 과거이다. 현존재는 그의 그때마다의 존재방식에서 존재하며 그렇기에 그에게 속한 존재 이해와 함께 하나의 전승된 현존재 해석 속에서 태어나며 그 안에서 성장한다. 현존재는 이러한 해석에서부터 자신을 우선 이해하며 어떤 범위에서는 끊임없이 그렇게 이해한다.[19]

드디어 기다리던 선언이 나왔다. 무슨 선언인가? 현존재는 미래에서 일어나고 있는 과거라고 했다. 현존재는 미래와 과거가 현재에서

---

18 『존재와 시간』, 38.
19 『존재와 시간』, 38.

만나는 사건이라는 것이다. 그것을 '그때마다의 존재방식'이라고 했다. 그렇게 시제가 얽히니 '전승된 현존재 해석'이고 이것이 태동과 성장의 터전이다. 그리고 그러한 해석이 지속적인 자기 이해의 터전이기도 하다. 인식일 수 없고 해석일 수밖에 없는 이유가 여기에 있다. 이것이 바로 해석학적 통찰을 위한 현존재의 자기 이해라 하겠다.

같은 이야기를 좀 달리할 수 있다. 우리는 이미 던져지면서 던진다. 그래서 '피투된 기투'(geworfene Entwurf)라고 한다. 과거에 던져졌는데 미래를 향해 계속 던져진다. 이미 던져진 과거는 내가 어찌할 수 없는 것이다. 그렇게 저쪽에서 벌여내는 일이다. 이를 인식론이 주도적인 주체의 이름으로 무시했지만 현상학이 다시 주목한다.

> 현상학은 자신을 내보이고 있는 그것을, 그것이 자신을 그것 자체에서부터 내보이고 있듯이, 그렇게 그것 자체에서부터 보이게 해줌이다. 이것은 현상학이라는 이름으로 불리는 탐구의 형식적인 의미이다. 이렇듯 여기에서는 앞에서 정형화시킨 준칙 '사태 자체로!'가 표현되고 있는 것에 다름 아니다. … 그리고 자신을 내보여줌은 제멋대로의 내보여줌도 아니고 더구나 나타남과 같은 것도 아니다. 존재자의 존재는 단연코 '그것의 배후에' '나타나지 않는' 어떤 것이 서 있는 그런 어떤 것일 수는 없다.[20]

---

20 『존재와 시간』, 57-59. 형이상학에서 인식론을 거쳐 현상학에 이르기까지 '현상'이 거쳐온 역사는 파란만장하다고 해도 과언이 아니다. 가짜였다가 오직 이것만이라고 했다가 이제 본질이 현실에 밀고 나오는 방식으로서 현상을 말하니 현상으로서는 격세지감이 아닐 수 없다. 필요한 대목에서 논할 터이지만 시간도 시대정신에 따라 현상과 거의 유사한 방식으로 부침을 겪었다. 이제 현상이 본질의 전개이듯이 시간이 존재의 지평으로 새겨져야 한다는 통찰은 과연 우리 시대 인간 자화상에 담긴 무수한 모순과 부조리의 조각들과 함께 지내는 길을 깨우쳐주는 지혜라고 해야 마땅하다.

그것 자체에서부터 보이게 해주어서 '현상'이다. 이쪽에서 주체가 혼자서 주도권을 지니고 주물러내기보다는 저쪽에서 사태가 스스로를 보여준다는 것이다. 저쪽이 움직인다. 그리고 드러낸다. 그런 현상이다. 현상학에서 현상은 그런 것이다. 그리고 그것을 이쪽에서 보고 새긴다. 그래서 상호 주체다. 이를 통해서 현상이 본질을 드러낸다고 본다. 이에 비해서 '그것의 배후에'를 말하는 플라톤에게서는 현상은 가짜다. '나타나지 않는' 물 자체이니 알 수 없다고 한 칸트에서는 현상밖에 모른다. 알려지긴 하지만 여전히 가련한 현상이다. 그런데 현상학은 현상의 배후가 아니라 현상 안의 본질이라는 것이다. 그렇다고 현상이 다 보여주는 것은 아니다. 현상은 본질을 다 드러낸다고 말하지 않는다. 그래서 상호주관성으로 간다. 현상의 주도성과 해석의 수동성을 결합시키고 이로써 해석학을 향한 길을 열어준다.

존재론과 현상학은 철학에 속하는 여러 다른 분과들 옆에 나란히 있는 두 가지 상이한 분과가 아니다. 그 두 칭호는 철학 자체를 대상과 취급 양식에 따라서 성격 부여하고 있다. 철학은 현존재의 해석학에서 출발하는 보편적인 현상학적 존재론인데, 이 해석학은 실존에 대한 분석론으로서 모든 철학적 물음의 실마리의 끝을 그것이 발원하며 그것이 되돌아가는 거기에다 고정해놓았다.[21]

현상학이 해석학으로 향하는 길을 열어주었다는 것은 무슨 뜻인가? 인식론과 해석학의 대조에서 보다 확연하게 드러난다. 인식론이 앎의 논리에 관한 것이라면 해석학은 삶의 생리를 실마리로 한다. '실

---

21 『존재와 시간』, 62.

존의 분석론'이라는 것이 바로 이를 가리킨다. 실존, 즉 세계-내-현존이란 세계를 대상으로 보는 자아의 주도권이 아니라 세계가 실존을 이루는 터전이면서 실존과 함께 엮어간다는 것을 가리킨다. 그런 실존은 자아나 주체와는 근본적으로 다르다. 자아나 주체는 세계를 대상으로 만나기 전에 먼저 기준으로 전제되고 군림하지만, 실존은 세계와 서로에게 속해 있으면서 서로를 엮어간다. 인식론의 주체에서 해석학의 실존으로 인간의 자기 이해가 넓어지고 깊어지며 또한 더욱 중요하게는 겸손해진다. 이건 단순히 대인관계에 대한 윤리적인 차원 정도의 뜻에 머무르지 않는다. 삶의 방식이고 내용이다. '현상적 존립'이라는 것이 모호하지만 이미 살고 있다는 것을 가리킨다. 앎의 주체로서, 정리된 자아로 세상을 대상으로 대하는 것과는 다르다. 현대의 인간은 주체도 아니고 자아도 아니다. 실존이다.

범주적인 것과 실존론적인 것의 구별

"함께"와 "똑같이"는 실존론적으로 이해되어야지 범주적으로 이해되어서는 안 된다. 이러한 함께하는 세계-내-존재에 근거해서 세계가 그때마다 각기 이미 언제나, 내가 타인과 함께 나누는 그런 세계인 것이다.[22]

하이데거는 '범주적인 것'과 '실존론적인 것'의 구별을 지적한 바 있다. 범주적이라는 것은 일단 주어진 것이다. 범주적이란 시간적인 것이고 공간적인 것이다. 반면 실존론적이라고 하는 것은 근본 뿌리

---

22 『존재와 시간』, 166.

로 들어가는 것이다. 이것이 더 근본이지만 주어진 것으로부터 들어가야 하니 이차적이다. 그러니까 '실존'에 '론'이 붙는다. '실존적인 것'과 '실존론적인 것'은 다르다. 이는 시간성이 시간에 '성'이 붙은 것과 같은 방식이다. '론'(論)이나 '성'(性)은 현존의 구성틀이나 꼴을 가리킨다. 이는 세계에 대해서도 마찬가지이다. 무엇이 현존에 적용된다면 세계에도 적용되는 것이지 이것과 저것이 따로 있지 않다. 주객 구도와는 사뭇 다르다. 그러니까 겉보기에는 종래의 주객 구도처럼 주체와 객체가 따로 있다가 만나 사귀고 친해지는 것이 아니라, 이것 없이 저것 없고 저것 없이 이것 없다는 것이다. 만들어질 때 이미 그렇다는 것이다. 현존이 '더불어 있음'이나 '안에 있음' 없이 애당초 깔끔하게 먼저 있고, 나중에 또 다른 현존 또는 더 나아가서 세계와 부차적으로 '더불어 있음'이게 되는 것이 아니라 현존 자체가 이미 시작부터 '더불어'이다.

그렇기 때문에 먼저 '시간성'이다. 시간성으로 만들어졌기 때문에 시간 안에 있을 수 있다. 시간'을' 살고 있기 때문에 시간 '안에' 사는 것이 가능하다. 시간 안에 살기 때문에 시간을 사는 것이 아니다. 순서가 뒤집어지면 안 된다. 시간'으로' 만들어져 있기 때문에, 시간'을' 살고 '시간'을 살기 때문에 시간 '안에' 사는 것이 가능하다는 이야기이다. 시간성이란 시간'으로' 만들어져 있다는 것을 뜻한다. 그래서 일상적으로 '시간 안에 산다'고 표현할 수 있다. '실존'도 마찬가지이다. 일상에서 벌어지는 개체와 관계 사이의 소용돌이가 실존적이다. 그런 것들에 대해서 그것들 사이의 얽힘으로 파고 들어가서 성찰하는 작업 속에서 구성성분들을 분석해내고 역동적인 과정들을 읽어내는 성찰 작업이 '실존론'이다. 사실 '성'과 '론'이 먼저 있고 그것이 시간과 실존으로 나오는 것이다.

주체의 자아동일성에서 실존의 동위근원성으로

현존재의 세계는 공동세계이다. 안에-있음은 타인과 더불어 있음〔공
동존재〕이다. 타인의 세계 내부적인 자체 존재는 공동현 존재〔함께 거
기에 있음〕이다.[23]

현존은 이미 공동 현존재인 만큼 근대가 표상했던 주체의 자아동
일성은 이제 거부되어야 한다. 그런 공동존재는 고유하게 개별적으로
만 있던 현존재에 부차적으로 가서 붙는 속성이 아니다. 그것에 속하
는 성질이 아니라 오히려 현존재를 구성하는 방식이다. 공동존재의
방식이 아니고는, 더불어 있음의 방식이 아니고는, 현존재가 아예 구
성되지 않는다. 현존이 먼저 홀로 있고 나중에 세계와의 관계를 통해
서 세계 안에 있는 것이 아니다. 현존이 이미 '안에-있음'이기 때문에
세계 안에 있을 수 있는 것이다. 따라서 세계도 더이상 단순한 공간개
념이 아니다. 세계도 먼저 세계성이다. 현존에 대하여 세계는 세계성
이라는 뜻으로 얽힌다. '현존과 세계'의 관계가 상호 공속이고 상호 구
성이라고 하는 것도 바로 이 때문이다. 서로 속해 있는데 그냥 정적으
로만 속해있는 것이 아니라 서로를 만든다. 멋져 보이는가? 그런데 그
것이 아니다. 이것은 힘든 일이다. 만들어가야 하니까 어떻게 만들어
가야 할지, 또 앞으로 어떤 일이 벌어질지 알 수 없다.
　그런데 이것이 사실 우리 삶의 모습이 아닌가? 고·중세인들과 근

---

23 『존재와 시간』, 166.

대인들이 그렸던 그림으로서 세상을 살아가는 것이 아니다. 그런데 그래야 한다는 식으로 그림을 그려놓으니 그것과 우리 현실 사이가 떨어지게 되었던 것이다. 현대가 그것에 대한 반동이다. 키르케고르가 실존의 개체성을 가장 첨예하게 드러내면서 반동을 시작한 이후로 계속 이어지고 있다. 핵심은 '삶'이다. 그런데 '있음'은 카리스마가 있어 보이고 '앎'은 이를 불러내려고 하는 것이지만, '삶'은 그렇게 굴러가지 않는다. '삶'은 결코 예쁜 언어가 아니다. 삶이란 음성학적으로는 예쁘지만 실상은 그렇지 않다. 글자와 발음은 예쁘지만 그것이 지칭하는 현실은 결코 그렇지 않다. '공동존재'와 '더불어'라는 것이 말은 참으로 부드러운데 현실은 아니다. 샤르트르가 말하는 '지옥 같은 타인'을 떠올려 보라.

중요한 것은 '더불어'라는 '공동성'이 후천적으로, 부차적으로 붙는 것이 아니라는 것이다. 이런 주장은 이미 현존이 자아 중심적 주체로, 독립적으로 설정 가능하다는 전제를 깔 때만 가능하다. 그런데 공동성은 이 전제 자체를 깨버린다. 어느 순간도 홀로, 개체성만으로 설정되는 순간은 없다. 현존이라고 하는 것 자체가 이미 세계와 불가분의 관계구성이고, 현존과 세계의 상호 공속적 구성작용에 타자도 또한 다른 현존으로서 치고받는 소용돌이로 엮어져 가는 삶이다. 그러기에 혼자 있어도 이미 더불어 살고 있다.

그러나 지금 수행한 분석에 따르면, 현존재에게 그의 존재함에서 그것이 문제가 되는 바로 그 현존재의 존재에는 타인과의 더불어 있음도 속한다. 그러므로 현존재는 더불어 있음으로써 본질적으로 타인들 때문에 '존재한다.' 이것은 실존론적인 본질 발언으로서 이해되어야 한다.

비록 그때마다의 현사실적인 현존재가 타인에게 아랑곳하지 않고, 타인을 필요치 않다고 생각하거나 타인 없이 지낸다고 해도, 현존재는 더불어 있음의 방식으로 '존재하고' 있는 것이다. … 세계의 세계성의 구조에는, 타인들이 우선 허공에 떠다니는 주체들로서 다른 사물들과 나란히 눈앞에 있는 것이 아니라, 그들의 주위세계적인, 배려적인 세계 안에 있음에서 이러한 세계 안에 손안에 있는 것에서부터 자신을 내보이고 있다는 사실이 놓여 있다.[24]

애당초 '관계'가 시작이라는 것이다. 그동안 '실체'를 그렇게 모셔 왔었는데 그것이 아니라는 것이다. 실체주의가 지배했던 전통에서 관계는 실체의 속성이었다. 그리고 관계가 없어도 실체는 실체였다. 관계는 실체에 대해 부수적인 것이었다. 그런데 이제 키르케고르와 함께 개체에 대해 끝까지 밀고 가는 대전환을 통해 보편이 개체로 파편화되면서 관계가 원초적으로 자리 잡게 되었다. 키르케고르가 개체를 말했지만, 그가 말한 개체는 사실상 관계이다. 관계로서 개체이다. "그렇다면 본래적으로 실존하는 자기의 동일함은 체험의 다양성 속에서도 자신을 견지하는 자아의 동일성과는 존재론적으로 하나의 심연에 의해서 갈라져 있는 것이다."[25]

관계를 또 달리 서술한 것이 바로 세계성이다. '안에-있음'이 바로 이를 입증한다. 어디 안에 있음인가? 바로 '세계'다. '세계 안에 있음'이다. 그런데 세계가 어떠한가? 세계가 공간이 아니다. '현존을 구성하는 공간성'이다. 세계는 그런 뜻이다. 그래서 '세계성'이라고 한다.

---

24 『존재와 시간』, 172.
25 『존재와 시간』, 181.

세계성이 세계라는 활동을 하고, 그래서 우리가 일상적으로, 범주적으로 세계라고 칭할 수 있는 그 무엇이 그렇게 파생물로 있는 것이다. 원래는 세계성이다. 세계성이 명사가 아니고 동사다. 행위이고 사건이다. 그러니까 '세계성이 세계한다'고 해야 한다. 이제 그런 틀에서의 현존을 '안에-있음'이라고 한 것이다.

이 탐구의 의도는 기초존재론적인 것이다. 따라서 우리가 안에-있음에 대해서 주제적으로 캐묻고 있을 때, 우리는 분명히 그 현상의 근원성을 다른 현상에서부터 도출함으로써, 다시 말해서 분해라는 의미의 적합하지 못한 분석을 해서 말살시킬 수는 없다. 그러나 근원적인 것을 도출할 수 없음이 그 근원적인 것을 구성하는 존재 성격들이 다양성을 가지고 있음도 배제하는 것은 아니다. 그러한 존재 성격들이 내보여진다면, 그것들은 실존론적으로 똑같이 〔동일〕근원적이다. 구성적 계기들이 가지는 동일근원성이라는 현상이 존재론에서는 흔히 모든 개개의 것들을 하나의 단순한 "원초 근거"에서부터 유래하는 것으로 입증하려는 절제 없는 방법적 경향으로 인해서 경시되고 있다.[26]

'동일근원적'이라는 것은 무엇인가? 시공간적으로 동일하다는 것이다. 무엇이? 세계, 곁에 있음, 더불어 있음, 뒤돌봄, 이런 것들이 현존이 먼저 홀로 자아중심적으로 고유하게 있고 세계 곁에 있음이 가

26『존재와 시간』, 183. 여기서 존재론과 실존론을 대조적으로 설명하는데, 사실 종래의 형이상학에서 존재론이 시간을 배제하고 근거의 단순함을 전제하면서 개진해왔다면 하이데거는 그러한 존재론이 이제 전제성격의 다양성에 주목하는 실존론적 성찰을 포함해야 한다고 주장한다. 기초존재론이라는 말은 사실 존재의 기초에 현존 또는 실존이 위치해야 한다는 것이니 바로 이러한 취지에서의 제안이다.

서 붙기 시작하더니 더불어 있음도 가서 붙고, 뒤돌봄이라는 성질도 가서 붙는 것이 아니라 현존 자체가 애당초 세계와 한데 얽히면서 만들어진다는 것이다. 이것이 현존과 세계의 동일근원이다. 앞서 말한 상호 공속과 상호구성에 대한 다른 이름이다. 그리고 이로써 근대가 그토록 찬란하게 설정했었던 인식주체의 자기동일성은 그 깃발을 내리게 된다. 틀린 것은 아니지만 반쪽이거나 그 이하일 수밖에 없겠기 때문이다. 이것이 근대와 현대 사이의 결정적인 차이다. 인식론과 해석학 사이의 혼동 불가한 경계이다. 많은 경우 이 둘을 혼동하는데 이는 대체로 해석학을 인식론의 현대적 변형 정도로 오해하는 데에 기인한다. 이는 인식론적 주객 구도에서의 주체의 근원적 동일성과 해석학이 노정하는 현존–세계의 동위근원성 사이의 차이를 주목하지 않은 데에서 빚어진 것일 가능성이 농후하다. 그래서 동위근원성은 중요하다.

한국 근대화와 반성

그럼 우리는 어떠한가? 우리가 이러한 것을 생각해보기 전에 서구의 세례를 받아버렸다. 근대화라는 이름으로 고·중세까지 한꺼번에 실려 왔다. 특히 교회는 고·중세 버전을 계속 고수한다. 종교개혁을 한 개신교회도 여전히 고·중세 버전이다. 그러니까 교회는 고·중세 사유를 계속 복습시키고 있고, 세속사회도 진도를 기껏 나간 것이 근대다. 그래서 그런 방식으로 우리를 세뇌시켜 버렸다. 그래서 우리 한국인들은 생각할 겨를도 없이 세계를 그렇게 봐야 했다. 서구 근대적으로 말이다. 서구인들은 지금 그렇게 긴 세월 보아 왔던 이점을 다

빨아먹고, 일부는 누적된 단점에 대해서 반성하고 있지만 말이다. 우아하고 고매해서 반성하는 것이 아니라 다 먹고 살라고 하는 짓이다. 그런데 그 누적된 단점들이 심각한 것이었다. 자아 중심으로 갔더니 그냥 약육강식으로 귀결되었고, 인간중심으로 가면 인간이 잘 살 수 있을 줄 알았더니 그게 아니었던 것이다. 그러니까 근대의 인간중심주의가 인간을 행복하게 하는 것이 아니라는 거대한 사유의 실패를 근대 말과 현대 초에 경험하니 시대 전환이 벌어진 것이다. 시대 전환을 왜 할까? 인간이 잘났다는 근대인데 말이다. 왜 그 '근대'가 아니라고 말하는 것인가? 실패였기 때문이었다. 인간을 행복하게 하는 것이 아니라는 것이다. 신이 되는 것이 인간의 자리가 아니었다. 인간의 자리가 아닌데 인간이 내몰리니 '소외'다. 소외고 허무고 불안이고 절망이다.

무슨 이야기인가? 보편이 개체가 되었는데 개체와 관계가 동시적으로 전체적이라는 이야기다. 여기까지가 개체이고, 여기서부터 관계를 시작하는 것이 아니다. 그런데 우리는 모두 그렇게 생각한다. 내가 친구를 만나기 전에 나는 나로서 이미 있다고 생각하도록 길들여져 있다. 이것이 서구 근대화의 방식이다. 우리를 그렇게 살아가도록, 타인을 그렇게 보도록, 그래서 결국은 자기를 그렇게 엮어가도록 만들어왔던 것이다. 그런데 '이것이 살길이 아니다'라고 말하는 것이다. 사실 보편은 인류 역사상 있지도 않았었다. 허상이었다. 보편을 주장했던 사람들을 보라. 어떤 사람들이 주장했나? 개체들을 교통정리 할 수 있는 힘을 가지고 있는 사람들이 보편을 주장했다. 권력자가 주장했다. 가진 자가 주장했다. 지배자가 주장했다. 지금까지의 보편은 지배자의 보편이었다. 그것은 보편이 아니다. 보편이었던 역사는 없었다.

중요한 것은 공유 가능하고, 공감 가능하고, 소통 가능하고, 동의 가능하고, 현실에서의 가치 추구에 기여할 수 있는 가능성이다. 그 가치는 어떤 가치인가? 그것은 인간해방이다. 인간해방은 지금도 범위를 넓혀가고 깊이를 더욱 파고 들어가고 있는 중이라고 봐야 한다. 작금의 정치체제도 전제군주에서 대중사회적인 방식의 민주주의로 가게 된 것은 전 세계에서 아직도 소수이니 갈 길이 멀다. 그러나 그 방향으로 가고 있다. 중동도 그렇고 아프리카도 남반부도 그렇다. 이제 가고 있는 중이다. 그런 것에 비추어서 상대적으로 한반도는 조금 더 진도를 나가고 있는 것으로 보인다.

애매모호를 견디는 성숙의 해석학으로

어쨌든 이처럼 보편성은 없다. 다만, 수많은 개체 사이의 통교 가능성, 공감 가능성, 접수 가능성, 기여 가능성이 있을 뿐이다. 그런데 '가능성'은 무시간적으로 판결해 낼 수 없다. 시간적인 과정에서 겪으면서 다듬어진다. 이런 것들을 씨름하는 것은 인식론이 아니라 해석학이다. 인식론에는 시간이라는 것이 없다. '해석'이 시간을 끌고 들어온다. 하이데거가 시간을 끌고 들어온 것도 이에 기여하는 바가 지대하다. 그런데 시간을 끌고 들어오니까 가능성이 실현되는 과정에 시행착오도 있다. 시간의 과정에서, 무수한 시행착오들을 겪을 수밖에 없고, 겪는 가운데 흥망성쇠하고 생성·소멸한다. 폐기도 하고 생기기도 하는 것이다. 그런 과정이다. 그러나 삶이 이미 그런 것이 아닌가? 현존은 이것을 가리킨다. 세계와 함께 구성되는 현존 말이다. '도 아니면 모'라는 것은 인식론적인 사고방식이다. 무시간적인 인식론적인 틀 속에서의 잣대이며 강박이다. 시간은 가는 과정이기 때문에 애매할 수밖에 없다. 그러니 애매모호를 견뎌야 한다. 애매모호를 견디는 성숙이 우리에게 요구된다. 그런데 바로 이런 이유로 이것이 우리에게 착지되기가 쉽지 않다. 특히 종교영역에서는 애매모호를 더욱 견디지 못한다. 애매모호는 불안하기 때문이다. 불안을 제거하려고 종교에 뛰어들었는데 여전히 불안을 견디라니 받아들이기 어렵다. 종교가 성숙을 필요로 하는 이유가 여기에 있다. 그런데 안정을 구실로 성숙을 거부한다. 이래서 종교는 '유아기적 환상'이라는 비판을 피하기 어렵다. 그러나 종교의 본래적 존재 이유를 위해서라도 우리는 자아의 실체적인 동일성을 깨고 넘어서는 시도가 향하는 해방적인 의미를 길어내야 한다.

'거기에'가 아니라 '거기에로서'

"본질적으로 세계-내-존재에 의해서 구성되고 있는 존재자는 그 자체가 그때마다 각기 자신의 '거기에'로서 존재한다."[27] '거기에로서'는 무슨 뜻인가? 공간으로서 존재한다는 것이다. 공간 '안에' 사는 것이 아니다. "거기'에' 존재한다"라고 말하지 않았다. 공간적인 터전으로서 존재한다. 즉, 공간성으로 구성되어 있다. 공간성을 지니고 있다는 말도 우리를 오도시킬 수 있다. 지니고 있다는 말은 무엇인가가 있고 나중에 그 성질이 끼어들고 있다는 것처럼 느껴질 수 있으니 말이다. 현존이라는 것이 먼저 있고, 공간성을 나중에 속성으로 끼고 있는 것이 아니다. 공간성은 현존을 구성하는 성질이다. 이와 연관하여, '내던져져 있음'이라는 표현도 주목할 필요가 있다. 이에 대해서 말하고

---

27 『존재와 시간』, 184.

있는 아래 문단을 보자.

> 처해 있음 속에서 현존재는 언제나 이미 그 자신 앞으로 데려와져 있으
> 며, 그는 언제나 이미 자신을 발견했다. 지각하면서 자신 앞에 발견함
> 으로서가 아니라 오히려 기분 잡힌 처해 있음으로서 발견했다.[28]

여기서 '언제나 이미'에 주목해야 한다. 이해와 해석에서 '언제나 이미'라는 것이 굉장히 중요한 위치를 차지하기 때문이다. 이것 때문에 해석에 앞서 이해가 먼저 일어나고, 이것 때문에 이해는 앎이 아니라 이미 그렇게 있는 삶의 꼴이라고 한다. 이해는 존재를 구성한다는 것도 그런 이야기다. 존재가 먼저 있고 나중에 가서 조목조목 이해하는 것이 아니라, 이해함으로써 그리고 더욱이 이해함으로써 존재하고 현존을 구성한다. 우리가 주도적으로 지각하고 발견하기에 앞서 능동적인 주체 존재자가 아니라 오히려 '기분 잡힌 처해있음'으로 내던져져 있는 수동적인 상황적 존재자로 시작한다.

인식에 앞선 이해 그리고 해석

> 그러한 이해로서 현존재는 그가 어디에 놓여 있는지를, 다시 말해서
> 그의 존재가능이 어떤 상황에 있는지를 '알고 있다.' 이러한 '앎'은 내재
> 적인 자기지각에서 비로소 자라나오는 것이 아니라, 오히려 그것이 본
> 질적으로 이해인 바로 그 '거기에'의 존재에 속한다.[29]

---

28 『존재와 시간』, 188-189.
29 『존재와 시간』, 200.

여기서 '내재적인 자기지각'은 앎이다. 오히려 따옴표에 들어 있는 '앎'은 인식론에서 말하는 인식이 아니고 이해라고 봐야 한다. 결국 삶으로부터 비롯된 앎이고, 그런 뜻으로서 '이해'이니 이해가 가리키는 것은 결국 삶이다. 그래서 이렇게 말한다: "둘러봄이 발견한다는 것은 이미 이해된 '세계'가 해석된다는 뜻이다."[30] 지금 여기서 특별히 주목해야 할 것은 순서이다. 세계는 이미 이해되었다. 그리고는 해석된다. 그럼 이해는 무엇이고, 해석은 무엇인가?

주제적인 발언에서 처음으로 '으로서'가 등장하는 것이 아니라 단지 이제 비로소 밖으로 말해진 것인데, 그것도 그것이 밖으로 말해질 수 있는 것으로서 앞서 놓여 있기 때문에만 가능한 것이다.[31]

겉으로 말해지면서 알려지는 것이 아니라 밖으로 말해지기 전에 그렇게 알려질 수 있는 것으로 앞에 놓여있기 때문에 그렇게 비로소 알려지고 말해진다. 앞서 그렇게 있다는 것이 바로 무엇으로서 해석되기 전에 이미 되고 있는 이해다. 아직 모르지만 이미 그렇게 알려질 가능성으로 나타나고 있으니 이를 일컬어 이해라고 한다. 그래서 '선이해'다. 사실 이것 없이는 해석은 고사하고 지식도 얻을 수 없다. 많은 대상 인식이 순수하게 대상을 파악하기보다는 이미 깔려 있는 삶

---

30 『존재와 시간』, 206.
31 『존재와 시간』, 207. 하이데거는 밖으로 말해지기에 앞서 그렇게 말해질 수 있는 것으로 놓여 있다는 분석으로 이해와 해석 사이의 관계를 묘사한다. 우리가 주목해야 할 것은 여기에서도 역시 '앞서 놓여 있음'이 '시간적'인 것과 같은 위치를 가리킨다면 '밖으로 말해짐'이 '시간 안에 있음'과 평행하는 위치라고 하겠다. 이런 방식으로 하이데거의 논조구성을 읽어낸다면 보다 효과적으로 그의 작품을 이해할 수 있을 것이다.

의 터전이 원하는 대로 보고 싶은 것만 골라보고 듣고 싶은 것만 골라 듣는다는 것도 바로 선이해라는 애당초의 삶 때문이다. 해석학은 인식론과는 달리 이미 그럴 수밖에 없다는 것을 정직하게 받아들이고 삶에 보다 적합한 뜻을 더듬어가고자 하는 몸부림일 뿐이다. 아래 문단이 이것을 조금 더 친절하게 설명해 준다.

> 그러나 만일 손안에 있는 도구를 지각함이 모두 이미 이해하며-해석하며 있다고 한다면, 둘러보며 어떤 것을 어떤 것으로서 만나게 해준다면, 이 말은 곧, 우선 어떤 순수한 눈앞의 것이 경험되고 그다음에 그것이 문으로서, 집으로서 파악된다는 이야기가 아닌가? 이것은 해석의 특별한 열어 밝힘의 기능에 대한 오해일 것이다. 해석은 흡사 벌거벗은 눈앞의 것에 하나의 '의미[뜻]'를 던져주어 그것에 하나의 가치를 붙여주는 것이 아니다. 세계 내부적으로 만나게 되는 것 그 자체는 그때마다 이미 세계이해에서 열어 밝혀진 사용사태에 쓸모가 있는 것이며, 이 사용사태가 해석에 의해서 밖으로 끄집어내어져야 한다.[32]

손안에 있는 도구를 지각한다는 것은 무엇인가? 일차적이라는 범주적인 차원을 가리키는데 그게 아니라는 것이다. 아니라는 것에 한 번 더 쐐기를 박는다. 여기서 인식에 해당하는 것으로 분류해야 할 것이 많다. '벌거벗은'도, '던져주어'도, '붙여주는'도 모두 인식행위에 해당한다. 그런데 삶은 그렇게 가는 것이 아니다. 그렇다면 '이미 세계이해에서'는 무엇을 말하는가? 모르고도 그냥 사는 것이다. 늘 이야기하지만, 모르고 그냥 사는데 그러는 줄도 모르고 그렇게 산다. 정신분석

---

32 『존재와 시간』, 207-208.

이야기를 할 것도 없다. 어렸을 때 무엇을 알고 살았나? 모르고 살았지만, 우리 안에 흔적으로, 족적으로, 상처로, 희열로 엄연히 나이테처럼 새겨져 있다. 이해란 나이테의 작동이다. 내가 이것을 일일이 기억하고 떠올리지 않더라도 이미 그렇게 움직인다. 이것을 가지고 이리저리 잘근잘근 곱씹으면서 한평생 산다. 세 살 버릇 여든까지 가는 것이다.

그렇다면 세 살까지만 그렇게 사는가? 지금 우리는 알고 사는가? 아니다. 지금도 모른다. 모르고도 그냥 산다. 또 살고도 모른다. 즉, '이제 비로소 해석'에 앞서서 '이미 이해'가 깔려져 있는 것이다. 이해란 그런 것이다. 그렇다면 해석이란 무엇인가? 다음 문단을 보자.

> 해석은 그때마다 앞서 가짐에서 취해진 것을 어떤 특정한 해석 가능성으로 '재단하는' 앞서 봄에 근거하고 있다. 앞서 가짐에서 취해지고 앞서 봄에서 대면된 이해된 것은 해석에 의해서 개념 파악 가능해진다. … 어떤 것을 어떤 것으로 해석함은 본질적으로 앞서 가짐, 앞서 봄, 앞서 잡음에 의해서 기초를 부여받고 있다. 해석은 결코 앞에 주어져 있는 것을 전제 없이 파악하는 것이 아니다. 정확한 원전해석이라는 의미로 수행되는 해석의 특별한 구체화의 경우 그것이 즐겨 '거기에 놓여 있는' 것을 끌어들이는데, 이 경우 우선 '거기에 놓여 있는' 것은 다른 것이 아니라 해석자의 자명한 논의되지 않은 앞선 견해일 뿐이다. 그 앞선 견해는 필연적으로 모든 개개의 해석의 단초에 해석 자체와 더불어 이미 '정립된' 그것, 다시 말해서 앞서 가짐, 앞서 봄, 앞서 잡음에 앞서 주어져 있는 그것으로 높여 있다.[33]

---

33 『존재와 시간』, 208-209.

첫 문장의 '앞서 가짐'에 주목하자. '해석은 결코 앞에 주어져 있는 것을 전제 없이 파악하는 것이 아니다.' 이것이 해석학이 인식론과 출발에서부터 결정적으로 차이를 지닌다는 것에 대한 결정적인 천명이다. 인식론은 이성론이든 경험론이든 출발에 앞서 어떤 것도 전제하지 않는다. 이성론이 말하는 보편 이성이라는 것도 날 때부터 타고나는 생득관념이니 서로 다르게 전제되어야 할 이유가 없다. 그래서 보편이다. 경험론에서 경험이라는 것도 백지상태이다. 그래야 경험 자체에 의한 왜곡을 배제할 수 있겠기 때문이다. 물론 현실에서는 불가능한 이야기이지만 하여튼 인식론적인 주장은 그러했다. 이처럼 인식론은 전제가 없을뿐더러 그래야 제대로 인식할 수 있다고 주장했다. 그런데 이제 해석학은 전제 없는 파악은 불가능하다고 말한다. 전제가 불가피하기 때문이다. 선입견을 배제하려고 노력하는 것은 당연하지만 전제는 제거할 수 있는 것이 아니다. 무슨 전제인가? 여기서 '앞서 가짐' '앞서 봄' '앞서 잡음'이라고 했다. 이것은 바로 이미 살고 있는 삶을 가리킨다. '앞서'라는 것은 '아직 알기 이전'이라는 것을 가리킨다. 말하자면 모르고도 가지고 있고 모른 채로 보며 모르면서 가진다. 이게 삶이다. 삶이란 이런 것이다. 그러니 '거기에 놓여 있는 것'이라고 해도 이미 자기도 모른 채로 논의되지 않은 해석자의 견해일 뿐이라는 것이다. 마치 무전제적인 양, 중립적인 양 착각하지 말라는 것이다. 이것이 바로 해석학이 우리에게 주는 주제 파악의 통찰이다.

해석학적 순환

이제 그러한 이해를 이루고 있는 일련의 '앞서'들은 해석으로 끌려 나오게 되니 '순환'의 근거가 된다. 그래서 순환 이야기가 계속 나온다. 순환은 한마디로 이렇게 표현된다: "이해를 도와주어야 할 모든 해석은 이미 해석해야 할 것을 이해했어야 한다."[34] 다시 말하지만, 해석이 첫 작업이 아니라 앞선 이해가 있다는 말이다. 앞서 봄, 앞서 가짐, 앞서 잡음 등으로 묘사될 수밖에 없는 것들인데 모르지만 엄연히 꿈틀대고 있었고 부분적으로나마 해석으로 드러나게 될 것이었다. 그런데

> 문헌학적 해석은 학문적 인식의 범위에 속한다. 그와 같은 인식은 근거를 제시하는 증명의 엄밀성을 요구한다. … 그러나 만일 해석이 그때마다 이미 이해된 것 안에서 움직이며 거기에서부터 자양분을 취해야 한다면, 해석은 어떻게 순환 속에서 움직이지 않으면서 학문적인 성과를 이룩할 수 있다는 말인가?… 그러나 이로써 역사학적 해석이 선험적으로 엄밀한 인식의 영역에서 추방된 채 남아 있다. 사람들이 이해에 있는 이러한 순환의 현사실을 제거하지 못하는 한, 역사학은 덜 엄밀한 인식가능성으로 만족할 수밖에 없다.[35]

여기서 '인식'과 '해석'이 첨예하게 대립한다. 인식은 엄밀한 증명을 요구하는데 비해서, 해석은 덜 엄밀한 인식 가능성일 수밖에 없으면서 이보다 더 적극적으로 순환의 현사실성을 요구한다. 해석하려니까 앞선 이해가 깔려 있어야 한다. 앎의 행위로 뭘 하려고 하기 전에 삶에서 먼저 벌어지고 있기 때문이다. 그것이 앞서 이미 전제되어 있으니 이제 해석이라는 것은 여기서 비롯된다. 이것이 바로 해석학적

---

34 『존재와 시간』, 211.
35 『존재와 시간』, 211.

순환이다. 순환은 하려고 하기 전에 이미 그렇게 일어난다.

결정적인 것은 순환에서부터 빠져나오는 것이 아니라 오히려 올바른
방식으로 순환 안으로 들어서는 것이다. 이해의 이러한 순환은 그 안
에서 어떤 임의의 인식양식이 움직이고 있는 그런 하나의 원이 아니다.
그것은 오히려 현존재 자신의 실존론적 앞선-구조의 표현일 따름이
다.[36]

순환은 임의로 인식하는 양식이 아니라 실존론적인 앞선-구조라
는 것이다. 인식론의 보편 이성이나 백지상태의 경험 모두 삶의 터에
서 보면 임의적인 것이다. 말하자면 작업 가설적 설정일 뿐이다. 말끔
한 앎을 위한 노력이기는 하지만 말이다. 그러나 삶은 그렇게 생겨 먹
지 않았다. 말끔할 수가 없다. 실존론적인 '앞선-구조'라는 것이 바로
이를 가리킨다. 모르고도 이미 앞서서 보고, 가지고, 잡고 있는 것이
바로 삶이다. 삶의 생리가 그러하다. 그렇게 모르고도 깔려 있는 앞서
봄이 이해라면 해석(Interpretation)은 이를 끌어내는 것(Auslegung)이
니 그래서 순환이다. 아래 인용은 같은 이야기를 다르게 표현해준다.

그러나 존재는 그것의 존재에 존재 이해와 같은 어떤 것이 속하는 그런
존재자의 이해에만 '존재한다.' 따라서 존재는 개념-파악되지 않을 수

---

36 『존재와 시간』, 212. 사실 순환이라는 것은 애매하게 들릴 수도 있는데 그렇지만 과감하
게 채택되는 것은 근대인식론의 일방성과 환원주의에 대한 비판과 맞물려 있기 때문이
다. 어느 한쪽에 우선권을 부여하는 순간 그렇게 되어버리는 한계구조를 벗어날 길이
없으니 순환이라고 할 수밖에 없겠기 때문이다. 순환과 함께 해석학은 모호성으로 뛰어
든다. 사실 삶이라는 것이 그렇게 생겼으니 말이다.

는 있지만 결코 전혀 이해되지 않은 채 있을 수는 없다.[37]

'개념-파악'이라는 것은 앎에 담긴다는 것을 가리킨다. 그런데 그렇게 알려지지는 못하지만, 즉 모르기는 하지만, 이해되지 않을 수는 없다. 개념으로는 안 될 수 있지만, 이해는 안 되고는 못 배긴다는 말이다. 개념으로는 아직 못해도, 이해는 이미 하고 있다. 이것이 도대체 무슨 말인가? 개념을 '앎'으로, 이해를 '삶'으로 바꾸어보라. 앎에 잡히지는 못해도 살고 있다는 것이다. 살되, 이미 어떻게 살고 있는 것이다. 살 때, 앎으로 명료화할 수는 없어도 그렇게 살게 하는 그것을 선이해라고 말한다. 앞서 잡음이다. 앞서 잡혀진 상태로 그렇게 살고 있는 것이다. 모르고도 살다가 어느 순간에 힐끗 뜻이 풀어지게 되는 것이다. 그런 생김의 구조가 현존재를 이루고 있는 이해다. 그 이해가 말하자면 현존재와 세계를 구성하고 파악하며, 파악하고 구성해가는 방식인 것이다. 우리는 이제 명백성, 명료성, 정확성과 같은 개념을 놓아야 한다. 이것은 근대성의 산물이다. 우리의 삶의 현실을, 보다 구체적으로는 우리 한국인의 풍부함을 모호함으로 매도해버리는 이 서구 근대의 명백성 강박을 떨쳐내야 한다. 풍부함인데 왜 그것을 모호함이라고 부정적으로 읽어야만 하는가? 풍부함이다. '끝'을 가늠할 수 없는 풍부함이다. 이것이 바로 삶의 생동성이고, 생동성의 이면이 모호성이다. 이렇게 모호하지만 생동적인 것을 늘 정확성이나 명백성 따위의 이념으로 난도질을 해왔으니 이것이 바로 인식론의 횡포였다. 삶에 대한 앎의 기만이고 폭력이었다. 그래서 앎이 그대를 속일지라도 삶을 뜻에 맞갖게 살아야 한다.

---

37 『존재와 시간』, 250.

현존재와 시공간의 얽힘으로서 마음-씀

『존재와 시간』이라는 책 제목의 취지에 대해서 앞서 이야기한 적이 있었다. 사실 존재 이야기는 뒤로 밀려 있고, 주제는 시간이었다. 그리고 그것과 밀접하게 붙어 있는 것이 현존재이다. 그러므로 '현존과 시간'으로 바꿔야 한다고 했다. 좀 더 정확히는 '현존과 시간성'이라고도 했다. 그런데 현존과 뗄 수 없는 것이 세계이다. 세계는 공간의 또 다른 말이다. 현존을 시간과 공간으로 이해하고 있는 것이다. 그러면 현존과 관련해서 시간과 공간이 무슨 역할을 하는가가 주제라고 보아도 좋다. 시간과 공간을 아울러 세계라고 한다면, 현존과 세계의 관계가 관건이 된다. 그래서 세계-내-존재가 핵심이 된다.

이제 현존과 세계의 관계 안으로 들어가 보자. 이들을 이어주는데 뭔가 들어가 줘야 한다. 하이데거는 이 대목에서 '염려'와 '불안'을 들고 나온다. 그 관계를 현존 쪽에서 좀 더 적극적으로 읽어낼 필요가 있다. 그런데 '염려'라는 표현이 우리를 오도하게 만든다. 그래서 '마음-씀'이라고도 번역했다. 그러나 여기서 몸은 어디 갔는가? 현존이 시간과 공간인데, 몸은 어디 갔는가? 떼려야 뗄 수 없는 것인데, '마음 씀'뿐만이 아니라 '몸 씀'이기도 하다. 몸과 마음의 분리 불가한 씀이다. 현존이라는 것은 몸 없이는 될 수 없다. 앞선 근대 사상과는 사뭇 다를 수밖에 없다. 그것을 현존과 세계 사이에 집어넣어야 한다.

뒤로 가면, '진리'란 말이 나온다. 후반부에서 압도적으로 차지하고 있는 것이 진리 이야기이다. 6장만 보더라도 불안으로 시작하고, 큰 제목은 염려인데, 염려로 가다가, 시간성, 세계성, 시간·공간 이야기하다가 진리로까지 간다. 굉장히 산발적이다. 이것을 어떻게 묶고 이어야 할까? 1편 끝자락에서 홍수처럼 터져 나오는 이야기가 진리 이야기이다. 1편에서 진리 이야기가 터져 나오는데, 2편에서는 진리 라는 어휘가 적극적으로 나오지 않는다. 오히려 시간에 집중하고, 역 사로 끌고 간다. 시간 이야기할 때 죽음 이야기가 터져 나오더니 그다 음에 공간으로 확장하면서 세계와 역사를 하나로 엮는 것이 2편의 전 개이다. 시간 이야기를 하기 위해서 죽음을 세세히 분석했고, 역사 이 야기를 하기 위해서 시간 이야기를 깔았다. 역사와 세계의 불가분리 한 얽힘을 이야기한다. 그렇게 엮인 1편을 찍고 가면서 꼭 봐야할 것 이 '진리'라는 것이다. 그것을 위해서 앞에 것은 어떤 연관을 지니게 될까?

반복하지만, 현존과 시공간의 관계가 이 저서의 전체적인 틀이다. 여기서 진리가 어떤 역할과 의미를 지닐까? 현존과 시공간의 뗄 수 없는 관계에서 진리가 일어난다고 말하고 있다. 그러나 과연 우리가 진리를 이렇게 생각해본 적 있는가? 우리가 생각하는 진리는 어디에 있는가? 현존을 넘어서, 시공간을 넘어서 있다. 진리가 어떻게 시공간 에 의해서 휘청거릴 수 있는가? 그러면 진리가 아니다. 아프리카의 진 리와 한국의 진리가 다르면 안 된다. 초시간적이고 초공간적이어야 한다. 범우주적이어야 한다. 그런데 하이데거는 현존과 시공간의 얽 힘 속에서 진리를 말한다. 혁명이고 반동이다. 그것이 1편 끝자락의 이야기이다. 이것이 이 작품의 뜻이고, 길어낼 취지이다. 거기에 비추 어 염려와 불안은 중요하지만 작은 이야기이다.

'존재와 시간'이라는 이 작품의 이름은 내용과는 맞지 않는다고 했 다. 존재는 나중에 나오지도 못했고 시간은 반쪽에 불과하다. 시공간 이 더욱 적합하다. 공간이라 부르면 막연하니까 세계라 했고, 시간이라 부르면 막연하니까 죽음을 떠올렸을 뿐이었다. 죽음을 놓고 생물학적 죽음인가의 여부는 중요한 것이 아니다. 지금 내가 살아있는 과정에서 생물학적 죽음과 상관없이 저 끝에 가서 다가오는 것이라면 의미가 없다. 그러나 지금도 진행되고 있는 죽음의 가능성이 그것을 당겨서 결단하게 하고, 우리 안에 근본적으로 똬리 틀고 있어서 불안하게 하니 그렇게 처해있게 되고 따라서 '마음 씀이고 몸 씀'이다. 이를 '염려'라고 한다. 그렇게 위치가 걸리지 않겠는가? 이 책의 제목은 그래서 '현존재와 시공간'으로 바꿔야 한다. 이렇게 해야 이해된다. 시간·죽음, 공간·세계를 이야기하니 말이다. 그 세계와 아귀가 맞아떨어지는 시간 이야기가 역사 이야기이다.

하이데거에게 인간은 시간성과 공간성으로 만들어져 있다. 계속 만들어져 가고 있다. 그렇기에 시간 안에, 공간 안에 사는 것이 가능하다. 그렇기에 시간과 공간이라는 것은 부수적인 조건이고, 근본적인 구성 요소는 시간성과 공간성이다. 근대인들이 말하는 인간이 무엇인가? 선험적 자아, 보편적 주체이다. 데카르트의 생각하는 자아, 주체, 칸트의 선험적 자아, 헤겔의 보편적 실체로서 주체 등을 살펴보자. 주체·자아·실체라는 일련의 부상 과정에 대해 하이데거는 다 깨고 나온다. 그것을 위해 시간과 공간이 중요하다. 죽음과 세계를 통해서 말이다. 반복하지만 중요하다.

진리와 비진리는 함께 가야 한다

그렇다면 진리는? "철학은 예로부터 진리와 존재를 함께 놓아왔다"[38] 이 말이 많은 것을 시사한다. 존재를 그렇게 생각하니 진리도 그렇게 생각한다. 실재·진리·의미라는 일련의 고리에서 본다면, 존재는 실재에 해당한다. 말하자면, 존재와 무로 갈라지는 실재에서 하이데거가 말하는 존재는 무를 제외하는 것이 아니라 싸잡아 전부 존재이다. 그러니까 실체만이 아니라 관계이고, 본질만이 아니라 실존으로 간다. 물론 하이데거는 본질을 부정하지 않는다. 사르트르 같은 급진적 실존주의자는 '실존은 본질에 앞선다'고 하면서 본질을 부정했었지만 말이다. 하지만 하이데거는 '본질이 실존에 놓여 있다'라고 말한다. 옛날에는 '본질이 앞선다'는 입장이 지배적이었다. 스콜라철학에서 실존은 본질의 테두리 안에 있고 벗어날 수 없었다. 본질의 테두리 안에서 실존은 우연일 뿐이었다. 하지만 오늘날은 실존이 본질의 테두리를 깨고 나간다. 급진적인 실존주의자들은 그렇게 말했는데 하이데거는 본질이 실존이라고 말한다. 그러니 본질과 실존도 묶어야하고, 실체는 관계의 파생물로 정리된다. 실체의 실체성은 부정하지만, 관계의 파생물로서 실체는 긍정한다. "이 기초에서부터 진리의 근원적인 현상이 드러나게 될 것이다. 이 근원적 현상으로부터 전통적인 진리개념의 파생성이 제시될 수 있을 것이다."[39] 관계가 근원이고 이로부터 파생된 조각으로서 실체가 진리의 전통적 개념이 되었다는 것이다. 말하자면, 우리가 지금까지 진리라고 알고 있었던 것이 근원적인 진리 현상으로부터 나온 것이라고 주장한다. 전통적인 진리 개념은 일치하고 정지해 있어야 한다. 뿐만 아니라 진리는 불변하고 영원해야 한다. 그러나 이제 존재와 무를 아우르는 실재로서 진리는 현상, 사건, 행위이니 동사적이라는 것이다.

---

38 『존재와 시간』, 287.
39 『존재와 시간』, 289.

현상이라고 할 때 이는 더이상 그림자가 아니고 그저 알려진 것만이 아니다. 인간이 다가가서 파헤치고 분석해서야 정태적으로 알려지는 것이 아니라, 스스로 드러내고 나타내는 사건이다. 현상의 동사적 차원을 회복시킨 현상학의 통찰이 해석학으로 전유되어서 현상학적 해석학으로 갔다. 존재를 드러내는 현상이 진리이다. 존재가 드러남이다. 열려지고 밝혀진다. 그러나 드러내는 것도 있지만 드러내지 못하는 것도 있다. 하이데거는 이것을 가리켜 '진리와 비진리가 함께 간다'고 말한다.

전통적으로는 진리는 비진리를 없애는 것이 숭고한 사명이었다. 진리의 이름으로 비진리는 처단해야 했었다. 이것이 특히 종교적 진리로 오게 되면 대량살상이 된다. 그런데 비진리를 배제하고 납작하게 되어버린 진리 이해가 정치, 사회, 종교에도 적용되고 표방된 나머지 억압구조가 되었다고 비판한다. 하이데거는 이에 대한 대안으로 진리와 비진리는 함께 가야 한다고 말한다. 여기서 진리와 비진리는 맞고 틀림을 가리키는 것이 아니다. 일치를 기준으로 보면 그렇게밖에 읽을 수 없겠지만, 함께 가는 진리와 비진리란 열려 있음이 덮어져 있음을 끼고 갈 수밖에 없다는 것을 뜻한다. 그래서 비진리를 배제한 일치와 동화에 대해 단호하게 반대한다: "진리를 '일치', 아데쿠아티오, 호모이오시스(동화)로써 성격 규정하는 것은 분명히 너무 일반적으로 공허하다."[40] 고대와 중세를 비판한다. 근대도 마찬가지이다. 일

---

40 『존재와 시간』, 291. 사실 진리를 일치나 합치로 간주해온 긴 전통이 통째로 부정될 것은 아니지만 공허한 것만큼은 분명하다. 반대로 가정하여, 만일 그렇지 않았다 동일성으로서 진리가 세상을 이미 평정하고도 남았을 터이다. 그러나 세상은 그렇게 생기지 않았다. 그런데 그래서 복잡하지만 더욱 중요하게는 그래서 다행이다. 만일 동일성이었다면 아무런 갈등도 없었을지도 모르지만 모두 같은 타자이니 타자가 필요하지도 않고 타자

치라는 표현을 보면 재미있다. 꽤 유구한 역사를 거쳐온다. 고대는 호모이오시스, 중세는 아데쿠아티오이다. 호모는 같다는 뜻이니 실체가 같다는 것이다. 중세에는 아데쿠아티오, 즉 적절하게 아귀를 맞춘다는 뜻이다. 근대로 넘어오면, 이성론자들이 정합(coherence)설로, 경험론자들이 대응(correspondence)설로 말한다. 진리 대응설과 진리 정합설에서 주목해야 할 것은 함께(co)이다. 경험론이 좀 더 발전한, 현대에 넘어와 합의(consensus)도 있다. 합의로서 진리, 여기도 함께(co)가 있다. 철저하게 함께 간다는 것이다. 저 옛날의 일치였던 것이 정합이고, 대응이고, 합의였다. 하이데거는 진리가 그렇게 읽혀서는 안 된다고 말한다. 안 되는 이유가 뭘까? 일치와 합의로서 같음으로 묶어냄으로써 그것에 들어가지 못하는 것들은 전부 폐기처분되어야 하기 때문이다. 그래서 하이데거는 비진리가 진리에서 빼놓을 수 없다고까지 말한다.

그런데 진리에 대해서 "알레테이아라는 용어를 사용할 때에 철학 이전의 이해로서 '자명하게' 밑바탕에 깔고 있었던 바로 그것의 의미가 은폐되고 만다."[41] 말하자면 덮여져 있던 것이 벗겨져 드러나고 발견되어 있음에 주목하다보니 여전히 덮여진 채 드러나지 않고 있음이 무시된다. 그래서 아래와 같은 점에 주의를 기울이는 것이 중요하다.

현존재의 현사실성에는 닫혀 있음과 가려져 있음이 속한다. '현존재는 진리 안에 있다'라는 명제의 온전한 실존론적-존재론적 의미는 똑같이

도 아니게 될 터이다. 구역질날지도 모르는 타자가 아니라 아무런 필요가 없는 타자가 될 터이다. 이것이 더욱 끔찍한 세상이 아닐까 하는 물음과 함께 동일성이 아닌 것이 얼마나 다행인지를 되돌아 새기게 한다.

41 『존재와 시간』, 296.

근원적으로 '현존재는 비진리 안에 있다'를 같이 말하고 있다.[42]

'닫혀 있음'과 '가려져 있음'은 불쑥 나오는 것이 아니다. 발견함, 열려져 있음과 같이 간다. 진리가 비진리와 함께할 수밖에 없는 근거가 뭘까? 현존이다. 고대·중세·근대까지 진리는 현존재와는 분리되어 있었다. 무시간적, 무현존적 차원을 가정적으로 표상했다. 그런 경우에 진리는 일치다. 그러나 그런 일치로서 진리는 더이상 살아 있을 수 없다. 현존과 동떨어져 있기 때문이다. 그래서 비진리와 함께 만들어져가는 것이고 발견되어 간다고 한다. 혁명적인 전환이다.

진리는 일치가 아니라 발견됨

진리가 비진리와 함께 가야 하니 이제 일치란 불가능할 뿐 아니라 바람직하지도 않다. 아니 비진리라는 것이 이를 거부한다. 이유인즉 일치는 폭력일 수밖에 없기 때문이다. 비진리가 소중한 이유가 바로 이것이다. 해방의 실마리가 되기 때문이다. 그런데 진리와 비진리가 함께 가려니 이는 벗겨지고 발견되는 과정을 필요로 한다.

> 입증되어야 하는 것은 인식함과 대상의 일치도 아니고, 더더욱 심리적
> 인 것과 물리적인 것의 일치도 아니며 또한 '의식내용' 상호간의 일치도
> 아니다. 입증되어야 하는 것은 오로지 존재자 자체의 발견되어-있음,
> 존재자의 발견되어 있음의 방식(어떻게)에서의 존재자 자체이다.[43]

---

42 『존재와 시간』, 299.
43 『존재와 시간』, 294. 일치에는 현존이 할 일이 없다. 아니 사실 아무런 관계도 없다. 그러

이제 진리는 '일치'가 아니라 '발견됨'으로 전환된다. 명사에서 동사로, 또한 능동태뿐 아니라 수동적 차원을 포함하기에 이른다. 또한 주목해야 할 것은 발견되는 방식도 중요하다는 점이다. 일치는 결과이니 무시간적이지만 발견됨은 과정이니 시간적이다. 그래서 방식이 중요하다. 시간이 존재에만 아니라 진리에도 들어간다. 이제 초시공적 차원을 주장했던 무시간적 일치로서 진리는 반성꺼리가 된다. 그런데 아래와 같은 반론이 제기될 수 있다.

참임(진리)은 발견하면서-있음을 말한다. 그러나 그것은 진리에 대한 최고도의 자의적인 정의가 아닌가? 그런 폭력적 개념규정으로써 일치의 이념을 진리개념으로부터 떼어내는 데에 성공할지는 모르겠다. 그러나 그런 의심스러운 소득 때문에 오래된 '좋은' 전통이 무효화되는 대가를 치러야만 하는가?[44]

당연히 제기됨직한 반론이다. 그런데 놓치지 말아야 할 것은 '일치의 이념'이 폭력적이라는 당연한 판단과 함께 '발견하면서-있음'이라는 대안의 의심스러움이다. 물론 이 대안은 의심스럽다. 더욱이 일치라고 하는 유구한 역사를 지닌 진리가 비록 폭력적이었을지언정 나름대로 순기능의 역할이 있었는데 폐기 처분될 수는 없지 않은가 하는

니 삶에 대해서 일치로서 진리가 공허한 것이다. 발견됨이라는 것은 여러모로 깊은 뜻을 지닌다. 수동적이라는 것과 시간적이라는 것 이외에도 내가 확인하거나 구성하는 일치가 아니라 저쪽에서부터 밀고 들어와 일어난다는 뜻도 포함되어 있으니 말이다. 자고로 발견됨이란 인간이 진리의 이름으로 폭력을 행사해 왔던 역사를 되돌아보게 하는 준거가 되는 깊은 뜻을 지닌다.
44 『존재와 시간』, 296.

반론이 나올 수밖에 없다. 이에 대한 하이데거의 대답을 들어보자.

> 진리(발견되어 있음)는 언제나 먼저 존재자에게서부터 쟁취되어야 한
> 다. 존재자는 은폐성을 찢고 나온다. 그때마다의 현사실적 발견되어
> 있음은 흡사 언제나 일종의 탈취이다. 그리스인들이 진리의 본질에 대
> 해서 결여적 표현(알-레테이아)으로 말하고 있는 것은 우연인가?… 파
> 르메니데스를 인도한 진리의 여신이 그를 두 갈래의 길, 즉 발견의 길
> 과 은폐의 길 앞에 세웠다는 것이 의미하는 것은 현존재는 각기 그때마
> 다 이미 진리와 비진리 안에 있다는 것에 다름 아닌 것이다. … 세계-내
> -존재가 '진리'와 '비진리'에 의해서 규정되어 있다는 데에 대한 실존론
> 적-존재론적 조건은 우리가 내던져진 기획투사라고 특정지은 현존재
> 의 존재 구성틀 안에 있다.[45]

'알레테이아'는 '덮는다'는 뜻을 지닌 '레테인'에 부정어 '알'을 붙이
니 '결여적 표현'이라고 말한다. 이는 무한이나 절대가 부정어인 것과
도 비슷하다. '상대'가 긍정어이고, '절대'는 그러한 마주하기를 끊어낸
다는 부정어이다. '무한'의 '무'도 부정어이다. 진리가 벗겨짐인 것과
무한/절대 사이의 유무 상통을 곱씹어 생각해 볼 수 있다. 존재 망각
은 반쪽을 날려버렸다는 것이지 전부가 없다는 것은 아니다. 다만 무
엇인가의 목적 때문에 날려버렸다. 물론 날린 데에는 그만한 명분이
있었다. 진리는 그래서 그렇게 고정, 영원, 불변해야 된다고 말이다.
신도 그렇게 되었었다. 그러나 이제는 회복해야 한다. 잊어버렸던 것
을 되돌려야 한다.

---

45 『존재와 시간』, 300.

현존을 가리키는 '내던져진 기획투사'라는 표현을 앞서 언급한 적이 있다. 앞은 수동이고 뒤는 능동이다. 현존의 꼴이 그러하다. 뒤에 가면 똑같은 방식의 표현이 현존의 시간 구조를 가리키면서 나온다. '기재된 도래'가 바로 그것인데 기재는 이미 있는 것이라면 도래는 앞으로 오는 것이다. 현재는 이미 있으면서도 앞으로 가는 것이기 때문이다. 현재는 미래와 과거가 서로 섞여 소용돌이치는 것이니 말이다. 현존도 시간도 역설로밖에 표현할 수 없다. 진리가 비진리와 함께 가야만 하는 절박한 이유를 여기서도 확인할 수 있다.

> 현존재는 열어 밝혀져 있음에 의해서 구성되어 있음으로 본질적으로 진리 안에 있다. 열어 밝혀져 있음은 현존재의 한 본질적 존재 양식이다. 진리는 오직 현존재가 있는 한에서만 그리고 있는 동안에만 '[주어제]' 있다."46

진리와 현존재 사이의 떼려야 뗄 수 없는 사이를 말한다. 한 세기나 앞서 키르케고르가 말했던 '진리는 주체성이다'라는 주장도 떠오른다. 진리는 보편타당성이라고 생각했던 사람들이 그를 무정부적 상대주의자라고 폄하하였다. 키르케고르는 거대한 보편주의에 대한 항거를 그의 역사적 사명으로 삼았다. 카뮈나 사르트르 같은 급진적 실존주의자들이 이를 이어받았다. 그에 비하면 하이데거는 온건한 편이다. 그렇지만 '현존재가 있는 한 그리고 있는 동안에만 진리가 주어져 있다'고 한다. 어떻게 주어져 있는지 아래 인용을 보자.

---

46 『존재와 시간』, 305.

모든 진리는 그것이 지니고 있는 본질적인 현존재가 존재양식에 따라서 현존재의 존재와 상관적이다. 이 상관성은 가령, 모든 진리는 '주관적'이라는 것을 뜻하는가? '주관적'을 '주관의 임의에 맡겨짐'으로 해석한다면, 확실히 그렇지 않다. 왜냐하면 발견함은 그 가장 고유한 의미상 발언함을 '주관적인' 임의에서 뺏어내 발견하는 현존재를 존재자 자체 앞으로 데려오는 것이기 때문이다. 그리고 오직 '진리'가 발견함으로서 현존재의 존재 양식이기 때문에, 진리가 현존재의 임의에서 빼앗아질 수 있는 것이다. 진리의 '보편타당성'도 전적으로, 현존재가 존재자를 그 자체에서 발견하고 자유롭게 내줄 수 있다는 데에 뿌리를 두고 있다.[47]

진리와 현존의 상관성을 말한다. 그런데 상관성이 주관성, 특히 임의성으로 함몰되는 것은 아니라고 단서를 분명히 한다.[48] 오히려 '발견함' 덕분에 주관적인 임의로 전락할 가능성에서 건져내게 된다고 강변한다. 종래 진리의 본성으로 간주되었던 보편타당성마저도 자유롭게 발견됨을 근거로 한다고 주장한다. 자고로 정태적으로 옹립되었던

---

47 『존재와 시간』, 306.

48 주관이 임의적 주체를 옹호하는 상대주의가 아니라는 것을 하이데거는 다음과 같이 밝힌다. "이렇게 도대체 진리의 존재와 진리를 전제하는 필연성에 대해서 물을 때에는, 인식의 본질에 대해서 물을 때와 마찬가지로 어떤 한 '관념적 주체'를 단초로 삼게 된다. 그렇게 하는 명시적 또는 비명시적 동기는 철학은 '선험'을 주제로 삼지 '경험적 사실' 그 자체를 주제로 삼지 않는다는, 정당하기는 하지만 존재론적으로 이제 비로소 근거 제시되어야 하는 요구에 있다. 그러나 '관념적 주체'를 단초로 삼는 것이 이 요구를 만족시키는가? 그것은 환상적으로 관념화된 주체가 아닌가? 그런 주체개념으로써 바로 그저 '사실적'이기만 한 그 주체, 즉 현존재의 선험은 놓쳐버리고 마는 것은 아닌가? 현사실적은 주체의 선험에는, 다시 말해서 현존재의 현사실성에는 현존재가 똑같이 근원적으로 진리와 비진리 안에 있다는 규정성에 속하지 않는가?"(『존재와 시간』, 308).

진리에 대해 근본적으로 발상을 뒤집는다.

> '순수 자아'나 '의식 일반'이라는 이념은 '현실적' 주체성의 선험도 가지고 있지 않을 뿐만 아니라, 그것은 현존재의 현사실성과 존재 구성틀과 같은 존재론적 성격들을 건너뛰거나 도대체 보지 못한다. '의식 일반'을 거부하는 것이 선험을 부정하는 것은 아니며, 마찬가지로 관념화된 주체를 단초로 삼음이 곧 현존재의 사태에 근거한 선험성을 보증하는 것도 아니다. '영원한 진리'를 주장하는 것은, 현상적으로 근거 지어진 현존재의 '관념성'을 관념화된 절대 주체와 혼동하는 것과 다를 바 없이, 철학의 문제틀 내부에 (숨겨져) 있는 오랫동안 철저하게 내몰지 못한 그리스도교 신학의 잔재에 속한다.[49]

순수 자아는 칸트가 말하는 선험적 자아를 가리킬 것이고, 의식일반은 헤겔 정신현상학의 대전제이다. 그런데 그것들은 현실성이 없다는 것이다. 하이데거는 여기서 현존재의 선험성을 찾고자 한다. 그런데 그가 말하는 선험성은 칸트식의 선험성이 아니다. 경험적 선험성이다. 무슨 이야기일까? 곧 이어서 '순환'이라는 말이 나온다. 순환에 가게 되면 이 선험에 대한 적극적인, '해석되기 이전의 선이해'를 선험과 잇대어 말한다. 하이데거가 말하는 '선험'은 주도권을 위한 앎의 틀이 아니라 이미 이해하고 있다는 삶의 꼴이다. 순수 자아, 의식 일반과 대비하여 현존재에게 주체라는 표현을 여전히 살릴 수 있다면 앎의 주체가 아니라 삶의 주체로 새겨져야 한다는 말이다. 앎의 주체는 비어있다. 순수도, 일반도 비어있다. 선험이라고 하는 것이 칸트에게는

---

49 『존재와 시간』, 309.

비어있는 것이었다. 경험할 수 있는 가능성인데, 무엇이 경험되든지 경험의 가능성이면서 틀이다. 그것이 칸트의 선험성이다. 앎의 시대에 앎은 비어있다. 데카르트의 생득관념도 비어있다. 로크가 말하는 백지상태도 비어 있다. 이미 살아오고 있는 현존이 아니라 관념화된 주체를 전제해온 철학을 더욱 집요하게 끌고 갔던 역사에 그리스도교 신학도 한 몫을 했다고 비판한다. 그런데 현존이 비어 있는가? 우글거리고 뒤범벅되어 있다. 비어 있는 앎이 아니라 이미 이글거리는 삶이다. 이런 맥락에서 선험이란 말을 쓴다면 이렇게 써야 한다는 것이다. 그러니 이것과 마주하고 있는 진리는 그렇게 구성되고 따라서 비진리와 함께 갈 수밖에 없다는 것이다.

죽음이 가리키는 유한과 초월의 얽힘

한 가지는 오인의 여지가 없게 되었다. ⋯ 그것은 현재의 존재를 앞서 먼저 그 가능한 본래성과 전체성에서 실존론적으로 밝혀놓아야 한다. ⋯ 세계-내-존재의 '종말'은 죽음이다. 존재가능, 다시 말해서 실존에 속하는 이 종말은 각기 그때마다 가능한 현존재의 전체성을 제한하며 규정한다.[50]

하이데거는 현존의 본래성과 전체성을 찾는 계기를 죽음이라고 본다. 본래성이 내용이라면 전체성은 형식에 해당한다. 죽음이 염려하게 하고 시간을 진하게 전면으로 끌고 나온다. 죽음이 끝자락에서 불쑥 벌어지는 일이 아니라 현존재의 전 과정에 가능성으로 깔려 있

---

50 『존재와 시간』, 314.

는 것이라면 현존재는 시간성으로 이루어져 있다고 해야 한다. 그리고 그러한 시간성에서 비로소 시간 계산이 가능하게 된다. 앞서 나왔던 이야기가 여기서 또 반복된다.

> 그의 존재에서 바로 이 존재 자체가 문제가 된다면, 염려는 '시간'이 필요하고 그래서 '시간'을 계산에 넣지 않을 수 없다. 현존재의 시간성이 '시간계산'을 형성한다. 시간계산 속에 경험된 '시간'이 시간성의 가장 가까운 현상적 측면이다. 그런 시간에서부터 일상적-통속적 시간이해가 자라난다. 그리고 이 시간 이해는 전통적 시간개념으로 전개된다.[51]

죽음이 주는 역설적 통찰은 실로 오묘하다. 먼저 우리가 불가능하게 되는 것의 가능성이 삶의 전 과정 속에 깔려있다는 것이다. '불가능성의 가능성'이라는 역설이다. 또한 '유한한 자유'라는 역설도 나온다. "오직 죽음에 대한 자유로움만이 현존재에게 단적으로 목표를 제공하며 실존을 그 유한성에 부딪치게 한다."[52] 유한과 자유가 반대말이라고 할 수는 없지만 긴장 관계에 있는 것은 분명하다. 그런데 이것이 얽혀 현존을 이룬다.

---

51 『존재와 시간』, 316. 앞서 누누이 강조했던 하이데거의 분석방식을 여기서도 또 확인할 수 있다. 현존재를 구성하는 시간성이 가장 깊은 뿌리이다. 그렇지 않다면 시간은 그저 부대 상황이고 그의 삶에 아무런 의미나 역할도 지니지 못할 것이다. 그러나 현존재가 이미 그렇게 구성되고 있기에 시간이 경험되며 심지어 시간을 계산하기에 이른다. 중요한 것은 순서다. 뒤집어지면 삶은 있음과 동떨어지게 되며 앎이 삶을 제단한다. 계산하는 시간이 살아가는 시간을 찍어 누르게 된다. 실상 우리가 이렇게 살고 있어서 비극이기는 하다. 시간에 대한 현존재적 이해가 우리 삶을 되살리게 하는 중요한 이유가 바로 여기에 있다.

52 『존재와 시간』, 502.

현존재가 앞질러 달려가면서 죽음으로 하여금 자신 안에서 위력을 가지도록 할 때, 그는 죽음에 대해서 자유로우면서 자신을 그의 유한한 자유의 독특한 강력함 속에서 이해하며, 그래서 각지 그때마다 오직 선택을 선택했을 때에만 '존재하는' 이러한 유한한 자유 안에서 그 자신에게 내맡겨져 있음의 무력함을 넘겨받고 열어 밝혀진 상황의 우연들을 꿰뚫어 볼 수 있게 된다.[53]

자유와 유한을 말하더니 결국 '유한한 자유'에 이른다. 후기작에서는 '유한한 초월'로 바뀐다. 유한은 한계 안에 있는 것이고 초월은 한계 밖으로 넘으려는 성질이다. 더욱 주목할 것은 '무력함'과 '우연'이다. 내맡겨져 있으니 무력하다는 것이고 열어 밝혀지는 과정의 우연이다. 이것은 앎의 논리에서는 받아들이기 어렵다. 그러나 삶의 생리는 이렇게 생겨먹었다. 현존이 그러하다. 죽음이 더욱 그러하다. 죽음이 현존재를 유한하게 하면서 동시에 바로 그런 이유로 초월하게 한다. 그래서 '유한한 자유'이고 '유한한 초월'이다.[54]

그래서 현존은 실체도 아니고 주체도 아니다

그렇게 유한한 자유는 결국 현존의 실체성과 주체성을 넘어설 것

---

53 『존재와 시간』, 503.
54 도대체 어떻게 죽음과 관련하여 인간이 자유와 초월을 떠올릴 수 있는가 하는 의문이 일어나지 않을 수 없다. 이를 간파한 하이데거는 다음과 같이 말한다.미리 달려가 봄은 현존재에게 '그들'-자신에게 상실되어 있음을 드러내 보이며 현존재를, 배려하는 심려에 일차적으로 의존하지 않은 채, 그 자신이 될 수 있는 가능성 앞으로 데려온다. 이때의 자기 자신이란, '그들'의 환상에서부터 해방된 정열적이고 현사실적인, 자기 자신을 확신하고 불안해하는 죽음을 향한 자유 속에서 있는 자신이다『존재와 시간』, 355).

을 요구하는 데에 이른다. 이 저서에서 추려낼 수 있는 인간론의 핵심
이라고 하겠다.

> 현존재의 '존립'은 어떤 실체의 실체성에 근거를 두고 있는 것이 아니
> 라 그것의 존재가 염려로 개념 파악된 실존하는 자기 자신의 '자립성'
> 에 근거를 두고 있다. 염려에 함께 포함되어 있는 자기라는 현상은 비
> 본래적인 '그들' ― 자신에 대한 예비적인 제시와는 대비되는 근원적
> 이고 본래적인 실존론적 제한규정을 필요로 한다. 이 작업에는, 그 자
> 기가 실체도 주체도 아닐진대, 어쨌거나 도대체 그 '자기'에 방향을 잡
> 아야 하는 가능한 존재론적인 문제들을 확정하는 일도 병행된다.[55]

여기서 중요하는 것은 '자기'라는 말인데, '실체'도 '주체'도 아니다.
구체적으로 실체는 고·중세의 유산이다. 근대가 실체를 물려받았는
데, 데카르트에서 주체와 객체에 공히 적용되었다. 이로써 인식주체
가 형이상학적 실체만큼의 위상을 지니게 되었다. 주체부상의 시대라
고 말하는 이유이다. 이후 칸트에 의해서 객체는 알 수 없는 실체로
넘어갔는데, 헤겔이 다시 그것을 불러내어 살렸다. 알 수 없는 객체가
아니라 주객 모두 다 실체이면서 주체라는 것이었다. 고대로부터 실
체를 물려받았고 주체는 근대 초기부터 시작했으니 현대는 실체와 주
체 모두를 유산으로 물려받았는데 이를 극복하고 현존재 이해로부터
재구성하려는 것이다. 그렇게 연관된 세계도 그렇게 재구성한다.

이해의 '순환'에 대한 이야기는 이중의 오인에 대한 표현이다. … 오히

---

55 『존재와 시간』, 404.

려 우리의 노력이 목표로 삼아야 할 것은 근원적으로 그리고 온전히 이 '원' 속으로 뛰어들어 현존재 분석의 단초에서 현존재의 순환적인 존재에 대한 온전한 시야를 확보하는 것이다. 사람들이 무세계적인 자아에서부터 '출발하여' 이 자아에게 객체 및 존재론적으로 근거 없는 이 객체와의 연관을 마련해줄 경우, 현존재의 존재론을 위해서 너무 많이 '전제한' 것이 아니라 오히려 너무 적게 '전제한' 것이다. '삶'을 문제 삼고 나서 또한 가끔씩 죽음을 고려해 넣는다면, 그 시야는 너무 근시안적이다. '우선' '이론적인 주체'에 국한하고 그 다음 '실천적인 측면에 대해서는 부록으로 첨부된 '윤리학'에서 보충하려고 한다면, 이 경우 그 주제적 대상은 인위적으로 독단적으로 재단되고 있는 것이다.[56]

하이데거의 작품『존재와 시간』이 해석학에 대해서 지니는 의미와 가치를 결정적으로 확인할 수 있는 선언이다. 앞서 논했던 긴 이야기는 이것을 위한 것이다. 좀 더 자세히 살펴보자. '무세계적인 자아에서 출발'하는 것이 근대 주체일 것이다. 데카르트의 '생각하는 주체'이다. 확실성을 찾는다는 구실로 둘러싸고 있는 세계가 진짜 존재하는지, 감각의 오류를 피하기 위해서 모조리 의심하여 없다고 가정한다. 자기 자신에게까지 오다가, 자기 자신을 없애고, 사유하고 있는 주체까지 온다. 그리고 '이렇게 사유하고 있는 주체만큼은 의심할 수 없다'는 데까지 온다. 세계가 없는 사유 주체이다. 이것이 근대적 자아이다. 모든 것을 없애고 혼자 있는 것이다. 내가 확실하니, 그것을 밀고 나가면 된다는 것이다. 그런데 하이데거에 의하면 이런 경우는 너무 많게 전제하는 것이 아니라 너무 적게 전제한다는 것이다. '무세계적인 자

56『존재와 시간』, 420.

아'는 '텅 빈 앎'이기 때문이다. 무세계적인 자아가 인식주체라 하니, 텅 빈 앎이다. 그런 인식주체이니 삶이라는 것을 문제 삼고 해결해야 할 대상으로만 간주한다. 삶이 전제 이전에 터전이라는 엄연한 현존의 현실을 덮어두고 있으니 터전은 고사하고 마땅한 전제조차 잊어버리고 나아가 잃어버렸다는 것이다. 이미 모르고도 삶을 살고 있는데 마치 살지 않고 있는 것처럼 삶이 앎의 처분을 기다려야 할 것으로 보았다. 근대의 삶이 그러했다. 이성, 주체, 자유, 자율로 치장된 앎의 주체에게 삶이라는 것은 없었다. 죽음도 없었다. 삶과 죽음이 인간을 직조하고 있는데도 앎의 주체로서 삶과 죽음을 보니 무색의 자아이다. 그래서 하이데거는 이를 '이론적인 주체'라고 했다.

그런데 이론과 실천 사이에서 이론을 먼저 깔고 실천으로 나가는 방식이니 인위적이고 독단적이라고 비판한다. 내던져진 실존에서 봤을 때 그것은 인위적이고 독단이었다는 것이다. 주체의 독단이었다. 이미 무언가로서 살고 있는데 말이다. 그래서 순서를 그렇게 짜면 '독단적인 재단'이라는 것이다. 마구 잘라낸다는 것이다. 잘린 것은 무엇일까? 이미 앞서 모르고도 살고 있던 삶이다. 세계를 없애면서, 아니 세계를 뒤로 물리면서 사실 삶을 덮어버렸다. 그러니 독단적인 재단이라는 것이다.

그런데 독단적으로 재단하는 무세계적 자아는 과연 말 그대로 그렇게 주도적이고 더 나아가서 행복할까? 아니었다. 주위를 자신의 입맛대로 잘라냈는데 그러고 나니 자기 삶의 터가 없어졌다. 살 곳이 없다. 숨도 쉴 수 없다. 한 점에 고정되어 스스로도 오히려 꼼짝달싹할 수도 없다. 자승자박이다. 자기 강박이다. 앎에게 철저하게 속은 것이다. 삶을 덮어두니 벌어질 수밖에 없었던 비극이었다. 천상천하 유아

독존처럼 세계를 평정하고 군림할 것 같은 자아가 무세계적이어야만
한다는 요구에 부응하다가 결국 자기족쇄의 자가당착에 빠져버린 것
이다. 이것이 근대주체의 운명이었다. 끝자락에 소외에 대한 절규가
터져 나왔던 것은 이미 사필귀정이었다. 허무이고 그래서 불안과 절
망으로 내동댕이쳐졌다. 우리 시대인 현대는 그렇게 시작했다. 결코
멋진 시작이 아니었던 것이다.

　그렇다면 어떻게 해야 하는가? 순서를 뒤집으면 될까? 그것이 아
니라는 것이다. 실천에서 이론으로 뒤집는다고 해결되는 것이 아니
다. 사실 이미 살고 있는 삶에서는 순서가 중요하지도 않을 뿐 아니라
불가능하다. 어차피 순환이기 때문이다. 우리의 삶은 이미 먹고 들어
가는 삶이다. 먹고 들어가는 삶은 이미 얽혀져 굴러가고, 치이고, 내던
져진 것이라는 뜻이다. 내던져졌기에 우리의 좌표는 0이 아니다. 정
수도 아닐뿐더러 소수 자리까지 가야 할진대, 우리는 늘 0의 자리에
있다고 착각한다. 내가 보는 것이 세상이다. 이것이 0이고 영점조준
이다. 내게 보이는 대로를 세계라고 한다. 그러니 무세계적 자아이다.
생각하는 주체, 선험적 자아, 의식 일반 모두 그런 것들이었다. 그러나
내던져진 실존은 나의 자리가 0점에 조준되어 있지 않다는 것에 대한
홀연한 깨달음과 겸손한 받아들임이다. 우리의 생겨먹은 꼴은 어디에
있는지 모른다. 우리는 이미 내던져져 있다. 내가 시작이 아니다. 내가
중심이 아니다. 천상천하 유아독존이 아니다. 티끌만도 못한 것이다.
물론 자기비하는 결코 아니다. 오히려 현존재로서 인간이 세계와 시
공적으로 서로를 구성한다니 매 순간 뜻깊게 할 일이 적지 않다. 그렇
다고 대단한 과업을 짊어지자는 것은 아니다. 어차피 던져진 것인데
이것을 잘 염두에 둘 일이다. 이렇게 본다면, 하이데거의 『존재와 시

간』은 제목을 〈현존재와 시공간〉으로 고쳐 불러야 하고, 좀 더 구체적으로는 〈현존재와 시공간성의 상호 공속적 구성〉이라고 해도 좋을 터이다. 비록 『존재와 시간』이라는 작품이 미완성이다 보니 다소 산만하기도 해서 우리가 추려내는 데에도 애로사항이 적지 않았다. 아울러 같은 이야기를 여러 번 반복하기도 하는데 함께 따라가다 보니 우리도 그렇게 추려나간 바가 없지 않았다. 그렇지만 인간과 세계의 관계에 대한 혁명적 전환을 위한 굵직한 이정표를 세워주었다는 점에서 그리고 우리가 관심하는 앎의 족쇄로부터 삶의 해방을 지향하는 통찰을 제시하고자 했다는 점에서 높이 평가되어야 한다는 점은 재론의 여지가 없다.

있음은 본디 살게 하는 사건이다

하이데거, 〈형이상학 입문〉

존재는 있음·앎·삶을 아우른다

시작하기 전에, 구약성서의 출애굽기 3장 14절에 나오는 한 마디를 탁월한 사례로 새겨봄직하다. 마소라 본문에서는 "나는 있는 나다"라는 표현으로 번역했는데, 그리스철학의 영향을 깊이 받은 〈70인역 그리스어 히브리성서〉(Septuaginta)에서는 "나는 있는 자다"로 번역되어 있다고 한다. 히브리 사유와 그리스 사유의 차이를 극명하게 드러내 주는 좋은 예이다. 한글에서 '나'와 '자'(者) 사이는 자음 한끝 차이지만 구체와 추상, 개체와 보편의 대조를 이룬다. 구체에서 추상이 되었고 개체에서 보편이 되었다. 그러면서 신은 존재자의 원천으로서 영원불변하는 존재로 추앙되었다. 고대 그리스 형이상학에서는 자고로 움직이고 변화한다는 것은 무엇인가 모자라 그것을 취하려는 불완전의 징표였으니 완전자는 불변-부동해야 하는 것이었다. 그러나 중세에서는 영원불변한 존재로서 신이 인격적으로도 활동해야 하다 보니까 스스로는 영원불변하면서도 아랫것들을 '있게 하는 힘'이 되었다. 그러니 신의 창조도 창세기에서는 '혼돈과 흑암으로 상징되는 억압의 세계로부터의 해방'이라는 구원사건으로 묘사되었음에도, 라틴계열의 문서에서는 '없음으로부터 있음'으로 젊잖게 둔갑하는 마술로 전락하고 말았던 것이다. 이런 곡해는 극복할 수 없어 보이는 대조의 이분법이 한계로 내몰리면서 임계점에 이르러 폭발하면서 다듬어진 변증법과 나아가 이를 아우르고 넘어서는 역설적 통찰에서 비로소 해결의 실마리를 찾게 되었으니 해석학은 바로 이러한 요구에 부응하려는 노작이었다. 키르케고르에서 시작된 역설에 대한 홀연한 통찰이 니체에서 격동적인 사자후를 거친 후 하이데거에서 보다 정교하게 다듬어졌으니 그의 『형이상학 입문』 등 몇 작품들이 이에 포함되는 것으로 간주될 수 있을 터이다.

예를 들어보자. 점(點)은 수학적으로는 위치를 가리키는 기호지만, 눈앞의 점은 위치만이 아니라 길이와 넓이 그리고 심지어 부피를 가지고 있다. 아무리 작은 점 하나라도 눈에 보인다면 이미 길이와 넓이를 지닌 것은 두말할 나위가 없지만 이게 종이 위의 잉크라면 두께가 있을지니 높이나 깊이가 없을 수 없다. 현실의 점은 이미 부피다. 위치만도 길이만도 넓이만도 아니다. 높이나 깊이를 지닌 부피다. 그런데 점이라고 한다. 그렇게 보는 것이다.

오랫동안 존재를 '점'으로 생각했다. 하지만 하이데거는 그것을 뒤집어서 존재를 '선'이고 '면'이며 종국에는 '입체'라고 한다. 『형이상학 입문』에서 존재가 본디 그런 것이라고 강변한다. 『존재와 시간』에서는 현존을 가지고 같은 이야기를 했었다. 그러나 이제는 노골적으로 존재에 집중한다. 그동안 인간, 세계, 신에 대해 진리를 표방하면서 추려왔던 많은 이야기이 서로 충돌하면서 난무할 수밖에 없었던 것은 엄연히 움직이는 입체인 존재를 고정된 위치의 점과 같은 기하학적 이미지로 전제하고 있었던 데에 그 이유가 있었다고 분석한다. 이른바 존재의 의미를 잊어버리다 보니 벌어진 일이었다는 것이다. 이런 이야기를 존재에 집중하여 다룬 것이 『형이상학 입문』이다.

그런데 하이데거가 존재를 말하는 섬세함을 추려내는 것이 중요하다. 예를 들면, 신 존재에 관해서 직설적으로 말한다면 중세 형이상학이 대표적이지만, 『형이상학 입문』은 이를 넘어서려는 탈-형이상학이다. 탈-형이상학에서 신을 다루는 것은 고전 형이상학의 그것과는 확연히 다르다. 고전 형이상학에서는 신의 존재여부를 문자 그대로 따져가면서 논의한다. 그런데 근대로 넘어와 칸트에서는 그러한 논의가 불가능해졌다. 물론 '신이 없다'고 말하는 것은 아니다. 다만 존재 증명이 불가능하다는 것이었다. 존재한다고 해도 증명할 수 없다는 것이다. 현대로 와서는 존재한다고 증명될 수 없지만 설령 그것이 가능하더라도 '의미가 없다'는 무의미성을 말한다. 하이데거도 삶에 맞닿지 않으면 무의미하다는 입장에서 의미를 엮어낼 수 있는 논의로 가려고 한다. 그래서 이제 '존재' 이야기는 이전과는 달리 '의미 물음'이라고 한다. 중요한 것은 존재 자체가 아니라 존재의 의미다. 의미가 중요한 것은 있음도 아니고 앎도 아니며 삶이 우리의 터이고 우리를 만들어가고 있기 때문이다.

　단도직입적으로 말한다면, 하이데거가 말하는 '있음'은 '삶이라는 터전에서 삶과 얽히는 있음'이다. 나아가 '살게 하는 있음'이다. 현존재와 세계를 논했던 『존재와 시간』이 그 시작이었다. 이전의 있음은 삶에서 그려질 수 없었다. 삶의 바닥에 있을 수 없고 '저 높은 보좌 위의 있음'이었다. 하지만 그런 있음은 '떠 있는 있음'이었다. 하이데거는 특히 고대 그리스의 생명적인 언어가 중세 라틴어로 넘어가면서 납작하게 찌그러졌다고 개탄한다. 라틴어는 존재를 명사화시킨 주범이다. 제도를 구실로 삶의 언어를 있음의 언어로 둔갑시켰기 때문이다. 제국의 체제를 만들 때 수많은 꿈틀거렸던 것들을 납작하게 정형화시켰다. 그래서 존재가 의미를 잃어버렸다. 존재 망각이다. 그래서 다시 이를 복원시켜야겠다고 하이데거는 그리스로 거슬러 올라간다.

라틴 문화권에서 납작하게 찌그러졌던 것들 이전으로 되돌리려는 프로젝트를 이 책에서 적극적으로 개진한다.

이제는 '존재'나 '무'(無)라는 것이 단순히 있고 없다는 사실을 가리키는 것이 아니라 의미를 향한다. 우리의 일상 언어로 번역해보자. 예를 들어, '거룩함'을 풀어본다면 상반된 성질로 말할 수 있다. 종교에서는 '두려움과 이끌림'으로, 철학에서는 '은폐성과 비은폐성'으로 풀수 있다. 중세 신학에서는 '드러나신 하느님'과 '숨어계신 하느님'이라고도 한다. 원래 덮여져 있는 것이 당연한 것이다. 덮어진 것인데 그것이 드러나면서 살짝 보이는 것이다. '알레테이아'도 덮여져 있는 것이 벗겨진다는 것이다. 그런데 원래 덮여져 있던 것이 열려질 때 다 열려지는 것이 아니다. '있음'만 말해서는 안 되는 이유가 여기에 있다. '없음'이 없이는 있음을 온전히 드러낼 수 없다는 것이다.

다른 예를 들어보자. 다석 류영모도 '없이 계신 하느님'을 이야기했다. 없다는 것인가, 있다는 것인가? 하이데거의 표현으로 말하자면 은폐와 탈은폐가 경계를 나눌 수 없는 것처럼 엮여 있다. 그래서 현대 신학자들은 자고로 인간이 신을 말하는 것은 모두 다 어린아이들의 옹알이라고 하는 데 동의한다.[1] 어린 아기가 떠들 때 다른 사람들은 못 알아들어도 어머니는 귀신같이 알아듣는다. 하느님도 그런 분 아닌가? 인간이 신 앞에 선다는 것은 그런 것일 터이다. 그런데 교회는 아직도 존재 관념에 사로잡혀서 철저히 신을 점으로 이해하고 있다. 있음과 없음은 모순이지만 역설은 이를 넘어선다. '없이 계신 하느님'도 이런 맥락에서 이해될 수 있다. 어떤 방식으로든지 명사화, 객관화시킬 수

---

1 대표적인 작품으로 맥페이그의 저서를 들 수 있다. 샐리 맥페이그, 『은유신학: 종교 언어와 하느님 모델』, 정애성 옮김 (천안: 다산글방, 2001), 전권 참조.

없다는 통찰이다. 있음과 없음의 대립과 모순을 넘어서는 것이다. 역설이라는 표현을 사용하지 않았을 뿐 역설이다. 다음과 같은 일침은 시작하는 대목에서 전체를 관통하는 예고로서 뜻을 톡톡히 지닌다.

> 그는 다만 마치…인 양 행동할 수 있을 따름이다. 그러나 다른 한편, 어떤 믿음이 믿지 않음이라는 가능성 위에 항상 놓여 있지 않는다면 그것은 신앙이 아니요, 하나의 안일일 뿐이며, 앞으로 어떤 것이 어떤 형태로 전해지든지 간에 그 가르침을 고수하겠다는 자기 스스로와 한 약속에 불과한 것이다.[2]

믿음을 구실로 믿지 않음을 배제한다면 독실한 믿음이 아니라 오히려 안일일 뿐이라고 한다. 심지어 자기 고수이고 자기와의 약속일 뿐이라고 한다. 자기집착이며 결국 자아도취라는 것이다. 믿음은 믿지 않음과 함께 가야 한다. 그것이 진짜 믿음이다. 시작부터 역설적 통찰이 전율적이다. 우선은 그러한 역설을 종래의 인식론적 확실성에 비추어 '애매함'이라고 에둘러 표현한다: "정신의 모든 본질적인 모습은 애매함 속에 숨겨져 있다."[3] 인식의 눈으로 보면 그렇게 보일 수밖에 없다는 것을 염두에 두면서 배려한다.

이제 그러한 애매함의 구체적인 얘기를 계속한다. 그리스인들의 '퓌지스'(physis) 이해를 두고 존재를 말하기 시작한다. 퓌지스는 그리스에서는 살아 숨쉬고 펄펄 뛰었던 것인데 로마로 가면서 정형화되었

---

2 마르틴 하이데거,『형이상학 입문』, 박휘근 옮김 (서울: 문예출판사, 1997), 31; 이하『형이상학 입문』으로 표기한다.
3 『형이상학 입문』, 34.

다. 그리스 계열은 동방 정교회의 배경이고 라틴 계열은 서방 가톨릭 교회의 배경이라는 점을 염두에 두면 이해가 보다 쉬울 것이다. 원래는 살아 움직이는 신비로운 것이었는데, 그것을 중세학자들이 체계화시킨 것이다. 그것이 스콜라 철학이다. 그리스가 라틴으로 흡수되면서 개념의 고착화가 일어나버렸다. 가장 핵심적인 퓌지스가 '나투라'(natura)가 되면서 비극이 시작되었다는 것이다. 같은 자연인데 이렇게 달리 보았던 것이다.

인간은 자연을 처음 운명(moira)과도 같은 것으로 이해했다. 내던져진 삶의 꼴로 본 것이다. 그렇다고 별 대책 없이 수동적으로 운명에 복종하거나 운명 탓만 할 수는 없는 노릇이었다. 자의식의 발달 덕분에 운명의 터전에서 삶을 엮어가고자 하는 방법을 모색함으로써 규범(nomos)이 등장한다. 그리고는 이 눈으로 자연을 보았으니 법칙이 나왔다. 자연에서 법칙을 추리는 것이다. 운명의 불가피성으로부터 대책을 세워 규범의 당위성을 만들었다. '그럴 수밖에 없다'는 것에서 '그래야 한다'로 넘어가는 것이다. 로고스의 씨앗이 여기서 생긴다. 여기서 '자연을 운행하는 힘이 있다'는 생각이 나타나는데 그게 영혼(psyche)이다. 그중 최고는 신(theos)이다. 그리스의 플라톤까지만 해도 신은 데미우르고스처럼 아직 움직임이 있었지만, 이후 헬레니즘의 신비주의화 과정에서는 초월성에 대한 강조로 인해 신은 저 너머의 영원불변한 존재가 된다. 이어받은 중세는 이를 더욱 가속화했다. 그중에서도 정점에 서 있는 이가 토마스 아퀴나스다. 고대 로고스에는 움직임의 흔적이 남아있었는데 중세에 가서는 완전히 사라져버리게 되었으니 존재 망각이라고 진단할 수밖에 없다. 아주 일찍 망각이 시작되었다. 존재의 보편화, 정태화의 궤적들이 그렇게 추적될 수 있다는 것이다. 사실 운명이라는 것은 '이 세상에서 어떻게 살아야 할 것인가'라는 물음에 대한 대답을 위해 그것을 주재하는 힘을 찾으면서 나온 것이다. 존재는 사실 그런 뜻을 가지고 있었다. 이제 하이데거가 말하고자 하는 존재를 계속 거슬러 간다면 여기로까지 가야 한다. 그러면서 홀연히 질문을 던지게 된다. '왜 도대체 없지 않고 있는가?' 그런데 이러한 질문은

우리가 질문함에 있어서, 우리가 단지 아무 문제 없이 이미 주어진 있는 것에만 집착하고 또 이렇게 집착함과 동시에 그것을 지나쳐 또 다른 그다음의 있는 것에 집착하게 되어, 또다시 그것의 근거를 계속해서 묻게 되는 것을 막아준다.[4]

'왜 없지 않고 있는가?'라는 질문은 그냥 있다는 것이 단순히 있는 것이 아니라 '없지 않고 있다는 것'을 새삼스레 일깨워준다. 그것은 분명 다르다. 있는 것이 당연한 것이 아니라는 것을 보게 하니 말이다. '없지 않고'를 떠올리지 않고 '있음'만 생각하게 되면 온통 이 세계가 있음으로 꽉 찬 세계로 보이지만, '없지 않고'를 염두에 둔다면 있음의 배경과 동기로 거슬러 가게 한다. '없지 않고'를 전제하지 않으면 끝없이 있음의 원인으로 거슬러 올라가는 무한 소급으로 빠질 수밖에 없는데, 이 전제가 불가능한 무한 소급에 대한 해결의 실마리가 된다는 것이다.

있는 것은, 앞에서처럼이 아니라, 질문의 양상을 통해서 있지 않을 수

---

4 『형이상학 입문』, 60.

도 있는 가능성으로부터 건져 올려 매달려 있는 것이다. 이로부터 이 왜
는 질문함으로써 전혀 다른 힘과 예리함을 얻게 된다. 왜 있는 것은 없
을 수도 있는 가능성으로부터 빠져나온 것인가? 왜 있는 것은 당장 그리
고 각 순간마다 그와 같은 가능성 속으로 되돌아 떨어지지 않는가?5

있음이란 '있지 않을 수도 있는 가능성으로부터 건져 올려 매달려
있는 것'이라고 한다. 있음이 전제도 아니고 시작도 아니라는 것이다.
'있지 않을 수도 있는 가능성'이 전제되니 있어야 할 필연성도 없다.
그래서 존재는 사실이 아니라 사건이다. 심지어 흔들린다. 매달려 있
으니 당연하고 불가피하다. 연이어 보면 보다 더 깊이 감지할 수 있다.
"있는 것은 이제 더이상 그저 사물적으로 우리 면전에 주어져 있는 것
이 아니라 우리가 있는 것을 확실성을 가지고 인식하든지 못하든지
간에 그리고 우리가 그것을 전 영역에 걸쳐 파악하든지 못하든지에
상관없이 이제 흔들림 속에 놓인 것이다."6 있음이 있지 않을 수도 있
는 가능성을 싸안고 있게 된 것이니 흔들릴 수밖에 없다. 그러한 가능
성이 도사리고 있는데 어찌 아무 일도 없었다는 듯이, 또한 앞으로도
어떤 일도 없을 것이라는 듯이, 홀로 고색창연할 수 있을 것인가? 흔
들릴 수밖에 없다. 심지어 흔들리다가 심지어 정반대로 갈 수도 있다.
있지 않음으로까지 갈 수도 있다는 말이다. 있음이란 그런 것이다.

---

5 『형이상학 입문』, 60.
6 『형이상학 입문』, 60. 여기서 '확실성'과 '흔들림'이 대조된다. 종래의 확실성이 앎의 영역
에서 추구되었던 것인 반면에, 흔들림은 삶에서 보는 있음의 모습이다. 아니 사실 이것이
우리를 직조하고 있는 있음에 훨씬 더 근접하는 있음이다. 하이데거가 그토록 '존재의 의
미'라고 힘주어 강조한 것도 이런 맥락과 별개의 것일 수 없다.

지금부터 있는 것은 그대로로서, 우리들이 이것을 우리의 질문 속에 세워놓는 한 흔들릴 것이다. 이 흔들림의 이름은 있는 것이 지닐 수 있는 극단적 반대 가능성의 영역을 벗어나 있지 않음과 아무것도 아닌 것에까지 다다를 것이다.[7]

이와 같은 선언으로써 하이데거는 "겨우 있는 것으로 하여금 있지 않음과 있음 사이의 흔들림 속에 처음으로 자신을 열어보이게 했음 따름"[8]이라고 술회하고 있다. 있음과 있지 않음 사이에 흔들리니 '겨우 있는 것'이다. 건져 올려졌으니 겨우 있는 것이다. 그런데 이것이 오히려 해방이라고 말한다.[9] 무슨 이야기인가? 고·중세에는 '있음과 없음'이 서로 대립했다. 그러다가 근대로 넘어오면서 '앎'이 전면에 부상했다. 그러니 '모름'을 어떻게 제거할 것인가가 관건이었다. 현대는 그것에 대해 반동을 제기하였다. 그것을 터트린 것이 바로 다름 아닌 '삶'이다. 이제 하이데거가 말하는 있음은 '삶-앎-있음'을 다 아우른다. 그리고 이것이 해방일 터이다. 이제부터 좀 더 자세히 보자.

---

7 『형이상학 입문』, 60.

8 『형이상학 입문』, 63.

9 그것이 해방인 이유를 하이데거는 이렇게 설명한다: "도대체, 우리들이 똑바로 관찰했을 때, '있음'이란 단지 하나의 어휘, 하나의 규정되지 않은 의미, 붙잡을 수 없는 아지랑이, 이와 같은 것 이외에 더 무엇이란 말인가? 다만 니체는 이와 같은 그의 판단을 순수한 경멸적인 의미에서 말하고 있는 것이다. 그에게 있어서 '있음'이란 결코 나타나지 말았어야 했을 하나의 환각일 뿐이었다. '있음', 애매모호한, 공중에 아른거리는 아지랑이? 그것은 과연 그런 것이다"(『형이상학 입문』, 76)

존재를 제한해왔던 대조는 본래 존재에게 속해 있었다

　이 책의 핵심은 4장에서 집성된다. 제목은 '있음의 제한'이다. 존재가 제한되어 왔다는 것이다. 그런데 그게 잘못된 것이라고 비판한다. '존재가 제한되어도 되는 것인가', '그런 것이 존재인 것인가'라고 물으면서 시작한다. 그리고는 다른 것과 구별하여 있음에 대해서 말해지는 숙어화된 양상들을 분석한다. '숙어화되었다'는 것은 으레 '존재와 ~'라고 했는데 "그 어떤 것에 마주 부딪쳐 있음이 그것으로부터 자신을 구별하는, 그와 같은 것을 우리는 덧붙여"[10] 쌍을 만들었다고 했다. 그래서 사실은 엄연히 존재와 얽히는데 존재에 거슬러서 맞부딪히는 것처럼 보이는 대조들이 제한으로 작동해온 실상을 파헤쳐보려는 것이다. 맞부딪치는 쪽이 존재를 계속 한계 짓고 규정화하면서 존재의 뜻을 일그러뜨렸기 때문이다. 그러다가 존재를 아예 잊어버리게 만들었기 때문이다. "하나로 모이려는 원래적인 경향성"[11]에도 일찍부터 대립으로 벌어진 계기들로 인하여 그렇게 대조되고 결국 제한되었었다는 것이다.

　우선 전체적인 맥락을 효과적으로 파악하기 위해서 하이데거가 들고 나온 존재를 제한했던 것들을 훑어보자. '존재(Sein)와 생성(Werden)'이 가장 오래된 대조이다. 소크라테스 이전 파르메니데스와 헤라클레이토스 시대에 벌어진 대립이다. 유동, 가변, 가분, 역동, 차별, 우연, 유한, 상대를 가리키는 생성과 대조되는 존재는 고정, 불변, 부동, 불가분, 무차별, 필연, 무한, 절대를 뜻했다. 이에 비해, '존재와 가

---

10 『형이상학 입문』, 155.
11 『형이상학 입문』, 157.

상(Schein)'은 본격적으로는 플라톤과 아리스토텔레스에 이르러 첨예화했다. 가상과 반대되는 존재는 당연히 본질을 뜻했다.

근대로 오면 인식주체가 등장하니 '존재와 사유(Denken)'가 대립을 이룬다. 당연히 사유가 주체라면 존재는 객체를 가리킨다. 마지막으로 거론된 '존재와 당위(Sollen)'는 고전 시대에는 형이상학이 곧 윤리학이었으리만큼 분리되지 않았었는데 근대에 이르러서 사실과 가치 사이의 대조가 부각되면서 보다 확연하게 드러난 것이다. 가치를 가리키는 당위와 대조되는 존재는 현실 또는 사실을 가리켰다. 간략히 훑어본바 나름대로 그만한 시대적 배경에서 출현했던 대립들인데 이것들이 서로 각을 세우면서 존재가 규정되고 한정 지어졌다. 그러나 존재는 본디 그렇게 될 것이 아니었다는 것이다.

4장의 시작부터 '마주 섬'이나 '거슬러 있음'이라는 표현을 쓴다. 그렇게 존재 바깥에서 존재를 향해서 한계 짓고 규정하는 방식으로 대조들이 새겨져 왔었는데 실상은 그렇게 마주 있음을 싸안는 것이 존재라고 주장한다. 그래서 존재는 어느 대목에 가면 '모순·충돌적 격동의 총체'라고 하는데, 모순과 충돌이 존재 바깥에서 존재를 제한하면서 모순적으로 충돌하는 것이 아니라 존재가 이미 '모순·충돌·격동'이라는 것이다.

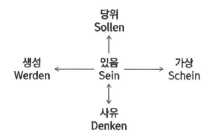

좀 더 자세히 보자. 먼저 '존재와 생성'의 대조에서는 생성이 낮은 등급으로 간주되고 존재가 더 높은 것으로 받들어지는 위계질서를 이루었었다. 플라톤과 아리스토텔레스는 '존재성의 정도'를 공유하고 있었다. 존재성의 정도가 높아질수록 원초적이고 궁극적인 하나를 향해서 올라가니 더 높은 가치를 지니고 반대로 내려갈수록 가치가 줄어든다. 존재성의 정도가 높아질수록 가치도 더 높아지니 더 있는 것이 더 선하고 따라서 없음이 없이 있는 것은 가장 선하다. 그러니까 '지고의 선'이다. 거꾸로 존재성의 정도가 낮을수록 선이라는 가치가 줄어드니 없는 것이 악이다. 뒤집어 악은 없는 것이다. 이것이 바로 플라톤과 아리스토텔레스가 공유하고 있는 신정론의 기본구도이다. 악이 현실에는 버젓이 있는데 형이상학에서는 현상이고 가상일 뿐이다. 말하자면 악은 생성에 속할 뿐 존재의 세계에서는 없는 것이다. 그러니 현상에서 겪는 악은 그냥 그저 그림자로 겪는 것일 뿐이었다. 형상으로도 불리는 존재의 세계에서 없으니 신이 창조하고 주관하는 존재의 세계에서는 깔끔하게 악이 없다고 했다.

그런데 이런 왜곡은 존재와 생성을 찢어놨었으니 벌어질 수밖에 없었다. 망각은 그저 망각이 아니라 엄청난 왜곡이고 결국 억압이라는 것을 시작부터 여실하게 보여준다. 그러니까 지금 하이데거는 원래부터 따로 놀던 것을 새롭게 통합적인 기획을 통해서 만나게 해줌으로써 '상호 공속성'(Zusammengehörigkeit)이라고 이름 붙여주는 게 아니라, 이미 생성의 틀과 꼴로 얼로 존재가 엮어져 있다고 말한다. 그러니 우리가 발상을 전환해야만 한다. 아니 사실 잊어버렸던 것을 되찾아야 한다. 존재와 생성의 상호 공속성을 회복해야 하기 때문이다. 이어서 '존재와 가상'은 형이상학에서는 그토록 갈라졌었지만 현대 현상학이 이 문제를 극복한다고 본다. '존재는 이미 현상한다'라고 하면서 말이다. 존재가 저쪽에 있고 부차적으로 이쪽에다가 자신을 가상으로 드러내는 것이 아니라, 드러내주는 꼴과 틀로서만 존재하기 때문이다. 그러한 존재와 가상의 얽힘이 '현상'이다.

그다음에 위로 솟아 있는 '존재와 당위'는 오래전부터 사실과 가치를 찢어놓았던 문제를 가리킨다. 존재는 존재대로 사실 판단에만 머무르는 것처럼 간주되었고, 당위는 가치 판단의 영역에 해당하는 것으로 보았으니 말이다. 그러나 '있음·없음'이 이미 '같음·다름'의 대조보다 더 깊이 '옳음·그름'이라는 구별을 근거로 지니고 있었다는 것이다. 이미 있음이라는 것이 없음과 불가분리일 뿐 아니라 같음과 다름, 나아가 옳음과 그름이라는 떼려야 뗄 수 없는 관계로 얽혀져 있기 때문이다. 자고로 있는 것이 그냥 있는 것이 아니라 가치로 있으니 말이다. 앞서 말한 대로 존재가 이미 가치이다. 가치가 없이도 있다가 나중에 가치를 가지는 것이 아니다. 이런 방식으로 분절시키고 요소론적으로 정태화하는 왜곡을 교정하고자 했다.

마지막으로, '존재와 사유', 즉 '있음과 생각'이라는 대조를 살핀다. 옛날부터 이미 이런 대조는 작동했었지만 근대 인식론으로 인해 전면에 등장했다. '앎'이라는 행위에 주체와 객체의 관계가 있는데 주체가 인간이니 둘러싼 세계가 객체가 되고 당연히 신도 객체로 간주되었다. 이런 구도에서 인간은 주체로서 생각이라는 행위를 하더라는 것이다. 그래서 이 대조에서만 유일하게 화살표가 양쪽으로 표시되어 있다. 존재와 사유 사이에 화살표가 양쪽으로 표기되어 있다는 것은 위의 다른 세 개의 대조들과 견주어서 무슨 차이가 있다는 것을 가리키는가? 무엇을 주거니 받거니 한다는 것인가? 단도직입적으로, 인식론을 넘어선 해석학을 말한다. 인식론을 넘어선 해석학이 무슨 말인가? 인식론과 해석학 사이의 차이를 주목하면 이 화살표의 취지를 바로 이해할 수 있다. 물론 이 책에는 인식론이나 해석학이라는 표현은 나오지 않는다. 그러나 하이데거는 종래 형이상학은 물론이고 근대 인식론에 대해서도 집요하게 비판을 가한다. 이미 우리는 『존재와 시간』에서 그렇게 읽었다. 저 옛날에 실체가 군림해 있었는데 근대에 와서는 주체도 떴었다. 그러다가 근대 후기에 실체와 주체가 함께 움직이면서 인간·세계·신의 그림이 완성되는 듯했었다. 그러나 하이데거로 넘어오면서 실체뿐 아니라 주체도 부정되었다. 인식론을 넘어선 해석학이다. 인식론은 인간 주체가 주도권을 가진 것이라면, 해석학은 현존과 세계 중 그 어떤 것도 실체도 아니고 주체도 아니니 서로가 서로에게 속하고 서로를 구성한다는 착상으로 삶의 뜻을 풀고자 했기 때문이었다. 인식론이라면 한 방향의 화살표로 머물렀을 터인데 해석학적 발상이니 양방향으로 주고받는 것이다. 상호 공속과 상로구성의 쌍방향이다.

존재와 가상

지금까지 총론적으로 존재와 이를 제한하는 대조들을 훑었다면, 이제 우리의 해석학적 관심에 비추어 '존재와 가상'에 대해 보다 자세히 살피고자 한다. 하이데거는 시작부터 근대인식론을 비판한다. "근대 인식론이 가져온 잘못된 영향 아래 놓여있는 우리에게 있어서는"[12] 인식주체가 주도적으로 한다고 착각하게 되어 있다는 것이다. 그러나

---

12 『형이상학 입문』, 163.

"그리스인들에게 있음이라는 것은 퓌지스로서 열어 보였다는 것을 우리는 알고 있다. 열어 펼쳐져-머물러 다스림은 그 자체가 동시에 나타나 보임"13이라고 한다. 인간이 주도하는 것이 아니라 자연이 그렇게 스스로를 드러내는 사건으로서 존재라는 것이다. 스스로 드러내는 존재이니 현상이라고 한다. 그런데 그것을 찢어 놓고, '이것 따로 저것 따로'라고 하다 보니까 나름대로 옹립된 것이 존재이고 그밖에 내몰린 것이 가상이 되어 버렸다. 하나는 진짜고 하나는 가짜가 되어버렸다. 그러나 그것이 아니라는 것이다.

> 이와 같은 것을 통해서 그리스 철학은 근대철학의 주관주의와는 다르게 '사실주의적으로' 객관적 있음 그 자체를 가르쳤다는, 일반적으로 널리 통용되고 있는 이와 같은 그리스 철학에 대한 표상은 하나의 순전한 허구로서 부서져버리고 마는 것이다.14

고·중세는 객관주의로, 근대는 주관주의라는 식으로 가르는 것은 근대를 지배했던 주·객의 눈으로 바라본 것이다. 객관주의와 주관주의 모두 반쪽이고 일방적으로 쏠린 입장인데 나름대로는 명확성을 구실로 했지만 오히려 자가당착적일 정도로 '순전한 허구'라는 것이다.

---

13 『형이상학 입문』, 167.
14 『형이상학 입문』, 168. 서구철학사 안에서 고대와 중세를 지배한 형이상학은 근대의 인식론에 견주어서 사실 또는 객관을 표상하는 것으로 흔히들 평가되어 왔었다. 그러나 이는 어디까지나 인식론과의 대비 구도에서 보는 형이상학의 모습일 뿐이다. 오늘날은 고대와 중세의 형이상학마저도 이미 인간이 의식의 주체로서 그에게 비쳐진 세계와 신에 대한 이해의 전개라고 재평가된다. 다만 인간이 그렇게 설정되어 있다는 데 대한 자의식이 결여되어 있었기 때문에 그저 객관이나 사실이라고 착각했을 뿐이라는 것이다. 해석학적 성찰도 이를 공유한다.

어느 한쪽으로만 손들어 줄 수 없기 때문이다. 특히 이 대목에서는 그리스 철학으로 대표되는 고대 철학이 근대와 견주어 사실을 있는 그대로 개진하는 '객관적 있음'을 제시했다고 볼 수 없다고 비판한다. 이미 있음이 그렇게 가상과 불가분리로 얽혀 있으니 어떤 조건에서도 사실이라고 주장할 수 없다는 것이다. 하이데거는 이런 방식으로 있음에 대조되는 것들을 그렇게 갈라놓고 서로 멀리 떼어 놓아왔던 일방주의의 왜곡에 대해 일침을 가한다. 그런데 이를 해결하는 길은 그렇게 대조되어 갈라졌던 것을 단순히 모아 붙이는 것이 아니다. "숨겨져-있지-않음으로서 진리는 있음에 덧붙여지는 어떤 것이 아니다."[15] 본래 존재의 마땅한 꼴을 새삼 스러 드러내는 것이다.

그렇다면 구체적으로 어떻게 '존재와 가상'의 대조가 공속으로 갈 수 있을까? 물론 가상이 존재에 덧붙여지는 것은 결코 아니다. 관건이 되는 존재와 사유의 대조에서도 한편으로는 사유가 존재에 덧붙여지는 게 아니면서 사유에 존재를 덧붙이는 것도 아니다. 인식론을 넘어서는 해석학을 말하지만, 인식론을 부정하고 제거하는 해석학이 아니라는 말이다. 인식론이 그저 반쪽밖에 안 된다는 것이다. 나머지 반쪽도 아울러야 비로소 해석학이 된다는 것이다. 이것을 구별하지 못하고 해석학을 인식론적으로 새겨내는 논의들이 적지 않다. 구별이 안 되면 그럴 수밖에 없다. "있음과 가상은 함께 속해 있는 것이기에 그리고 함께 속해 있는 것으로서 이 둘은 항상 한 쌍으로 존재하며 그래서 늘 혼란 속에서 그리고 이로부터 늘 헷갈림과 착오의 가능성을 제공함으로써"[16] 오히려 있음이다. 참으로 소중하게 주목해야 할 대목이

---

15 『형이상학 입문』, 170.
16 『형이상학 입문』, 181.

다. '혼란, 헷갈림, 착오'라는 것 말이다. 이미 '있음'이라는 것이 이렇게 생겨 먹었다. 인식론에서는 이런 것들을 제거하려는 강박에 시달렸었다. 이성론은 물론이거니와 경험론도 마찬가지였다. 개별성을 통해 공통성으로 가고자 했으니 그런 것들은 걸러내어야 할 것들이었다. 그러나 사람의 삶이 깔끔하게 정리될 수 있는가? 자신에 대해서 그렇게 들이댈 수 있는가? 우리 삶은 그렇게 굴곡져질 수밖에 없다. 차라리 이렇게 받아들이는 것이 정리의 강박으로부터 벗어나는 해방의 첫걸음을 내딛는 길이 아닐까? 있음이 이미 이렇게 생겨먹었다. 혼란이고 헷갈림이며 착오이다! 이것이 무슨 말인가? 바로 삶이라는 것이다. 이렇게 삶으로 있음을 다시 말한다. 그러니까 반대로 보였던 것을 차곡차곡 모아 본래 소용돌이치는 있음을 드러내고자 한다. 이를 통해서 종래 앎으로 있음을 논했던 것이 얼마나 작고 좁게 가두고 뒤틀었던 것인지 여실히 드러나게 됨은 물론이다.

> 세 번째의 길은 가상의 길이다. ⋯ 진정한 앎을 지닌 대장부라는 것은 그렇기 때문에 맹목적으로 하나의 진리만을 뒤쫓는 사람을 말하는 것이 아니라, 오히려 가상으로의 있음으로의 그리고 있지 않음으로의, 이 세 개의 길을 언제나 알고 있는, 이와 같은 사람만을 의미하는 것이다.[17]

'진정한 앎'이라는 것이 무슨 말인가? 있음, 있지 않음, 가상, 이 셋을 다 가져가야 한다. 어떤 것도 버려서는 안 된다. 그러더니 뒤에 가서는 가상을 앞서 논했던 생성과 연관시켜서 말한다.

---

17 『형이상학 입문』, 187-188.

그렇기 때문에 그것은 잠깐 동안은 이렇게 또 잠깐 동안은 저렇게 보이는 것이다. 그것은 그 자체로서 확정되지 않은 모습을 제시하고 있으며, (변화)됨이라는 것은 이렇게 보았을 때, 한 있음의 가상(Schein des Seins)인 것이다.[18]

'변화됨, 즉 생성이 가상이다.' 생성과 존재를 대립으로 볼 수밖에 없었던 이유를 다시 한번 설명하고는 이를 거부하면서 존재와 가상 사이의 관계에 맞부딪쳐서 연결시킨다. 그리고는 그 이유를 이렇게 간명하게 서술한다: "열려 펼쳐짐(出/Aufgehen)과 져버림(沒/Untergehen) 상호 간의 관계라는 것은 나타나 보임, 즉 있음(存在/Sein) 그 자체다."[19] 앞서도 언급했었지만 저 뒤에서 하이데거가 적극적으로 주장하게 될 상호 공속을 예고한다. 생성, 가상, 사유, 당위가 전부 무(無)가 작동하는 꼴이라고 했다. 그걸 앎의 차원과 관련해서 말하면 모름이다. 생성을 아는가? 가상, 사유, 당위도 모두 마찬가지다.

존재와 사유

근대 인식론을 비판하고 현대 해석학으로 가야 하는 이유를 말하고 있다. 생각이라고 말했는데, 근대 인식론으로는 뒤틀릴 수밖에 없으니, 현대 해석학으로까지 가야 한다. 여기 해석학이라는 말은 안 나오지만, 그 이야기를 하고 있다. 해석학적 통찰은 이미 『존재와 시간』에서부터 읊어져 나왔으므로 새삼스러울 것이 없다.

---

18 『형이상학 입문』, 190.
19 『형이상학 입문』, 190.

거기에 반(反)해서 있음과 생각(Sein und Denken)이라는 것은 단지 그 내용상에 있어서 (변화)됨 그리고 가상과 다를 뿐만 아니라, 그 대립되는 방향 또한 본질적으로 전혀 다른 것이다.[20]

'있음과 생성', '있음과 가상'은 찢어진 게 아니라, 있음이 가상으로, 있음이 생성으로, 된 걸 다시 끌어당기고 싸잡아서 있음으로 해야 된다고 했었다. 그런데 있음과 생각의 관계는 그것과는 다르다. 그런 면도 있지만, 반대면도 있다. 반대 면이 어떻게 벌어지는가? 생각이 무슨 짓을 하기 때문이다. 생성이 무슨 짓을 하거나, 가상이 무슨 짓을 하는 것은 아니다. 그건 존재의 모습들이다. 그러니까 '존재에서 가상으로', '존재에서 생성으로'라고 화살표가 되어있다. 그런데 생각은 주거니 받거니 한다. 생각이 무슨 짓을 한다. 이게 근대다. 근대 인간 주체다. 신났다. 그러다가 '이게 아닌가?' 하게 된 홀연한 깨달음이 근대를 종식하고 현대로 넘어오게 했다.

> 생각이라는 것은 자신을 있음이라는 것에 그토록이나 대립시켜, 있음이 그것의 앞에-세워지는 것(표상되는 것/Vor-gestellt)이 되어, 그래서 마치 어떤 마주-세워진 것(대상/Gegen-stand, Ob-ject)인 것처럼 대립되는 것이다.[21]

이것이 생각이 있음에 대해 벌이는 짓이었다. 앞서 가상이나 생성은 이런 짓을 하지는 않았다. 그런데 생각은 그런 짓을 한다는 것이다.

---

20 『형이상학 입문』, 192.
21 『형이상학 입문』, 192.

특히 근대 인식론으로 전환하니 있음은 대상이 되고 생각이 주체가 된다. 생각은 인식 주체를 가리키고, 있음은 생각 대상에 해당한다. 그리고 이 주체가 대상에게 뭔가 한다. 왜? 주체가 주도권을 가지고 있으니까. 그것이 인식 주체다. 그 이야기를 계속한다. 그러다가 드디어, 생각과 있음이 대결한다.

> 이들 모든 구별의 바탕과 발 딛는 곳이 되어, 그곳으로부터 다른 대립되는 구별들이 결정되고, 이 결정이라는 것은 있음이라는 그 자체가 도무지 생각이라는 것으로부터만 그의 의미를 얻어야 할 만큼, 그렇게나 멀리까지 그 영향력을 발휘한다.[22]

생각이 있음을 시작부터 끝까지 주무른다. 인식론이 설정해 놓은 주도권의 횡포이니 곧, 인식의 폭력이다. 생각이 벌이는 짓이다. 이어서 하이데거는 자신의 과제를 말한다. "이 가름은 있음 그 자체로부터 갈라져 떨어져 나온 것이 그 처음부터 있음에 내적으로 속해 있는, 그와 같은 것으로부터 태어난 것이다."[23] 생각도 있음으로부터 갈라져 떨어져 나온 것이라고 하면서 있음에다가 생각을 집어넣으려고 한다.

---

22 『형이상학 입문』, 193. 사실 하이데거도 생각과 있음의 밀고 당기는 관계가 가장 중요한 관건이라고 보았다. 그러기에 양자 관계도 주거니 받거니 하는 것으로 그렸고 분량도 가장 많이 할애했다. 물론 내용이 복잡하기 때문이기도 하지만 더 중요한 것은 생각이 있음에 대해서 행사하는 영향력, 좀 더 노골적으로 표현한다면 저지르는 폭력을 분석하기 위해서이다. 인식론을 뼛속까지 파고들어 해부하고서 해석학으로 가야 하는 마땅함과 절박함을 주장하기 위해서이다. 책 이름은 형이상학을 안내하는 것처럼 보이지만 이토록 진하게 해석학적 성찰을 개진하고 있다. 굳이 책 이름을 그렇게 한 것은 자신의 작업이 그저 현대사조에만 국한되는 것이 아니라 철학사를 관통하는 통시적인 과제에 대한 것임을 분명히 하려는 의도라고 보아야 할 것이다.

23 『형이상학 입문』, 197.

무슨 뜻인가?

> 이와 같은 것을 새로이 시작하고자 하는 데 있어서는 다른 무엇에 앞서
> 생각이 있음에 대해서 지니고 있는 본질적 연관성(Wesensbezug des
> Denkens zum Sein)에 대해서 다시금 질문하는 것이 요구되는 것이며,
> 이것은 있음 그 자체(Sein als solchem)에 대해서 질문하는 것을 넓게
> 전개시키는 것을 의미한다.[24]

　생각이 본질적으로 있음으로부터 나온 것이니 생각과 있음의 관
계를 묻는 것은 있음 그 자체를 묻는 것과 같다는 것이다. 다만 '넓게
전개시키는 것'이란, 무를 제쳐두고 존재만 달랑 가지고 하는 것이 아
니라, 무도 싸안는다는 것이다. '로고스'와 '레게인'을 연관하여 언급했
는데 로고스가 하는 짓이 레게인이다. 로고스에서 거슬러 퓌지스로
올라가서 복잡하게 논의하지만 기본 축은 이것이다. "과연 우리는 퓌
지스($\varphi\acute{\upsilon}\sigma\iota\varsigma$)와 로고스($\lambda\acute{o}\gamma o\varsigma$) 사이에 존재하는 어떤 근원적인 관계성
을 여기서 만나게 되는 것이다."[25] 로고스가 레게인하니 퓌지스라는
것이다. 종래 언어로 바꾸면, 존재가 스스로를 알려지도록 드러내니
사건이라는 것이다.
　앞서도 여러 번 반복해서 말한바 일련의 과정이 이 대목에 부합될
터이다. 생리-윤리-물리-논리-섭리-원리가 바로 그것인데, 이런

---

24 『형이상학 입문』, 201. 결국 생각과 있음 사이의 밀고 당기기를 거쳐 생각을 있음에서
　비롯된 것으로 봄으로써 있음의 뜻을 더욱 넓게 하려는 취지이다. 물론 그렇게 가야 있
　음이 원초적인 사건이고 행위라는 지론에 이를 터이니 이 역작도 비록 전회 이후라고
　하더라도 앞서 다룬 『존재와 시간』과 같은 맥락에서 전개된 것으로 볼 수 있다.
25 『형이상학 입문』, 203.

모든 과정을 거쳐서 급기야 원리에 도달한다. 지금 하이데거가 말하고 있는 것이 그중에서도 자연(physis, 물리)과 이성(logos, 논리)이다. 유구한 과정에도, 로고스가 그렇게 등장한 이후로는 지배적으로 군림해 왔었다. 오랜 세월 동안 로고스가 막강하게 역할을 했었다. 문명의 원동력이었다. 그러나 그러다 보니까 로고스에 이르기 전의 역동적인 과정들이 다 날아가 버리고 로고스가 군림하고 말았다. 결국 이 이야기도 로고스 중심주의를 비판하고 있다. 로고스가 하늘에서 뚝 떨어진 것이 아니라고 말이다. 그런 역동적인 과정의 생성 속에서의 파생이다. 그러니 로고스로 다 끌고 들어가려고 하지 말라고 한다. 풋풋하고 거친 원초성에로의 적극적인 호소가 이 과정에서 펼쳐진다.

존재와 사유의 쌍방향이 지니는 의미

좀 더 자세히 보자. 인식은 시공간의 한계를 지닌 감성에서 시작할 수밖에 없다. 그러니까 한계다. 주도이면서 한계다. 그게 인식론이다. 칸트의 선험적 구성설이 대표적인 예에 해당한다. 그런데 인식이라는 것에 초점을 맞추고 나니 한계이지만 하이데거는 그것이 반쪽일 뿐이라고 한다. 물론 인식론이 틀렸다는 것은 아니다. 반쪽일 뿐이라는 것이다. 그렇다면 나머지 반쪽은 무엇인가? 이 대목에서 앞서 논했던 '존재와 가상'을 가져오는 것이 도움이 된다. 그리고 이들의 얽힘으로서 '현상'을 지목한 하이데거의 해법도 함께 떠올려보자.

옛날 사람들은 존재와 가상을 찢어 놓았으니 예를 들어 플라톤 같은 사람은 '그림자'라고 했다. 성서적으로 말하면 '타락'이다. 그래서 원래 모습으로 되돌아가야 된다는 것이었다. 존재와 가상의 관계가 이랬으니까 가상은 그림자이고 가짜일 수밖에 없었다. 그러나 근대로 넘어오면서 상황은 역전되었다. 칸트는 오히려 반대로 존재 자체에 대해서는 알 수 없고 인식에 담긴 범위까지만 알 뿐이라고 했다. 그리고 이를 '가상'과 구별하여 '현상'이라고 했다. 최소한 그림자이거나 가짜는 아니라는 것이었다. 그러나 칸트에서 현상은 아무리 뒤져도 본질이 나오지 않는다. 다만 알 수 있는 것이 현상에 머무를 수밖에 없는데, 달리 방법이 없다는 것이었다. 그다음에 등장한 피히테 이후에 헤겔에 이르기까지 어떻게든 칸트가 찢어 놓은 것을 다시 묶어보려고 했다. 그러나 관념론의 방식으로 선언했을 뿐이었다.

그런데 현대로 와서 현상학이 이를 다시 방법론적으로 성찰을 해냈다. 현상 안에 본질이 있다고 말이다. 그저 있음의 그림자인 가상이 아닐 뿐 아니라 있음과도 동떨어진 채 앎에만 담긴 현상도 아니라는 것이다. 본질을 머금은 현상이라는 것이다. 이제는 존재와 가상이 더 이상 따로 놀지 않고 현상을 이루어낸다. 가상의 대조인 존재가 본질을 가리키는 것이었다면, 앞서 말했듯이 현상 안에 본질이 들어있다는 현상학이 해법이 된다는 것에 하이데거가 주목했었다. 그리고는 후설의 그러한 현상학을 더 밀고 나가고자 한다. 그럴 때 어디로 가게 되는가? '존재와 가상'을 묶어서 '현상'이라고 하는 것이 바로 저 위에서 말한 '존재와 사유'의 나머지 반쪽을 차지하고 있다는 것이다. 말하자면 사유의 저편에서 존재가 그냥 무관하게 고정되어 있는 것이 아니라 스스로 드러내서 보여주는 방식으로 존재한다는 것이다. 그러니까 현상을 살펴 들어가면 본질을 그리고 심지어 존재를 향할 수 있다는 것이다. 존재가 '그렇게 스스로 드러내기 때문'이라는 것이다. 고중세의 현상은 본질의 껍질이었고 근대의 현상은 본질을 모르는 현상이었지만, 현대의 현상은 존재가 본질을 드러내주는 틀이고 꼴이 되었다. 그렇게 근대 인식론과 현대 현상학의 길목을 거쳐 오늘날의 해석학에 이르게 된다고 볼 수 있다.

부언한다면, 현상학이 말하는 상호주관성을 해석학에 가져 오면 있음과 삶의 관계가 된다. 삶만 주도적인가? 있음만 주도적인가? 아니다. 그럴 수가 없다. 삶 없는 있음은 억압이기 때문에 거부된다. 삶 이전의 있음, 앎 이전의 있음을 그리려 했던 게 얼마나 협소한 왜곡이고 착각이었는가를 고발하고 더 나아가서 근본적으로 삶에서 비롯된 것임을 앞서 『존재와 시간』이 읊어주었다. 『형이상학 입문』에서는 그렇게 적극적으로 표현하지는 않지만 사실 그 얘기이다. 하이데거가 노골적으로 지르지는 않았지만 모두 삶 이야기이다.

사건으로서 존재의 넓이와 깊이

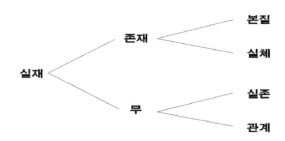

역사적으로 존재는 과연 어떻게 스스로를 드러내고 자기의 자리를 펼쳐왔는가? 존재와 무를 가르고, 무를 상대적으로 덮고, 존재에다가 무게를 실었다. 그리고는 본질과 실체로 갈라서 보았다. 이게 형이상학이다. 그것이 본질형이상학 또는 실체형이상학이다. 대체로 본질형이상학은 관념론, 실체형이상학은 실재론으로 분류되었다. 중세에 가면 이것이 또 뒤집어진다. 본질이 실재론이고, 실체가 개념론이 된다. 이런저런 이름들을 혼란스럽게 써가면서 본질과 실체를 고수했다.

존재를 뿌리로 하는 형이상학은 본질과 실존의 관계에서 실존을 본질에 들어가는 것으로 보았다. 실존은 본질의 테두리를 벗어날 수 없다. 본질 안에서의 임의성이고 우연성이다. 이 우연성은 어떻게 해도 본질의 필연성 안에 있다. 실존에 대해서는 본질의 테두리 안에 있으니 충분히 예상이 가능하다. 실존의 우연성이 무(無)를 전면에 드러내서 불안을 부각시킬 계기로서 힘을 갖지 못한다. 본질 안에서 다 예견되고 정리되기 때문이다. 신이 다 섭리한 세계이고 예정하고 결정해놓은 세계구도 속에서 그렇게 창조의 기획 속에 설정된 가운데 우연히 이러기도 하고 저러기도 하나, 여전히 '본질의 필연성'이라는 테두리 안에서의 움직임일진대, 그건 대수롭지 않은 것으로 여겨졌다.

실체와 관계도 마찬가지다. 존재주의적인 차원에서 봤을 때 존재의 두 갈래 중 하나인 '실체'에 무에서 비롯되었을 '관계'는 종속된다. 아리스토텔레스의 10개의 범주가 탁월한 사례다. 아리스토텔레스 10개의 범주 중 제1 범주가 실체다. 그 끝자락에 가야 관계가 나온다. 나머지는 다 실체에 속해 있다. 실체의 이런저런 성질들일 뿐이다. 결국, 실체가 가장 중요하다. 즉, '무'는 '존재'에 속해 있다. '무'는 종속적 부정으로만 쓰였다.

그러다가 본질에 대해 실존이 맞먹게 된다. 실존의 항거가 터져 나오면서 실존이 본질과 정면 대결을 하게 된 것이다. 우리 시대에 벌어진 일이다. 본질의 껍질을 깨고 나갔다. 이 전환을 잘 읽어야 한다. 본질의 껍질을 깨고 나간다는 것이다. 옛날에는 꿈도 꿀 수 없었던 것이다. 그 옛날에는 본질 안에 들어있는 임의의 실존이었다. 이것의 대표적 사례가 스콜라주의다. 그러나 실존철학에서 말하는 실존은 터진 데 없이 깔끔하게 막혀있는 폐곡선으로 처리할 수가 없다. 빠져 나가고 들어온다. 그래서 탈존(Ek+sistenz)이라고도 한다. 상태를 계속 유지시키는 것으로부터 빠져나간다는 것이다. 그동안 본질로 옹립되어 왔던 것으로부터 빠져나가는 것이다. 이때, 이런 사건들, 행위들이 다 무엇인가? 종래 무(無)로 그려졌던 것들이다. 그게 지금 터져 나온 것이다. 철학사적으로만 얘기해도 그렇다. 이것이 대전환이다. 고전적 그림에서는 본질 안의 실존이었지만, 현대적 그림에서는 본질에 맞먹는 실존 그리고 더 나아가 본질을 거스르는 실존으로 대역전이 벌어졌다.

'관계'도 마찬가지다. 고전적으로는 '실체'에 '관계'가 종속되어 있었다. 실체가 군림했다. 관계는 그저 부속물이었다. 실체는 관계가 없어도 실체였다. 그러나 오늘날 실체는 '피관계체'(relatum)로 불린다. 관계(relatio)가 근본 뿌리다. 옛날에는 실체만 붙들고 늘어졌지만 엄밀히 보자면 실체가 근원이 아니고 관계가 근원이다. 관계로부터 실체라고 불렸던 것들이 파생되었을 뿐이다. 이런 발상의 혁명적 전환이 현대에 와서 시작되었는데, 그 필두에 키르케고르 같은 사람이 서 있다. 키르케고르는 보편에 항거하면서 개체를 외쳤는데 이것이 바로 관계에 집중할 결정적인 계기가 되었다. 개체와 관계를 떼어놓고 말할 수 없기 때문이다. 실존이라는 것이 그렇게 생겨먹었기 때문이다.

관계가 실체에 종속되는 것이 아니라, 오히려 관계가 원초적이다. 그래서 원초적 관계성이다. 관계의 원초성이다. 그리고 실체가 파생적이다. 원초적 관계로부터의 파생적 실체다. 어떻게 인간과 세계가 주거니 받거니 하면서 살아가는 모습이 이렇게 혁명적으로 완전히 전복되었을까? 무엇이 그렇게 만들었을까? 가장 결정적인 것은 인간의 자화상의 전환이다. 인간의 자화상의 혁명적 전환, 그것이 왜 벌어졌는가? 인간이 혼자 잘나서 진화하는 것인가? 스스로 변형하는 것인가? 그래서 이렇게도 해보고 저렇게도 해보고, 상아탑에서 또는 실험실에서 지적 유희를 하고, 사유실험, 생체실험을 해본 것인가? 아니다. 삶의 현실이다. 고·중근현이라는 시대의 전환만을 놓고 봐도 얼마나 거대한 역사의 소용돌이가 혁명적 전환을 이루는가? 고대와 중세도 매우 다르다. 오늘 우리 눈에는 고대·중세를 묶어서 비슷하게 볼 수도 있지만 말이다. 그러나 또 근대는 얼마나 혁명적 전환인가? 그러나, 근대만 가지고 현대를 설명할 수 없다. 현대는 근대와도 다른 너무나 큰 전환을 한다. 크게만 봐도 고·중·근·현이라는 4개의 분리가 있고, 세 번의 전환이 있다. 고대가 시작이 아니지만, 거기서부터만 기점을 잡아도 그렇다. 또 줄여도 고·중이 한 묶음이고, 근대 또다른 묶음이고, 현대가 또 다른 묶음이니 세 개고, 더 줄이면 고·중근대를 한 묶음으로, 현대를 또 다른 묶음으로 볼 수 있다. 4개의 시대만 놓고 봤을 때도, 넷으로, 셋으로, 둘로 쪼개기도 하는데, 둘로 쪼개는 것의 의미가 굉장히 중요하다. 둘로 쪼갠다고 했을 때, 고·중근이 한 묶음이고 현대가 또 다른 묶음이다. 이런 혁명적 전환이 현대란 우리 시대에 벌어졌다. 그런 자화상의 전환이 오랜 세월 동안 무로 분류되었던 실존과 관계로 하여금 존재에 종속되고 있었던 것으로부터 터져 나오게 했던 것이다. 실존과 관계가 몸부림을 쳤기 때문이었다. 삶의 항거였다. 뿌리로 들어갔더니 형이상학이라는 영역에서 존재에 종속되고 있었던 무(無)가 존재와 맞먹는 것으로 전면에 재등장했다. 여기서 더 나아가서 하이데거는 이제 무(無)까지 아울러 존재라고 해야 한다고 주장한 것이다. 삶이 요구하는 통찰이다.

존재와 진리

철학적으로, 일상적으로, 종교적으로, 신학적으로 진리를 어떻게 말해야 할 것인가?

이렇게 그들은 있는 것의 주위를 방황하는 것이며, 언제나 손쉽게 붙잡을 수 있는 것만을 이해할 수 있는 것으로 생각하는 것이다. 그렇기 때문에 어떤 사람이라도 그들은 그들 자신의 주위에, 가깝게 그들이 붙잡을 수 있는 것들을 가지고 있는 것이다. 어떤 사람은 이것을, 다른 사람은 저것을 붙잡으며, 각자 각자는 그들 머리를 각자 자기 고유의 일거리들로 가득 채우고 있는 것이며, 이것이야말로 아집인 것이다. 이와 같은 것은 그들이 그 스스로 안에 모으는 것이라는 것을 미루어 똑바로 이해하는 것을 방해하고, 그들이 들을 귀를-지니는 것 그리고 그에 맞추어 듣는 것을 불가능하게 하는 것이다.[26]

하이데거는 진리를 '열어 밝혀 보여짐'으로만 규정하게 되면 이러한 아집과 같은 패착에 빠질 수밖에 없음을 지적한다. 은폐에 주목하지 않으면, 즉 모름에 주목하지 않으면 아집에 빠질 수밖에 없다. 드러남만을 진리로 사유한다면 집착과 오류에 빠질 수밖에 없다. 진리는 다 드러날 수 없으니 감추임, 즉 없음을 포함하기 때문이다.

---

26 『형이상학 입문』, 214.

아집이라는 것은, 로고스에 이를 수 없는 것이며, 이편 또는 저편의 한 편에만 집착해서 그것이 진리라고 주장하는 것이다. … 아집에 사로잡혀 있는 사람에게 있어서는 삶이라는 것은 단지 삶일 뿐이요, 죽음이라는 것은 그들에게는 죽음, 바로 그것일 뿐이다. 그러나 삶의 있음은 동시에 죽음인 것이다. 삶 안으로 들어오는 모든 것은 그 순간부터 벌써 죽기 시작하는 것이며, 자신이 죽음을 향해서 가고 있는 것이며, 그래서 죽음은 동시에 삶인 것이다.[27]

여기서 진리는 아집과 대비되고 있다는 점을 주목하는 것이 중요하다. 많은 경우 진리에 대한 신념이나 심지어 확신까지 동원하여 그 정당성을 확보하려고 하지만 자칫 아집으로 빠질 수 있다는 것이다. 그렇다면 진리와 아집 사이를 구별해주는 근거는 무엇인가? 그것은 바로 은폐이다. 모름이다. 진리는 모름의 가능성을 조신하게 전제한다면, 아집은 모르는 것이 없다고 착각한다. 삶과 죽음의 관계에 대해서 이 차이는 극명하게 드러난다. 진리는 삶과 죽음의 얽힘을 보면서 그 안에 이글거리고 있는 모름에 대해 겸손할 수밖에 없다. 그러나 아집은 삶과 죽음을 갈라놓고 삶이 전부인양 포장하고 나아가서 죽음마저도 삶으로 흡수시키는 횡포를 부린다. 아집이야말로 진리로부터의

---

27 『형이상학 입문』, 216. 사실 하이데거는 실존의 전체성을 그려내고 이로부터 존재로 향하는 길을 더듬기 위해서 죽음을 끌고 나왔다. 그런데 그런 구도의 길에서 엄청난 역설의 지혜를 만나게 되었던 것이다. 삶은 동시에 죽음이라고 하는 지론은 앞선 논의에서 있음과 대조되는 대립항들이 원래 있음에게 속할뿐더러 그렇게 해서 비로소 있음이라고 하는 것과 그대로 일치한다. 말하자면 있음이 원초적으로 사건이고 행위로서 동사라고 하는 통찰로 가는 길에 역설은 이미 자연스러운 것이었다. 그리고 이런 맥락에서 불가나 도가와 같은 동양사상과의 만남도 서로를 확인하고 배우는 깊은 뜻을 지니는 것이었다. 이에 대한 연구는 방대한 역사를 이루고 있으니 그것이 바로 증거라고 하겠다.

왜곡이고 스스로에 집착하여 갇혀 있으니 강박이고 억압일 뿐이다. 이에 비해, 진리는 대결하는 것처럼 보이는 삶과 죽음을 단순히 끌어모아 한 무더기로 만드는 것이 아니라 이들 사이의 상호 공속성에 주목하는 통찰이다.

> 이 말은 오히려, 있는 것 전체는 그 있음 속에서 끊임없이 대립되는 한쪽에서 다른 쪽으로 그리고 다른 쪽에서 이쪽으로 던져져 있다는 것을, 그래서 있음이라는 것은 이와 같은 대립적 불안을 모아놓음이라는 것을 의미한다. 모음이라는 것은 결코 단순한 끌어 모음, 한 무더기를 만드는 것을 의미하지 않는다. 모음은 대결하고 있는 것들 그리고 대립되고 있는 것들을 상호 공속성 안에 붙잡아두고 있는 것이다.[28]

삶과 죽음은 '상호 공속'(Zusammengehörigkeit)이다. 한 방향으로 몰아가는 것이 아니기 때문이다. 한 방향으로 몰아가는 것이 아집이다. 아집의 일방주의는 언제나 환원주의적이다. 하이데거는 일방적 주도권이 아닌 상호 공속성을 이야기한다. 상호 공속은 대립과 일치의 결합인데 대립항들이 같다고 하는 것은 아니다. 대립인데 얽힌다는 것이다. '대립의 일치'(coincidentia oppositorum)라는 중세 쿠자누스의 통찰에 비견할 만하다. 대립과 일치가 함께 간다고 주장한다. 이것을 하이데거가 상호 공속이라고 표현한다. 하이데거는 상호 공속이 대립과 일치의 얽임이지만 일치에서 왜곡이 더 많이 벌어진다고 비판하면서 일치에 대해 조심해야 한다고 경고한다.

---

28 『형이상학 입문』, 219.

퓌지스와 로고스가 서로 갈라진 과정의 본질적 법칙이란 어떤 것인가? 이 과정이 드러나 보여질 수 있게 하기 위해서는 우리는 로고스와 퓌지스의 일치성 그리고 함께-속해-있음을 앞에서보다도 더 분명하게 파악해야 하는 것이다.[29]

상호 공속은 단순한 일치가 아니라고 주장한다. 이어서 파르메니데스와 헤라클레이토스의 이야기를 하면서 존재는 사건이면서 행위임을 선언한다. 노에인으로 시작하는 논의에서 일방으로 빠지는 왜곡을 분석한다. "노에인을 사람들은 생각으로서 그리고 생각이라는 것을 주체에 의해서 이루어지는 어떤 행위로서 이해한다. 주체에 의해서 이루어지는 생각이라는 것이 있음이 무엇인지를 규정하는 것이다"[30]. 주체로의 환원이 일방으로 흘렀다는 것이다. 그러나 "이와 같은, 나타나 보이는 것을 받아들이면서 있도록 하는 것이 바로 노에인인 것이다."[31] 인식행위라고 불렀던 노에인이 하는 일이 이렇다는 것이다. 그러니 객관만도 아니고 주관만도 아니라는 것이다.

우리는 일치성이라는 것이 여기서 결코 속빈(형식적) 같음을 말하는 것이 아니며, 단순한 동-등성이라는 의미에서의 동일성을 말하는 것이 아니라는 것을 잘 알고 있다. 일치성이라는 것은 서로 반대되는 것의 서로 함께 속해 있음을 말하는 것이다. 이것이야말로 원천적인 일치인 것이다.[32]

---

29 『형이상학 입문』, 222-223.
30 『형이상학 입문』, 224.
31 『형이상학 입문』, 226.
32 『형이상학 입문』, 226. 모순을 배제하는 동일성이 배타주의로 간다면, 모순을 봉합하는

형식이 아니다. 종래의 일치는 이미 일치를 전제하고 그렇게 일치될 수 없는 것들을 제거하고서는 꿰어맞추어 일치라고 했었다. 그러니 텅 빈 일치일 수밖에 없었던 것이다. 그러나 이제 삶의 현실에서 겪을 수밖에 없는 모순들은 어느 하나도 버릴 수 없으니 싸안아야 할진대, 그렇게 반대되는 것이 이제 서로에게 속해 있다는 통찰에 이른다. 반대되는 것이 함께 속해 있다. '대립의 일치'이니 '모순에서 역설로의 전환'이다.

인간관의 혁명적 전환

근대 인간관을 거부하고 있다. 당연하다. 근대는 '인간이란 무엇인가'라는 질문에 대한 대답을 '무시간적'으로 했다고 비판한다. 하이데거는 이렇게 무시간적·본질주의적 정의를 거부한다. '노에인'이라는 말에 주목하면서 주관으로 왜곡시키지 말라고 경고한다.

1) 인간의 본질에 대한 규정이라는 것은 결코 어떤 답이 아니며, 하나의 본질적인 질문이다.
2) 이 질문을 질문하는 것 그리고 거기에 대해서 어떤 결정을 내리는

동일성은 싸안고 올라서니 포괄주의라고 할 만하다. 그런데 하이데거는 여기에 머무르는 것이 아니다. 모순들 사이에 벌어지는 반대를 해결해야 할 문제로 보는 것이 아니라 싸안고 가야 할 것으로 보기 때문이다. 그가 그렇게 현존이 세계에 대해 지니는 관계로서 염려를 분석한 것이나 실존이 무와 맞닥뜨리면서 겪게 되는 불안에 대하여 천착한 것도 이런 맥락과 연관되어 있다. 그러니 그에게서 일치는 모순을 봉합하면서 도달하는 변증법적 종합과 같은 일치도 아니다. 모순인 채로 일치를 꿈꾼다. 반대되는 것이 서로 속해 있음이라는 것이 이것을 가리킨다. 반대가 없어지는 것이 아니다. 반대인 채로 속해 있다. 삶이 이렇게 생기지 않았던가? 앎은 이를 잘 견디지 못했지만 말이다.

것은 도무지 역사적인 것일 뿐만 아니라 역사의 본질이다.

3) '인간이란 무엇인가' 하는 질문은 언제나 '있음은 어떻게 존재하는
가?'라는 질문과의 본질적 연관성 안에서 질문되어야만 한다.[33]

여기서 인간 본질에 대한 질문이 역사적이며 더 나아가 역사의 본질을 이룬다는 점을 놓치지 말아야 한다. 그동안 본질과 역사는 공존 불가한 것처럼 간주되어 왔으니 말이다. 본질이라고 하면 당연히 초역사적인 것처럼 여겨졌으니 말이다. 그런데 이제 본질과 역사의 불가분리 관계를 말하더니 인간 본질에 대한 질문이 역사의 본질을 이룬다고 한다. 사실 인간의 자기 이해가 세계관과 신관의 뿌리였으니 지당한 판단이다. 물론 그렇다고 인간중심주의로 되돌아간다는 것은 아니다. 이에 대한 경계 장치가 세 번째 요건에 명시되어 있다. 인간 본질 물음은 있음에 대한 물음의 틀 안에서라는 요건이 바로 그것이다. 이제 본질 물음에서 듣게 되는 대답은 인간이 가지는 것이 아니라 오히려 그것이 인간을 갖게 된다는 차원으로 이어진다.

알아들음은 인간이 소유하고 있는 어떤 특성과도 같은 일종의 행동 양
상이 아니라, 오히려 그 반대로 알아들음이라는 것은, 그것이 인간을
소유하는 그와 같은 이루어짐인 것이다. 그렇기 때문에 언제나 노에

---

33 『형이상학 입문』, 229. 하이데거가 열거한 질문을 여기에 다 소개할 이유는 없으리라 보아 필요한 대목만 추렸다. 특히 둘째 질문이 언급하고 있는 본질과 역사의 관계는 서구 철학사를 관통하는 통시적 주제이다. 형이상학은 불가피하게 초역사적 본질을 찾으려 했고, 인식론은 본질탐구에서 피할 길 없이 역사에 이르렀으며, 오늘날 반형이상학에서는 아예 인간 본질에서 역사의 본질을 엮어내려 하니 본질의 역사성이라고 불러도 좋을 만한 발상으로 나아가고 있는 것으로 보인다. 하이데거가 분석한바 세계의 역사 근거로써 실존의 역사성이라는 것이 이를 일러줄 터이다.

인, 알아들음이라고 그렇게 단지 순수하게만, 그렇게밖에는 달리 말해 질 수 없었던 것이다.[34]

인간이 자유를 소유하는 것이 아니라 자유가 인간을 소유한다. 근대 인간은 세상을 주관하는 주도적 위치에 있었다. 하이데거는 이러한 인간관이 마땅한 성찰이 아니었음을 주장한다. 시간과 역사라는 말을 이러한 맥락에서 봐야 한다. 우리는 시간과 역사로 만들어져 있다. 그리고는 질문에 주목한다. 인간은 질문이다! '인간은 질문한다'가 아니라 '인간은 질문이다.' 인간은 그 자신에게도 질문이다. '해답이 있고 해답을 찾아서 가지고 살아야 한다'고 고·중세가 가르쳐 왔다면, 현대는 '해답이 아니라 질문'이라고 이야기한다. '해답을 찾아야 한다, 가져야 한다'라는 강박에서 우리를 해방시켜 준다. 물론 막막하다. 해답이 있으면 좋다. 하지만 해답이 좋은 것은 잠깐이다. 인간의 생리가 잠깐 좋은 해답을 그 이상 계속하여 가져갈 수가 없기 때문이다. 인간 자체가 이미 질문이기 때문이다. 인간은 이미 자기 초월성 때문에 어떤 순간에도 하나의 해답만을 가지고 살 수 없다. 그래서 '인간이란 무엇인가'라는 질문에서 "누가 인간인가"[35]라는 질문으로 바꿔야 한다고 주장한다.

이렇게 해서 테크네는 폭력적인 것, 데이논을 그 결정적인 근본양상에서 특징지워주고 있는 것이다. 왜냐하면 폭력-행위라는 것은 압-도적인 것에 대항해서 폭력을 사용하는 것을 의미하기 때문이다. 이것은,

34 『형이상학 입문』, 230-231.
35 『형이상학 입문』, 233-234.

전에는 있는 것이라는 의미에서 나타나 보임 속에 숨겨져 있었던 있음을, 바로 그것을 얻기 위해서 앎이라는 투쟁을 통해서 노력하는 것을 말한다.[36]

있음에 대한 앎의 폭력을 고발한다. 해석학점 관점에서 인식의 능력은 폭력이다. 왜냐하면 인식의 주체가 자기가 원하는 대로 존재를 휘두르기 때문이다. 주도권을 지니니 일방적일 수밖에 없었다. 그런데 고대·중세·근대가 일방으로 지를 수밖에 없던 이유는 동일성에 집착했기 때문이다.

이와 같이 그가 있음을 지배하고자 모험을 감행하는 속에, 그는 있지-않는 것, 메카론, 여러 조각으로 부서지는 것, 불-확실성, 들어맞지-않음, 무질서라는 것의 들이닥침을 받아들여야만 하는 것이다.[37]

전통적으로는 신이 최고의 보편이고 인간은 작은 보편이었다. 그러니 신과 인간 사이에 긴장이 도사릴 이유도 없었다. 신의 완전성에 대해 인간은 그저 불완전한 존재일 뿐이었다. 신의 그림 속에 인간이 들어가는 것이다. 그러나 현대에는 실존으로 찢어져 나오고 개체가 되었다. 그 개체는 '있지 않는 것' '조각' '불확실성' '들어맞지 않음' '무질서' '들이닥침'을 겪는다. 일찍이 어느 시대에 인간을 이렇게 그려낸 적이 있는가? 이런 것들은 있음, 그것도 없어짐을 밀어내고 이김으로써 있기만 해야 하는 있음에 대해서는 범접할 수 없는 것들이다. 그뿐

---

36 『형이상학 입문』, 259.
37 『형이상학 입문』, 261.

아니라 그런 있음을 모셔야 하는 앎에 대해서도 심히 방해되는 것들일 뿐이다. 그러나 삶은 그런 것들로 엮어져 있다. 그러니 이런 것들을 외면하고서는 공중에 떠 있는 이야기일 뿐이다. 그런 있음인들 무슨 의미가 있으며 그런 앎이라면 어디에 쓸 수 있는가? 좀 더 구체적인 설명을 아래 인용한다.

> 있음은 역사로서 자신이 압도적인 것의 실현이라는 것을 증명하는 것이다. 있는 것 안에서 있음이 자신을 실행에 옮기는 것을 가능하게 해주는 조그만 틈으로서, 역사적 인간의 현존재는 하나의 중간에서-일어난-사건, 하나의 돌발사건이다. 이 돌발사건 안에서, 사슬에서 풀려진 있음의 압도적인 폭력은 돌연히 열려 펼쳐지는 것이며, 역사라는 것으로서 자신을 실행에 옮긴다.[38]

있음은 '압도적인 것'이며 이에 비추어 현존재는 '조그만 틈'이고 '돌발사건'일 뿐이다. 이런 이유로 현존재를 이루는 시공간은 지엽적인 틈이며 그것도 우연하게 일어나는 일일 뿐인 것으로 간주되었다. 그러나 현존이 있음을 알아들음은 서로 함께 속해 있어야 하는 투쟁적인 과제이다.

알아들음(깨달음)이라는 것은 오히려 그 정반대로 습관적인 행위에 대항해서 투쟁함으로써 얻어진 것이다. 알아들음이 있는 것의 있음과

---

38 『형이상학 입문』, 264. 있음의 폭력은 앎의 폭력으로도 나온다는 것을 하이데거는 다음과 같이 간결하게 단언한다: "디케(정의)와 테크네의 상호연관성을 의식적으로 두드러져 나타나게 했었다. 디케라는 것은 압도적 질서를 말한다. 테크네는 앎의 폭력성이다. 이 두 개의 상호연관성은 두려운 것의 이루어짐이다"(267).

서로 함께 속해 있다는 것은 저절로 이루어지는 일이 아니다. 이와 같이 이 '서로-함께-속해 있음'을 이름 지어 부르는 것은 결코 어떤 사실의 단순한 확인이 아니라, 우리가 앞에서 이야기한 그와 같은 투쟁을 향하도록 하는 한 지시이다.[39]

'있음과 들음' 그리고 '있음과 말함'은 서로가 서로에게 속해 있어야 한다. 말하자면, 상호 공속은 자연현상이 아니라 마땅히 엮어가야 할 과제이다. 그런데 이것이 따로 놀다 보니까 언어는 단순한 전달도구로 취급되고 결국 진리는 이성적 사유의 판단 정도의 뜻으로 축소되어버렸다는 것이다. '알아들음'이 저절로 이루어지는 것이 아니라는 데에 주목해야 한다. 우리는 대체로 이성적 사유 안에서 알아들었다고 판단하니 말이다. 이것이 대체로 아전인수가 될 가능성이 많은데 저절로 이루어진다고 착각하니 왜곡 가능성에 대해서 살필 겨를이 없었다. '단순한 확인이 아니라'는 것도 이를 가리킨다. 말하고 듣는 언어 행위를 통해서 인간이 얼마나 세계에 대해 폭력적이었는지를 되돌아보게 하는 성찰이다.

원래적으로 숨겨져 있지 않음이었던, 있는 것의 자체 지배라는 그리고 모음에 의해서 관리된다는, 한 이루어짐이었던 진리라는 것은 이제는 로고스의 한 속성이 되어버렸다. 이렇게 진리라는 것이 서술문에 속해 있는 한 속성으로 변화됨에 따라, 단지 진리의 장소라는 것만 옮겨진 것이 아니라 진리 그 자체의 본질이 변화하게 되었다. … 진리라는 것은 이렇게 해서 로고스의 옳음이 되어버렸다.[40]

---

39 『형이상학 입문』, 271.

'숨겨져 있지 않음', '모음', '이루어짐'이었던 진리가 서술문으로 표현되는 로고스의 법칙 아래 종속되어 버렸다고 개탄한다. 그런데 이것은 단순히 사건이 명제로 옮겨간 것에 그치는 것이 아니었다는 것이다. 모양과 장소가 바뀌면서 진리 자체가 변화되었다는 것이다. 결국 진리는 기껏해야 서술문의 옳음 정도의 수준으로 전락해버렸다고 통탄한다. 자고로 그런 로고스적인 서술문이 우리를 살린 적이 있었던가? 하이데거도 이렇게 물을진대 우리도 이렇게 묻지 않을 수 없다.

그렇다면 어떻게 해야 하는가? 언어가 신비적 비밀이라는 뿌리를 지니고 있다는 데에 주목해야 한다. 시(詩)를 탁월한 예로 들었는데, 시라는 것은 무엇을 알아서가 아니라 모르는 채로 지르는 외마디라고 새긴다. 자고로 인간이 말한다면 그럴 수밖에 없다는 것이다. 인식론은 이런 통찰을 견딜 수 없겠지만, 해석학은 여기서 삶의 뜻을 길어내는 데에 공감하면서 실마리를 더듬는다.

> 언어의 기원에는 신비적 비밀이라는 특성이 속해 있다. … 언어는 오로지 압도적인 것으로부터 그리고 두려운 것으로부터 시작되었다는 것, 즉 있음으로 향한 인간의 출발에서부터 시작되었다는 것, 이와 같은 출발이야말로 있음이 말로 변화된다는 의미에서의 언어, 즉 시(詩)인 것이다.[41]

인간이 도구로 사용하는 로고스의 서술문이 아니라 '압도적인 것', '두려운 것'이 뿌리인 언어의 신비에 조신해야 한다는 것이다. 이것은

---

40 『형이상학 입문』, 298.
41 『형이상학 입문』, 275.

저 위에서 열거했던 것들, 즉 '숨겨져 있지 않음', '모음', '이루어짐'과 서로 마주한다. 언어의 기원이 신비라는 것은 인간이 한갓 도구로 주무를 수 없다는 것이며 진리도 옳음 판단 따위를 넘어서 이루어져 가는 사건이기 때문이다. 그러기에 이제 언어는 '지껄임'이니 '흐트러짐'이 되기도 한다. 옳음이라는 가상적 기만과 이에 의한 강박으로부터 언어를 해방시키니 우리도 자유롭게 되는 길일 터이다.

> 그렇기 때문에 이루어진다는 의미에서의 언어라는 것은 언제나 그와 함께, 하나의 그저 지껄인다는 것이, 있음의 열어 보임이 이루어진 것 대신에 그것을 은폐한다는 것이, 질서와 순종으로의 모음이라는 것이 되는 대신에 무질서 안에서의 흐트러짐이 되어버리기도 하는 것이다. 언어라는 의미에서의 로고스라는 것은 저절로 이루어지는 것이 아니다.[42]

우리의 언어가 신비에서 비롯되었으니 질러봐야 시로 쓰일 수밖에 없다. 물론 저절로 이루어지는 것이 아님은 물론이려니와 무질서로 흐트러져버리기도 한다. 언어를 도구로 삼아 세계를 지배하고 자기도 관리해야 한다고 생각해 왔던 인간의 자기 강박을 오히려 폭로해주는 전율적인 선언이다. 우리가 어떤 연장이나 도구를 쓰듯이 그렇게 언어를 써왔지만, 왜 명제로 깔끔하게 정리되어야 한다고 생각하는가? 그것도 주어와 술어의 엮임으로 짜여야 한다고 생각하는가? 이러한 물음들과 함께 이제 우리는 진리를 명제로부터 해방시킨다. 인간도 마찬가지다. 왜 우리가 명제로 정리되는 방식으로 우리 스스

---

42 『형이상학 입문』, 277.

로를 그려야만 하는가? 우리 삶이 그렇게 생겨먹지 않았는데도 말이다. 그래서 넘어가야 한다. 인식론을 넘어서 해석학으로 가야 한다. 앎이 우리를 속일지라도 삶의 소리에 더욱 촉촉하게 귀를 기울이기 위해서 말이다. 있음과 그렇게 반대되는 것처럼 보이는 것들이 본래 그렇게 얽혀 있다는 것이 우리 삶에 대해서 이토록 전율적으로 소중한 뜻을 지닌다.

진리도 명제가 아니라 사건이다
하이데거, 〈진리의 본질에 대하여〉

진리, 일치가 아니라 자유

'진리의 본질에 관하여'라는 제목을 지닌 논문에서 하이데거는 진리라는 것은 이것이 아니고 저것이라는 방식으로 주장을 펼친다. 당연히 짐작할 수 있는 대로 전통적 진리관은 아닌 이것에 해당한다. 그가 '이것은 진리가 아니다'라고 주장하기 위해 사용하는 핵심단어는 무엇인가? 아닌 것에 해당하는 것으로 '합치', '일치', '동화'를 들 수 있다. 전통적으로 진리는 합치, 일치, 동화를 형식적인 기준으로 삼아왔다. 그리고 그런 기준을 충족하는 진리는 대체로 '명제'로 표현된다. 예를 들어, 그리스도교 역사에서 합치, 일치, 동화의 기준에 부합되는 명제에 해당될 수 있는 것은 무엇일까? 바로 '교리'이다. 그리스도교 역사는 교리를 통해 '진리가 마땅히 이렇다'라고 주장해왔다. 명제로 정리된 진리를 옹립하기 위해 교리문답이 만들어진다. 그런데 교리문답은 대답에 맞추어 물음이 던져진다. 여기서 물음과 대답이 '합치'된다. 엄밀히 말하면 대답에 짜 맞춘 물음이니 일치될 수밖에 없다. 교리가 그런 것이고 진리가 그런 것이었다.

그렇다면 이제 이것이 아닌 저것으로써 진리는 무엇으로 더듬어 가는가? 단도직입적으로 '자유'라고 하겠다. 종래 진리를 이루었던 합치, 일치, 동화, 명제와 자유 사이에는 엄청난 거리가 있다. 합치, 일치, 동화, 명제는 '명사'다. 자유는 '자유롭다'라는 형용사를 넘어서 '자유하다'는 '동사'다. 형이상학적 차원에서 자유와 대립되는 것으로 존재를 떠올릴 수 있다. 이때 존재는 필연을 가리킬 터이다. 그래서 '존재와 자유' 또는 '필연과 자유'라는 대조를 상정하게 된다. 말하자면 고전형이상학에서 자유는 기껏해야 우연이었다. 근대 후기에 와서 자유는 심지어 필연성과 합치되기도 했다. 그런가 하면, 현실적으로는 '운명과 자유'의 대조를 말할 수 있다. 현실을 말했으니, 윤리적인 관계에서는 '자유와 책임,' 인간론에서는 '자유와 불안'이 대립된다. 몇 가지만 놓고 봐도 자유와 대조나 긴장을 이루는 것들이 많다. 이러한 대조를 통해서 볼 수 있듯이 자유를 놓치지 않으려는 인간의 열망 또한 강렬하다. 그렇지만 거꾸로 우리 현실은 더욱 집요할 정도로 자유를 제한하려고 한다. 특히 진리를 명분으로 할 경우에는 더욱 그렇게 해왔다. 하이데거는 이제 이를 고발하고 비판한다. 자유를 제한하면서 지켜져 온 진리가 인간을 제한하고 억압함으로써 소외와 강박으로 몰아왔으니 마땅히 진리를 해방시켜야 한다는 것이다. 이제 진리는 '명제'로 추려지는 것이 아니라 벌어지고 일어나는 '사건'으로 더듬어진다. 역동적 동사로 새겨야 한다고 강변한다.

명사적 진리는 사실 진리의 한 면만을 강조한다. 요컨대 진리의 '밝히기-벗기기'만 강조한다. 말하자면 '드러나서 알게 된 것'만을 진리라고 간주한다. 앎에서 엮어내었기 때문이다. 그런데 밝혀지기만 하는 진리는 인간에게 '복종'을 요구한다. 사실 강요한다. 진리의 이름으로 말이다. 그러나 드러나지 않거나 못하고 있는 '감추어짐'이 진리를 단순히 복종의 논리가 아닌 자유의 생리로 엮어질 수 있게 한다. '진리가 이것이 아니라 저것이다'라 했을 때, 이것의 진리는 늘 복종의 논리로 등장해왔다. 그런데 복종하게 하는 진리는 인간에게 죄의식을 심어준다. 교리와 율법만을 진리로 삼는 그리스도교를 복종으로써 진리의 대표적 사례로 볼 수 있다. 교리라는 이름으로, 율법이라는 이름으로 인간을 억압하는 진리였다. 이러한 진리를 설파했던 종교는 현대는 물론이고 근대에서도 버티지 못했다. 근대의 '탈종교' 현상이 왜 일어났는가? 속수무책의 종교는 급기야 반동을 받으면서 현대를 '반종교'의 시대로 장식하게 했다. 그러나 이것도 한 세기 반 이전이니 이제는 옛날이야기가 되었다. 최근 반세기는 아예 종교에 대해 관심도 없는 '무종교'가 지배한다. 사람들은 왜 종교로부터 벗어나고자 했는가? 종교가 자유가 아닌 억압을 주었기 때문이다. 왜 종교에 대해 무관심하게 되었나? 복종의 논리를 고수하고 악용했기 때문이다. 그래서는 인간에게 착지할 수 없다. 삶에 맞닿을 수 없다.

이미 무종교가 지배하는 이 시대에 의미를 지닐 수 있는 진리를 어떻게 다시 더듬을 수 있을까? 우리는 진리와 자유를 엮으려 해도 대체로 주어를 중요시하던 관념 때문에 진리를 앞세우고 나중에 자유를 끌고 나온다. 하지만 이런 식으로는 자유하게 하는 진리를 꿈꿀 수도 없다. 그렇다면 복종이 아니라 자유하게 하는 진리를 어떻게 새겨가야 할까? '열어 밝힘'과 '감춤'의 관계가 진리 구성의 핵심이다.

본질 물음은 각각의 진리를 도대체 진리로서 특징짓는 그 하나의 것을 주목한다. … 현실적 진리를 올바로 일으켜 세우도록 온 힘을 다해야 한다. … 진리에 관해 물어야 할 때조차, 사람들은 우리가 오늘날 어디에 서 있는가라는 물음에 대한 답변을 요구한다. 사람들은 오늘날 우리가 어떤 상황에 서 있는가를 알고자 한다. 사람들은 인간의 역사 안에서 또한 인간의 역사를 위해 인간에게 정립되어야 할 목표를 외쳐 부른다. 사람들은 현실적 진리를 원하고 있다. … 사람들은 진리를 도대체 통상적으로 무엇으로 이해하는가? 진리라는 용어는 고상하긴 하나 그러나 동시에 닳아빠지고 거의 무디어져버린 용어인데. 이 용어는 참다운 것을 참다운 것으로 만드는 그런 것을 의미한다.[1]

먼저 주목할 것은 진리 물음이 인간 물음과 불가분리의 관계에 있다는 점이다. 즉 진리라는 것을 '상황'과 '역사' 그리고 '현실'에서 어떻게 새겨야 하는지를 물어야 한다. 마땅히 그러해야 하는데 그동안 그렇게 해오지 않았다. 아니 인간 물음을 진리에 끼워 넣는다는 것을 불경스럽게 여겼다. 고대와 중세의 형이상학에서는 물론이고 근대 전기 인식론과 후기 형이상학에서도 마찬가지였다. 고 · 중세는 그렇다손 치더라도 근대는 인간이 주체로 등장한 시대인데 인간 물음이 없었다고 할 수는 없지 않은가 하는 반문이 제기될 수 있다. 그러나 근대에 인간은 물음이 아니었다. 인간은 인식 주체로서 거기 그렇게 있는 존재를 잘 받아 새길 사명에 충실할 것이 요구되었으니 인간은 이미 그렇게 고정되어 있었다. 반복하지만 데카르트의 생득관념이나 로크의 백지상태 모두 인간이 고정된 기준으로 자리 잡고 있어야 한다는 것을 가리킨다. 그러니 물음일 까닭이 없다. 그러나 우리 시대에 와서 인간은 물을 뿐 아니라 인간 스스로가 물음이 되었다. 세계를 향하여 물을 뿐 아니라 자신에게도 묻는다. 그리고 이 맥락에서 진리를 더듬도록 요구받는다.

---

1 마르틴 하이데거, "진리의 본질에 관하여", 『이정표2』, 이선일 옮김 (파주: 한길사, 2005), 93-95; 이하 "진리의 본질에 관하여"로 표기한다.

종래 진리는 일방적인 동어반복

하이데거는 먼저 사람들이 통상적으로 진리를 어떻게 이해하고 있는가를 분석한다. 그런데 진리는 통상적으로 '참다운 것을 참다운 것으로 만드는 것'으로 간주되었다고 했다. 즉 진리란 '참'을 '참'이게 하는 '참'이라고 새겼다는 것이다. 그러니 동어반복이었다. 좀 더 구체적으로는 일치와 합치였다. 사념과 사태의 일치가 핵심이다.

> 참다움은 단지 그것의 '현실성'을 통해 확증 될 수 없다... '본래'적으로 사념하는 그런 것과 합치하는 현실성이다. … '그것이 있어야 하는 그 대로 그렇게 있는 것에 대해서는, 이러한 참다움이 '현실적'인 것에 보증을 받아야 한다고 우리는 '그것은 꼭 들어맞는다'라고 소견을 밝힌 다. 그 사태는 꼭 들어맞는다. … 참다운 것은, 그것이 참다운 사태든 참다운 명제든, 여하튼 꼭 들어맞는 것이다. 참답게 있음 또는 진리가 여기에서 의미하는 바는 꼭 들어맞음이다. 더 정확히 말하자면, 이중적 방식에서의 꼭 들어맞음이다. 즉 한편으로는 하나의 사태와 '그 사태에 관한 앞서 사념된 것'과의 일치이며, 다른 한편으로는 '진술 안에서 사념된 것'과 사태와의 합치이다.[2]

여기서 진리는 '이중적인 들어맞음'인데 '앞선 사념과 사태의 일치'와 '진술의 사념과 사태와의 합치'가 함께 간다는 것이다. 이런 절묘한 분석은 종래의 진리가 사실상 사태를 사념에 넣고 다시 진술로 끌어내어 일치를 확인하니 동어반복일 뿐이라고 비판하는 데에 그 핵심이

---

2 "진리의 본질에 관하여", 96.

있다. 그래서 현실을 통해서는 확증할 수 없다고 한 것이다. 사념이 앎이라면 현실은 삶이다. 삶에서 동떨어져 있는 진리가 도리어 삶을 억압해 왔던 왜곡의 역사에 대한 질타이다.

하이데거는 '본래성'을 이야기하면서 현실성만을 가지고 진리의 규준을 세우기가 애매하다고 말한다. 현실에는 진짜만 있는 게 아니라 가짜도 있기 때문이다. 아니 가짜가 더 많기 때문이다. 하지만 그 가짜도 엄연한 현실이다. 하이데거가 '이것'으로써 진리를 묘사하는 단어가 '꼭 들어맞음이다.' 꼭 들어맞음과 대응하는 단어가 '합치', '동화'이다.

> "진리는 사태와 지성의 동화다." 이것은 다음을 의미할 수 있다. '진리는 인식을 향한 사태의 동화다.' 그러나 이렇게도 읽혀질 수 있다. '진리는 사태를 향한 인식의 동화다.' 물론 사람들은 앞서 인용된 본질 규정을 대개는 단지 '진리는 사태를 향한 지성의 동화다'라는 정식으로만 제시하곤 한다. 하지만 그렇게 개념-파악된 진리, 즉 명제진리는 단지 지성을 향한 사태의 동화, 즉 사태진리를 근거로 해서만 가능하다.[3]

말이 복잡하다. 필자가 제안하는 메타언어로 풀어보자. '사태'를 '있음'으로, '인식'을 '앎'으로 치환해보면 '앎을 향한 있음의 같음'으로 그리고 '있음을 향한 앎의 같음'으로라는 말로 풀 수 있다. 있음이 앎을 싸잡는다는 것은 중세의 진리관이다. 앎이 있음을 싸잡는다는 것은 근대의 진리관이다. 어느 경우이든 일방으로 싸잡는다. 중세와 근대의 진리관은 방향은 다르지만 일치라는 것을 공유하는데 그 방식이

---

3 "진리의 본질에 관하여", 96.

일방적이다. 그러나 하나의 일방만으로는 부적절하니 반대 방향의 일방도 필요하다는 것이다. 결국 쌍방으로 가야 한다는 주장을 위해서 한 걸음 나아가고 있다. 아래 칸트를 언급하는 문장에서 이를 더 분명하게 확인할 수 있다.

> 칸트의 초월 사상은 "대상들은 우리의 인식을 올바르게 향한다"고 주장한다. 그러나 앞서 언급한 통상적 진리는 오히려 기독교의 신학적 신앙을 의미한다. 이러한 신앙에 따르면, 항상 피조물인 사태는 신의 지성 안에서, 즉 신의 정신 안에서 '앞서 사유된 이념'에 상응하고 따라서 이념에 꼭 들어맞고 또한 이러한 의미에서 참인 한에서만, 본래의 무엇으로 또한 그것의 존재여부에 맞게 존재한다.[4]

칸트는 앎이 있음을 잡는다고 주장한다. 그런데 그리스도교 신학은 반대로 신의 있음[지성]에 피조물의 앎[사태]이 맞추어야 한다. 하이데거가 말하는 통상적 진리는 지성과 사물 사이의 합치, 일치, 동화인데, 지성이 사물로 가든, 사물이 지성으로 가든, 일방적이라는 것이다. 이렇게 가든, 저렇게 가든 다 일방이다. 있음과 앎이 꼭 들어맞는다는 것은 불가능한데도 말이다.

사실 서구사상사는 일방적인 관계로 합치를 도모한 사례들로 장식되어 왔다. 중세를 보자. 오직 신앙으로의 기치를 내걸고 중세가 시작되었다. 테르툴리아누스는 말한다. "나는 불합리하기 때문에 믿는다."[5]

---

4 "진리의 본질에 관하여", 96.

5 테르툴리아누스의 이 주장을 한번 되씹어보자. 얼마나 이성을 조롱하는가? 제대로 추려서 말한다면, "나는 불합리함에도 믿는다"라고 해야 할 것 같다. 그런데 여기에 동의한다면 이것은 합리적인 것을 믿는 것은 당연한데 불합리하니 믿기 어렵지만 그렇지만 믿는

이성을 조롱했다. 신앙과 이성의 합치가 불가능하다. 하지만 이러한 방식은 그리스 철학자들과 같은 외부인들과 소통하기가 불가능하기 때문에 신앙과 이성을 친하게 만들어야 했다. 그렇게 기획한 신학 즉 스콜라 신학이 등장한다. 신앙이 전제되고 이성을 붙인다. 이것이 아우구스티누스에서 안셀무스까지 이어지는 전통이다. 이것을 뒤집는 방식으로, 이성을 전제하고 신앙을 붙인다. 토마스 아퀴나스에게서 시도된다. 아우구스티누스는 신앙에다 이성을 붙였다면, 아퀴나스는 이성에 신앙을 붙였다. 이질적인 것을 일방적으로 합치시켰다.

근대에 와서 지성과 사물의 관계 역시 이렇게 전개되었다. 지성에 다 사물을 붙일까, 사물에다 지성을 붙일까 이런 식으로 말이다. 일방적 환원주의다. 하나를 기준으로 또 다른 하나를 당겨온다. 한쪽이 주도권을 쥔다. 그러니 일방에 빠질 수밖에 없다. 주도권주의, 중심주의라고 말할 수 있다. 그러니까 '진리는 이것이 아니라 저것이다'라 했을 때 이것은 철저히 일방이다. 지성이 사물로 가든, 사물이 지성으로 가든, 신앙이 이성으로 가든, 이성이 신앙으로 가든 말이다. 근대에 와서도 이러한 도식이 여전히 이어졌다. 진리정합설, 진리대응설도 마찬가지이다.

이러한 일방적 진리관을 사람들은 선호한다. 효율적이고 효과적이며 무엇보다도 깔끔하기 때문이다. 교통정리가 잘 된다. 앞서 말했지만, 일방적 진리를 우리는 교리로 새겨볼 수 있다. 여러 논란을 허용하지 않고 하나로 정리한 교리가 혼란을 방지하는 데에 효과적이다.

다는 말이 된다. 그러나 과연 합리적인 것을 믿는 것이 당연한가? 사실 합리적인 것은 믿고 말고 할 꺼리가 없다. 믿지 않아도 합리적인 것은 여전히 그러하다. 다시 말하면, 합리적인 것은 믿음의 대상이 아니다. 이렇게 본다면 테르툴리아누스의 주장은 상당한 의미를 지닌다. 믿음이라는 것의 특성과 고유성을 집약해주는 명제라고 할 수 있기 때문이다.

그런데 그렇게 하면서 다른 소리를 들어줄 여지가 없으니 교리가 일방적 진리, 억압하는 진리로 작동했다. 하이데거는 다음과 같이 정리한다.

> (신의) 지성을 향한 (창조된) 사태의 동화로서 진리가 (창조된) 사태를 향한 (인간의) 지성의 동화로서 진리를 보증한다. 진리는 본질적으로 언제나 '상응'을, 즉 피조물인 존재 상호간과 창조주의 합동을, 다시 말해 창조질서의 규정에 따른 꼭 들어맞음을 의미한다.[6]

먼저 신의 지성은 큰 있음이고 피조물의 사태는 작은 있음이다. 이러한 작은 있음에 인간의 작은 앎이 다가가서 합치를 이룬다. 상응이라고도 하고 합동이라고도 했지만 합치다. 합치 이념은 이토록 집요했다. 왜 그랬을까? 변화에 의한 예측불허성에 대한 두려움 때문이다. 그런데 앞서 말한 대로 삶이 생겨 먹은 꼴로 내던져진 실존이니 두려움에 의한 불안은 일상이 되었고 합치는 비현실적인 기만일 수밖에 없었다. 기만인 것은 합치가 안정을 구실로 복종을 요구하면서 억압해왔기 때문이다. 현대는 이에 대한 분연한 항거이다.

일방에 대한 대안, 서로 마주하는 연관으로서 진리

이제 하이데거는 그 대안을 찾아 나선다. 아래 '연관의 양식'이라는 표현에 주목하면서 읽어보자.

마주 향함의 장을 관통하는 가운데 사물은 [대상으로서] 나타난다. [그

---

6 "진리의 본질에 관하여", 98.

러나 근본적으로 보자면] 이러한 나타남은 '열려 있는 장' 안에서 실현되는데, 열려 있는 장의 열려 있음은 표상화론에 의해 비로소 산출된 것이 아니라, 오히려 그때마다 단지 관련 영역으로 연관을 맺게 되고 받아들여진 것이다. 표상하는 진술과 사물의 '연관'은, 근원적으로 또한 그때마다 하나의 태도로서 요동치게 된 저 '관계'의 실현이다. … 태도는 존재자에 대해 열린 자세로 있다.[7]

여기서 '표상'과 '산출'이 종래의 통상적 진리관에 해당하는 것들이라면, '마주 향함', '열림', '연관', '관계' 그리고 '요동'이 새로운 대안을 이룬다. 즉 마주하니 서로 열리게 되고 따라서 연관이라는 요동치는 관계를 이루게 된다. 연관은 일방이 아니라 쌍방이고 상호를 가리킨다. 즉, 있음이 앎으로 가거나 앎이 있음으로 가는 일방이 아니라 있음과 앎이 서로가 서로에게 향하는 쌍방으로 연관된다. 그런데 상호는 대조적인 일방을 겹쳐 놓는다고 되는 것은 아니다. 요동친다는 것은 이를 가리킨다. 합치나 동화가 앎의 논리를 위한 것이라면, 요동은 삶의 생리로 인해 불가피한 것이다. 그런데 더욱 주목해야 할 것은 표상에 의한 산출보다도 이러한 '마주 향함의 요동치는 연관'이 앞선 것이라는 점이다. 말하자면 애당초 서로 마주하며 열린 채 요동치고 있는 연관에서부터 일방적인 표상의 쪼가리들이 산출되었다는 것이다. 당연히 앎에서 삶으로 거슬러가는 것이 아니라 앎의 뿌리로서 삶에서 앎의 쪼가리가 나왔을 뿐이다. '태도는 존재자에 대해 열린 자세로 있다'는 말에서 '열린 자세'는 칸트의 선험 철학이 말하는 능동적 구성과 정면으로 대치된다. 선험적 구성의 테두리 안에서만 머무르는 인식이

---

7 "진리의 본질에 관하여", 102.

아니라 일어나면서 밀고 들어오는 진리 사건에 대해 열려 있는 것이니 말이다.

같은 맥락의 이야기가 이어서 나온다.

모든 행위와 계산은, 존재자가 그 '무엇'과 그 '어떻게'로서 고유하게 자신을 제시할 수 있고 또한 언표될 수 있는 어떤 열린 구역 안에 '이미' 머물러 있고 그 안에 서 있다. 이러한 제시와 언표는, 단지 존재자 자체가 표상적 진술 작용에 맞춰 표상할 때만 가능한데, 이때 진술 작용 자신은 존재자를 있는바, 그대로 언표하라는 지침에 종속한다. … 올바름을 비로소 가능하게 하는 그것이야말로 더 근원적으로 적법하게 진리의 본질로서 간주되어야 한다.[8]

이런저런 앎의 조각들은 '열린 구역에 이미' 머물러 있다. 바로 위에 '열린 자세'와 이어진다. '열린 구역'이라는 하이데거의 표현은 '삶'이라는 메타언어로 풀어 볼 수 있다. 이미 삶에 머물러 있다. 표상으로 산출되기 전에, 즉 알기도 전에 이미 삶이 먼저 있다. 아니 이미 삶을 살고 있다. 표상이나 진술이 먼저가 아니라 삶이 먼저이고 근원적이다. 삶으로부터 표상도, 진술도 가능하다. 급기야 선언한다: "진리는 근원적으로 명제 안에 거주하지 않는다." 진리가 터하고 있는 곳은 명

---

8 "진리의 본질에 관하여", 103. 진리의 본질이 자유라는 것은 근대 진리관인 정합설이나 대응설에서는 상상도 할 수 없는 것이다. 오히려 신약성서에 나오는 "진리가 너희를 자유하게 하리라"는 예수의 말씀에 근접한다. 그런데 이런 명제를 그저 밀의적인 종교영역에서나 소통될 수 있는 것으로 치부하는 것이야말로 또다시 동화와 일치로서 진리에로 되돌아가는 것이다. 자유하게 하는 진리는 삶의 터전에 맞닿아 뜻을 일구어가는 진리를 가리키는 것이다. 이에 대한 보다 자세한 논의는 필자의 다음 저서를 참조하라. 정재현,『자유가 너희를 진리하게 하리라』(서울: 한울출판사, 2006), 전권.

제가 아니라 있음과 없음이 얽혀 있는 삶이다.

자유하게 하는 진리

드디어 하이데거는 자유하게 하는 진리에 다가간다.

그것은 단지, 이러한 앞서 내어줌이 '열려 있는 장으로부터 지배적으로 전개되는, 그러면서 개개의 표상활동을 구속하는 드러나 있는 것'을 '향해' '열려 있는 장'에게로 이미 자신을 자유롭게 내어주었기 때문에만 가능하다. 구속력 있는 기준을 향해 자신을—자유롭게 내어줌은, 열려 있는 장에 '드러나 있는 것'에 대해 자유롭게 있음으로써만 가능하다. 이렇게 자유롭게 있음은 이제껏 개념 파악된 바 없던 자유의 본질을 내보인다. 올바름을 내적으로 가능케 하는 것이 태도의 열린 자세라면, 태도의 열린 자세는 자유에 근거한다. 진술의 올바름으로서 이해된 진리의 본질은 자유이다.[9]

진리는 '드러나 있는 것'과 '자유롭게 내어줌'이 만나는 사건이다. '드러나 있는 것'이 종래 통상적 진리관에서 표상을 가리킨다면 '자유롭게 내어줌'은 그렇게 '드러나 있는 것'에 앞서 이미 벌어진 일이다. '드러나 있는 것'이 앎이라면, '이미 자유롭게 내어줌'은 삶이다. 결국 이 말의 취지를 이렇게 이해하면 된다. 지성을 사물에 붙이거나 사물을 지성에 붙이는 것이 아니라 서로 '향해감', 서로 '내어줌', 서로 '열려 있음'으로의 자세, 열려 있는 자세의 근거로서 '자유'가 진리의 본질이

---

9 "진리의 본질에 관하여", 104.

라는 것이다. 하이데거는 진리의 본질로서 '자유'를 말한다. 자유가 진리를 진리되게 한다. 참을 참이게 하는 참은 자유인 것이다.

그러나 하이데거는 '자유가 진리의 본질이다'라는 주장에 어떤 반박이 있을지를 충분히 예상하면서 다음과 같이 단호하게 뒤집는다.

> 진리의 본질을 자유에 정립하는 것은 진리를 인간의 임의에 맡겨버리는 꼴이 아닌가? 진리를 이 흔들리는 갈대의 자의에 방기하는 것 이상으로 진리가 더 근본적으로 파괴될 수 있는가?… 사람들은 거짓과 위장, 허언과 기만, 미혹과 가상, 간략히 말해 모든 양식의 비진리를 인간의 탓으로 돌린다. … 형이상학은 진리 그 자체를 인간 본질의 무상함과 연약함을 기반으로 해서는 구성될 수 없는 불멸적이며 영원한 것으로 간주한다. 그렇다면 어떻게 진리의 본질이 인간의 자유 안에서 자신의 존립 근거를 발견할 수 있겠는가?… 그중 가장 고집불통인 선입견에 의하면, 자유는 인간의 속성이다. 자유의 본질은 더이상의 광범위한 심문을 필요로 하지 않으며, 또한 감내하지 않는다.[10]

자유가 진리의 본질이라면, 자유의 임의성이나 자의성으로 인해 보편타당하고 객관적이어서 동일성을 지켜야 할 진리가 파괴될 수밖에 없는 것 아닌가? '흔들리는 갈대'로서 인간의 '자유'는 허언, 기만, 미혹, 가상으로 진리를 파괴하는 것이 아닌가? 자고로 불멸적이고 영원한 것으로 간주될 수 있는 것만이 진리가 아닌가? 진리를 자유에 연결하는 순간 이런 일련의 질문이 꼬리를 물지 않을 수 없다. 그런데 이런 되물음에 깔려 있는 전제가 있으니 이는 바로 자유를 한낱 인간

---

10 "진리의 본질에 관하여", 105.

의 속성으로 간주하는 태도라는 것이다. 그런데 이런 태도가 선입견이고 심지어 '고집불통의 선입견'이라는 것이다. 왜? 속성이라는 것은 부분적인 성질일 뿐이니 도대체 자유가 인간에서 차지하는 비중이 극히 미약할 수밖에 없겠기 때문이다. 그러니 광범위한 심문을 거치려 하지도 않고 견디려 하지도 않는다. 그런데 이렇게 되면 인간은 기껏해야 자유를 속성으로만 지니니 억압과 강박은 불가피하고 심지어 당연한 것으로 정당화되기까지 하게 된다. 그러나 그러면서 지켜지는 진리는 도대체 무엇이란 말인가? 이래서 통상적 진리는 억압이념일 수밖에 없고 현실적 강박관념일 수밖에 없다. 진리를 자유와 잇대어야 하는 절박한 이유가 바로 여기에 있다.

이제 자유는 더이상 인간의 속성이 아니다. 요소가 아니고 따라서 소유대상도 아니다. 자유는 존재하게 함이다. 그리고 그리함으로써 진리의 본질이 된다.

> 진리와 자유의 본질적 연관을 성찰함으로써, 우리는, 인간(현존재)의 은폐되었던 본질근거에 관한 경험을 우리에게 보증하는 관점에서, 또한 그로써 우리를 진리가 근원적으로 현성하는 영역으로 미리 옮겨 놓는 관점에서, 인간의 본질에 관한 물음을 추구하게 된다. … 자유는 우선은, 열려 있는 장에 드러나 있는 것을 향한 자유로서 규정되었다. 열려 있는 장에서 드러나 있는 것에 대한 자유는 그때마다의 존재자를 존재하는 그 존재자로서 존재하게 한다. 자유는 이제 존재자를 존재-하게 함으로 개현된다.[11]

---

[11] "진리의 본질에 관하여", 106. 여기서 '자유'는 자유롭다는 말로 풀어지는 상태를 지칭하는 형용사의 어근으로 새겨져서는 안 된다. 존재하게 한다는 뜻을 가진 동사이며 심지

앞서도 나왔던 '드러나 있는 것'과 '이를 향한 자유'를 잇대어 설명한다. 드러나 있는 표상이 이미 열려 있는 장에서 나타나는 것일진대 자유는 이를 향해 그렇게 있게 함이라는 것이다. 다시 말하면, 자유는 그렇게 알게 되도록 있게 함이라는 것이다. 자유는 있음이나 앎이 아니라 삶이기 때문이다.

그러기에 자유는 '은폐', '숨김' 즉 모름을 배제하지 않는다. 오히려 모름이야말로 진리의 본질로서 자유가 드러나고 움직일 수 있는 공간이다. 이에 반해, 모름이 없는 자유 즉 형이상학적 자유는 인간을 복종하게 함으로써 결국 억압할 수밖에 없는 자유이다. 필연성으로서 자유라는 궤변이 좋은 증거이다. 물론 그러니 자유가 아니다.

> 그러나 만약 존재자를 존재하게 함으로서 탈-존적 현-존재가 인간을 그의 자유로 해방한다면, 이러한 자유는 인간에게 여하튼 비로소 선택의 가능성(존재자)을 제시하고 필연적인 것(존재)을 인간에게 부과하므로, 인간은 '자신의 임의대로 자유를 처리하지 못하게 된다.' '인간이 자유를 속성으로 소유하는 것이 아니다.' 오히려 기껏해야 그것의 역이 타당하다. 즉 자유가, 다시 말해 탈-존적이며 탈은폐하는 현-존재가 인간을 소유한다. 그것도, 오직 자유만 인류에게 모든 역사를 비로소 근거 짓고 탁월하게 특징짓는 '전체 안에서의 존재자 그 자체와의 관련'을 허락해줄 만큼, 그토록 근원적으로 인간을 소유한다. … 진리의 비본질에 관한 구명은 [진리와 비진리 사이의] 간격을 추가로 채우는

어 그렇게 열리고 나타난다. 자유가 동사라는 점은 실로 중요한데, 뒤집어 명사이거나 형용사라면 오히려 갇혀버릴 수밖에 없다는 점을 떠올리면 그 중요성은 자연스럽게 입증될 터이다. 자유는 동사이며 그렇기 때문에 진리도 동사가 되는 결정적인 근거를 갖게 된다.

것이 아니다. 오히려 진리의 본질에 관한 물음의 충분한 설정을 향한 결정적 발걸음이다[12]

인간이 자유를 속성으로 소유하는 것이 아니라 오히려 자유가 인간을 소유한다. 자유가 인간을 소유하는 근거는 존재의 껍질을 벗겨내는 현존재가 인간을 구성하기 때문이다. 현존재이기 전에 인간이 먼저 있고 후에 세계라는 터전에서 주고받으면서 관계를 구성하여 현존재가 되는 것이 아니라 현존재가 삶으로 살게 하니 인간인 것이기 때문이다. 그래서 진리의 본질로서 자유는 소유의 대상이 아닌 추구함이다. 위에서 진리와 비진리 사이의 간격을 추가로 채우는 것이 아니라는 것이 이를 말해 준다. 만일 추가로 채우는 것이라면 또 다시 일치를 향해가는 것이 된다. 그런데 그렇게 되면 비진리는 없어진다. 그러면 다시 자기충족적인 완결성에 이른다. 그러면서 억압이 된다. 그러나 그렇게 꽉 찬 대답으로 서둘러 종결하는 것이 아니라 '물음을 설정하는 발걸음'이라고 했다. 삶이기 때문이다. 삶이 그렇게 원하기 때문이다. 그래서 진리는 명사가 아닌 동사다. 명제가 아니라 사건이고 행위이다.

자유로서 진리는 혼미하게 하는 비진리와 함께

자유로서 진리는 비진리와의 간격을 '채우는' 것이 아니다. 이쪽에서 저쪽으로, 저쪽에서 이쪽으로 연결 다리를 놓는 것이 아니다. 그사이의 간격, 긴장, 역동 속으로 걸어가는 것이다. 진리와 비진리 사이의 간격을 채운다면 이들이 각각 고정되어 있다는 것을 가리킨다. 그

---

12 "진리의 본질에 관하여", 109-110.

러나 진리는 비진리와 함께 만들어져 가는 것이니 얽힘, 즉 있음과 없음의 얽힘이요 곧 삶의 자리로 가는 발걸음이다. 그러면서 비진리가 진리에게 자유의 실마리가 된다, 물론 그 역도 성립한다.

> 물론 익히 잘 활용할 수 있는 것 안에도 수수께끼, 불명료한 것, 미결정적인 것, 의심스러운 것은 있다. 그러나 이런 식으로 자기의 확신을 도모하는 물음들 정도는 익히 잘 활용할 수 있는 것의 원활한 활용을 위한 통로나 중간 장소에 불과하며, 따라서 본질적이지 않다. 전체 안에서의 존재자의 은폐성이 단지 '이따금씩 고지되는 한계'처럼 때때로만 허용되는 경우, 근본사건으로서 은폐는 망각 속에 잠겨버린다. 그러나 현존재의 망각된 비밀이 망각을 통해 제거되는 것은 아니다. 오히려 망각은 망각된 것의 외견상의 소멸에 고유한 현재성을 부여한다. 비밀은 망각 속에서 또한 망각에 대해 자신을 거부하고 있기에, 비밀은 역사적 인간을 그가 익히 잘 활용할 수 있는 것 안에서 그 자신이 만든 것 곁에 몰두하며 서 있게 한다.[13]

'익히 질 활용할 수 있는 것'은 내가 잘 알고 있는 것이다. 그런데 그 안에도 미결정적이고 의심스러운 것 즉 모름이 있다는 것이다. 그렇지만 '자기의 확신을 도모하는 물음'이 의심을 누르고 익히 활용할

---

13 "진리의 본질에 관하여", 114-115. '익히 잘 활용할 수 있는 것'과 수수께끼 등은 정반대인데 그렇게 불명료하고 미결정적인 것들이 익숙한 것 안에 들어있다고 한다. 당연한 것 이상으로 불가피하다. 앎에 모름이 들어가 있고 뒤섞여 있다는 뜻이다. 삶이 그렇게 생겼으니 말이다. 진리의 역동성을 위하여, 더 나아가 진리가 진리를 명분으로 하여 폐쇄적 억압성에 빠질 가능성을 경계하는 장치로서 수수께끼, 불명료함, 의심스러운 것 등 비진리에 해당할 만한 것들이 함께 간다는 데에 주목하는 것은 참으로 소중하다. 앎의 차원에서는 받아들이기 어렵지만 삶에서는 오히려 필요한 얽힘이니 말이다.

수 있는 것을 끌고 나오니 아전인수로 빠지게 된다. 그런데 이렇게 되면 은폐가 망각된다. 덮여 있던 것이 잊혀진다. 무엇을 모르는지를 제거할 때, 그런 것을 떠올리지 않으니까 모른다는 사실을 잊어버린다. 그렇게 되면 자기가 알고 있는 것이 전부가 된다. 전통적인 진리관이 이러한 태도를 취해왔다. 하지만 은폐의 은폐, 망각의 망각은 결코 제거되지 않는다. 우리가 잊어버린다고 해서, 심지어 '모르는 것을 안다'고 해서, 모르는 것을 어떻게 얼마나 모르는지 자체는 결코 제거될 수 있는 게 아니다. 우리 삶에서 모름은 끊임없이 꿈틀거리고 있다. 망각이 자리하는 '외견상의 소멸', 즉 겉보기에 사라져버린 듯한 곳에 엄연히 잊힘이 살아 움직인다. '비밀'이란 잊힘이 그저 잊힘이 아니라는 것을 강변한다. 다시 말하면, 진리에는 반드시 모름이 들어가야 한다. 감추임과 덮여짐, 살아있는 잊힘, 이곳이 자유가 들어갈 공간이다. 없음 없는 있음, 모름 없는 앎에는 자유가 머물 공간이 없다. 없음과 모름이 우리를 자유하게 한다.

인간이 주관으로서 자기 자신을 점점 더 배타적으로 모든 존재자에 대한 척도로 삼을수록, 인간은 분수를 벗어나 뻔뻔스럽게 된다. 뻔뻔스런 망각으로 인해 인류는 자신이 그때마다 접근 가능한, 익히 잘 활용할 수 있는 것을 통해 자기 자신을 안전하게 확보하려 하는 것을 고집한다. 이러한 고집은 자기 자신도 모르는 버팀목을 갖고 있는바, 이러한 버팀목은 다음과 같은 관계 속에 있다. 즉 현존재는 단지 탈-존할 뿐 아니라 동시에 집착하고 있다. 다시 말해 현존재는 마치 스스로 그 자체로 열린 듯 보이는 존재자가 제시하는 것을 강력히 고수하면서 존립하고 있다.[14]

'주관', '배타', '척도', '안전', '고집', '버팀목', '집착', '고수'라는 일련의 단어에 주목해야 한다. 물론 이 모두는 자기안전을 확보하기 위한 것이다. 그러니 엄연히 명분은 있다. 그러나 자기안전을 취하기 위해 인간은 자신의 주관을 척도로 모든 것을 대상화하는 경향이 농후하다. 그러면서 거기에 종속된다. 자기도취가 가져오는 강박으로 자승자박이 된다는 말이다. 이어서 나오는 전율적인 통찰인 '혼미로서 비-진리'를 놓치지 말아야 한다. 여기서 '혼미'는 '안전'과 반대되는 것을 가리킬 터이다. 그런데 혼미에서 비롯된 비진리가 집착과 강박으로부터 벗어나는 길로서 안내되고 있다. 혼미가 오히려 위로한다. 혼미가 아닌 체하지 말라고 한다. 이 얼마나 절묘하게도 우리로 하여금 스스로의 강박으로부터 벗어나게 해주는 해방의 통찰인가?

인간은 헤매고 있다. [그러나 인간이 비로소 혼미 속으로 걸어가는 것은 아니다. 단지 인간은 탈-존하면서 집-착하고 있고 그로써 이미 혼미 안에 들어서 있기 때문에, 항상 혼미 속을 걸어가는 것이다. 인간이 관통해 걷고 있는 혼미는, 마치 인간이 때때로 빠지는 함정처럼, 단지 이를테면 인간 옆으로 근접해 오는 그런 것이 아니다. 오히려 혼미는 역사적 인간이 관여되어 있는 현-존재의 내적인 틀에 속한다. 혼미는 집-착적 탈-존이 방향을 바꾸어가며 자신을 항상 새롭게 망각하고 오측하는 저 방향전환의 놀이공간이다. 은폐된 '전체 안에서의 존재자'의 은폐가 그때마다의 존재자의 탈은폐 안에서 지배적으로 전개되고 있다. [이제] 이러한 탈은폐는 은폐의 망각으로서 혼미가 된다.[15]

---

14 "진리의 본질에 관하여", 115.
15 "진리의 본질에 관하여", 116.

혼미하지 않고 잘 살다가 어쩌다가 혼미하게 되는 일시적 상태를 말하는 것이 아니다. '혼미 속을 걸어간다'는 것이 이를 일컫는다. 혼미는 옆으로 다가오는 것이 아니라 '현존재 안에 이미 그렇게' 있다. 그런데 이것이 '방향전환의 놀이 공간'이라는 것이다. '집착적 탈존'이라는 역설적 표현이 이를 집약하고 있다. 집착하는데 또한 탈존하니 방향을 바꾸면서 노는 터전이다. 그래서 혼미가 자유의 공간이라는 것이다. 자유에 해당할 탈은폐는 덮여짐의 잊힘, 말하자면 모르는데 모른다는 것을 잊어버리는 혼미가 된다는 것도 같은 말이다.

> 존재자 그 자체의 탈은폐는 그 자신 동시에 전체 안에서의 존재자의 은폐다. 탈은폐와 은폐의 동시성 안에서 혼미가 지배적으로 전개된다. 은폐된 것의 은폐와 혼미는 진리의 시원적 본질에 속한다.[16]

진리의 시원적 본질에 '은폐의 은폐'와 '혼미'가 속한다. 덮여진 것이 또 덮여진다. 그래서 혼미인데 이것이 진리의 뿌리에 들어있다는 것이다. 무슨 말인가? 계속 반복해 왔지만 진리가 거기를 뿌리로 하여 일어나고 드러나는 사건이라는 것이다. 먼저 진리라는 주어가 있어서 그렇게 하는 것이 아니라 그런 과정의 사건이 진리로 현성된다고 해야 할 것이다. 만일 진리가 먼저 주어져 있는 것으로 상정된다면 그 순간에 진리는 진리 자체를 명분으로 하여 군림할 것이기 때문이다. 인류의 정신문화사는 이에 대한 증거로 차고 넘치니 굳이 보충 설명이 필요하지 않다. 은폐, 혼미, 불명료함, 혼돈, 의심 등 온갖 비진리가 진리와 함께 얽혀 있을 수밖에 없다는 것을 하이데거가 이토록 부각

---

16 "진리의 본질에 관하여", 118.

시키는 이유는 진리가 참으로 자유하게 하는 해방적 사건이라는 것을 강조하기 위함이다. 과도한 듯이 보이는 역설적 공속에 대한 집요한 강조는 인류의 정신문화사에서 진리가 진리의 이름으로 얼마나 많은 살육과 억압을 저질러왔는가를 돌이켜본다면 충분히 이해되고도 남는다. 아래 구절도 우리의 이러한 해석을 옹호하는 것으로 보인다.

> 진리의 완전한 본질은 비본질을 포함하고 또한 무엇보다 은폐로서 지배적으로 전개되기 때문에, 이러한 진리를 캐묻는 작업으로서 철학은 그 자신 이중적으로 분열되어 있다. 철학의 사유는 전체 안에서의 존재자의 은폐성을 거부하지 않는 부드러운 내맡김의 태도다.[17]

진리를 캐묻는 철학이 그렇게 겹으로 갈라져 있다는 것이다. '은폐성', '감추어져 있음'을 놓치지 않아야 한다. 이를 무시하면 진리가 전부 드러내고 있다고 착각하게 되는데, 이것이 우리를 개명시켜주는 것이 아니라 오히려 속박한다. 그래서 은폐성을 받아들이고 오히려 부드럽게 내맡기는 것이 마땅한 태도라고 강변한다. 내맡김이다. 이것이 오히려 자유의 길이다. 그리고 이것이 진리의 뜻이다. 이렇게 하여 자유하게 하는 진리는 인식론을 넘어서 해석학으로 나간다. 그동안 일치를 명분으로 우리를 붙잡아두었던 인식의 진리로 인한 강박에서 벗어나게 해 주면서 말이다.

---

17 "진리의 본질에 관하여", 119.

앎이 그대를 속일지라도
: 자기 강박으로부터의 해방을 향한 해석학

2020년 10월 25일 초판 1쇄 인쇄
2020년 11월 02일 초판 1쇄 발행

지은이 | 정재현
펴낸이 | 김영호
펴낸곳 | 도서출판 동연
등 록 | 제1-1383호(1992년 6월 12일)
주 소 | 서울시 마포구 월드컵로 163-3
전 화 | (02) 335-2630
팩 스 | (02) 335-2640
이메일 | yh4321@gmail.com
블로그 | https://blog.naver.com/dong-yeon-press

ISBN 978-89-6447-603-1 94200
     978-89-6447-602-4 (세트)

이 도서의 국립중앙도서관 출판예정도서목록(CIP)은 서지정보유통지원시스템 홈페이지
(http://seoji.nl.go.kr)와 국가자료종합목록 구축시스템(http://kolis-net.nl.go.kr)에서 이
용하실 수 있습니다. (CIP제어번호: CIP2020037802)